Existenzgründung für Dummies

Eric Tyson &
Jim Schell

Existenzgründung für Dummies

Werden Sie Ihr eigener Chef!

Übersetzung aus dem
Amerikanischen von
Reinhard Fey

mitp

Die Deutsche Bibliothek – CIP-Einheitsaufnahme:

Tyson, Eric:
Existenzgründung für Dummies / Eric Tyson und Jim Schell. Übers. aus dem Amerikan. von Reinhard Fey. - Bonn : MITP-Verlag, 2000
Einheitssacht.: Small Business For Dummies <dt.>
ISBN 3-8266-2923-X
NE: Schell, Jim

ISBN 3-8266-2923-X
1. Auflage 2000

Übersetzung der amerikanischen Originalausgabe:
Eric Tyson, Jim Schell: Small Business For Dummies

Printed in Germany

Ein Unternehmen der verlag moderne industrie AG & Co. KG, Landsberg

Lektorat und Korrektorat: Helena Witych
Herstellung: Carin Lebenstedt
Druck: Media-Print, Paderborn
Umschlaggestaltung: Sylvia Eifinger, Bornheim
Satz und Layout: Lieselotte und Conrad Neumann, München

Inhaltsverzeichnis

Teil II
Wie Sie ein bestehendes Unternehmen kaufen 97

Kapitel 6
Wie Sie den richtigen Kaufkandidaten finden 99

Kapitel 7
Wie Sie ein erfolgreiches Kaufangebot machen 113

Teil V Die Zehner-Listen 269

Einführung

Warum dieses Buch?

Es gibt zum Thema Existenzgründung nicht wenige Veröffentlichungen. Warum also noch ein weiteres Buch? Die Ursache ist unser persönlicher Hintergrund, unsere Philosophie. Sie ist die Leitlinie für die Informationen und das Praxiswissen, das wir Ihnen in diesem Buch vermitteln möchten, und nach unserer Meinung »anders als bei anderen«:

Erstens haben wir selbst Erfahrung als Unternehmer und lassen Sie daran teilhaben. Zusammen besitzen wir vier Jahrzehnte Erfahrung aus der Gründung und Führung von sieben erfolgreichen Kleinunternehmen. Außerdem arbeiten wir täglich mit Kleinunternehmern. Jim leitet zahlreiche Erfahrungsaustausch-Gruppen (so genannte Erfa-Gruppen) und arbeitet als Berater für die Small Business Administration. Eric ist Finanzberater für Kleinunternehmer, gibt Kurse für Finanzmanagement und war früher Unternehmensberater.

In diesem Buch teilen wir mit Ihnen die Erfahrung, die wir erworben haben. Wir hoffen, Sie werden unseren Rat dazu nutzen, Ihr Handeln hier und da von Versuch und Irrtum zu befreien. Dabei werden Ihnen auch die vielen Fallbeispiele und Anekdoten helfen, die alle auf realen Fällen basieren.

Zweitens sehen wir das Unternehmerdasein objektiv. Obwohl wir an die kreative Kraft von neuen, kleinen Unternehmen glauben, werden wir das Unternehmerdasein nicht über den grünen Klee loben. Wir beschreiben die Dinge, wie sie sind – nüchtern und klar. Wir werden Ihnen nicht vorgaukeln, dass Ihr Baby zu nachtschlafender Stunde keine frischen Windeln braucht und nicht in aller Herrgottsfrühe gefüttert werden muss (just dann, wenn Sie nach dem nächtlichen Windelwechsel endlich wieder eingeschlummert sind). Wir bringen Ihnen die schlechten Nachrichten wie die guten. Wenn Sie in die Selbstständigkeit starten wollen, dann sollen Sie das informiert und inspiriert tun.

Drittens ist unser Ansatz ganzheitlich. Weil ein eigenes Unternehmen manchmal belastend und manchmal berauschend sein kann, kann es drohen, Ihr ganzes Leben zu vereinnahmen. Obwohl jeder weiß, dass zum Leben mehr gehört als Geschäfte zu machen, kann es schwierig sein, die Ausgewogenheit und die Kontrolle zu behalten. Unter diesem Aspekt werden wir besonders darauf achten, die Realität des Unternehmerdaseins so zu schildern, dass der größere (und wichtigere) Rahmen eines persönlich und finanziell glücklichen Lebens gesichert ist.

Unsere Annahmen über Sie

Viele Autoren von Existenzgründungsbüchern machen gefährliche Angaben. Zu viele setzen einfach voraus, dass ihre Leser und Leserinnen zum Sprung in die Selbstständigkeit bereit sind. Wir tun das nicht, und Sie sollten es auch nicht. Darum gibt es in diesem Buch Abschnitte, in denen

Sie prüfen können, ob eine Unternehmensgründung für Sie persönlich wirklich das Richtige ist. Wir sprechen über die Voraussetzungen für die Gründung, die einzelnen Aufgaben und die Gefahren. Wir glauben, dass Sie Ihre Entscheidung selbst treffen können, aber auch, dass Zeit Ihre wertvollste Ressource ist – die Sie mit unserer Hilfe nicht verschwenden werden. Wenn Sie die falsche Wahl treffen, verlieren Sie zu viele Jahre Ihres Lebens.

Unternehmer zu sein, das kann vieles bedeuten. Eine eigene Firma ist »der Traum, der Wirklichkeit wurde«, »der Weg zum Reichtum«, »die Keimzelle der Marktwirtschaft« – alles in einem. Zweifellos ist die Vorstellung, »sein eigener Chef zu sein«, verlockend.

Doch nicht jeder kann ein Chef sein. Für alle von Ihnen, die es gegenwärtig nicht sind, ist die eigene Firma eine ganz natürliche Wunschvorstellung, wenn Sie von Ihrem jetzigen Job oder von Ihrem Chef mal wieder die Nase voll haben. Noch verlockender wird die Vorstellung durch Berichte über Unternehmer, die ihre Visionen in Millionen oder gar Milliarden Dollar verwandelt haben – wie im Bilderbuch: »vom Tellerwäscher zum Millionär«.

Sie sollten jedoch wissen, dass das Unternehmerdasein auch einige nicht ganz so schöne Seiten hat. In den allermeisten Fällen braucht es viele Jahre harter Arbeit und zahllose schwierige Entscheidungen, bevor die eingegangenen Risiken belohnt werden. Und das größte Problem: Ganz oben an der Spitze angekommen, kann es verdammt einsam sein.

Wir reden nicht von dem Alleinsein, wenn Sie Chef und einziger Mitarbeiter in einer Person sind; das kann zu Ihrem Job gehören (beispielsweise zu dem unseres deutschen Übersetzers). Was wir meinen, ist die Einsamkeit, die viele Kleinunternehmer kennen, ob Cafébesitzer, Klempner oder Kurierfahrer: die Einsamkeit der Verantwortung – die Einsamkeit, die sich einstellt, wenn alles ganz allein von Ihnen abhängt.

Natürlich kann der Nervenkitzel, alle Entscheidungen zu treffen, bei allem das letzte Wort zu haben, genau das sein, was Sie zum Unternehmertum hinzieht – doch Sie sollten auch dessen Schattenseiten sehen: Versuch und Irrtum bedeuten Risiko, sie führen zu Fehlern und Fehler sind der teuerste (und gefährlichste) Weg des Lernens für einen Unternehmer.

Aber halt – schleichen Sie jetzt nicht zu Ihrem Angestellten-Job zurück. Wir haben auch gute Nachrichten für Sie. Die Fehler, die Sie wahrscheinlich machen werden, sind bereits von anderen vor Ihnen begangen worden, auch von uns. Wenn Sie Versuch und Irrtum, die zu ihnen führen, vermeiden (und dabei wollen wir Ihnen helfen), werden sich Ihre Erfolgschancen vervielfachen.

Wie Sie mit diesem Buch arbeiten

Jeder Mensch denkt, arbeitet und liest anders. Wir haben an alle gedacht. Manche von Ihnen werden dieses Buch von vorne bis hinten durchlesen. Andere werden nur darin nachschlagen, um eine bestimmte Frage zu klären oder ein Problem zu lösen. Daher kann jedes Kapitel unabhängig von den anderen gelesen werden. Wie jeder Kleinunternehmer, muss auch dieses Buch mehrere Hüte tragen. So kann es Ihnen nutzen:

Entscheidungshelfer

Ihre allererste Unternehmerentscheidung ist vielleicht die, dass Sie für diese Laufbahn nicht bereit sind – zumindest noch nicht. Kapitel 1 hilft denen, die oben auf dem Zaun sitzen, auf der einen oder der anderen Seite herabzuspringen. Ein Test hilft Ihnen zu entscheiden, ob die Unternehmerkarriere überhaupt etwas für Sie ist.

Täuschen Sie sich nicht: Egal, wie kreativ Sie und Ihr Rechtsanwalt das Vorhaben zu strukturieren versuchen, eine Existenzgründung beinhaltet Risiken. Bevor Sie diese eingehen, sollten Sie Ihre persönlichen Finanzen in Ordnung bringen. Darum geht es in Kapitel 2.

Wegweiser

In der Anfangsphase Ihres Kleinunternehmens gibt es auf dem Weg so viele Umleitungen und Gabelungen, dass Sie leicht den Weg selbst aus den Augen verlieren. Die Kapitel 3 bis 5 liefern Ihnen die Wegbeschreibung zu Ihrem Ziel. Alle Hindernisse werden hier aus dem Weg geräumt, vom Erstellen eines überzeugenden Geschäftsplans über rechtliche Fragen bis zur maßgeschneiderten Finanzierung.

Vielleicht wollen Sie lieber ein bestehendes Unternehmen kaufen, statt ganz neu anzufangen. Gute Idee, aber Sie sollten vorher einige Fragen stellen. Was sind die Vorteile des Kaufs gegenüber der Gründung? Welche Art Firma sollte ich kaufen? Welchen Preis kann ich mir leisten? Was muss ich nach abgeschlossenem Kauf als Erstes tun? Die Antworten finden Sie in den Kapiteln 6 und 7.

Problemlöser und Nachschlagewerk

Sie werden bald merken, dass Sie als Firmeninhaber unaufhörlich Probleme lösen müssen. Praktische Lösungshilfen finden Sie ab Kapitel 8. Hier nur ein kleiner Ausschnitt aus diesen Problemen:

- ✔ Umsatz schaffen: Ohne Umsatz kein Gewinn. Punktum!
- ✔ Marketing: Unternehmensfunktionen wie Lagerhaltung oder Buchhaltung sind fest umrissen, klar schwarz und weiß. Nicht so das Marketing. Marketing ist grau, schwammig und schwer zu definieren (versuchen Sie es mal in einem Satz); damit kommen wir nicht so einfach klar.
- ✔ Mitarbeiter: Zu entscheiden, wann und wen man einstellt, ist so wichtig wie schwierig. Und wenn Sie die richtigen Leute auf den richtigen Posten haben, stellt sich Ihnen die nie endende Aufgabe, sie zu motivieren und zu halten – und manchmal zu ersetzen.
- ✔ Geschäftsführung: Dies ist die lange Liste der täglichen, routinemäßigen Aktivitäten. Sie beginnt damit, wie Sie Ihren Arbeitstag zwischen dem Betreten Ihres Büros oder Ladens und dem Ausknipsen des Lichts am Abend verbringen. Im Tagesgeschäft mahnen Sie Forderungen an, analysieren Buchhaltungszahlen, kümmern sich um Ihre Kunden. Und am wichtigsten: Sie verwalten Ihr Geld, damit Sie immer flüssig sind.

- Langfristige Planung: Alle Unternehmer wissen, dass langfristige Planung wichtig ist, aber leider sind sie zu sehr damit beschäftigt, den Lkw mit der neuen Warenlieferung zu entladen, um sich damit abzugeben. Die Planung können sie ja noch morgen machen ... aber dieses Morgen kommt nie.
- Buchhaltung: Einnahmen-Überschuss-Rechnung? Cashflow-Berechnung? Kennzahlen wie Lagerumschlagsgeschwindigkeit? Sie mögen sagen: »Geht mir doch fort – was hat denn das mit meinem CD-Shop zu tun?« Sie werden es sehen!
- Finanzierung: Ohne Geld läuft kein Unternehmen. Wenn Ihnen Geld fehlt, können Sie Ihre Firma nicht in die gewünschte Richtung entwickeln. Halten Sie also nach neuen Finanzierungsmöglichkeiten Ausschau und überprüfen Sie Ihre bestehenden.
- Alles Weitere: Hierhin gehören Dinge wie Produktentwicklung, Preispolitik, Budgetierung, Expansion, Kundendienst und und und.

Mentor

Man sollte es zur Regel machen: Jeder Existenzgründer sollte einen Mentor haben. Leider haben die Wenigsten einen. Unsere Kollegen in den Großunternehmen haben es schon lange kapiert: Jeder Jungmanager bekommt einen Mentor oder Paten zugeteilt, der ihn anfangs begleitet. Diese Mentoren sind schlaue Füchse, erfahrene Veteranen des Geschäfts und haben eine harte Schule hinter sich. Mentoren leiten und lehren.

Die letzten Kapitel dieses Buchs sollen Ihr Mentor beim Aufbau Ihrer Firma sein. Sie finden darin eine Sammlung von Vorschlägen, Ratschlägen und Tipps, die alle eines gemeinsam haben: Sie machen den entscheidenden Unterschied aus zwischen einem mittelmäßigen oder stagnierenden Geschäft und einem gesunden und wachsenden. Hier finden Sie Tipps zum effektiven Computereinsatz, zur Verbesserung Ihrer Führungsqualitäten, zu Wachstumsstrategien.

Die Icons in diesem Buch

Bestimmte Icons machen Sie aufmerksam auf Informationen, denen Sie auf Ihrem Weg zum Unternehmer Ihr besonderes Interesse schenken sollten.

Dieses Symbol kennzeichnet Tipps, die Ihren Weg in die Selbstständigkeit sicherer und leichter machen.

Diese wahren Storys, die wir selbst oder andere erlebt haben, ersparen Ihnen Fehler, Zeit und Ärger. Genießen Sie die Gesellschaft von Unternehmerkollegen und profitieren Sie von den Lektionen, die Sie gelernt haben.

Sie kommen direkt aus der Praxis und haben uns geholfen, besonders gefährliche Klippen sicher zu umschiffen.

Wir meiden Rechtsanwälte, wo es nur geht, und Sie sollten das auch. Doch manchmal ist die Beratung durch einen Anwalt der sicherste und effizienteste Weg, um ein Problem zu lösen. Dieses Icon weist Sie darauf hin.

Auf Ihrem Weg in die Selbstständigkeit lauern immer wieder Gefahren. Dieses Icon zeigt sie an und hilft Ihnen, sie zu vermeiden.

Dieses Icon bezeichnet Dinge, die zu wichtig und gut sind, um sie zu vergessen.

Der Kern unserer Botschaft. Von diesem Icon finden Sie pro Kapitel höchstens ein einziges. Wenn Sie es sehen, schauen Sie genau hin: Dieser Ratschlag hilft Ihnen, ganz nach oben zu gelangen.

Hüten Sie sich vor Wölfen im Schafspelz! Manche Geschäftsideen oder -gelegenheiten scheinen zu schön, um wahr zu sein, und manche Leute denken nur an ihre Interessen, nicht an Ihre. Dann heißt es: Finger weg davon!

Hier sollten Sie vor einer Entscheidung sorgfältig nachdenken und prüfen. Hier gibt es in der Regel viele gewichtige Wahlmöglichkeiten, überstürzen Sie also nichts.

Für alle, die sich mit trockenen technischen Dingen beschäftigen wollen, zeigt dieses Icon die inneren Abläufe in Ihrem Unternehmen an, die Sie eher ignorieren werden, wenn Sie sich richtig ans Werk machen.

Der gemeinsame Faktor

Michael Gerber betont in seinem Buch *The E-Myth Revisited*: »Der eine gemeinsame Faktor bei allen erfolgreichen Unternehmern ist ein unersättlicher Appetit, zu lernen.« Wenn Michael recht hat (und das glauben wir), dann haben Sie schon den ersten Unternehmertest bestanden. Durch den Kauf dieses Buchs haben Sie Ihren Wunsch zu lernen, gezeigt. Bleiben Sie dabei – Sie sind auf dem richtigen Weg.

Existenzgründung und Unternehmensführung sind keine Geheimwissenschaft. Sie brauchen keinen Super-Intelligenzquotienten, um ein erfolgreiches Kleinunternehmen zu gründen und zu führen. Was Sie brauchen, ist Hilfe. Und genau deshalb haben wir dieses Buch geschrieben. Wir freuen uns, dass Sie uns als Begleiter auf Ihrem Weg in die Selbstständigkeit gewählt haben.

Teil I

Wie Sie Unternehmer werden

»Ich weiß nicht, Art. Ich glaube, Du bist der Zeit zu weit voraus.«

In diesem Teil...

Ihre erste unternehmerische Entscheidung ist vielleicht diese: zuzugeben, dass Sie für diese Laufbahn nicht bereit sind – zumindest noch nicht. Dieser Teil wird all jenen unter Ihnen, die oben auf dem Zaum hocken, helfen, auf der einen oder anderen Seite herabzuspringen. Sie können Ihr Talent als Unternehmer testen, Ihre persönliche Finanzkraft klären und dann Ihren Traum Wirklichkeit werden lassen mit einem durchdachten Geschäftsplan und einem Überblick über finanzielle und rechtliche Möglichkeiten.

Ist die Unternehmerlaufbahn etwas für Sie?

1

In diesem Kapitel

- Unternehmen und die Menschen darin
- Geschäfts-»Gelegenheiten«, die Sie meiden sollten
- Testen Sie, ob ein Kleinunternehmen etwas für Sie ist
- Was ein Unternehmer können muss
- Gründe pro und contra die eigene Firma
- Wie Sie starten können

Unter einem Kleinunternehmen stellt sich jeder etwas anderes vor. Eine blumige, wenn vielleicht auch nicht die zutreffendste dieser Definitionen kam von einem unserer Freunde, der schon länger Kleinunternehmer ist als wir leben. Darüber hinaus hat er auch Bücher zum Thema geschrieben, war Unternehmensberater und Ausbilder. Er hat sich sein Renommee wirklich verdient.

»Ein Kleinunternehmen ist ein Ort, wo du deinen Hund mit ins Büro nehmen kannst, wenn du willst«, definiert er. (Man kann seinen Schäferhund förmlich im Hintergrund hecheln hören, nicht wahr?) Das ist eigentlich keine schlechte Definition. Denn die meisten lang gedienten Kleinunternehmer nennen die Freiheit der Wahl als Hauptgrund für ihre Berufung. Und welchen schöneren Ausdruck von Freiheit gibt es als den guten Bello, der neben Ihnen schlummert, während Sie arbeiten?

Doch eine Existenzgründung ist komplexer als die Frage, ob es einem gefällt, dass man sein Haustier oder sein Kind mit zur Arbeit nehmen kann. Und in der Realität hat man nicht alle Freiheiten – ebenso wenig, wie ein Angestellter nur in Zwängen gefangen ist (manche dürfen auch ihren Hund mit ins Büro bringen). Bei vielen Unternehmen mit regem Kundenverkehr wird ein Hund im Büro oder Laden nicht günstig sein. Dieses Kapitel führt Sie daher in die Realität des Unternehmerdaseins ein und zur Entscheidung, ob diese Laufbahn etwas für Sie ist.

Was ist ein Unternehmen?

Das Fachchinesisch der Geschäftswelt – Cashflow, Gewinn- und-Verlust-Rechnung, Soll und Haben, Verschuldungsgrad und so weiter – lässt die Dinge weit komplizierter aussehen als sie sind. Sie wissen wahrscheinlich schon mehr davon als Sie ahnen. Wenn Sie schon einmal auf einem Flohmarkt verkauft haben, für eine musikalische Darbietung bezahlt wurden, mit Babysitten oder Rasenmähen Geld verdient haben, dann waren Sie unternehmerisch tätig.

Sie müssen als Kleinunternehmer nicht 70 Stunden pro Woche arbeiten, ein sechsstelliges Einkommen erzielen oder eine bahnbrechende Erfindung machen, die Sie in die Schlagzeilen bringt. Wir kennen viele erfolgreiche Kleinunternehmer, die weniger als 40 Stunden arbeiten oder auch nebenberuflich, während sie (noch) Angestellte sind. Die allermeisten Existenzgründer und Kleinunternehmer, die wir kennen, bieten Produkte oder Dienstleistungen an, die denen recht ähnlich sind, die es am Markt bereits gibt. Sie verdienen gutes Geld, wenn auch keine exorbitanten Summen, und sind damit voll zufrieden!

Grundlagen für kleine (und große) Unternehmen

Es ist ein heißer Sommertag. Sie und Ihre Freundin Jenny sitzen schwitzend im Schatten eines Baums in Ihrem Garten.

»Mann, ist das heiß«, stöhnt Jenny. »Jetzt hätte ich Lust auf ein Glas eiskalte, selbst gemachte Zitronenlimonade. Aber ich habe keine Lust, acht Straßen weiter bis zu Tims Limonadenstand zu laufen.«

Genau da haben Sie Ihre *Geschäftsidee*. Kein Limonadenstand in Ihrer Nachbarschaft? Da haben Jenny und Sie einen unerschlossenen Markt voller durstiger Kunden.

Sie fragen ein paar Nachbarn, ob sie Limonade von Ihnen kaufen würden, und finden schnell heraus, dass Ihr geplantes Angebot, der Kundendienst und der Standort Ihres Geschäfts eine ordentliche Zahl von Kunden anziehen könnte. Soeben haben Sie Ihre erste *Marktforschung* durchgeführt.

Sie müssen sich auch einen Standort suchen. Sie könnten sich vor Jennys oder Ihrem Haus aufstellen, sind sich aber einig, dass dort zu wenig Passanten vorbeikommen. Um Ihren Absatz zu maximieren, wollen Sie mit Ihrem Stand an die nächste Straßenkreuzung gehen. Zum Glück erlaubt Ihnen Mrs. Ormsby, sich in ihrem Vorgarten aufzustellen, wenn sie dafür ein Glas Limo umsonst bekommt. Soeben haben Sie Ihren ersten *Mietvertrag* ausgehandelt und eine erste Erfahrung mit dem *Warentausch* gemacht.

Durch Münzwurf (Jenny gewinnt) wird der Name bestimmt: Jennys Limonadenstand. Nach ein paar Transaktionen mit Eltern und dem Lebensmittelladen haben Sie Ihren Limonadenstand (das *Geschäftslokal*), eine Zigarrenkiste als Kasse, Tisch und Krug (Ihr *Mobiliar* und *Inventar*) sowie die Limonade (Ihren *Warenbestand*). Jennys Limonadenstand kann ins Geschäft starten!

Sie wussten es zwar nicht, aber Sie haben sich mit den gleichen geschäftlichen Dingen beschäftigt, denen sich alle Kleinunternehmer – und auch die größten der Großunternehmen – gegenüber sehen. Hier ist eine Gegenüberstellung der grundlegenden Geschäftsaktivitäten von General Motors wie von Jennys Limonadenstand:

- ✔ **Umsatz:** General Motors macht Umsatz mit Autos, Jenny mit Limonade. Umsatz ist Umsatz, egal was das Produkt oder die Dienstleistung ist und egal wie hoch oder niedrig der Preis.

- ✔ **Kosten des Wareneinsatzes:** GM kauft Stahl und Reifen für seine Fahrzeuge von Herstellern und Zulieferern; Jenny kauft Zitronen, Zucker und Pappbecher für ihre Limonade bei ihren Eltern und im Lebensmittelladen.
- ✔ **Laufende Kosten:** GM hat Arbeitslöhne und betriebliche Altersvorsorge (Sozialleistungen); Jenny hat Kosten fürs Schildermalen sowie für Kaugummi, um ihren Mitarbeiter bei Laune zu halten (auch eine Sozialleistung).
- ✔ **Gewinn:** Gewinn ist das, was übrig bleibt, wenn GM und Jenny die Wareneinsatz- und die laufenden Kosten von ihrem Umsatz abziehen. Diese einfache Gleichung gilt für GM, für Jenny – und auch für Sie.

Lassen Sie uns diese grundlegende Formel noch weiter verfolgen. Diese Formel ist nicht nur für jedes beliebige Unternehmen die gleiche, auch viele der dahinter stehenden Finanzgrundlagen sind die gleichen:

- ✔ **Verbindlichkeiten:** General Motors schuldet den Zulieferern Geld, die es mit Stahl und Reifen beliefern; Jenny schuldet ihren Eltern Geld, die ihr Zitronen geben.
- ✔ **Forderungen:** GM hat Geld zu bekommen von seinen Händlern, welche die Autos des Unternehmens bei sich ausstellen; Jenny hat Geld zu bekommen von Mrs. Cratchett, die durstig war, aber ihre Geldbörse nicht dabei hatte.
- ✔ **Cashflow:** GM hat Cashflow (mal positiv, mal negativ) und ebenso Jenny. (Mehr zu diesem Thema in Kapitel 11.)
- ✔ **Aktiva:** GM hat Fabriken und Maschinen; Jenny hat ihren Stand und die Zigarrenkisten-Kasse.
- ✔ **Schulden (auch Verbindlichkeiten)**: GM schuldet Leuten Geld (den Lieferanten) und auch Jenny (ihren Eltern).
- ✔ **Nettowert**: Der Nettowert ist das, was übrig bleibt, wenn GM alle seine Schulden (Verbindlichkeiten) von dem abzieht, was es besitzt (den Aktiva). Dito für Jennys kleines Unternehmen.

Dieser Vergleich zwischen Jennys Limostand und General Motors könnte noch tiefer und weiter gehen. Es genügt zu sagen, dass die Grundlagen beider Firmen die gleichen sind; die Unterschiede hängen in erster Linie von der Größe ab. Größe ist im Geschäftsleben gleichbedeutend mit Komplexität.

Sie denken jetzt wahrscheinlich: Wenn das alles so einfach ist – warum ist dann nicht jeder Unternehmer und auch noch erfolgreich?

Darum: Die Grundlagen sind einfach, die Einzelheiten nicht. Nur ein paar Beispiele: Es gibt verschiedene Wege, wie Sie Ihren Kunden Kredit gewähren, die resultierenden Forderungen eintreiben und manchmal abschreiben müssen, wenn jemand nicht zahlt. Und der Umsatz: Wie bezahlen Sie die Leute, die ihn erwirtschaften? Wie und wo setzen Sie sie ein? Wie organisieren und motivieren Sie sie? Wie stellen Sie Ihre Finanzzahlen verständlich zusammen? Wie viel zahlen Sie Ihren Lieferanten, und was ist zu teuer? Wenn Sie Geld brauchen: Holen Sie es sich von der Bank oder nehmen Sie einen Teilhaber auf? Mit jeder dieser Fragen wird es komplexer, entfernen Sie sich weiter von den einfachen Grundlagen.

Kleinunternehmen als Vorbilder für die Großen

Jack Welch, der Vorstandsvorsitzende des Industriegiganten General Electric, schrieb in seiner unternehmerischen Botschaft für die 90er Jahre: »Denken Sie klein. Was General Electric unermüdlich versucht, ist die Seele und die Schnelligkeit eines Kleinunternehmens in unser Großunternehmen hineinzubekommen.«

Klein denken? Was ist da los? Warum will der Chef eines gigantischen Konzerns wie GE, dass seine Mitarbeiter *klein* denken? Nun, klein ist fein, denn in der Geschäftswelt hat eher der Agile als der Schwerfällige Aussicht auf Erfolg und Überleben, eher der Kleine als der Große. Dieser Trend wird dadurch gestützt, dass wegen des schnellen technischen Fortschritts keiner mehr groß sein muss, um so zu wirken. Jeder kann heute auf den meisten Märkten tätig sein.

Unterschiedliche Menschen und Firmen – gleiche Aktivitäten

Nun haben wir den Begriff Kleinunternehmen definiert und die Menschen kennen gelernt, die sie gründen und betreiben, doch was ist mit *Ihrem speziellen Kleinunternehmen*? In Ihren Augen ist Ihre geplante Firma oder die, die Sie bereits führen, anders als die anderen. Andere Produkte, andere Dienstleistungen, andere Rechtsform und so weiter. Sie haben bestimmt ganz spezielle Fragen. Aber keine Angst: Wenn Ihr (geplantes oder bestehendes) Kleinunternehmen Einnahmen erzielen soll, indem es Kunden Produkte oder Dienste anbietet, und dabei einen Gewinn bringt, dann ist dieses Buch für Sie richtig.

Unter einem Kleinunternehmen kann man viel verstehen. Eine Anwaltskanzlei mit zehn Personen ist eines, ebenso wie Architekten, Schreinermeister oder Gastwirte Inhaber eines Kleinunternehmens sind. Eine McDonald's-Franchise? Genau, ein Kleinunternehmen. Dito freischaffende Autoren wie wir, Berater und der Inhaber der Textilreinigung in Ihrem Stadtteil. Die Obergrenze für Kleinunternehmen würden wir bei 100 Mitarbeitern ansetzen.

All diese Firmen haben ein paar gemeinsame Merkmale. Sie brauchen Marketing (um ihre Produkte oder Dienstleistungen bekannt zu machen), sie brauchen Verkauf (um ihre Produkte in die Hand des Kunden zu bringen) und sie brauchen alle mehr oder weniger Verwaltung und Buchhaltung (für Informationszwecke und für die Steuer). Darüber hinaus unterscheidet sich jedes Unternehmen beträchtlich von anderen: Manche brauchen Mitarbeiter, andere nicht; manche erfordern hohe Investitionen in Immobilien, Ausrüstung und Informationssysteme; bei manchen reichen Schreibtisch, Computer, Modem und Telefon; manche brauchen Kredite für die Startfinanzierung, bei anderen reicht das Sparbuch des Gründers als Startkapital.

Für dieses Buch ist die Art, Größe oder Form Ihrer Firma egal. Es reicht, wenn Sie Einnahmen und Gewinn erzielen (wollen). Dann ist dieses Buch richtig für Sie.

Der Unternehmer – unsere Definition

Für uns ist ein Kleinunternehmer jeder Eigentümer einer Firma mit bis zu 100 Mitarbeitern. Jeder, der ein Firmenschild vor die Tür hängt, qualifiziert sich für diesen Titel, egal ob Einzelfirma, juristische Person, mühsam überlebend oder in kometenhaftem Aufstieg. Sie sind Kleinunternehmer, wenn Sie einen Tag im Sattel sitzen, eine Woche oder zehn Jahre; wenn Sie ein Mann oder eine Frau sind; wenn Sie keinen Schulabschluss haben oder einen Doktortitel; wenn Sie von zu Hause aus arbeiten oder auf einem Fischkutter vor der Küste Neufundlands.

Jeder hat seine eigene Definition. Hier sind drei; wählen Sie eine oder machen Sie sie sich alle zu eigen:

- ✔ **Gabler Wirtschaftslexikon:** »Persönlichkeit, die eine Unternehmung plant, mit Erfolg gründet und/oder selbstständig und verantwortlich mit Initiative leitet, wobei sie persönliches Risiko oder Kapitalrisiko übernimmt.«
- ✔ **Peter F. Drucker** (der »Vater« des modernen Managements): »Jemand, der etwas Neues vollbringt.«
- ✔ **Wir:** Eine Person, die durch Unabhängigkeit, Kreativität und Wachstum motiviert ist statt durch die Sicherheit eines Gehaltsschecks von ihrem Arbeitgeber.

Übrigens müssen wir alle warnen, die es uns nachtun wollen: Ihr eigener Chef zu sein kann süchtig machen. Manchmal hassen wir es, normalerweise lieben wir es, immer brauchen wir es – und wir würden mit niemandem den Beruf tauschen wollen außer vielleicht mit Michael Douglas.

Kleinunternehmen oder Windei?

Im weiten Feld der Geschäftsideen werden Sie früher oder später auf Tretminen stoßen – gelegt von Leuten, denen nicht Ihr Erfolg am Herzen liegt. Hüten Sie sich vor den folgenden Dingen, wenn Sie überlegen, ein Unternehmen zu gründen oder zu kaufen oder sich an einem zu beteiligen.

Pyramidensysteme und Ähnliches

Gewisse Firmen erzielen ihre Einnahmen nur durch den Prozess des »Anwerbens«. Sie werben ihre Investoren/Kunden/Einfaltspinsel an, um Ihre Produkte oder Dienstleistungen zu verkaufen oder um eine Franchise zu kaufen, und dann – pfft! Sobald das Geld die Hände gewechselt hat, ist die Geschäftsbeziehung hin. Keine erkennbar sinnvollen Produkte oder Dienste werden angeboten, und alles, was dem Investoren bleibt, sind ein wertloser Vertrag und ein verlorener Scheck.

Auch manche Firmen aus dem Bereich des Multi-Level-Marketing (MLM) sollen in diese Kategorie fallen. Manchmal auch als Network-Marketing oder Direktverkauf firmierend, versprechen Ihnen MLM-Firmen, dass Sie Zehntausende pro Monat verdienen können, indem Sie einfach auf dem Sofa sitzen und andere die Arbeit machen lassen. Sie brauchen nur ein paar Freunde und Bekannte anzuwerben, die die Wunderprodukte des Unternehmens verkaufen: Bevor Sie noch »leicht verdientes Geld« sagen können, rollen Ihre Tausender schon heran. Wir kennen aber viele, denen ihre schwer verdienten Hunderter und Tausender eher weggerollt sind ...

Wenn Sie es trotzdem probieren möchten, behalten Sie im Gedächtnis, dass derartige Arrangements nur eine andere Form von Abhängigkeit darstellen. Keine Firma, auch nicht im MLM, kann es sich leisten, Sie fürs Herumsitzen zu bezahlen. Wie bei jeder anderen Existenzgründung braucht es Zeit – in der Regel drei bis fünf Jahre – und harte Arbeit, um ein Geschäft aufzubauen, das ein bequemes Leben ermöglicht. Wäre das MLM-Geschäft wirklich so simpel, wie man uns glauben machen möchte, dann wäre doch jeder längst eingestiegen, oder?

Natürlich sind manche bekannten und erfolgreichen Firmen MLMs, zum Beispiel Tupperware. Sie sind aber die Ausnahmen von der Regel der MLMs, die einem aggressiv angepriesen werden.

Wenn Sie bei einem MLM-Unternehmen einsteigen wollen, das zuverlässig erscheint, wägen Sie sorgfältig ab, ob Sie Freunde, Bekannte, Verwandte und (ehemalige) Arbeitskollegen anwerben. Tun Sie es nicht, bis Sie sicher sind, dass das System Hand und Fuß hat. Das Riskante bei Geschäften mit Menschen, an denen Ihnen etwas liegt und denen etwas an Ihnen liegt, ist, dass Sie sich nicht nur Ihre Reputation und Integrität verderben, sondern auch Freundschaften und Familienbindungen aufs Spiel setzen.

Seriöse Multi-Level-Marketing-Unternehmen sind sinnvoll für Menschen, die wirklich an ein Produkt glauben und es verkaufen wollen, dabei aber nicht viel Geld einsetzen wollen oder können. Lassen Sie sich vorher Referenzen geben, und überprüfen Sie diese (genau wie vor dem Kauf einer Franchise, wie wir es in Kapitel 6 empfehlen). Sie werden nicht schnell reich werden, vielleicht nie. Wer in der MLM-Branche echt »reich« wird, zahlt den gleichen Preis für den Erfolg wie wir alle – viel harte, kluge Arbeit über Jahre hinweg.

Heimarbeit

Anzeigen, die viel Geld durch Heimarbeit versprechen, gibt es zu Dutzenden in Illustrierten, Zeitungen und Zeitschriften. Vielfach sind es verkappte Pyramidensysteme und sollten gemieden werden.

»Verdienen Sie 10.000 $ monatlich! Wir helfen Ihnen, Agenten anzuwerben, die die Arbeit für Sie tun ...« – »Arbeiten Sie von zu Hause aus! Unternehmen braucht Unterstützung. Verdienen Sie 500 – 900 $ pro Woche. Für jeden geeignet – wir bilden aus. Vollzeit oder Teilzeit. Nur ernst gemeinte Bewerbungen bitte!« – »Verdienen Sie 4.000 $ monatlich auf der neuen Datenautobahn.«

Und so weiter und so fort ... Hinter derartigen Anzeigen steckt vielleicht gar keine richtige Firma, sondern nur ein oder zwei Personen mit einem Postfach, die Ihnen ein Paket mit »vertraulichen Informationen« über eine tolle Geschäftsidee andrehen wollen. Das Paket kann Sie einen dreistelligen Betrag kosten und ist oft bloß wertlose Marketing-Propaganda und selten nützlich. Unser Rat? Lesen Sie dieses Buch und nutzen Sie andere Möglichkeiten, sich über seriöse Geschäftsgelegenheiten zu informieren. Und Geld sparen Sie dabei auch.

Und noch ein Wort zu diesem Thema: Beteiligen Sie sich nie an etwas, das Ihnen per Telefon angepriesen wird oder wofür Sie eine Vorauszahlung oder »Gebühr« bezahlen sollen, die nicht zurück erstattet wird – es sei denn, Sie wollen Ihre Geldbörse erleichtern.

Der Unternehmer-Eignungstest: Haben Sie, was es braucht?

Tests sind nichts Schlimmes, zumal Sie für unseren nicht studieren müssen, es bei ihm keine richtigen oder falschen Antworten gibt und Sie der Einzige sind, der das Ergebnis wissen muss. Machen Sie also mit bei unserem Unternehmer-Eignungstest!

Ein paar Worte vorweg: Dies ist kein wissenschaftlicher Test. Wir glauben aber, dass er nützlich sein kann, weil er auf unserer kombinierten Erfahrung als Unternehmer und als deren Berater basiert. Dieser Test soll Ihnen eine Leitlinie bieten, nicht Ihre Zukunft in Beton gießen. Die Ergebnisse werden bedeutsam für Ihre Entscheidung über eine Existenzgründung sein, wenn Sie besonders viele oder besonders wenige Punkte erreicht haben. Wenn Sie im Mittelfeld gelandet sind, empfehlen wir ernsthaftes Nachdenken, Beratung mit Freunden und anderen Kleinunternehmen und eine große Portion Vorsicht. Letztlich sollte Ihre Entscheidung über eine Unternehmensgründung abhängen von der Zähigkeit, mit der Sie ein Ziel verfolgen, und Ihrer Begeisterung für Ihre Gründung. Und die beide kann kein Test exakt messen.

Vorbereitung

Geben Sie sich bei jeder der folgenden 20 Fragen Punkte zwischen 1 (die Unternehmer-feindliche Antwort) und 5 (die Unternehmer-freundliche Antwort). Sie bestimmen Ihre jeweilige Punktzahl, indem Sie den relativen Unterschied zwischen diesen zwei Positionen einschätzen und wie wichtig der in der Frage angesprochene Punkt für Sie ist.

Eine Frage zum Beispiel lautet: »Träumen Sie von Geschäftsideen, wenn Sie auf dem Weg zur Arbeit sind, im Flugzeug sitzen oder beim Arzt warten?« Geben Sie sich fünf Punkte, wenn Sie das oft tun, einen, wenn Sie es nie tun, und zwei, drei oder vier Punkte, je nachdem, wie oft Sie über berufliche Dinge träumen. (Was diese Frage bedeutet? Eine eigene Firma kann Riesenspaß machen und alles beherrschen. Die Gedanken der erfolgreichsten Unternehmer sind nie weit weg von ihrem Geschäft; oft denken Sie an neue Produkte, neue Marketingpläne oder neue Wege der Kundenbindung.)

Um den Test noch aussagekräftiger zu machen, können Sie ihn jemandem vorlegen, der an Ihren Gründerplänen kein Interesse hat und keine ausgeprägte Meinung dazu – einem guten Freund oder Arbeitskollegen. Er soll den Test für Sie machen. Wir sehen uns selbst selten neutral, und diese Meinung eines unbeteiligten Dritten kann Ihnen ein genaueres Bild von sich geben. Vergleichen Sie die beiden Ergebnisse. Nach unserer Erfahrung wird Ihr wahres unternehmerisches Talent irgendwo zwischen den beiden Ergebnissen liegen.

Die Testfragen

1. Wenn Sie bei einem Spiel ins Hintertreffen geraten: Strengen Sie sich dann stärker an oder tendieren Sie dazu, die Karten beiseite zu legen, um Ihren Verlust zu begrenzen? (5 Punkte, wenn Sie sich anstrengen; 1 Punkt, wenn Sie unter Druck nachgeben)

   5 4 3 2 1

Punkte: ____________

2. Wenn Sie zu einer Sportveranstaltung oder einem Konzert gehen: Versuchen Sie, die Einnahmen des Veranstalters auszurechnen? (5 Punkte = oft; 1 Punkt = nie)

   5 4 3 2 1

Punkte: ____________

3. Wenn sich die Dinge ernstlich verschlechtern: Ist es Ihr erster Impuls, einen Sündenbock zu suchen oder nach Alternativen und Lösungen zu suchen? (5 Punkte, wenn Sie nach Lösungen suchen; 1 Punkt, wenn Sie anderen die Schuld geben)

   5 4 3 2 1

Punkte: ____________

4. Wenn Sie sich mit Freunden und/oder Kollegen vergleichen: Wie würden Sie Ihr Energielevel einschätzen? (5 Punkte = hoch; 1 Punkt = niedrig)

   5 4 3 2 1

Punkte: ____________

5. Träumen Sie von Geschäftsideen, wenn Sie auf dem Weg zur Arbeit sind, im Flugzeug sitzen oder beim Arzt warten? (5 Punkte = oft; 1 Punkt = nie)

   5 4 3 2 1

Punkte: ____________

6. Schauen Sie auf bedeutsame Veränderungen in Ihrem Leben zurück – Schule, Jobs, Umzüge, Beziehungen. Haben Sie bei diesen Veränderungen gezögert oder Sorgen gehabt und nicht gehandelt, oder haben Sie sich darauf gefreut und konnten diese schweren Entscheidungen nach einer Informationssuche machen.? (5 Punkte für Vorfreude und aktives Angehen; 1 Punkt für Lähmung durch Sorgen und für zu langes Zögern)

   5 4 3 2 1

Punkte: ____________

7. Sehen Sie bei einer neuen Möglichkeit oder Chance zuerst stets das Positive oder die Nachteile? (5 Punkte, wenn Sie das Positive und die Risiken sehen; 1 Punkt, wenn Sie bei den Nachteilen verweilen und jegliches Positive ausschließen)

   5 4 3 2 1

Punkte: ________________

8. Wann sind Sie am glücklichsten: wenn Sie viel zu tun haben oder wenn Sie nichts zu tun haben? (5 Punkte, wenn Sie voll beschäftigt *immer* am glücklichsten sind; 1 Punkt, wenn Sie ohne etwas zu tun *immer* am glücklichsten sind)

   5 4 3 2 1

Punkte: ________________

9. Hatten Sie als Jugendlicher oft einen Job oder eine Idee zum Geldverdienen? (5 Punkte = immer; 1 Punkt = nie)

   5 4 3 2 1

Punkte: ________________

10. Haben Sie als Jugendlicher Ferienjobs gehabt oder im Sommer nichts getan? (5 Punkte = oft; 1 Punkt = nie)

   5 4 3 2 1

Punkte: ________________

11. Besaßen Ihre Eltern ein Kleinunternehmen? (5 Punkte, wenn Sie viele Jahre eines hatten; 1 Punkt, falls nie)

   5 4 3 2 1

Punkte: ________________

12. Haben Sie mehr als ein Jahr für ein Kleinunternehmen gearbeitet? (5 Punkte = ja; 1 Punkt = nein)

   5 4 3 2 1

Punkte: ________________

13. Übernehmen Sie gern Verantwortung und Kontrolle; stehen Sie gern im Mittelpunkt? (5 Punkte, wenn Sie danach streben; 1 Punkt, wenn Sie das verabscheuen)

   5 4 3 2 1

Punkte: ________________

14. Wie gut kommen Sie damit zurecht, einen Kredit für eine Investition aufzunehmen, etwa für einen Hauskauf? (5 Punkte, falls Geldschulden für Sie kein Problem sind; 1 Punkt, wenn es ein Riesenproblem ist)

    5 4 3 2 1

Punkte: _______________

15. Wie kreativ sind Sie? (5 Punkte = extrem kreativ; 1 Punkt = absolut nicht kreativ)

    5 4 3 2 1

Punkte: _______________

16. Müssen Ihre Schecks immer auf den Pfennig gedeckt sein, oder ist »nahe dran« gut genug? (5 Punkte, wenn »nahe dran« ausreicht; 1 Punkt, wenn Sie auf den Pfennig sehen)

    5 4 3 2 1

Punkte: _______________

17. Wenn Sie bei einem Projekt oder einer Aufgabe versagen: Schreckt Sie das für immer ab, oder inspiriert es Sie, es beim nächsten Mal besser zu machen? (5 Punkte = Inspiration; 1 Punkt = Abschreckung)

    5 4 3 2 1

Punkte: _______________

18. Wenn Sie fest an etwas glauben, sei es eine Idee, ein Produkt oder eine Dienstleistung: Können Sie es anderen verkaufen? (5 Punkte = fast immer; 1 Punkt = nie)

    5 4 3 2 1

Punkte: _______________

19. Geben Sie in Ihrem gegenwärtigen sozialen und beruflichen Umfeld eher den Ton an oder sind Sie ein Mitläufer? (5 Punkte = fast immer tonangebend; 1 Punkt = immer Mitläufer)

    5 4 3 2 1

Punkte: _______________

20. Wie gut können Sie einen guten Vorsatz fürs neue Jahr verwirklichen/beibehalten? (5 Punkte = fast immer; 1 Punkt = nie)

    5 4 3 2 1

Punkte: _______________

Testauswertung

Addieren Sie nun Ihre Punkte bei jeder Frage und vergleichen die Summe mit unseren vier Stufen der Unternehmereignung.

Gesamtpunktzahl: ______________

80 bis 100 Punkte: Packen Sie's an! Wenn Sie dieses Buch lesen und Ihre Wissbegier beibehalten, sollten Sie Erfolg haben.

60 bis 79 Punkte: Wahrscheinlich haben Sie das, was es braucht, um erfolgreich Ihr eigenes Unternehmen zu leiten. Schauen Sie sich aber noch einmal die Fragen an, bei denen Sie die niedrigsten Punktzahlen hatten, und versuchen Sie, darin Trends zu erkennen.

40 bis 59 Punkte: Knapp dran. Arbeiten Sie an den Fragen, bei denen Sie schlecht abgeschnitten haben; bauen Sie diese Stärken auf oder aus, um das Pendel zu Ihren Gunsten ausschlagen zu lassen.

0 bis 39: Wir mögen uns täuschen, aber Sie sind wahrscheinlich besser damit bedient, als Angestellter zu arbeiten oder eine der Alternativen zur eigenen Neugründung einer Firma zu verfolgen.

Viel Glück für Ihre neue Laufbahn. Oder für Ihre alte.

Test bestanden – Unternehmer mit garantiertem Erfolg?

Ein guter Test kann ein hilfreicher Wegweiser sein, doch er stimmt nicht immer. Zu viele andere Faktoren spielen eine Rolle für Bestehen oder Nichtbestehen. Daher liefert auch unser Eignungstest keine endgültige Aussage, denn er misst Ihr Verhalten in der Vergangenheit. Leider hält Ihre Zukunft als Unternehmer viele Überraschungen bereit (nach der Lektüre dieses Buchs werden Sie auf viele vorbereitet sein). Die Fähigkeiten und persönlichen Charakteristika, um mit diesen Überraschungen fertig zu werden, werden letztlich bestimmen, ob Ihre Wahl, ein eigenes Unternehmen zu gründen, die richtige ist. Was sind die entscheidenden Punkte?

- ✔ **Zahlen:** Geld leihen, abrechnen, die finanzielle Leistung Ihrer Firma darstellen und im Auge behalten. Siehe Kapitel 5, 8, und 11.
- ✔ **Verkauf:** Irgend jemandem müssen Sie als Unternehmer immer etwas verkaufen – Kunden, Lieferanten oder Mitarbeitern. Siehe Kapitel 9.
- ✔ **Marketing:** Jeder muss sein Produkt/seine Dienstleistung vermarkten, ohne Ausnahme. Siehe Kapitel 9.
- ✔ **Führung:** Der Kleinunternehmer ist der Obermufti in seinem Laden. Obermuftis sind nur so gut wie ihre Art der Mitarbeiterführung. Siehe Kapitel 13.

Soll das nun heißen, dass Sie lieber bei Ihrem regelmäßigen Gehaltsscheck bleiben sollten, wenn Sie diese Talente und Fähigkeiten nicht besitzen? Zum Glück nicht.

Viele erfolgreiche Gründer vor Ihnen haben es geschafft, ohne persönlich all das leisten zu können, was für die Führung eines Unternehmens nötig ist. Was wir aber meinen: Im Laufe Ihrer Unternehmerkarriere werden Sie entweder diese Fähigkeiten entwickeln oder jemanden in die Firma holen müssen, der sie bereits besitzt (ein Partner, ein leitender Mitarbeiter oder ein externer Berater).

Und was genau sind die Eigenschaften, von denen wir sprachen?

- ✔ **Sie können mit Risiko und eventuellen Schulden leben:** Für Unternehmer gibt es keine Garantien; daher ist ein Kleinunternehmen, also auch dessen Inhaber oft mit Risiken konfrontiert und manchmal mit Schulden. Dennoch muss der Inhaber nachts noch ruhig schlafen können.
- ✔ **Intuition:** Nennen Sie es Intuition oder Gefühle »aus dem Bauch heraus« – ein Kleinunternehmer muss mit seinen Einschätzungen und Entscheidungen öfter richtig liegen als falsch oder er muss irgendwann das Handtuch werfen.
- ✔ **Optimismus:** Erfolgreiche Kleinunternehmer sind selten Pessimisten. Sie sehen Chancen statt Risiken, Vorteile statt Nachteile und Gelegenheiten statt Probleme. Ein Kleinunternehmer kann sich immer einen advocatus diaboli anhören (dazu sind Rechtsanwälte und Buchhalter da), aber von ihm selbst müssen immer Enthusiasmus und Optimismus für die Weiterentwicklung seiner Vision kommen.
- ✔ **Innerer Antrieb:** Erfolgreiche Kleinunternehmer treibt es geradezu, ein Produkt zu schaffen, einen Kunden zufrieden zu stellen, eine erfolgreiche Firma aufzubauen. Wie Lust auf Schokolade vergeht dieser innere Antrieb nie.

Soll das nun heißen, dass Sie lieber bei Ihrem regelmäßigen Gehaltsscheck bleiben sollten, wenn Sie diese vier Eigenschaften nicht besitzen?

Sagen wir einmal so: Wir wissen, dass es auch einige der genannten Eigenschaften braucht, wenn man heutzutage ein guter Angestellter sein will. Wenn Sie von der Mehrzahl dieser Eigenschaften jedoch nicht eine gute Portion besitzen, dann sind Sie als abhängig Beschäftigter wahrscheinlich besser dran als als Kleinunternehmer.

Ihre Entscheidung für ein Kleinunternehmen

Sie sind zu dem Schluss gekommen, dass Sie das haben, was es braucht, um ein Kleinunternehmen zu gründen und zu betreiben? Dann erlauben Sie uns, Ihnen beim nächsten Schritt zu helfen. Wir wollen Ihnen beim sprichwörtlichen Sprung ins kalte Wasser zur Seite stehen. Auch wenn Sie den Test bestanden und sich als potenzieller Kleinunternehmer qualifiziert haben, stehen Sie nicht vor einer schnellen und leichten Entscheidung wie etwa der, welches Hemd Sie morgens anziehen. Denn immerhin gibt ebenso viele bestechende Gründe, warum Sie kein Unternehmen gründen sollten, wie solche, warum sie es tun sollten. Was wir meinen? Lesen Sie weiter!

Gründe für ein eigenes Unternehmen

Hier sind einige Gründe, warum Menschen sich für ein eigenes Unternehmen entscheiden:

- ✔ **Befriedigung durch den schöpferischen Akt:** Haben Sie sich jemals stolz gefühlt, nachdem Sie einen Stuhl gebaut, ein Gourmet-Menü gekocht oder einen Staubsauger repariert hatten? Oder als Sie einen dringend benötigten Rat gegeben haben, der jemandem bei einem kniffligen Steuerproblem half? Ein Kleinunternehmer kann sich jeden Tag aufs Neue an seinen Schöpfungen freuen, ganz zu schweigen von dem Stolz, ein Kundenproblem gelöst zu haben.
- ✔ **Etablierung der eigenen Kultur:** Die Zeiten sind vorbei, wo man (darunter Sie) am Kaffeeautomaten herumstand und darüber nörgelte, »wie's hier so läuft«. Wenn Sie Ihr eigenes Unternehmen gegründet haben, dann ist das, »wie's hier so läuft«, eine direkte Folge davon, wie Sie persönlich es haben wollen.
- ✔ **Selbstversorgung:** Für viele von uns ist die Arbeit für andere keine besonders befriedigende Sache, auch nicht finanziell. Manche haben daraus die Konsequenz gezogen, dass Sie selbstständig besser für ihre Familie sorgen können. Übrigens ist die Selbstständigkeit manchmal auch ein Ausweg aus der Arbeitslosigkeit.
- ✔ **Flexibilität:** Vielleicht arbeiten Sie lieber abends, weil dann auch Ihr (Ehe-) Partner arbeitet oder weil Sie tagsüber mehr Zeit mit den Kindern verbringen möchten. Oder Sie genießen gern öfter mal ein verlängertes Wochenende auf Reisen anstelle von wenigen längeren Urlauben. Trotz der langen Arbeitszeiten, die Sie als Kleinunternehmer haben werden, sollten Sie doch viel eher die Möglichkeit haben, einen Zeitrhythmus zu finden, der Ihren Vorlieben entspricht. Schließlich sind Sie der Chef und können den besten Kompromiss zwischen Ihren Bedürfnissen und denen Ihrer Kunden festlegen.

Gründe gegen ein eigenes Unternehmen

Im Lichte der großen potentiellen Vorteile – wer kann da vernünftigerweise bei seinem Angestelltendasein bleiben wollen? Warum will nicht jeder eine Firma besitzen? Hier sind die Gründe dagegen:

- ✔ **Verantwortung:** Wenn Sie Kleinunternehmer sind, ist nicht nur Ihre Familie von Ihrem Geschäftserfolg abhängig, sondern auch Ihre Partner (Miteigentümer), Ihre Mitarbeiter und ihre Familien, Ihre Kunden und manchmal Ihre Lieferanten. Auch wenn wir unsere eigene Firma noch so sehr lieben, erinnern sich selbst die Begeistertsten unter uns sehnsüchtig an die gute alte Zeit, als wir die Stechkarte drückten und zum Tor hinaus gingen – für den Tag hatten wir es geschafft. Wenn Sie jemand sind, der sich oft mehr Verantwortung auflädt, als er bewältigen kann, und der zu lange arbeitet: Sie können als Herr Ihres eigenen Unternehmens zum Workaholic werden.
- ✔ **Konkurrenz:** Wir können anderen mit unserem eigenen Unternehmen Konkurrenz machen – aber diese Konkurrenz schlägt zurück und kann unsere Sicherheit gefährden. Wir finden bald heraus, dass unsere hungrigsten Wettbewerber hinter unseren Kunden her sind und unsere

Existenz bedroht: durch Preissenkungen oder ein kompletteres Paket von einzigartigen Dienstleistungen. Konkurrenz belebt das Geschäft und ist die Seele des Kapitalismus, aber denken Sie daran: Wenn man Wettbewerb haben will, muss es Gewinner geben – und Verlierer.

- **Wandel:** Produkte und Dienstleistungen kommen und gehen. Beim Geschäftemachen ist nichts heilig, und das Tempo des Wandels ist heute bedeutend schneller als noch vor einer Generation. Und es wird nicht langsamer. Wenn Sie Veränderungen und die Unruhe, die sie verursachen, nicht mögen, dann ist die Stabilität einer größere, bürokratischeren Organisation vielleicht besser für Sie.
- **Risiken:** Zinssätze, die Volkswirtschaft, Diebstahl, Feuer, Naturkatastrophen, Krankheit ... Die Liste ist unendlich. All das kann Ihr Geschäft ins Trudeln bringen.
- **Bürokratie:** Steuern, soziale Reformen, Renten, Beitragssätze, Zölle, Tarifverträge, Euro, EU ... Können Sie noch frei atmen?
- **Scheitern:** Am Ende dieser unerfreulichen Liste droht dem Unternehmer das schlimmste Gespenst: Pleite, Konkurs, Bankrott, Geschäftsaufgabe – das Aus! Sie können nur noch zusehen, wie die Gläubiger alles abschleppen, was Sie sich erarbeitet haben, von Ihrem Chefschreibtisch übers Faxgerät bis zu den Topfpflanzen am Empfang. Der unfähige Mitarbeiter in einem Großunternehmen dagegen kassiert ein nettes Trennungsgeld, winkt zum Abschied freundlich und meldet sich erstmal fürs Arbeitslosengeld an. Er verliert nicht die Ersparnisse eines ganzen Lebens, muss nicht auf ewig Schulden abzahlen und hat keine eindeutig zweideutigen Anmerkungen in seiner Schufa-Auskunft stehen. Wir glauben, kein anderes Scheitern in der Geschäftswelt ist so schmerzlich wie das eines Kleinunternehmers. Mehr als alles andere sind die Kosten eines Scheiterns der Hauptgrund, warum ein Kleinunternehmen nicht für jeden das Richtige ist.

Die Punkte in diesen zwei Listen stehen nicht in einer besonderen Reihenfolge. Jeder ist anders. Bill Gates, Gründe für die Gründung von Microsoft können total andere sein als die von Fritz Müller für seinen Pizza-Lieferdienst. Sie werden keine richtigen oder falschen Gründe für die Gründung oder den Kauf einer Firma finden; es gibt nur richtige oder falsche Kriterien, die in die Entstehung dieser Gründe einfließen.

Alternativen zur eigenen Existenzgründung

Nicht wenige Kleinunternehmer und ihre Propheten wollen Sie glauben machen, jeder Angestellte wäre mit einer eigenen Firma glücklicher und würde mehr Geld verdienen. Aber natürlich ist das Gras auf der anderen Seite des Zauns nicht immer grüner. Ein eigenes Unternehmen ist nicht die einzige Alternative, manchmal nicht einmal die beste Option.

Wenn Sie nach dem Unternehmer-Eignungstest nicht das Profil eines typischen Gründers haben, brauchen Sie nicht zu verzagen. Manche Menschen sind glücklicher damit, *für* ein Unternehmen zu arbeiten. Die folgenden Abschnitte stellen Ihnen einige Alternativen zur eigenen Existenzgründung vor.

Werden Sie ein besserer Angestellter

Sie sind als Angestellter zufrieden. Und Sie wissen (oder erfahren es jetzt): Unternehmen aller Größenordnungen brauchen gute Mitarbeiter. Und sie setzen viel Mühe und Geld daran, sie zu finden, zu halten und zu bezahlen. Bringen Sie schon einmal Ihren Lebenslauf auf den neuesten Stand!

Mit den folgenden Ansätzen können Sie Ihre Fähigkeiten als Angestellter verbessern:

- ✔ **Steigern Sie Ihre Arbeitsmoral.** Ihre Bereitschaft zu Überstunden und zu mehr Verantwortung wird Arbeitgeber begeistern. Mitarbeiter, die besondere Initiative zeigen und in die Tat umsetzen, steigen am schnellsten auf – besonders in Organisationen, wo zu viele ihrer Kollegen pünktlich um 17 Uhr den Bleistift fallen lassen. Laden Sie sich aber nicht mehr auf, als Sie in Topqualität und pünktlich erfüllen können. Wenn Sie das nämlich nicht schaffen, denken Ihre Vorgesetzten mit Recht, dass sie sich nicht auf Sie verlassen können.
- ✔ **Lernen Sie ständig weiter.** Sie brauchen für den Erfolg im Geschäftsleben keinen Doktorhut oder Diplome – viel mehr kommt es auf das Wissen an, das Sie sich selbst aus den verschiedensten Quellen erwerben. Hier umfassen Ihre Optionen Mentoren, Erfahrung, viel Lesen wie auch Weiterbildung. Wenn Sie Ihr Studium oder Ihre Ausbildung nicht abgeschlossen haben und in einer Branche arbeiten, die darauf und auf Titel Wert legt, dann machen Sie den Abschluss nach. Ihre Investition von Zeit und Geld wird sich auszahlen. Übrigens beteiligen sich viele Firmen an den Kosten für derartige Weiterbildung – fragen Sie danach! Sprechen Sie auch mit Kollegen, die einen Bildungsabschluss nachgemacht haben über ihre Erfahrungen und Tipps.

Unternehmer in Großunternehmen

Manchmal können Sie die Vorteile des Kleinunternehmers mit denen der Angestelltenlaufbahn kombinieren. Wie? Indem Sie innerhalb Ihrer jetzigen Firma (oder einer anderen) ein unternehmerisches Projekt leiten.

Wenn Sie so ein Projekt finden oder schaffen können, erhalten Sie bedeutende unternehmerische und geschäftliche Freiräume und können oft eine Beteiligung an dem von Ihnen erzielten Erfolg aushandeln. Viele moderne Unternehmen fördern solche Modelle, die auch in Deutschland unter dem Begriff Spin-off bekannt sind.

Es gibt sie in Firmen jeder Größenordnung, Form und Branche. Der Konzern 3M zum Beispiel hat seit langen eine Unternehmenskultur, die es Mitarbeitern erlaubt, eine Idee zu einem eigenen Unternehmen innerhalb von 3M auszubauen. Die gelben Post-it-Notizklebezettel waren so eine Firma in der Firma.

Auch bei kleineren Unternehmen findet man so etwas, oft mit noch besseren Ergebnissen für die unternehmerischen Angestellten. Autor Jim Schell besaß einmal einen Groß- und Einzelhandel für Sportartikel; ein Mitarbeiter schlug vor, man sollte eine getrennte Firma für Fitness und Gewichtstraining gründen. Gesagt, getan. Der Mitarbeiter und Jim wurden die zwei einzigen Teilhaber dieses Spin-offs und der Mitarbeiter dessen Geschäftsführer. Vier ertragreiche Jahre später verkaufte Jim seine Beteiligung an seinen Partner, den danach alleinigen Eigentümer, der die Firma zu einem sehr erfolgreichen Kleinunternehmen aufbaute. Es heißt heute Pro Source Fitness und ist lebendig und gesund.

Mit so einer Firma in der Firma gewinnen beide Seiten: Die Mitarbeiter werden für die Ergebnisse ihres neu gefundenen Geschäfts(bereichs) belohnt, und Unternehmen wie 3M können ihrem Imperium ein weiteres profitables Produkt einverleiben. Und weitere Spin-offs können gegründet werden, die neue Produkte entwickeln, mehr Mitarbeiter einstellen und die Wirtschaft am Brummen halten.

Wechseln Sie von einem großen zu einem kleinen Unternehmen

Obwohl wir keine Statistik kennen über die Zahl derer, die von einem großen zu einem kleinen Unternehmen statt von einem kleinen zu einem großen wechseln, glauben wir, dass die erste Gruppe bedeutend größer ist. Hier die Gründe:

- ✔ Die Mitarbeiter in Kleinunternehmen erwerben eine vielfältigere Erfahrung.
- ✔ Sie können mehr Verantwortung übernehmen.
- ✔ Ihre Entscheidungen und Handlungen haben viel schnellere und direktere Auswirkungen, die auch deutlicher sichtbar werden als in einem Großunternehmen.
- ✔ Arbeitserfahrung aus einem Kleinunternehmen ist ein logischer Vorbereitungsschritt für alle, die einmal selber eines gründen möchten.

Ein bestehendes Unternehmen kaufen

Wenn Sie – unwahrscheinlicherweise – keine bestimmte Geschäftsidee für Ihre eigene Firma haben, aber Managementerfahrung besitzen und bestehende Geschäfte verbessern können, dann kann die Lösung für Sie der Kauf eines bestehenden Unternehmens sein. Das mag manchmal riskanter sein als eine eigene Neugründung, aber dafür wissen Sie von Anfang an, was Sie bekommen. Sie ersparen sich die riskante Startphase (immerhin überlebt in Deutschland mehr als die Hälfte aller neu gegründeten Unternehmen nicht die ersten fünf Jahre).

Sie werden für einen Unternehmenskauf wahrscheinlich mehr Kapital benötigen als für eine Neugründung; ein größerer Teil davon wird auch gleich zu Anfang in Form der ersten Teilzahlung fällig. Wenn Sie dann kein Talent fürs Geschäft haben und die Firma schlecht läuft, steht finanziell viel mehr auf dem Spiel. Noch ein Risikopunkt: Firmen stehen meist nicht ohne Grund zum Verkauf: Die Firma ist vielleicht nicht (mehr) profitabel, steht auf dem absteigenden Ast oder die ganze Branche hat keine besonders rosigen Aussichten. Erwarten Sie nicht, dass der Verkäufer Ihnen solche Negativpunkte freiwillig sagt.

Die guten Firmen, die mit einer Erfolgsgeschichte bis zum gegenwärtigen Zeitpunkt sind nicht billig zu haben. Wenn der jetzige Eigentümer die Firma zum Erfolg geführt hat, hat er das Risiko beseitigt, und dafür müssen Sie einen Aufschlag zahlen, eine Prämie – nicht immer wenig Geld.

Eine besondere Eigenart von Unternehmenskäufen: Sie werden heikle Personal- und Führungsentscheidungen zu treffen haben. Die Firmenkultur ist älter als Ihr Eigentum am Betrieb, so dass Sie es wahrscheinlich mit lang gedienten Mitarbeitern zu tun bekommen werden, die dem alten Chef nachtrauern und nicht mit Ihnen zusammen arbeiten wollen. Kaufen Sie besser keine Firma, wenn Sie keine harten Entscheidungen bezüglich solcher Mitarbeiter treffen können (zudem verhindert das Arbeitsrecht, dass Sie ihnen schnell und einfach kündigen können) und sie nicht von ihrer Art abbringen können, die Dinge zu tun, »wie wir's hier schon immer gemacht haben«.

Dennoch ist der Unternehmenskauf ein erwägenswerter Weg. Lesen Sie mehr darüber in Kapitel 6 und 7.

Minimieren Sie das Gründungsrisiko: Starten Sie nebenberuflich

Manche glauben, eine eigene Firma zu gründen sei die riskanteste Idee für einen angehenden Unternehmer. Doch wenn Sie ein Unternehmen gründen, in dem Sie ganz gezielt Ihr Fachwissen und ihre Erfahrung einsetzen, dann ist das Risiko bei weitem nicht so groß, wie Sie vielleicht annehmen. Im Übrigen ist Risiko relativ: Auch wer bei jemandem angestellt ist, geht ein Risiko ein – das Risiko, dass sein Arbeitgeber ihm vielleicht nicht ewig eine Möglichkeit zum Arbeiten bieten wird.

Ein Weg, das Risiko bei der Gründung eines Vollzeitunternehmens zu minimieren: Werden Sie Teilzeitunternehmer. Nehmen wir an, Sie sind Computer-Troubleshooter in einem Großunternehmen und verdienen 40.000 $ pro Jahr. Sie erwägen, Ihre eigene EDV-Beratung zu gründen, und möchten damit ähnlich viel Geld verdienen. Sie finden im Rahmen Ihrer Marktforschung heraus, dass EDV-Berater 40 $ pro Stunde berechnen; dann müssten Sie etwa 20 Stunden pro Woche beraten (bei 50 Arbeitswochen im Jahr), um Ihr bisheriges Einkommen zu halten. Weil Sie Ihre Beratung von zu Hause aus und ohne kostspielige Investitionen betreiben können, dürften Ihre Betriebskosten minimal sein. (Anmerkung: Wir vernachlässigen hier die höheren Kosten für Ihre soziale Absicherung.)

Statt Ihren Angestelltenjob aufzugeben und mit Ihrer eigenen Firma ohne festes Gehalt ins kalte Wasser zu springen, können Sie nebenberuflich als »Mondscheinberater« starten. Im Lauf von ein bis zwei Jahren können Sie auf rund zehn Stunden Beratung pro Woche kommen. Das ist schon der halbe Weg zu Ihrem Ziel. Wenn Sie dann Ihre Stellung kündigen und Ihre ganze Kraft auf Ihre eigene Firma konzentrieren können, wird es nicht mehr mühsam sein auf 20 Beratungsstunden (und mehr) zu kommen.

Dank des Fachwissens und der Erfahrung ihrer Gründer können viele Unternehmen mit wenig Startkapital gegründet werden. Sie können die Grundlagen für Ihre Firma in den frühen Teilzeitjahren mit »Schwitzen und Gehirnschmalz« aufbauen, also mit der Zeit und Energie, die Sie in Ihre Firma investieren, statt mit Geldkapital. Solange Sie Ihre Wettbewerber kennen und Ihren Kunden eine gute Dienstleistung zu einem vernünftigen Preis anbieten können, ist das Hauptrisiko bei Ihrer Teilzeitfirma, dass Ihr Marketing für Ihr Angebot nicht gut genug ist. Wenn Sie lernen können, wie Sie Ihre Dienstleistung erfolgreich vermarkten, ist das der Zeitpunkt für den Sprung in die Selbstständigkeit.

Geldanlage in fremden Unternehmen

Wenn Sie nicht die Kopfschmerzen des Tagesgeschäfts in einer kleinen Firma erleiden möchten, ist es eine Überlegung wert, ob Sie sich am Unternehmen eines anderen finanziell beteiligen – vorausgesetzt, Sie können potenziell erfolgreiche Unternehmen erkennen und erfüllen die folgenden Kriterien:

- ✔ Sie haben ein ausreichend großes Vermögen, so dass Ihre Investition in ein privates Kleinunternehmen nur einen kleinen Teil davon (20 %) ausmacht.
- ✔ Sie können es sich leisten, 100 % der investierten Summe zu verlieren. Diese Form der Geldanlage ist ein riskantes Spiel; sogar Venture-Capital-Unternehmen, die davon leben, Risikokapital in Kleinunternehmen zu investieren, verlieren bei manchen Investitionen über lange Zeit Geld.
- ✔ Sie können wie ein Profi Bilanzen und Geschäftsberichte beurteilen und gute Geschäftsstrategien erkennen. Eine direkte Beteiligung an einer privaten Firma hat viel gemeinsam mit der Investition in eine Firma, deren Anteile Aktien sind und öffentlich gehandelt werden. Private Einzelunternehmen unterliegen nicht der strengen Publizitätspflicht der Aktiengesellschaften und den Bestimmungen für deren Rechnungslegung.
- ✔ Sie können mit reduzierter Liquidität leben. Erträge aus Ihrer Geldanlage in einem Kleinunternehmen zu erzielen, ist besonders in den ersten Entwicklungsjahren fast unmöglich. In den meisten Fällen braucht ein Kleinunternehmen viele Jahre, bis es die Reserven aufgebaut hat (und eine Erfolgsgeschichte seiner Leistungen), um seine Investoren auszuzahlen.

Nach unserer Erfahrung besitzen die wenigsten Menschen die Sachkunde, um sicher und ertragreich in anderer Leute Firmen zu investieren.

Ihre finanzielle Basis

2

In diesem Kapitel

- Bringen Sie Ihre persönlichen Finanzen in Ordnung, bevor Sie loslegen
- Kurz- und langfristige Aufgaben
- Bewerten Sie die Vorteile Ihres Angestellten-Jobs und suchen Sie neue
- Wie Sie Ihr Geld nach dem Start in die Selbstständigkeit managen

Ob Sie von Ihrer eigenen Firma träumen oder täglich die guten und schlechten Seiten des Unternehmerdaseins erleben – Sie wissen, dass Geld wichtig ist. So wie ein Auto nicht ohne Benzin fährt, können Sie kein Dach über dem Kopf haben sowie Nahrung, Kleidung und die übrigen Lebensnotwendigkeiten, wenn Sie sie nicht bezahlen können. Auch das Nötige für Ihr Unternehmen können Sie ohne Geld nicht kaufen. Nun gut, mit Hilfe von Krediten und Kontoüberziehungen können Sie eine Zeit lang über Ihre Verhältnisse leben ...

Doch wenn Sie ständig mehr Geld ausgeben als Sie einnehmen und Ihr persönlicher Schuldenberg wächst, dann können Sie schnell mit mehr Schulden und Zinsen auf diesen Schulden enden als Sie bewältigen können. Ehe Sie sich's versehen, müssen Sie die Eidesstattliche Erklärung (früher hieß sie Offenbarungseid) abgeben – ein Schicksal, das wir Ihnen mit diesem Kapitel vermeiden helfen wollen.

Nehmen wir den Fall von Sara, die in einer Familie aufwuchs, wo die Kinder immer fabelhafte Geschenke bekamen, obwohl ihre Familie arm war. Sie erzählt: »Ich habe die Angewohnheit meiner Eltern übernommen, für den Moment zu leben und Geld sofort auszugeben, wenn es hereinkommt.« Sara ist heute Bildungsberaterin und besitzt das Diplom einer angesehenen Universität. »Sara« möchte nicht, dass ihr richtiger Namen verwendet wird, weil sie sich ihrer Geldgewohnheiten schämt und sich sorgt, dass Arbeitskollegen davon erfahren.

In ihrem sechsten Ehejahr gab Sara Ihre Stellung bei einem großen Unternehmen auf und gründete ihre eigene Firma. Sie nutzte die gewonnene zeitliche Flexibilität und trat einer Tanzgruppe bei. Sie tat das, was ihr Spaß machte; alles schien gut für sie zu laufen.

In den ersten Monaten verdiente Sara mit ihrer Firma wenig, was für Neugründungen typisch ist. Währenddessen regte sich ihr Mann mehr und mehr über ihre Geldausgaben auf. Er war ein Sparer und entsetzt über Saras Kreditkartenschulden mit zweistelligen Zinssätzen. Sara bezahlte ihre Geschäftsausgaben per Kreditkarte. Ihre Schulden stiegen mit dem Wachstum ihrer Firma, und sie gab ständig Geld aus, als ob sie weiterhin ein großzügiges Festgehalt plus Zusatzleistungen von einem Arbeitgeber bezöge.

Statt dass sie ihre Ausgaben ihrem reduzierten Einkommen anpasste, verlockten die Kreditkarten Sara, wie ein voller Weinkeller einen Alkoholiker anlacht. Sie wurde regelrecht abhängig von ihren verschiedenen Kreditlinien, die ihr einen Lebensstil ermöglichten, der ihre Mittel überstieg. Heute erkennt sie, dass ihre Abhängigkeit letztlich unkontrollierbar war und stark zum Scheitern ihrer Ehe beigetragen hat.

Gestresst, ausgelaugt und unfähig, ihre vierteljährlichen Steuerzahlungen zu leisten, meldete Sara schließlich den geschäftlichen und privaten Konkurs an. Unmittelbar nach dem Scheitern ihrer Ehe war Sara »bankrott« – finanziell wie emotional.

Der Wert geordneter Finanzen

Geordnete finanzielle Verhältnisse sind einer der am meisten unterschätzten Erfolgsfaktoren für Ihr Kleinunternehmen. Sind Ihre Finanzen einigermaßen geordnet, wird Ihnen die Geschichte von Sara irrelevant erscheinen. Doch schon ein einziger Fehler, eine Nachlässigkeit, kann Ihre Unternehmerträume entgleisen lassen. Es folgen ein paar gute Gründe dafür, dass Ihre Erfolgschancen als Unternehmer größer sind, wenn Ihre Finanzen tipptopp sind.

Das Abnabeln wird erleichtert

Einer der Hauptgründe dafür, dass viele hoffnungsvolle Unternehmer Angestellte bleiben, sind die finanziellen und die damit einhergehenden psychologischen Hindernisse bei der Aufgabe der Sicherheit durch eine regelmäßige Gehaltsüberweisung. Die Abhängigkeit von der monatlichen Gehaltsüberweisung, um monatliche Zahlungsverpflichtungen erfüllen zu können, erzeugt Druck und erstickt bei zarten Existenzgründerpflänzchen Begeisterung und Entschlossenheit, die Sicherheit des Angestelltenlebens zu verlassen.

Solange Sie sich nicht finanziell und emotional darauf vorbereiten, Ihre Anstellung aufzugeben, entdecken Sie vielleicht nie Ihr ungeahntes Talent zur Führung eines eigenen Unternehmens (und vielleicht auch nie, dass Sie zudem eine gute Geschäftsidee hatten). Finanzielle und geistige Schranken lassen viele potenzielle Unternehmer als Diener ihrer Arbeitgeber verharren und diejenigen, die die Fesseln abstreifen, zu früh ins Angestelltendasein zurückkehren.

Wenn Sie sich entscheiden, Ihr eigener Chef zu werden, dann werden Sie schnell lernen, was jeder erfolgreiche Gründer vor Ihnen gelernt hat: Sie haben nur eine begrenzte Menge an Zeit pro Tag und an Energie. Wenn Sie geistig mit persönlichen Finanzproblemen belastet sind und deren Lösung zu viel von Ihrer Zeit und Energie beansprucht, wird darunter etwas leiden oder gar zerbrechen. Dieses Etwas ist wahrscheinlich Ihre Familie oder Ihre Firma – oder vielleicht beide.

In den ersten Lebensjahren Ihres Unternehmens werden Sie fast sicher mit einer Minderung Ihres frei verfügbaren Einkommens leben. Diese Tatsache müssen Sie akzeptieren, entsprechend planen, diese Pläne einhalten und Sie zur Wirkung bringen.

Höhere Überlebenswahrscheinlichkeit des Unternehmens

Wenn Sie erfolgreich Ihren Job aufgeben und ihre Firma hoch bringen, dann müssen Sie Ihr Geld gut managen, wenn Sie das Risiko des Scheiterns nicht stark erhöhen wollen. Geld ist eine zu wertvolle Ressource, und wenn es weg ist, ist es weg.

Wenn Sie reich sind, können Sie natürlich eine ganze Zeit lang Geld verplempern und Mist bauen, bevor Sie gezwungen sein werden, Ihr Unternehmen aufzugeben. Doch die meisten von uns Existenzgründern sind keine Rockefellers oder Gates – mit der eigenen Firma soll der Reichtum ja erst erworben werden. Wenn Sie Ihre Finanzen vor der Unternehmensgründung in Ordnung bringen, kann Ihnen das die entscheidende Zeit verschaffen, um aus Ihrer Gründung einen Erfolg zu machen.

Harmonie an der Heimatfront

Finanzielle und emotionale Belastung betrifft nicht nur den Kleinunternehmer oder die Kleinunternehmerin selbst, sondern noch stärker seine Familienmitglieder, vor allem Ehepartner und Kinder. Schon kleine Kinder nehmen Stress sehr wohl wahr und leiden unter der Vernachlässigung durch Eltern(teile), die bei ihrem Streben nach Erfolg ihre Elternrolle vergessen. Ehepartner können einen Widerwillen entwickeln gegen all das Geld und die Zeit, die der Workaholic-Unternehmer in seine Firma steckt.

Nach Jahren harter Arbeit und Vernachlässigung ihrer Partner und Freunde können sich erfolgreich wie nicht erfolgreiche Kleinunternehmer mit Scheidungspapieren und wenigen Freunden wiederfinden. (Übrigens: Angestellte und Führungskräfte können als Workaholics im gleichen, einsamen Boot enden.) Geschäftserfolg kann eine einsame und unbefriedigende Belohnung sein, wenn er auf Kosten des Privatlebens eintritt.

Bevor Sie sich in Ihr Gründungsabenteuer stürzen, sollten Sie diese kurze, aber sehr wichtige Liste von Dingen durchdenken, damit es zu Hause stimmt:

- ✔ Haben Sie Zeit für Gespräche. Planen Zeit ein für Gespräche mit Ihrem Ehepartner und den Kindern über deren Probleme und Bedürfnisse, denn diese betreffen auch Ihre Existenzgründung. Wie empfinden Sie die finanzielle Belastung? Was halten Sie davon, dass Sie Ihren sicheren Angestelltenjob aufgeben? Wie werden sie reagieren, wenn Sie zwölf Stunden am Tag und auch am Wochenende arbeiten? Wenn Sie von zu Hause aus arbeiten wollen – finden Sie das gut oder schlecht? Besprechen Sie die Nutzung von gemeinschaftlichen Dingen wie Telefon, Raum, Computer und so weiter. Wenn Sie Ihre persönliche finanzielle Situation noch nicht mit Ihrer Familie besprochen und realistisch eingeschätzt haben, dann sollten Sie das jetzt tun. Lassen Sie alle Familienmitglieder zu Wort kommen und ihre Besorgnisse auf den Tisch legen. Auch wenn es leichter gesagt als getan ist: Blocken Sie nichts und niemanden ab; jeder muss das Gefühl haben, frei über alles sprechen zu können. Und Sie müssen wirklich allem zuhören, was Ihre Familie vorbringt.

- ✔ Suchen Sie Rat, wenn es nötig ist. Ein eigenes Unternehmen stellt hohe Anforderungen und verursacht Stress. Da können Sie noch mehr Druck durch Probleme zu Hause nicht gebrauchen. Wenn die anfänglichen Gespräche mit Ihrer Familie Probleme aufdecken, die nicht leicht zu lösen sind, ist jetzt der Zeitpunkt, Hilfe zu holen. Wenn Ihr Partner erst die Scheidung eingereicht hat und Ihre Kinder im Drogensumpf stecken, können Sie nichts mehr kitten. Ehe- oder Familienberatung kann eine unschätzbare Investition sein. Bessere Einsicht und Erfahrung vermittelt Ihnen ein Mentor oder ein Unternehmerkollege, der sein Geschäft schon erfolgreich aufgebaut hat. Vielleicht hilft auch die Lektüre eines guten Buchs zum Thema Familie und/oder Beziehung.

Wie Sie Ihre persönlichen Finanzen in den Griff bekommen

Wir hoffen, Sie stimmen uns zu, dass es sinnvoll ist, Ihre persönlichen Finanzen zu ordnen, bevor Sie in die Selbstständigkeit starten. Aber Sie haben so viel zu erledigen und so wenig Zeit! Wo also anfangen und was tun? Dieser Abschnitt liefert Ihnen eine kurze Liste wichtiger Finanzaufgaben, die Sie anpacken müssen.

Wo stehen Sie – wo möchten Sie hin?

Wie steht es mit Ihrer Altersvorsorge? Wie viel wollen Sie angespart haben für die Ausbildung oder den Universitätsbesuch Ihrer Kinder? Welches Haus möchten Sie sich kaufen?

Diese und andere wichtige Fragen helfen bei der Formulierung Ihrer persönlichen finanziellen Pläne. Solide Finanzplanung erzielen Sie nicht, wenn Sie brav Ihr Konto in den schwarzen Zahlen halten oder auf den Tipp eines Freundes in ein paar Aktien investieren. Kluges Finanzmanagement beginnt bei einer genauen Standortbestimmung, gefolgt von der Überlegung, wo Sie hin möchten, und der Absicherung, dass Sie auf Stolpersteine auf dem Weg vorbereitet sind. (Ganz ähnliche Überlegungen stellen Sie übrigens an, wenn Sie Ihr eigenes Unternehmen leiten.)

Ihr Nettogeldvermögen

Machen Sie zuerst eine Bestandsaufnahme. Das erfordert keine großen Rechenkünste und dauert auch nicht lange.

Ermitteln Sie Ihr Nettogeldvermögen: Addieren Sie alle Ihre Bankkonten, Aktien, Fondsanteile und so weiter, und ziehen Sie davon die Summe all Ihrer Verbindlichkeiten ab (Dispositionskredit, Konsumkredite, Hypotheken, Steuerschulden und so weiter).

Ziehen Sie aus der Höhe des Ergebnisses keine voreiligen Schlüsse. Wenn Sie jung sind und am Anfang Ihres Erwerbslebens stehen, wird Ihr Nettogeldvermögen relativ gering sein – vielleicht sogar negativ. Entspannen Sie sich. Klar, Sie haben noch einiges zu tun, aber Sie haben dafür auch noch viel Zeit vor sich.

Wenn Sie auf die 40 zugehen, sollte Ihr Nettogeldvermögen idealerweise größer als ein Bruttojahreseinkommen sein. Wenn es mehr ein paar Jahreseinkommen umfasst, sind Sie auf einem guten Weg, größere finanzielle Ziele zu verwirklichen, beispielsweise Ihre Altersabsicherung.

Wenn Sie Ihr Nettogeldvermögen erhöhen wollen, muss dazu natürlich mehr Geld hereinkommen und/oder weniger abfließen. Um größerer Ziele wie Ihre Altersabsicherung zu erreichen, sollten Sie rund 10 % Ihres Bruttoeinkommens (vor Steuern) sparen. Wenn Sie große Träume haben, oder nachhinken, müssen Sie vielleicht 15 % oder mehr sparen.

Wenn Sie wissen, dass Sie genug sparen oder dass es Ihnen nicht schwer fallen wird, mit ausreichendem Sparen zu beginnen, dann brauchen Sie Ihre Ausgabenseite nicht zu überprüfen. Wenn Sie allerdings überhaupt nicht wissen, wie Sie es anfangen sollen, so viel zu sparen, dann müssen herausbekommen, wofür Sie Ihr Geld im Einzelnen ausgeben.

Gute Schulden von schlechten unterscheiden

Teilen Sie als Nächstes Ihre Verbindlichkeiten in »gute« und »schlechte« Schulden ein:

- ✔ Gute Schulden sind solche für langfristige Geldanlagen, die im Wert steigen, zum Beispiel ein Eigenheim, Aus- und Weiterbildung oder ein Kleinunternehmen.
- ✔ Schlechte Schulden sind Geld, das Sie sich für Konsumzwecke geborgt haben, etwa Kredite für ein Auto, einen italienischen Seidenanzug oder eine Urlaubsreise auf die Bahamas.

Warum schlechte Schulden schlecht sind? Weil die Belastung hoch ist; und wenn sie Sie zu hoch belasten, ist das wie finanzieller Krebs. Wenn Ihre schlechten Schulden mehr als 25 % Ihres Jahresbruttoeinkommens betragen, geraten Sie in eine Gefahrenzone, wo die Zinszahlungen sich schnell auftürmen und außer Kontrolle geraten können.

Übrigens: Nicht bloß, dass die Zinsen auf Konsumkredite hoch sind – die Dinge, die Sie damit kaufen, verlieren im Lauf der Zeit ihren Wert. Die gesunde Höhe schlechter Schulden (wie die gesunde Menge Zigaretten) ist – keine!

Erwägen Sie nie die Gründung eines Kleinunternehmens, wenn Sie nicht alle Ihre Konsumkredite zurückgezahlt haben.

Schulden verringern

Wenn Sie ausstehende Konsumkredite haben: Zahlen Sie sie so schnell wie möglich zurück. Wenn Sie dazu an Ihre Ersparnisse gehen müssen, tun Sie das. Denn denken Sie daran, dass das Wachstum Ihres Geldes von Ihrem Nettogeldvermögen bestimmt wird – der Differenz zwischen Ihrem Vermögen und Ihren Verbindlichkeiten.

Wenn Sie keine Ersparnisse zur Tilgung Ihrer hochzinsigen Konsumkredite besitzen, müssen Sie sich langsam, Monat für Monat, aus Ihren Schulden herausarbeiten. Die Tatsache, dass Sie in den

Miesen stecken und keine Ersparnisse haben, ist ein deutliches Zeichen dafür, dass Sie über Ihre Verhältnisse gelebt haben (und es wahrscheinlich immer noch tun). Verwenden Sie 10 bis 15 % Ihres Einkommens zur Tilgung der Kredite. Wenn Sie nicht wissen, woher Sie dieses Geld nehmen sollen, zeichnen Sie Ihre Ausgaben nach Rubriken getrennt genau auf: Miete, Auto, auswärts essen, Kleidung und so weiter. Sie werden wahrscheinlich erkennen, dass Ihre Ausgaben nicht dem entsprechen, was Ihnen wichtig ist. Genau an diesen Stellen können Sie mit dem finanziellen Abspecken beginnen!

Während Sie Ihre Schulden abzahlen, sollten Sie immer nach Wegen suchen, Ihre Zinsbelastung zu senken. Sie können zum Beispiel umfinanzieren und teuren Dispositionskredit ersetzen durch eine zinsgünstigere Hypothek auf Ihr Haus oder einen Kredit zu Sonderkonditionen von Ihrem Arbeitgeber oder aus Ihrer Verwandtschaft. Fragen kostet nichts! Und noch ein Tip: Lassen Sie Ihre Kreditkarte(n) zu Hause. Geben Sie beim Einkaufen stets nur so viel Geld aus wie Sie bar in der Tasche haben.

Versicherungen

Bevor Sie größere und langfristige finanzielle Vorhaben angehen, sollten Sie das sichern, was Sie bereits besitzen – noch bevor Sie beginnen, Ihre Konsumkredite abzuzahlen. Ohne vernünftigen Versicherungsschutz und ohne die Sozialversicherungsleistungen aus Ihrer Angestelltenzeit kann ein Unfall oder eine Krankheit zur Katastrophe werden.

Schließen Sie eine Versicherung gegen Berufsunfähigkeit ab. Diese oft übersehene Versicherung schützt Ihre wertvollste Einkommensquelle: Ihre Fähigkeit, Geld zu verdienen. Wenn Personen von Ihnen abhängig sind (Ihre Familie), schließen Sie eine Lebensversicherung ab. Stellen Sie sicher, dass Sie (und natürlich Ihre Familie) ausreichend für Fälle von Krankheit und Pflegebedürftigkeit abgesichert sind. (Mehr zu diesem Thema weiter hinten in diesem Kapitel.)

Langfristige Planung

In seiner Tätigkeit als Finanzberater hat Eric viele Fälle erlebt, die zeigen, dass Menschen mit hohen Einkommen nicht unbedingt auch viel sparen. Die besten Sparer, die er kennt, sind vielmehr die mit einem Ziel vor Augen – sie sparen für ganz bestimmte Zwecke.

Wenn Sie wissen, dass Sie ein undisziplinierter Sparer sind, nutzen Sie diesen Trick: Reservieren Sie bestimmte Ersparnisse oder Geldanlagen für bestimmte Zwecke. Wenn es Sie dann juckt, einen Porsche zu kaufen, ist es viel schwerer, Geld dafür von einem Konto zu nehmen, das für das Studium Ihrer Tochter reserviert ist, als von einem »allgemeinen« Sparkonto.

Vielleicht weil sie das entfernteste unserer langfristigen Ziele ist, lässt sich der Ruhestand am schwersten fassen. Unsere Altersabsicherung lässt sich auch schwerer als andere Ziele planen wegen der vielen Unsicherheiten, die in die Rechnung einfließen – Inflation, Lebenserwartung, Entwicklung der sozialen Sicherung, Steuern, Zinsen, Erträge und so weiter.

Nutzen Sie ein gutes Buch oder eine Software zur Planung Ihrer Altersvorsorge. Diese Planungshilfen machen aus einem nebulösen Traum einen konkreten Aktionsplan, helfen Ihnen dabei, nichts zu vergessen, und öffnen Ihnen die Augen über Sparen und die Macht des Zinseszinses. Eine gute Planungshilfe ist auch die Internetseite des Deutschen Instituts für Altersvorsorge: www.dia-vorsorge.de.

Zielgerichtetes Sparen ist für die meisten Menschen eine Herausforderung, wenn mehrere Ziele gleichzeitig verfolgt werden sollen. Sogar ansehnliche 10 bis 15 % Ihres Einkommens sind vielleicht zu wenig für Altersabsicherung, Anzahlung auf ein Eigenheim, Ausbildung der Kinder und noch genügend Startkapital für ein eigenes Unternehmen.

Sie müssen also Ihre Ziele in eine Rangfolge bringen – das erfordert harte Entscheidungen. Sie allein wissen, was Ihnen wichtig ist, also können Sie am besten entscheiden. Beachten Sie aber immer die Notwendigkeit der Altersabsicherung; sie ist ein Muss – und bringt zudem Steuervorteile.

Investieren Sie das Geld aus Ihrem Sparstrumpf klug. Das ist gar nicht so schwer, wie es die meisten Finanzberater und Geldanlegerzeitschriften Sie glauben machen möchten. (Sie lassen es kompliziert klingen, damit Sie Ihr Vertrauen erwerben – und dann Ihr Geld.)

Was haben Sie davon, wenn Sie Ihre Finanzen ordnen und auf Kurs bringen? Geld allein macht nicht glücklich, zugegeben. Wenn Sie Ihre persönlichen Finanzen aber effizient managen, kann Ihnen das ganz neue Lebensperspektiven eröffnen: Wechsel zu einer geringer bezahlten, aber befriedigenderen Tätigkeit, Gründung Ihrer eigenen Firma oder vielleicht eine Teilzeit-Firma im eigenen Haus, wenn Sie Kinder zu versorgen haben. Arbeiten Sie für Ihre finanziellen Ziele und machen Sie das Beste aus ihnen.

Ausgaben einschränken

Tun Sie alles, um Ihre Ausgaben und Ihren Lebensstil so weit einzuschränken, dass sie zu dem Leben als Unternehmer passen, das Sie anstreben. Machen Sie Ihre Haushaltskasse unternehmerfreundlich!

Ermitteln Sie, was Sie jeden Monat für Miete, Hypothek, Lebensmittel, auswärts essen, Telefon, Versicherungen und so weiter benötigen. Kontoauszüge, Kreditkartenabrechnungen, Kassenzettel und Anderes helfen Ihnen bei der Zusammenstellung, was Sie in einem typischen Monat ausgeben.

Außer den Ausgaben für Nahrung, Wohnen, Gesundheit und Kleidung sind die meisten Dinge nicht lebensnotwendig, kurz: Luxus. Sogar Ihre Ausgaben für Nahrung sind nur zum Teil lebensnotwendig, der Rest ist auch Luxus.

Wenn Sie Ihre Ausgaben nicht infrage stellen wollen, also all Ihre gegenwärtigen Ausgaben als notwendig erachten, sind sie wohl besser dran, wenn Sie Angestellter bleiben. Sie werden Ihren Traum nie verwirklichen können! Das Geldausgeben wird Sie nicht glücklich machen; Sie werden sich im Lauf der Jahre immer elender fühlen, weil Sie sich deswegen an einen ungeliebten Job gefesselt fühlen.

Erics Tipps für die Geldanlage

Wie Sie Ihr Geld anlegen, sollte von Ihrem Ziel und Ihrem Zeithorizont abhängen. Wenn Sie zum Beispiel sparen wollen, um in ein paar Jahren ein Haus zu kaufen, sind kurzfristige Anleihefonds gut geeignet.

Wenn Sie für Ihren Ruhestand in zehn oder mehr Jahren Geld anlegen wollen, können Sie aggressiver in Wachstumsanlagen wie Aktien (auch Aktienfonds) investieren. Auch wenn er manchmal volatil ist, bringt der Aktienmarkt historisch höhere Erträge.

Faustregel für Ihre Altersvorsorge: Ziehen Sie Ihr Lebensalter von der Zahl 110 ab; das Ergebnis ist der Prozentsatz Ihres Portfolios, den Sie in Aktien investieren sollten. Den Rest legen Sie in Schuldverschreibungen an. Danach würde beispielsweise ein 35-Jähriger etwa 75 % in Aktien anlegen und 25 % in Schuldverschreibungen. Wollen Sie aggressiver anlegen? Dann ziehen Sie Ihr Alter von 120 ab – der 35-Jährige würde dann 85 % in Aktien investieren.

Egal wie Sie Ihre Mittel aufteilen: Lassen Sie Fonds nicht außer Acht. Eric rät ab von einzelnen Aktien; sie sind nicht nur riskant, sondern erfordern auch Zeit für Auswahl und Überwachung. Ein Aktienfonds dagegen bietet Risikostreuung und professionelles Management zu vernünftigen Kosten. Wählen Sie Fonds mit niedrigen laufenden Kosten, mit langen Erfolgsgeschichten und von angesehenen Gesellschaften oder Banken.

Wenn Sie Ihre Fonds ausgewählt haben, tun Sie sich einen Gefallen: Schalten Sie Ihre Geldanlage auf Autopilot. Bei den meisten Fonds können Sie Ihre Anlagesumme monatlich regelmäßig per Dauerauftrag aufstocken.

Stocken Sie Ihre Geldreserven auf

Die Einschränkung Ihrer Ausgaben ist ein Mittel zum Zweck, und der Zweck ist zu sparen, was Sie nicht brauchen – für schlechte Tage. Davon werden Sie in Ihrem Unternehmen einige erleben, vielleicht sogar Jahre. Ihr Durchhaltevermögen in solchen Situationen wird zu einem nicht geringen Teil von Ihren Geldreserven abhängen. Mindestens sollten Sie die Lebenshaltungskosten für drei bis sechs Monate in einer leicht verfügbaren (liquiden) Anlage haben, etwa einem Geldmarktfonds. Nachdem Sie eventuelle Konsumkredite abgezahlt haben, sollten Sie zuerst diese Reserve aufbauen. Wenn es für ein ganzes Jahr Lebenshaltungskosten reicht, umso besser.

Halten Sie Ihr Einkommen durch Teilzeitarbeit stabil

Ein Weg, wie Sie auf den Weg zu Ihrem Unternehmertraum nicht verhungern: Arbeiten Sie Teilzeit in Ihrem bisherigen Angestelltenjob weiter, während Sie Ihre Firma aufbauen – ebenfalls in Teilzeit. Nutzen Sie diese Chance, wenn er Ihr Job erlaubt.

So hat es zum Beispiel unser Freund Eric gemacht: Im ersten Jahr behielt er seinen Vollzeitjob und begann sein Beratergeschäft nach Feierabend. Außer der Sicherheit durch das Einkommen aus einer Festanstellung erlaubt Ihnen die Teilzeitkonstruktion, sich allmählich an die neue Art des selbstständigen Geldverdienens zu gewöhnen. Manche Menschen haben nämlich Probeme damit, Ihren Job zu kündigen und ins kalte Wasser der Selbstständigkeit zu springen.

Eine weitere Möglichkeit: Sie geben Ihren bisherigen Job ganz auf, nehmen aber ein »Arbeitspaket« mit in die Selbstständigkeit, das Ihnen zumindest für einen Teil Ihrer Wochenarbeitszeit ein Einkommen sichert. Die Beratung Ihres ehemaligen Arbeitgebers ist hier eine bewährte Option mit geringem Risiko.

Möglichkeit Nummer 3 für den Teilzeitstart: Ihr Ehepartner steuert Einkommen bei, während Sie das Ihre als Unternehmer noch entwickeln. Das erfordert ein großes Opfer von der Liebe Ihres Lebens; besprechen Sie es also genau, um Missverständnisse und Verstimmung zu verhindern. Vielleicht können Sie sich aber eines Tages bedanken, so wie Eric. Seine Frau arbeitete als Lehrerin, während er sich selbstständig machte. Sie lebten spartanisch von ihrem Gehalt. Einige Jahre stand Erics Firma auf gesunden Füßen – und Judy gab Ihren Job auf, um mit Erics Unterstützung ihre eigene Firma zu gründen.

Ihre soziale Absicherung

Als selbstständiger Unternehmer unterliegen Sie in der Regel nicht der Pflicht zur Sozialversicherung wie ein abhängig Beschäftigter. Schaffen Sie sich also Ersatz, damit Sie und Ihre Familie gegen die folgenden Risiken abgesichert sind.

Krankheit und Pflegebedürftigkeit

Sie können sich und Ihre Familie gegen diese Risiken durch den Abschluss einer privaten Versicherung schützen. Prüfen Sie aber genau die Kosten. Wenn Sie jung und allein stehend sind, gibt es oft sehr günstige Tarife. Wenn Sie schon etwas älter sind (ab ca. 35) und auch wenn Sie Familie haben, steigen die Tarife drastisch. Hier ist dann oft die freiwillige Mitgliedschaft in einer gesetzlichen Krankenkasse günstiger. Vergleichen Sie Tarife und Leistungen genau.

Wenn Sie als Unternehmer länger erkranken, können Sie nicht arbeiten und kein Geld verdienen. Hier sichert sie eine Krankentagegeldversicherung ab. Sie muss allerdings nicht schon ab dem ersten Krankheitstag laufen, sondern sollte erst nach zwei oder drei Wochen einsetzen, was die Prämie senkt.

Berufsunfähigkeit

Wenn Sie hier nicht bereits aus Ihrer Angestelltenzeit Ansprüche an die gesetzliche Rentenversicherung haben, müssen Sie sich gegen dieses Risiko unbedingt absichern. Gegebenenfalls ist die Kombination mit einer Lebensversicherung sinnvoll. Wenn Sie Ansprüche erworben haben, können Sie überlegen, ob Sie diese durch eine Berufsunfähigkeitsversicherung aufstocken.

Tod

Wenn Sie sterben, muss Ihre Familie weiterhin versorgt sein. Hier schützt eine Lebensversicherung. Übrigens: Wenn Ihr Ehepartner gegenüber einer Bank für einen (höheren) Kredit bürgt, verlangen die Banken als Sicherheit eine Versicherung gegen den Todesfall.

Altersabsicherung

Wenn Sie als Angestellter bereits in die Rentenversicherung eingezahlt haben, lassen Sie sich ausrechnen (Versicherungsverlauf), wie hoch Ihre Rentenansprüche daraus sind. Meist wird die zu erwartende nur bescheiden sein. Also müssen Sie jetzt privat weiter vorsorgen. Informieren Sie sich über Versicherungen, aber auch über alternative Möglichkeiten der Geldanlage, die Ihnen langfristig (im Alter) gute Erträge bringen.

Bestimmte Berufe, in der Regel freie, können sich günstig in berufsständischen Versorgungswerken versichern. Künstlerisch tätige Freiberufler müssen sich über die Künstlersozialkasse renten-, kranken- und pflegeversichern.

Lassen Sie sich in allen Fragen Ihrer sozialen Absicherung vor einer Entscheidung umfassend beraten. Der Markt ist unüberschaubar und die Angebote zu unterschiedlich. Wählen Sie als Berater für private Versicherungen nicht einfach den örtlichen Vertreter einer Versicherung, sondern wenden Sie sich an einen Versicherungsmakler. Er ist von Versicherungsunternehmen unabhängig und kann entsprechend vergleichen und für Sie das Optimum herausholen. Achten Sie auch darauf, dass er Angebote von Direktversicherungen berücksichtigt, die oft sehr günstige Tarife haben.

Freie Zeit

Wenn Sie nichts tun, außer zu arbeiten, werden Sie kein glücklicher Mensch. Als Angestellter hatten Sie an Feiertagen frei und einige Wochen Urlaub im Jahr. Vielleicht haben Sie sich nie klar gemacht, dass Ihr Gehalt auch die Kosten für diese Zeiten abdeckte.

Wenn Sie also die Preise für Ihre Produkte und Dienstleistungen festlegen, müssen Sie einkalkulieren, dass Sie wahrscheinlich in fünf von den 52 Wochen des Jahres nicht arbeiten werden. Auch wenn nicht wenige Unternehmer nicht so viel Urlaub nehmen – wir wollen, dass Sie sich diese fünf Wochen gönnen! Sonst brennen Sie aus und werden zu einem unleidlichen Zeitgenossen.

Ihre persönlichen Finanzen nach der Gründung

Wir staunen immer wieder: Wir erleben viele clevere Kleinunternehmer, die ihre Firmen erfolgreich führen. Bei ihren persönlichen Finanzen dagegen sind sie gedankenlose Leichtfüße: unterversichert, Kreditlinien überzogen, Geldanlagen nicht gestreut, magere Altersabsicherung und so weiter.

Man tut das gern als menschliche Schwäche ab, so wie man ein Genie mit chaotischem Schreibtisch belächelt. Doch Schlampigkeit in Finanzdingen ist eine verhängnisvolle Neigung, die wir nicht herunter spielen dürfen: Schlecht gemanagte persönliche Finanzen können eine Firma zerstören, auch wenn es noch so erfolgreich und gut geleitet ist! Auch überträgt sich das unverantwortliche Finanzgebaren nur zu leicht auch auf das Geschäft. Schlechte Angewohnheiten lassen sich nicht leicht ändern. Ihre persönlichen Finanzen nach der Existenzgründung im Griff zu behalten, ist für Ihr persönliches Überleben wie für das Ihrer Firma entscheidend.

Wie Sie Ihre Marktnische finden

3

In diesem Kapitel

- Eine Nische finden
- Welche Art Geschäft für Sie richtig ist

Eines möchten wir gleich klarstellen: Obwohl Ihre Marktnische und Ihre Geschäftsidee wichtig sind, kommt es für das Überleben Ihrer Firma nicht primär auf sie an. Sie sind nur ein kleiner Teil des Puzzles. In diesem Kapitel geben wir Ihnen Puzzleteile an die Hand und erklären, wie Sie sie für den Geschäftserfolg zusammenfügen.

Warum Sie keine neue Nische und keine neuartige Idee brauchen

Die meisten Kleinunternehmer wählen Ihre Marktnische, weil Sie das Produkt oder die Dienstleistung lieben, die sie sich ausgesucht haben. Wenn Sie von Ihrem Angebot begeistert sind, werden Sie jeden Morgen mit Freude aufstehen. Aber natürlich machen viele Unternehmer (in der Tat die überwiegende Mehrheit) nichts Neues, Bahnbrechendes. Viele Steuerberater, Reinigungsfirmen oder Gastwirte sind zufrieden, Ihr Geld mit etwas zu verdienen, das schon anderer vor ihnen getan haben. Sie können gut davon leben, etwas, das sie mögen, in einer Branche, die sie mögen, zu tun – ohne hohe Wellen zu schlagen oder riesige Vermögen anzuhäufen.

Unglücklicherweise haben eine Pionieridee, umfassende Produktkenntnisse und Begeisterung keinen Einfluss auf Ihren langfristigen Geschäftserfolg. Selbst wenn Sie die besten Schokoladenplätzchen zwischen Flensburg und München machen, kann Ihre Firma scheitern. Vielleicht verkaufen Sie nicht genug Plätzchen oder können die verkauften nicht richtig abrechnen oder Sie verkaufen Ihre Plätzchen lastwagenweise, aber Ihre Kunden zahlen nicht ...

Ein gutes Produkt und gute Produktkenntnis sind nur der erste Schritt eines erfolgreichen Unternehmensaufbaus; zusätzlich müssen Sie im Tagesgeschäft eine lange Liste von mehr oder weniger spannenden Aufgaben erledigen:

- ✔ Gute Kunden finden und zum Kauf motivieren.
- ✔ Mit schwierigen, nie zufriedenen Kunden umgehen.
- ✔ Kosteneffizienten Kundendienst leisten, der Kunden zu Stammkunden macht.
- ✔ Buchführungsunterlagen verstehen wie Bilanzen, Gewinn- und Verlust-Rechnungen und Cashflow-Berechnungen.
- ✔ Kredit gewähren und wissen, wie und wem.

- Forderungen eintreiben (das Geld, das andere Ihnen schulden).
- Mit der Dringlichkeit Ihrer Verbindlichkeiten jonglieren und Sie nach Priorität einordnen (das Geld, das Sie anderen schulden).
- Das geheimnisvolle Konzept des Cashflows verstehen und diesen steuern.
- Lagerumschlagsgeschwindigkeit, Kennzahlen, Gewinnspannen berechnen.
- Instrumente wie Organigramme und Stellenbeschreibungen einsetzen.
- Den richtigen Computer mit Software kaufen und ihn beherrschen lernen.
- Steuern und Abgaben richtig kalkulieren und abführen.
- Absichern gegen Klagen von Mitarbeitern wie von Kunden – von sexueller Belästigung bis hin zur Produkthaftung.
- Umgang mit Institutionen und Behörden vom Ordnungsamt über Betriebsrat und Berufsgenossenschaft bis hin zum Finanzamt.
- Mit Drogen- und Alkoholproblemen von Mitarbeitern umgehen, Raucher und Nichtraucher unter einen Hut bringen, fertig werden mit Zuspätkommern, Nörglern und Dieben.
- Mitarbeiter suchen, einstellen, motivieren, weiterbilden. Ausgaben begrenzen. Krisen bewältigen. Mit Banken verhandeln. Expansion planen und ... und ... und ...

Natürlich müssen sich nicht alle Unternehmer mit allen diesen Punkten beschäftigen. Wenn Sie zum Beispiel kein Warenlager haben (etwa als Unternehmensberater), dann haben Sie mit den vielen Fragen im Zusammenhang damit nichts zu tun.

Worauf wir hinauswollen: Die Marktnische oder Geschäftsidee ist letztlich nicht entscheidend für Ihren Unternehmenserfolg. Es ist die tagtägliche Unternehmensführung, die über den Erfolg entscheidet – oder über das Scheitern. Anders gesagt: Zeigen Sie uns einen Topunternehmer, und dann zeigen wir Ihnen jemanden, der mit Plätzchen reich werden kann, auch wenn er nicht das Geringste vom Backen versteht.

»Wie schwer kann es schon sein, einen Grußkartenladen zu betreiben?«

Unser Held (nennen wir ihn Aaron) beschließt, dass es Zeit ist, seinen Lebensstil zu ändern. Er zieht mit seiner Familie in eine Kleinstadt, wo nach seiner Meinung das Leben nur halb so schnell rotiert wie in der Großstadt.

Aaron, Marketingberater für eine dynamische Firma, entscheidet sich, Franchisenehmer der Grußkartenfirma Hallmark zu werden und kauft mit seiner Frau einen bestehenden Laden in einer Mall in ihrer Kleinstadt. Da Aaron Hallmark mehrere Jahre lang in Sachen Marketing beraten hat, glaubt er, die Branche bestens zu kennen.

»Hey«, sagte er zu seinen Freunden, »wie schwer kann es schon sein, einen Grußkartenladen zu betreiben?« Diese Bemerkung sollte er noch jahrelang bereuen. Er fand heraus, *wie* schwer es genau ist, einen Grußkartenladen zu führen. Statt alles über das Marketing eines Großunternehmens zu wissen, muss er jetzt alle möglichen Kleinigkeiten wissen über Buchführung, Mitarbeitereinstellung, -ausbildung und -motivation, Gehaltsabrechnungen, Cashflow, Lagerhaltung und Umgang mit Banken, Rechtsanwälten, Steuerberatern und ... Sie merken, worauf wir hinauswollen.

Aaron sagt heute: »Als Berater habe ich das Hallmark-Management auch in puncto seiner Franchisenehmer beraten und mich immer aufgeregt: »Diese kleinen Ladenschwengel kapieren es einfach nicht!« Es war zum Haare ausraufen. Heute bin ich selber so ein Ladenschwengel – und ich raufe mir die Haare vor Frustration. Wir kleinen Geschäftsleute sehen die Welt durch eine andere Brille als Konzernberater.«

Würde Aaron es noch einmal machen? »Na ja, ich glaube schon. Die Veränderung war es wert. Aber das kann ich Ihnen sagen: Auf dieser Welt gibt es zwei Arten von Unternehmen. Bei der ersten musst du ein Hansdampf in einer Gasse sein. Bei der zweiten musst du einer in allen Gassen sein, und *du* bist dafür verantwortlich, dass es in all diesen Gassen gut läuft. Ich bin von der ersten in die zweite Welt gewechselt und weiß es jetzt: Die beiden sind nicht einmal im selben Universum.«

Wie Sie Ihr Unternehmen auswählen

Bevor wir Ihnen bei dieser Wahl helfen müssen Sie ein wenig über die folgenden vier großen Kategorien wissen: Einzelhandel, Dienstleistung, Produktion, Großhandel. Hier sind ihre wichtigsten Merkmale:

Die Kategorien

- ✔ **Einzelhandel.** Mit dieser Kategorie sind die meisten von uns vertraut, denn wir kaufen praktisch jeden Tag etwas bei einem Einzelhändler. Hier zu lernen, ist normalerweise leichter als in den drei anderen Kategorien (allerdings auch leichter für Ihre Konkurrenten im Einzelhandel). Weil im Einzelhandel meistens in bar bezahlt wird, brauchen Sie kein hohes Kapital, um die Zeit bis zur Begleichung von Forderungen zu überbrücken. Entsprechend ist das Startkapital relativ gering.
- ✔ **Dienstleistung.** Diese Kategorie wächst am schnellsten von den vieren, was teilweise mit den niedrigen Einstiegskosten zusammenhängt (Sie brauchen kein großes Warenlager und nur minimale Ausrüstung). Wenn Sie außerdem wie viele Dienstleister von zu Hause aus arbeiten, sind auch Ihre laufenden Kosten gering.

- **Produktion.** Wenn Sie hier einsteigen, sollten Sie jetzt schon mit dem Sparen anfangen. Lager, ausstehende Forderungen, Ausrüstung, Fabrikgebäude, Mitarbeiter – alles kostet ordentlich Geld. Trotz des hohen Kapitalbedarfs bietet diese Kategorie auch großes Gewinnpotenzial. Schauen Sie zum Beispiel auf die High-Tech-Industrie: Dort wird in kurzer Zeit viel Reichtum geschaffen – für Unternehmer und leitende Mitarbeiter. Firmen wie Microsoft, Intel oder Compaq waren vor nicht all zu langer Zeit noch Neulinge im Produzentengewerbe.
- **Großhandel.** Diese Mittelsmänner sind das Verbindungsglied zwischen Produzenten und Einzelhändlern oder Konsumenten. Ein Großhändler kauft große Mengen eines Produkts vom Hersteller, teilt sie in kleinere Mengen auf und verkauft sie mit einem Aufschlag an den Einzelhandel weiter. Wie die Produzenten brauchen Großhändler viel Kapital zur Vorfinanzierung von Lagerbeständen, Forderungen, Gebäuden und Mitarbeitern. Entsprechend hoch sind die Startkosten.

Sie glauben also, Sie haben alles, um ein erfolgreicher Kleinunternehmer zu werden. (Wenn Sie sich immer noch unsicher sind, finden Sie in Kapitel 1 einen hilfreichen Test.) Sie kennen die Komplexität der Unternehmensführung, kennen Ihre Rolle in diesem Prozess und die vier großen Unternehmenskategorien. Der nächste logische Schritt ist zu bestimmen, in welche konkrete Branche, mit welcher Geschäftsidee, mit welchem Unternehmen Sie aktiv werden wollen. Im Folgenden geben wir Ihnen einen Überblick über die Optionen und Richtlinien, wie Sie Ihre Wahlmöglichkeiten einengen können auf die, die am besten zu Ihnen passt.

Nutzen Sie »zufällige Gelegenheiten«

Manche Kleinunternehmer sind »Zufallsunternehmer«: Sie stolpern über ein Geschäft, das sie gründen oder übernehmen können. Vielleicht steht ihr Lieblingsgeschäft zum Verkauf, ein Freund informiert sie über eine günstige Gelegenheit oder ein Kunde der Firma, bei der sie angestellt sind, lädt ihn oder sie ein, ihn freiberuflich zu beraten – eine Einladung, aus der eine Geschäftsidee wird. In solchen Fällen ist eine Existenzgründung nicht geplant, sondern man stolpert quasi darüber. Es ist einfach die richtig Chance zur richtigen Zeit.

Wenn Sie schon über Ihre Geschäftsgelegenheit gestolpert sind, sind die folgenden Abschnitte zur Information vielleicht sinnvoll. Wenn Sie aber noch auf der Suche sind: Wir helfen Ihnen bei Ihrer Entscheidung.

Machen Sie eine Bestandsaufnahme Ihrer Fachkenntnisse, Interessen und beruflichen Laufbahn

Die meisten stolpern nicht über die ideale Geschäftsidee. Sie müssen danach suchen, und wer sich dabei Mühe gibt, wird auch fündig. Wir helfen Ihnen dabei, Ihre Fachkenntnisse, Interessen und Ihre berufliche Laufbahn mit der richtigen Geschäftsgelegenheit zu verbinden. So werden Sie die Nische finden, die speziell für Sie am besten geeignet ist.

Dazu müssen Sie sich einige Fragen stellen, die Ihren unternehmerischen Scharfsinn testen. Nach der Beantwortung der Fragen besitzen Sie die Basis, um zu Ihnen passende Geschäftsideen zu bestimmen. Nehmen Sie sich Zeit für die Fragen. Wenn Sie bei einem Punkt unsicher sind, fragen Sie Ihren (Ehe-)Partner oder einen Freund – oft kennen sie Sie besser als Sie sich selbst.

Frage 1: In welchen drei unternehmerischen Bereichen haben Sie die besten Fachkenntnisse? (Beispiele: Verkauf, Buchführung, Verwaltung, Marketing, Schreiben, Kommunikation, quantitative Analysen, Mitarbeiterauswahl, Ausbildung, Motivation, Produktentwicklung, Kundendienst, Zielorientierung, Delegation, Verantwortung, Detailbesessenheit und so weiter.)

1.

2.

3.

Frage 2: Sehen Sie sich die Liste von Beispielen in Frage 1 an: In welchen drei Bereichen haben Sie die größten Schwächen?

1.

2.

3.

Frage 3: Welche drei Jobs haben Ihnen in Ihrer beruflichen Laufbahn (Voll- und Teilzeitjobs) am meisten Spaß gemacht? Wenn Sie die drei notiert haben, schreiben Sie neben jeden, warum er Ihnen Spaß gemacht hat.

1.

2.

3.

Frage 4: Welche drei Jobs haben Ihnen in Ihrer beruflichen Laufbahn am wenigsten Spaß gemacht? Listen Sie sie wie bei Frage 3 auf und notieren Sie anschließend jeweils daneben die Gründe, warum Sie diese Jobs nicht mochten.

1.

2.

3.

Frage 5: Was sind Ihre drei besten persönlichen Fähigkeiten? (Beispiele: Führungstalent, Kommunikation, Intelligenz, Kreativität, Visionen, andere mitreißen, Erfindungen/Innovationen, zuhören können, Probleme lösen, Beraten.)

1.

2.

3.

Frage 6: Nehmen wir an, alles in dieser Welt sei möglich und Sie könnten sich die Branche aussuchen, in der Sie den Rest Ihres Lebens zubringen wollen. Welche drei stehen bei Ihnen ganz vorn? (Beispiele: Sport, Musik, Filme, Kunst, Finanzen, Bildung, Telekommunikation, Elektronik, Computer, Medizin, Architektur, Landwirtschaft, Versicherungen, Immobilien, Finanzdienstleistungen, Gastronomie, Textildesign und –produktion, Möbel und Raumausstattung, Outdoor-Produkte, Fotografieren, Drucken, Chemie, Kunststoffe und so weiter.)

1.

2.

3.

Frage 7: Viele Menschen machen aus einem Hobby (zum Beispiel Fotografieren, Golf, Schallplatten sammeln) ein Geschäft. Welche drei Hobbys oder besonderen Interessen von Ihnen könnten zu einer Existenzgründung führen?

1.

2.

3.

Frage 8: Ordnen Sie die vier Kategorien Einzelhandel, Dienstleistungen, Produktion und Großhandel nach ihrer Attraktivität für Sie.

1.

2.

3.

4.

Glauben Sie nicht, dass Sie nach diesen Fragen – heureka! – den vollen Durchblick haben und sofort ein Textilgeschäft eröffnen sollten. Oder eine Kapitalanlageberatung. Oder eine Importfirma für seltene Straußeneier. Dazu reicht es noch nicht. Der kleine Test soll Ihnen erst einmal nur bei der Bestandsaufnahme Ihrer Talente und Interessen helfen. Mit dem Ergebnis hoffen wir, Ihren Denk- und Entscheidungsprozess bezüglich einer Liste von für Sie geeigneten Geschäftsideen zu unterstützen.

Wenn Ihre Stärke (und ihr Interesse) im Verkauf liegt, sollten Sie sich mit Ideen beschäftigen, wo das Verkaufen die wichtigste Funktion ist. Wenn Sie ermittelt haben, dass Sie auf den Gebieten Delegation, Motivation und Verwaltung Schwächen haben, sollten Sie vielleicht eher ein Unternehmen wählen, das Sie allein betreiben, statt eines mit Mitarbeitern. Wenn Ihre früheren Jobs nicht mochten, bei denen Sie direkt mit Kunden zu tun hatten, dann wäre der Einzelhandel wahrscheinlich keine gute Wahl für Sie. Sie verstehen, welche Überlegungen wir bei Ihnen anregen wollen?

Sie sollen mithilfe unserer Fragen den Platz im breiten Spektrum der verfügbaren Geschäftsmöglichkeiten finden, auf den Sie am besten passen. Unser Test liefert Ihnen keine schnellen Antworten, hilft Ihnen aber, Ihre Wahlmöglichkeiten einzugrenzen. Lesen Sie weiter.

Grenzen Sie Ihre Wahlmöglichkeiten ein

Mit den nächsten Fragen erleichtern wir Ihnen Ihre Wahl weiter (wenn Sie noch nicht ausgewählt haben). Wenn Sie Ihre Geschäftsidee schon gewählt haben, sollten Sie die Fragen beantworten, um sich abzusichern, dass Ihre Wahl die richtige ist. Beachten Sie, dass die Fragen nicht nach Wichtigkeit geordnet sind.

Frage 1: Passt dieses Geschäft zu Ihrer Persönlichkeit?

- ✔ Wählen Sie ein Einzelhandelsgeschäft, wenn Sie gern mit Menschen zu tun haben, nichts gegen feste Arbeitszeiten (Öffnungszeiten) haben und es Ihnen nichts ausmacht, lange an einen Arbeitsort gebunden zu sein. (Wenn das Gegenteil zutrifft – vergessen Sie den Einzelhandel.)
- ✔ Wählen Sie die Dienstleistungsbranche, wenn Sie gern mit Menschen zu tun haben, Probleme lösen und Stress und Hektik Ihnen nichts ausmachen. (Beim Gegenteil lassen Sie's.)
- ✔ Wählen Sie den Großhandel, wenn Sie detailbesessen sind, gern Mitarbeiter führen und das Risiko des hohen Kapitaleinsatzes und der hohen Lagerbestände Sie nicht schreckt. (Beim Gegenteil – lassen Sie's.)
- ✔ Wählen Sie die Produktion, wenn Sie qualitätsbewusst und detailbesessen sind und gern nach technischen Lösungen suchen. Auch sollte Ihnen die Mirarbeiterführung Spaß machen.

Innerhalb jeder der vier Kategorien können Sie noch spezifischer werden und Ihre Wahlmöglichkeiten auf bestimmte Branchen einengen, zum Beispiel:

- ✔ Wenn Sie gern mit Zahlen umgehen, erwägen Sie Finanzdienstleistungen, Buchführung oder Steuerberatung.
- ✔ Wenn lange und ungünstige Arbeitszeiten Sie nicht schrecken, erwägen Sie die Gastronomie oder Hotellerie.
- ✔ Wenn es Ihnen nichts ausmacht, lange Stunden am Schreibtisch zu sitzen, erwägen Sie Telefonmarketing, Übersetzen oder Computerprogrammierung.

Frage 2: Haben Sie mit dieser Branche oder diesem Produkt Erfahrung?

Erfahrung ist der beste Lehrer. Wenn Sie keine besitzen, haben Ihre erfahrenen Wettbewerber einen beachtlichen Vorteil Ihnen gegenüber. Studien belegen, dass die Mehrheit aller Unternehmer zu Produkten oder Dienstleistungen tendiert, mit denen sie schon vorher vertraut war.

Frage 3: Können Sie sich dieses Geschäft leisten?

Dienstleistungen sind die kostengünstigste der vier Kategorien, gefolgt vom Einzelhandel, dem Großhandel und schließlich der Produktion. Wie hoch Ihr Startkapital sein muss, wird uns in Kapitel 5 beschäftigen. Rechnen Sie bei der Beantwortung dieser Frage auch das Fremdkapital ein, das Sie als Kredite oder von Investoren erhalten können.

Frage 4: Können Sie mit dem Risiko dieses Geschäfts leben?

Allgemein gilt: Je höher der Kapitaleinsatz, desto höher das Risiko. Sind Sie – finanziell wie geistig – gewappnet für das Risiko, einen Produktionsbetrieb zu gründen? Falls nicht, werden Sie lieber Dienstleister; das passt eher zum Durchschnittsportmonee. Wenn Sie eine Idee (oder gar ein Patent) für eine neues Wunderprodukt haben, aber nicht die Mittel, es herzustellen, können Sie es jemand anderen produzieren lassen und dann immer noch selber verkaufen und Kundendienst dafür anbieten.

Auf der Suche nach schnellem Wachstum

Wir haben die Wachstumsunternehmen aus der neuesten Liste nach Branchen geordnet. Wenn Sie also nach der Branche für den schnellen Weg zum Erfolg suchen, kann die folgende Aufstellung Ihnen Anhaltspunkte geben:

Branche	*Prozentualer Anteil an den 500 Unternehmen*
Computer (alles von Software bis Kundendienst)	36 %
Dienstleistungen für Unternehmen (alles von Werbung bis Steuerberatung)	22 %
Produkte und Dienstleistungen für Konsumenten	9 %
Telekommunikation	8 %
Gesundheit	5 %
Bau	5 %
Industrieausrüstung	5 %
Finanzdienstleistungen	4 %
Medien	2 %
Umwelt	2 %
Transport	1 %

Wir müssen dazu sagen, dass eine Reihe von Firmen, die einmal unter den 500 am schnelltsen wachsenden von *Inc.* waren, nicht mehr im Geschäft sind. Risiko und Wachstum hängen eng zusammen, und der Erfolg eines Unternehmers kann zum Scheitern eines anderen führen. Zum Glück für die meisten von uns gibt es genügend weniger glanzvolle Branchen, die Chancen für Erfolg bieten.

Frage 5: Glauben Sie an die Branche, in der Sie sich engagieren möchten?

Branchen wie die Tabak- oder Rüstungsindustrie oder ein Sexshop eignen sich nicht für jeden. Wählen Sie eine Branche, die Sie nachts ruhig schlafen lässt und Ihnen ein gutes Gefühl gibt bei dem, was Sie tun.

Frage 6: Ist es eine Branche, die nicht zu stark besetzt ist oder von wenigen (Groß-)Unternehmen beherrscht wird?

Sie wollen heiße Brötchen mit Buletten verkaufen? Viel Glück. Dann müssen Ihre Brötchen wirklich etwas ganz Besonderes sein, oder Sie müssen etwas völlig anderes anbieten als McDonald's oder Burger King. Jede Branche hat einen Sättigungsgrad; wählen Sie keine, wo der Markt schon voll besetzt ist. Wenn ein Markt gesättigt ist, können Sie das den Unternehmen meist ansehen; achten Sie auf den Zustand der Geschäftsräume, die Qualität und Professionalität der Mitarbeiter sowie die Preise. Ist in den Preisen zum Beispiel ausreichend Luft, um einen angemessenen Gewinn zu erzielen? Falls nicht, dann herrscht bereits ruinöse Preiskonkurrenz – und das kann für Sie nur eines bedeuten: Finger weg!

Frage 7: Haben Sie in dem Geschäft einen Wettbewerbsvorteil?

Können Sie Ihr Produkt besser machen, besseren Service bieten oder es besser verkaufen als andere? Falls nicht, müssen Sie sich fragen, was Ihre potenziellen Kunden motivieren kann, mit Ihnen zusammen zu arbeiten. (Wenn Ihre Antwort der Preis ist, haben Sie sofort ein Problem, wenn Sie keinen klaren, qualitativen Weg gefunden haben, ein Produkt oder eine Dienstleistung billiger und besser als die Branchenführer zu kreieren und zu liefern.)

Frage 8: Können Sie in dem Geschäft ein Spezialist werden?

Ein Spezialist besitzt Macht; Generalist zu sein bedeutet Gefahr. Viele mussten es erst lernen: Tue das, was du besser als die anderen kannst – lasse das sein, was du nicht kannst.

Nutzen Sie öffentliche Informationsquellen

Jeder lästert über den Staat und die Institutionen. Aber hin und wieder überraschen sie uns, indem sie etwas richtig machen. Gerade im Bereich Existenzgründung und Wirtschftsförderung hat sich in den vergangenen Jahren viel getan – von Beratung, günstigen Krediten, Zuschüssen und Sonderabschreibungen bis zu Steuervorteilen. Sprechen Sie die folgenden Stellen an und fragen Sie nach Informationsmaterial und Beratung; fragen Sie auch nach weiteren Institutionen, die für Sie infrage kommen, beispielsweise nach dem Fachverband für die Branche, in der Sie sich selbständig machen möchten.

- ✔ Alt hilft Jung e. V., Bundesarbeitsgemeinschaft der Senior-Experten, Kennedyallee 62-70, 53175 Bonn, www.alt-hilft-jung.w3d.de; Beratung durch »Unternehmer-Senioren«

- Arbeitsgemeinschaft Deutscher Technologie- und Gründerzentren e. V. (ADT), Rudower Chaussee 29, 12489 Berlin, www.adt-online.de
- Arbeitsgemeinschaft Selbstständiger Unternehmer e. V. (ASU), Mainzer Str. 238, 53179 Bonn, www.asu.de
- Ausstellungs- und Messe-Ausschuss der Deutschen Wirtschaft e. V. (AUMA), Lindestr. 8, 50674 Köln, www.auma.de; Informationen über Messen
- Bundesministerium für Bildung und Forschung, Heinemannstr. 2, 53175 Bonn, www.bmbf.de
- Bundesministerium für Wirtschaft, Villemombler Str. 76, 53123 Bonn; Dienstbereich Berlin: Scharnhorststr. 36, 10115 Berlin; www.bmwi.de
- Bundesstelle für Aussenhandelsinformation (BFAI), Agrippastr. 87-93, 50676 Köln, www.bfai.de
- Bundesverband der Freien Berufe, Godesberger Allee, 54, 53175 Bonn, www.freie-berufe.de
- Bundesverband Junger Unternehmer der ASU e. V. (BJU), Mainzer Str. 238, 53179 Bonn, www.bju.de
- Deutsche Ausgleichsbank (DtA), Wielandstr. 4, 53173 Bonn, www.dta.de; unfassende Existenzgründerinformationen: www.gruenderzentrum.de; Existenzgründungs- und –finanzierungsprogramme in der Übersicht: www.dta.de/businessline/index.html/; Partnerschaftskapital-Agentur der DtA: Sarrazinstr. 11-15, 12159 Berlin✔ Deutscher Industrie- und Handelstag (DIHT), Adenauerallee 148, 53113 Bonn, www.diht.de; Dachorganisation aller Industrie- und Handelskammern
- Euro-Info-Centres (EIC); eine Liste können Sie per Fax anfordern bei: Kommission der Europäischen Union, Brüssel, Fax 0032/2/6409328
- Kreditanstalt für Wiederaufbau (KfW), Palmengartenstr. 5-9, 60325 Frankfurt a. M., www.kfw.de; Existenzgründungsförderprogramme
- Rationalisierungs- und Innovationszentrum der Deutschen Wirtschaft (RKW), Düsseldorfer Str. 40, 65760 Eschborn, www.rkw.de
- tbg Technologie-Beteiligungsgesellschaft mbH der DtA, Wielandstr. 4, 53173 Bonn, www.tbgbonn.de
- Wirtschaftsjunioren Deutschland (WJD), Adenauerallee 148, 53113 Bonn, www.wjd.de
- Zentralverband des Deutschen Handwerks (ZDH), Johanniterstr. 1, 53113 Bonn, www.handwerk.de; Dachorganisation aller Handwerkskammern

Mit dem folgenden hilfreichen Buch finden Sie im Internet fast alles, was Sie als Existenzgründer wissen müssen: Jörg Mielczarek: *Die 5000 besten Internet-Adressen für Existenzgründer*, Verlag interna aktuell, Bonn.

Ihr wichtigstes Kapital sind Sie selbst

Drehen wir die Uhr zurück in die Mitte des 20. Jahrhunderts. Stellen Sie sich vor, Sie sind ein Kleinstadtbankier im US-Bundesstaat Arkansas – tiefste Provinz im tiefsten amerikanischen Süden. Eines Tages kommt ein Mann in den 30ern in Ihr Büro und legt Ihnen einen Plan vor. Wie es aussieht, will er vor seinem Tante-Emma-Laden einen Softeisautomaten aufstellen, und Sie sollen ihm bei der Finanzierung helfen.

»Oh je«, denken Sie. »Der hat wohl nicht alle Tassen im Schrank. Wenn er keine 1.800 $ aus den Gewinnen seines Ladens bezahlen kann, warum glaubt er, dass ich es soll? Für 1.800 $ muss man eine Menge Eishörnchen verkaufen.«

Dann sehen Sie tiefer in die Augen des Mannes, der leidenschaftlich seine Vision des Eisverkaufs auf dem Bürgersteig beschreibt. Und siehe da: Sie sehen ein inneres Feuer, während er erklärt, wie er Eis verkaufen und die Kunden damit auch in seinen Laden ziehen wird. Je mehr er redet, desto mehr verstehen Sie, dass dieser Bursche von einem Traum angetrieben wird, einem Traum, der weit über den Eisverkauf hinaus geht. Nachdem Sie ihm länger als beabsichtigt zugehört haben, treffen Sie die untypische Entscheidung, ihm das Geld zu geben – nicht weil seine Idee einzigartig ist, sondern weil der Unternehmer einzigartig ist. Sie gewähren den Kredit und warten ab. Zwei Jahre später hat er seinen Fünfjahreskredit vorzeitig zurückgezahlt und noch später hat er Wal-Mart geschaffen, die größte Einzelhandelskette der USA (die inzwischen sogar bis nach Deutschland expandiert hat).

Ja, Sie haben Ihre Entscheidung getroffen wegen Sam Walton, nicht wegen eines Softeisautomaten. Es war ganz natürlich, dass sein Geschäft erfolgreich sein würde.

Und so wird es uns allen ergehen, die wir in Sam Waltons Fußstapfen treten: Wir allein bewirken den Erfolg unseres Unternehmens – oder die Pleite. Natürlich ist die Marktnische wichtig, aber *wir* suchen sie aus. Natürlich sind unsere Mitarbeiter wichtig, aber *wir* suchen die Leute aus, die wir einstellen (und denen wir kündigen). Und natürlich sind unsere Produkte oder Dienstleistungen wichtig, aber *wir* haben das letzte Wort bei ihrer Auswahl und Qualität. Alles, was in unserem Unternehmen geschieht, trägt unseren persönlichen Stempel. Sam Waltons Bankier hat das im Laufe jenes Gesprächs gelernt. Der Inhaber eines Kleinunternehmens ist der wichtigste Faktor für den Erfolg oder das Scheitern seiner Firma.

Von Ideen zu Plänen

4

In diesem Kapitel

- Ihr Mission Statement
- Ihr Geschäftsplan
- Wie Sie Ihren Geschäftsplan aktualisieren

Wenn Sie sich entschieden haben, Ihr eigenes Unternehmen zu gründen, müssen Sie Ihre erste konkrete Aufgabe anpacken: die Entwicklung und Niederschrift Ihres Geschäftsplans. Vorher ist es jedoch wichtig, ein Mission Statement als Fundament für den Plan zu formulieren.

Ihre Mission – wie Sie sie definieren

Ein Mission Statement ist ein niedergeschriebener, leicht zu merkender Satz, einige wenige Punkte oder ein kurzer Absatz, der Ziel und Zweck Ihres Unternehmens im Leben beschreibt – eben seine (und damit Ihre) Mission. Mission Statements können ganz verschieden aussehen, haben aber immer einen Zweck: Sie und Ihre Mitarbeiter zu leiten bei maßgeblichen Entscheidungen, die die Richtung Ihres Unternehmens betreffen. Außerdem sollte Ihr Mission Statement Ihre Firma für Außenstehende eindeutig indentifizierbar machen – für Ihre Kunden, Lieferanten, die Medien und andere. Wie sollte Ihr Mission Statement lauten?

- ✔ Wenn Sie Buchhändler wären: Würde es lauten »Bücher verkaufen« oder »Bessere Bildung und mehr Unterhaltung für die Kunden«?
- ✔ Wenn Sie Bauunternehmer wären: Würde es lauten »Häuser bauen« oder »Den Kunden bezahlbare Wohnlösungen anbieten«?
- ✔ Wenn Sie einen Ratgeber für Existenzgründer schrieben: Würde es lauten »Ein Buch mit X Seiten schreiben, das für Y Euro verkauft werden soll« oder »Den Lesern Lösungen für ihre unternehmerischen Probleme liefern und Vorschläge, wie sie von ihrer Geschäftsidee am besten profitieren«?

Sie werden bemerken, dass das Schlüsselwort hinter allen drei Mission Statements *Lösungen* ist. Jedes erfolgreiche Unternehmen ist heute damit beschäftigt, seinen Kunden Lösungen für ihre Probleme anzubieten. Die Kernfrage, die Sie sich also für Ihr eigenes Mission Statement beantworten müssen, lautet: »Welche Lösung biete ich an und was muss ich tun, um sicher zu stellen, dass diese Lösung konsistent und wirtschaftlich geliefert werden kann?«

Lassen Sie sich auch viel Spielraum für Wachstum in Ihrem Mission Statement. Wenn der Buchhändler von oben sein Geschäft mit »Bildung und Unterhaltung« definiert, lässt er sich die Option offen, auch CDs oder Spiele zu verkaufen anstatt nur Bücher. Der Bauunternehmer hat die Option, außer Wohnhäusern auch Garagen, Scheunen und Gartenanlagen zu errichten. Die Autoren können außer einem Buch auch eine CD-ROM verfassen, Unternehmen beraten oder Seminare abhalten.

Machen Sie Ihr Mission Statement bekannt

Wenn Sie Ihr Unternehmen ans Laufen gebracht haben, sollten Sie Ihr Mission Statement an den folgenden Stellen bekannt machen:

- ✔ An der Wand an einem zentralen Ort in Ihrer Firma als ständigen Anstoß für Sie, Ihre Mitarbeiter und Ihre Kunden.
- ✔ In Ihrem Geschäftsplan (Gegenstand des nächsten Abschnitts)
- ✔ Auf der ersten Seite Ihres Mitarbeiterhandbuchs, wenn Ihr Unternehmen groß genug ist, dass so ein Handbuch sinnvoll ist (mehr dazu in Kapitel 13).

Ihr Geschäftsplan: Starten Sie nicht ohne

Sie sagen, Sie bräuchten keinen Geschäftsplan? Natürlich – Sie nicht und genau so wenig brauchten ihn Alice im Wunderland und Dr. Livingstone (der zu wissen glaubte, wohin er ging), als er in den afrikanischen Dschungel verschwand, und Zehntausende von Menschen, die sich auf ihrem Weg verlaufen. Wenn Sie einen wohl definierten Plan erstellen, sich an ihn halten, ihn laufend überarbeiten und aktualisieren, dann werden Sie von A geradewegs nach B gelangen und nicht nach Q oder nirgendwohin. Genau so ist es mit Ihrem Unternehmen.

Wenn die Sicherheit, dass Sie den richtigen Weg gehen, noch nicht genug Grund für die Erstellung eines Geschäftsplans ist, dann sprechen Sie mit Leuten, die Geld verleihen oder investieren. Diese Leute denken nicht daran, auch nur eine müde Mark herauszurücken, wenn Sie ihnen keinen Geschäftsplan vorlegen. Und dazu sollte es ein exzellenter Plan sein.

Ein Geschäftsplan dient zwei ganz verschiedenen Zwecken: als Wegweiser und um Kredite oder Investments zu bekommen.

Der Geschäftsplan als Wegweiser

Banker, Beteiligungsinvestoren (Venture-Capital-Anleger) und andere, die viele Geschäftspläne zu Gesicht bekommen, wissen, dass es Geschäftsideen wie Sand am Meer gibt – eine Idee ist nicht das Entscheidende für den Unternehmenserfolg. Die Person hinter der Idee und die Umsetzung der Idee sind der Schlüssel. Wie aber zeigen Sie diese Person den Lesern des Geschäftsplans? Und wo fängt die Umsetzung der Idee an?

Im Geschäftsplan! Klar, ein Geschäftsplan fängt an zu veralten, sobald seine Tinte getrocknet ist – ein Kleinunternehmen verändert sich ständig. Wenn der Plan selbst offensichtlich wichtig ist, ist der Prozess noch wichtiger. Ein wohl durchdachter Prozess der Geschäftsplanerstellung führt zu den richtigen Fragen und zwingt den Verfasser, von Anfang an die Lösungen zu denken, statt später zu hektischem Krisenmanagement gezwungen zu sein.

Ein Beispiel dafür ist der Abschnitt »Risiken« des Geschäftsplans. Die meisten Gründer sehen die Risiken bei ihrem Vorhaben nicht (oder wollen sie nicht sehen); Optimismus herrscht vor, und »das Glas ist halb voll«. Beim Schreiben des Abschnitts »Risiken« wird der angehende Unternehmer jedoch gezwungen, nicht nur die einzelnen Risikofaktoren zu benennen, sondern (wo möglich) auch, wie er sie zu bewältigen oder zu vermeiden gedenkt.

Der Geschäftsplan als Finanzierungsinstrument

Geldinstitute und professionelle Investoren lesen einen Geschäftsplan, um die Geschäftsidee zu verstehen, aber ebenso, um sich ein Bild von dessen Verfasser zu machen. Sie suchen in dem Plan nach Gründlichkeit, Professionalität und Aufmerksamkeit fürs Detail sowie natürlich nach einem glaubwürdigen Szenario für den Betrieb eines erfolgreichen Unternehmens. Und Gründlichkeit, Professionalität und Aufmerksamkeit fürs Detail sind auch genau die Merkmale, die sie bei der Person sehen möchten, der sie Geld geben. Sie müssen schon in Ihrem Geschäftsplan erkennbar sein.

Der gute Investor hat aus der Erfahrung gelernt: Nicht das Pferd gewinnt das Rennen, sondern der Jockey. Der Jockey, die »treibende Kraft« – das sind Sie, und Ihr Geschäftsplan ist das Erste, was nach außen erkennen lässt, was Sie leisten können.

Frage: Was haben diese Dinge gemeinsam: einen Mentor finden, Finanzierungsquellen auftun, einen Geschäftsplan erstellen? – **Antwort**: Sie bereiten einem Kopfschmerzen.

Jim berät angehende Kleinunternehmer. Wenn ein Beratungsgespräch die geplante Zeit zu überschreiten droht, weiß er, wie man es beendet. Er sieht seinem Gegenüber direkt in die Augen und sagt: »Harry, geh, nach Hause, schreib, deinen Geschäftsplan und ruf, mich dann an. Wir sprechen ihn dann zusammen durch.«

Oft genug ist dies das letzte Mal, dass Jim Harry sieht, denn gute Geschäftspläne brauchen viel Vorbereitungszeit und sind kein Zuckerschlecken. Bei der Erstellung scheiden sich die potenziellen Macher von den Träumern. Nur die wirklich Engagierten unterziehen sich der Mühe. Natürlich gibt es Ausnahmen – Unternehmer, die einen ausgereiften Geschäftsplan fertig im Kopf hatten und später große Erfolge erzielten. Aber Sie können uns schwer davon überzeugen, dass diese Unternehmer nicht noch größeren Erfolg gehabt hätten und am Anfang Fehler vermieden hätten, wenn sie sich hingesetzt und ihre Ideen in einem Geschäftsplan aufgezeichnet und festgeklopft hätten.

Wir als Unternehmensberater haben es immer wieder beobachtet und die Lektion gelernt: Das Ausmaß des anfänglichen Engagements hängt direkt zusammen mit den Erfolgschancen. Ein durchdachter Geschäftsplan belegt das Ausmaß des Engagements, das es braucht, um am Ende Chef eines erfolgreichen Kleinunternehmens zu sein.

Wie Sie Ihren Geschäftsplan zu Papier bringen

Wie detailliert muss Ihr Plan sein? Ein einfacher, mehr kurzfristiger Plan (etwa zehn Seiten) ist angemessen, wenn Sie Ihr Unternehmen zum Beispiel zu Hause betreiben wollen und nur für sich allein planen. Wenn Sie jedoch mit Ihrer Firma expandieren, Mitarbeiter einstellen, Filialen eröffnen wollen, dann sollte Ihr Plan die langfristigen Themen ausführlicher behandeln und entsprechend länger sein (20 bis 50 Seiten). Noch ausführlicher muss Ihr Plan sein, wenn Sie damit Investoren anwerben wollen.

Egal, welchen Umfang sie wählen, sie können Ihren Geschäftsplan immer ergänzen und/oder aktualisieren. Wenn sich Ihre Firma nach der Planerstellung später (Überraschung!) zu ungeahnten Höhenflügen aufschwingt, werden Sie noch viel Gelegenheit zur Überarbeitung haben.

Hier noch ein paar praktische Hinweise vorab:

- ✔ Tippen Sie 1½- oder zweizeilig.
- ✔ Jeder Teil (Unternehmensbeschreibung, Management, Marketingplan und so weiter) sollte auf einer neuen Seite beginnen. Innerhalb der Teile, in den Kapiteln (zum Beispiel Mission Statement oder Rechtsform) schreiben Sie Fließtext, sollten aber die Unterabschnitte durch Zwischenabstände und –überschriften klar voneinander trennen.
- ✔ Wählen Sie für die Überschriften der Kapitel ruhig andere Formulierungen oder fügen Sie welche hinzu. Keine zwei Unternehmen sind genau gleich.
- ✔ Die Reihenfolge der Teile sollten Sie beibehalten, die der Kapitel innerhalb der Teile kann variieren.

Im Folgenden geben wir Ihnen ein Gerüst für Ihren Geschäftsplan. Ob sie es genau übernehmen oder Ihr eigenes entwickeln, Ihr Plan sollte die aufgeführten Punkte abdecken.

Teil 1: Unternehmensbeschreibung

Dieser Teil soll dem Leser einen Überblick über das Unternehmen liefern. Nach der Lektüre sollte der Leser genau wissen, in welcher Branche Sie sind, die Rechtsform und wie sich Ihr Unternehmen von den Wettbewerbern abzuheben plant.

A. Mission Statement

Wie vorn in diesem Kapitel beschrieben.

B. Zusammenfassende Beschreibung

Dieses Kapitel beantwortet die grundlegende Frage: Was ist der Gegenstand meines Unternehmens? Als Erstes sollten Sie in einem Satz definieren, was Ihre Firma genau tun wird (oder tut).

Mit dieser punktgenauen Definfition beschreiben Sie Ihr Unternehmer allen möglichen Menschen von Bankern bis zu Kunden und Bekannten auf einer Party.

> Wenn Sie Ihr Unternehmen nicht in einem Satz definieren können, stimmt mit Ihrer Definition etwas nicht.

Ihr Geschäftskonzept muss nicht einzigartig oder außergewöhnlich sein. Elektriker, freie Journalisten und Computerberater werden immer gebraucht. Konzentrieren Sie sich mehr auf die effiziente und kluge Unternehmensführung (das Management) als auf ein neues Produkt oder eine einzigartige Dienstleistung.

Auch wenn es Ihr Konzept schon länger gibt, können Sie ihm doch einen neuen Dreh geben. Ein Beispiel: Sie sind Tierarzt und erkennen, dass viele Menschen in Ihrer Gegend keine Zeit haben, Ihre Tiere zur Behandlung in Ihre Praxis zu bringen. Dann können Sie eine neuartige Geschäftsidee kreieren, sagen wir »Tierarzt auf Rädern«. Sie können natürlich auch eine konventionelle Praxis mit guten Dienstleistungen zu attraktiven Preisen betreiben. Platz im Markt ist für beide.

C. Rechtsform

Sind Sie eingetragener Kaufmann oder Freiberufler? Ist Ihr Unternehmen eine Gesellschaft bürgerlichen Rechts, eine Partnerschaftsgesellschaft, eine GmbH, eine OHG, eine KG, eine Aktiengesellschaft? (Informationen hierzu in Kapitel 5.)

D. Wettbewerbsvorteil

Sie müssen die folgenden Fragen beantworten, um zu zeigen, wie Ihr Unternehmen sich von der Konkurrenz abheben soll:

- ✔ **Wer sind Ihre Konkurrenten, und welche Wettbewerbsvorteile haben sie (nach Ihrer Meinung) zurzeit?** Hier benennen Sie die Stärken Ihrer Mitbewerber, damit Sie es zumindest in der Anfangsphase Ihrer Firma vermeiden können, direkt gegen diese anzukämpfen. Wenn Sie zum Beispiel in die Softdrinkbranche einsteigen, werden Sie nicht gleich mit einer koffeinhaltigen Brause gegen Coca-Cola antreten wollen.
- ✔ **Was sind die Schwächen Ihrer Konkurrenten?** Indem Sie ihre Schwächen herausfinden, finden Sie gleichzeitig die Chance, sie dort zu treffen, wo sie am verwundbarsten sind. Nehmen wir nochmal Coca-Cola. Sie täten besser daran, ein Kaffeegetränk in Dosen (in Asien sehr beliebt) anzubieten, eine Marktnische, in der Coke nicht annähernd so stark ist.
- ✔ **Was unterscheidet Ihre Produkte oder Dienstleistungen von denen Ihrer Konkurrenten?** Dieser Unterschied muss nichts Neues oder Einzigartiges sein. Es reicht, wenn Sie etwas besser machen als die anderen. Wenn Sie einen Rasenpflegeservice betreiben, können Sie ihren (Stamm-)Kunden neben dem Mähen einen kostenlosen Heckenschnitt als Treuebonus anbieten.

- **Service, Qualität und Preis – wo wollen Sie Ihren Schwerpunkt legen?** Denken Sie daran: Sie können nicht alles für alle bieten. Wo im Markt wollen Sie Ihr Produkt platzieren? Wollen Sie Topqualität und –service anbieten oder sich auf das untere Ende des Marktes konzentrieren, indem Sie hauptsächlich über den Preis verkaufen? Es gibt in jedem Markt viele Positionierungsmöglichkeiten, das heißt genügend Platz für Sie, wenn Sie das, was Sie tun, besser tun als Ihre Konkurrenz.

Es ist für die meisten Kleinunternehmen äußerst schwer, wenn nicht unmöglich, Niedrigpreisanbieter in einer Nische zu sein. In der Regel sollten sich kleine Firmen auf Service und Qualität konzentrieren und andere die Billigheimer spielen lassen.

Was für ein Unternehmen wollen Sie wirklich?

Jim gründete 1998 sein fünftes Kleinunternehmen, genannt The Advisory Board (TAB; deutsch: Der Beratungsstab). Es organisiert Kleinunternehmer in Gruppen von zwölf, die sich monatlich zu Erfahrungsaustausch und Beratung treffen. Die TAB-Mitglieder nutzen die Treffen, um Probleme zu lösen, Feedback auf ihre Ideen und Unterstützung von Unternehmerkollegen zu bekommen.

Beim ersten Treffen einer Gruppe von Homeworkern (die Ihre Firmen zu Hause betreiben) präsentierte eine Frau (nennen wir sie Kate) ihr grundlegendes Problem. Sie entwarf, produzierte und verkaufte handbemalte Kacheln für Küchen und Bäder. Die meiste Zeit verbrauchte Sie allerdings für die Herstellung (das Bemalen) der Kacheln und hatte zu wenig Zeit, neue Designs zu entwerfen und neue Kunden zu gewinnen.

»Kate«, fragte ein Mitglied ihrer Gruppe, »hast du dich selbstständig gemacht, um Kachelmalerin zu werden?«

»Nein«, antwortete Kate, »ich habe meine Firma gegründet, um Designs für Kacheln zu entwerfen und sie im ganzen Land zu verkaufen.«

»Dann solltest du deine Kacheln designen, verkaufen und vermarkten, aber nicht bemalen«, schlug ein anderes Gruppenmitglied vor. »Gib die Produktion aus der Hand und mach, selber nur noch Design, Verkauf und Marketing.«

Man konnte förmlich sehen, wie Kate ein Licht aufging. Direkt vor ihrem »Beratungsstab« fasste sie den Entschluss, den Schwerpunkt Ihres Unternehmens anders zu setzen. Heute verbringt Sie ihre Zeit mit dem Design, Marketing und Verkauf ihrer Produkte, während ein externes Unternehmen die Kacheln glasiert und brennt.

Was Sie daraus lernen können? Warten Sie nicht, bis jemand fragt: »Was für ein Unternehmen wollen Sie wirklich?« Stellen Sie sich diese Frage selber und beantworten Sie sie in Ihrem Geschäftsplan.

Teil 2: Management

Dieser Teil ist der wichtigste, wenn Sie den Geschäftsplan als Instrument zur Beschaffung von Finanzierungsmitteln einsetzen möchten. Intelligente Investoren wissen, dass der Erfolg eines Unternehmens von der Qualität des Managementteams abhängt. Beginnen Sie diesen Teil mit Kurzbiografien der leitenden Personen: Geschäftsführer und Stellvertreter, Verkaufs- und Marketingleiter, Gesellschafter, Vorstandsmitglieder und so weiter. Stellen Sie deren beruflichen Werdegang und Qualifikationen genau dar: Ausbildung, frühere Tätigkeiten, besondere Leistungen. Denken Sie daran, dass vorsichtige Geldgeber Referenzen überprüfen! Am ausführlichsten sollten Sie Ihre eigene Person darstellen.

Wenn Sie den Geschäftsplan nur als Wegweiser nutzen, ist die Präsentation des Managementteams weniger wichtig. Beschreiben Sie es aber trotzdem – das hilft Ihnen bei der Überlegung, ob die Mitglieder gut zusammen passen und ein schlagkräftiges Team bilden werden.

Teil 3: Marketingplan

Dieser Teil des Geschäftsplans gibt dem Leser einen Überblick über die Branche, in der sich Ihre Firma betätigt, ihre potenziellen Kunden und darüber, wie Sie Ihr Produkt oder Ihre Dienstleistung verkaufen, vertreiben und promoten wollen.

A Die Branche insgesamt

In diesem Abschnitt geben Sie einen Überblick über die Branche Ihrer Wahl (in dem geografischen Gebiet, in dem sich Ihr Unternehmen betätigen soll), indem Sie die folgenden Fragen beantworten:

- ✔ Wie stark ist der Wettbewerb in der Branche?
- ✔ Wie groß sind die Wachstumschancen?
- ✔ Wer sind die Branchenführer?
- ✔ Welche Nischen außer Ihrer gibt es noch?

Die Antworten erhalten Sie in der Regel in Gesprächen mit Ihrem Branchenfachverband und der Industrie- und Handelskammer oder Handwerkskammer. Eine weitere Quelle sind diejenigen, die bereits in der Branche aktiv sind, wie etwa Produzenten und ihre Handelsvertreter oder Großhändler.

B. Identifizieren Sie potenzielle Kunden

Wenn Ihr Unternehmen nicht an andere Firmen verkauft, sondern an Konsumenten, dann ist das für Sie wichtig: Geschlecht, Alter, Einkommen, Wohnort, Familienstand, Kinderzahl, Bildung, Wohnsituation (Miete oder Eigentum) und die Gründe, warum sie Ihr Produkt oder Ihre Dienstleistung nachfragen könnten. Welche dieser demografischen Merkmale beschreiben den Kunden, auf den Sie abzielen?

Wenn Sie an andere Unternehmen verkaufen (neudeutsch: Business to Business), müssen Sie die entsprechenden Merkmale kennen: Was für Firmen (Typen) werden Ihr Produkt, Ihre Dienstleistung kaufen? Wer ist in diesen Firmen letztlich der Entscheidungsrträger, und wie können Sie diese Leute erreichen? Welche Probleme dieser Entscheidungsträger werden Sie mit Ihrem Produkt oder Dienst lösen?

Durchleuchten Sie Ihre Vorbilder

Wenn Ihre Firma Produkte oder Dienstleistungen anbietet, die denen von anderen Unternehmen ähnlich sind, dann suchen Sie sich zwei oder drei Ihrer erfolgreichen Wettbewerber heraus, die dem sehr nahe kommen, wie Sie Ihre eigene Firma sehen. Welche dieser Firmen können Ihnen als Vorbild dienen? In welchen Bereichen können Sie Besseres oder Andersartiges anbieten?

Auch wenn Sie ein innovatives und einzigartiges Konzept haben, sollten Sie Firmen in verwandten oder auch gänzlich anderen Bereichen heraussuchen, denen Sie es nachtun wollen. (Unterschätzen Sie nicht den Wert von Imitation; die meisten erfolgreichen Gründer sind altgediente »Nachmacher«.)

Beantworten Sie zu den Konkurrenz-Unternehmen, die Sie unter die Lupe nehmen, die folgenden Fragen:

- ✔ Warum haben sie ihren jetzigen Standort gewählt?
- ✔ Wie werben sie für ihre Produkte und Dienstleistungen?
- ✔ Welche Kundentypen ziehen sie an?
- ✔ Wie hoch sind ihre Einnahmen und Ausgaben? ihre Gewinne?
- ✔ Wie sind sie im Lauf der Zeit gewachsen und expandiert?
- ✔ Was sind ihre Zukunftspläne?

Wie können Sie all das herausfinden? Fragen Sie Kunden dieser Firmen oder werden Sie selber einer (natürlich bevor Sie Ihr eigenes Kleinunternehmen eröffnen). Noch besser: Sprechen Sie mit Lieferanten, die Ihre beiden Unternehmen beliefern (werden). Viele Lieferanten, die für ihre Kunden ein »Freund« sein wollen, werden Ihnen mehr über ihre Abnehmer erzählen, als sie eigentlich sollten.

C. Geografie

Bestimmen Sie Ihr geografisches Haupteinzugsgebiet: Wo werden Ihre Kunden herkommen? Sitzen Ihre Kunden im lokalen Bereich (etwa bei einem Partyservice) oder sogar nur in einem Stadtteil (etwa bei einem Kinderarzt), in der Region (etwa bei einem Anzeigenblatt), oder sind sie bundesweit gestreut (etwa bei einem Versandgeschäft)? Oder werden Sie international verkaufen (etwa seltene Schallplatten oder Antiquitäten, das Internet macht's einfach)? Klar, Ihre Werbung wird je nachdem sehr unterschiedlich ausfallen.

D Vertrieb

Wie planen Sie, Ihre Produkte oder Dienstleistungen in den Markt zu bringen? Beschreiben Sie Ihre Position in der Branche und Ihren Vertriebsplan. Sind Sie Hersteller? Dienstleister? Großhändler? Einzelhändler? Machen Sie Direktvertrieb? Setzen Sie Vertreter ein? Kataloge? Telemarketing? Direktwerbung? E-Commerce? Erklären Sie, wie Sie Ihr Verriebssystem aufbauen und organisieren wollen (mehr dazu in Kapitel 9).

E. Werbung

Bestimmen Sie, wie Sie Ihre potenziellen Kunden am besten erreichen. Zeitungsanzeigen? Direktwerbung? Radio- oder Fernsehwerbung? Internet? Telemarketing? Was für Sie bezahlbar und wirtschaftlich? Können Sie das Meiste selber machen oder brauchen Sie externe Agenturen? (Mehr über Werbung in Kapitel 9.)

F. Öffentlichkeitsarbeit

Öffentlichkeitsarbeit oder Public Relations (PR) ist die Kunst, der Öffentlichkeit – vor allem auch den Medien – Ihren Namen positiv einzuprägen, und zwar ohne bezahlte Werbung. Gute PR ist immer der beste und wirtschaftlichste Weg, Ihre Produkte oder Ihre Dienstleistungen bekannt zu machen und im Gespräch zu halten. Das Schöne dabei: Die besten Quellen für Public Relations kosten in der Regel nichts; der Trick ist, den Journalisten auf sich aufmerksam zu machen, der am meisten Gutes für Sie tun kann (und um dessen Gunst auch Ihre Konkurrenten und so ziemlich alle übrigen Geschäftsleute buhlen).

Dieser Abschnitt Ihres Geschäftsplans sollte die folgenden Fragen beantworten:

- ✔ Welche Techniken der Öffentlichkeitsarbeit werden Sie einsetzen?
- ✔ Was ist der »Clou« an Ihrer Firma/Ihrem Produkt/Ihrer Dienstleistung? Warum ist er für das breite Publikum interessant?
- ✔ Wie können Sie Ihr Netzwerk von Kontakten nutzen, um PR-Empfehlungen zu bekommen?

Wenn Sie zum Beispiel ein Restaurant betreiben ist die beste PR eine positive »Gastrokritik« in der Wochenendbeilage Ihrer örtlichen Zeitung. Je nach Branche können Sie viele andere Wege finden, in die Medien zu kommen: Sponsern Sie einen Läufer beim Stadtmarathon, spenden Sie den Erlös einer Tombola am Tag der offenen Tür für ein Kinderheim, stiften Sie ein Stipendium. Und vergessen Sie nicht die gute alte Pressemitteilung, die die Öffentlichkeit über Leistungen Ihrer Firma und ihrer Mitarbeiter ins Bild setzt. (Mehr dazu lesen Sie in Kapitel 9.)

G. Preispolitik

Sie müssen Ihre kurz- und langfristige Preisstrategie erläutern. Liefern Sie Informationen über Kosten und Gewinnerwartungen, zusammen mit einer genauen Analyse der Preispolitik Ihrer Konkurrenten.

Berücksichtigen Sie bei Ihrer Preisfestsetzung immer zuerst das herrschende Wettbewerbsklima. Recherchieren Sie die Preispolitik bei ähnlichen Produkten oder Diensten im Markt und bilden Sie dementsprechend Ihre eigenen Preise. Machen Sie nicht den Anfängerfehler, Ihre Preise nach einer vorgegebenen Gewinnspanne zu kalkulieren, die Sie oder Ihr Buchhalter gern erzielen möchten. Verlangen Sie vielmehr das, was der Markt nach Ihrer Konkurrenzanalyse (plus vorherigen Gesprächen mit Kunden) hergibt.

Und haben Sie keine Angst, Ihre Produkte oder Dienste mit gesunden Gewinnmargen zu verkaufen, wenn sich die Gelegenheit ergibt. Seien Sie sicher, sie wird nicht ewig andauern. (Mehr zur Preispolitik in Kapitel 9.)

H. Geschäfts- und Zahlungsbedingungen

Ein Verkauf ist erst abgeschlossen, wenn die Einnahme daraus sicher auf Ihrem Konto ruht. Daher müssen Sie Ihre Geschäfts- und Zahlungsbedingungen niederlegen, bevor Sie den ersten Verkauf tätigen.

Teil 4: Geschäftsführung

Teil 4 könnte auch »Tagesgeschäft« heißen. Hier geht es um die großen und kleinen Dinge, die Ihr Unternehmen am Laufen halten, um die Lösungen der tagtäglich auftauchenden Probleme. Dazu gehört eine Vielzahl von Funktionen vom Umgang mit Mitarbeitern über den Einkauf von Lieferanten bis zur Führung Ihrer Bücher.

A. Mitarbeiter

Viele Kleinunternehmen sind Einmannbetriebe. Schön, wenn Sie so einer sind – Sie brauchen sich nicht den Kopf zu zerbrechen über Mitarbeitersuche und –einstellung, ihre Motivation und Ausbildung und auch nicht über Kündigungen. Sie müssen sich nur um sich selbst Sorgen machen – auch keine geringe Aufgabe.

Wenn Sie jedoch Mitarbeiter beschäftigen wollen, muss Ihr Geschäftsplan diese Fragen beantworten:

- ✔ Werden Sie mit Teilzeitkräften und freien Mitarbeitern starten oder gleich mit Festangestellten?
- ✔ Wo und wie finden Sie Ihre Mitarbeiter?
- ✔ Welche Löhne und Gehälter planen Sie?

- ✔ Welche Zusatzleistungen planen Sie (Weihnachtsgeld, Urlaubsgeld, Prämien, Umsatzbeteiligungen, betriebliche Altersversorgung etc.)?
- ✔ Werden Sie ein Mitarbeiterhandbuch erstellen?
- ✔ Wie werden Sie Ihre Mitarbeiter aus- und weiterbilden?
- ✔ Werden Sie leitenden Mitarbeitern Beteiligungen am Unternehmen anbieten?

Mehr zu diesen Fragen lesen Sie in Kapitel 13.

B. Löhne und Gehälter

Zu viele Kleinunternehmen stellen Ihre ersten Mitarbeiter ein, ohne vorher einen Gesamtplan für die Lohn- und Gehaltsstruktur zu entwerfen. Dieses Versäumnis führt unvermeidlich zu mangelnder Einheitlichkeit bei den Gehältern und diese wiederum zu Unsicherheit und Neid unter Ihren Mitarbeitern. Es ist unvermeidlich, dass Mitarbeiter im Gespräch beim Mittagessen oder am Kaffeeautomaten ihre Gehälter vergleichen. Wenn sie dabei feststellen, dass Sie sie im Verhältnis zu anderen nicht angemessen bezahlen und dafür auch keinen plausiblen Grund genannt haben, dann dürfen Sie sich nicht wundern, wenn sie bald vor Ihrem Büro Schlange stehen.

Für Ihren Geschäftsplan müssen Sie die Grundlagen Ihrer Entlohnung objektiv definieren: Stundenlöhne, Monatsgehälter, Zusatzleistungen und so weiter für alle Gruppen von Mitarbeitern. Vergessen Sie bei dieser Lohnkostenplanung nicht Ihre Arbeitgeberanteile an den Pflichtbeiträgen zur Sozialversicherung (Renten-, Kranken-, Pflege- und Arbeitslosenversicherung)!

C. Lieferanten und externe Quellen

Mit welchen Lieferanten und anderen externen Quellen (Großhändler, Importeure etc.) wollen Sie zusammenarbeiten? Wie wollen Sie die Beziehung zu Schlüssellieferanten aufbauen? Der Zugang zu den richtigen Lieferanten ist in manchen Branchen ein wichtiger Faktor. Oft liefern die besten Firmen ihre Produkte nicht an jeden Kunden und schon gar nicht an einen Neuling ohne Geschichte, ohne Verbindungen in der Branche und mit einer wackligen Bilanz.

D. Buchhaltung

Ein trockenes, aber wichtiges Thema, denn ein Unternehmen unterliegt hier vielen gesetzlichen Bestimmungen. Ihr Geschäftsplan muss die folgenden Fragen beantworten:

- ✔ Werden Sie einen erfahrenen Buchhalter einstellen? Einen Controller? Einen Finanzvorstand?
- ✔ Welches EDV-System und welche Software werden Sie für die Buchhaltung einsetzen? Wie steht es mit der Ausbaufähigkeit?
- ✔ Wollen Sie Ihre Buchhaltung aus dem Haus geben? An wen oder an welche Institution?

Dieser Abschnitt ist besonders wichtig, wenn Sie mit Ihrem Geschäftsplan Kredite oder Investitionen beschaffen möchten. Kluge Geldgeber und Investoren wollen die Sicherheit haben, dass die

Finanzen Ihres Unternehmens in guten Händen sind. Dies gilt besonders, wenn die Finanzen bei Ihnen als Gründer nicht die stärkste Seite sind.

Teil 5: Risiken

Sie selbst wie Ihre potenziellen Kreditgeber und Investoren werden und sollten intensiv auf die Risiken für Ihr Unternehmen achten. Je besser Sie diese verstehen, desto besser werden Sie ihnen vorbeugen, sie minimieren und im Geschäft bleiben können.

Risiken stecken in jedem Unternehmen, und Ihres wird keine Ausnahme sein. Benennen Sie sie in Ihrem Geschäftsplan. Seien Sie bei ihrer Beschreibung offen und gründlich. Geldgeber und Investoren fordern hier Ehrlichkeit, kein Herumreden um den heißen Brei – und sie merken schnell, wenn Sie etwas herunterspielen wollen oder verschweigen.

Risiko erkennen heißt Risiko vermeiden

Sie müssen ein Risiko erkennen, bevor Sie es bekämpfen können. Mary, eine erfahrene Unternehmer-Veteranin, wurde gebeten, in den Vorstand einer lokalen Non-Profit-Organisation einzutreten, die ernste finanzielle Probleme hatte. Der kürzlich gefeuerte Geschäftsführer hatte über Jahre Hunderttausende Dollar aus der Vereinskasse für Autos, Urlaube und sogar ein Zweithaus ausgegeben. Die resultierenden Probleme waren nicht nur finanzieller Art: Durch die negative Berichterstattung über den Finanzskandal begannen viele Spendenquellen des Vereins zu versiegen.

Bevor sie die Position annahm, erbat Mary vom Vorsitzenden den aktuellen Geschäftsplan – also einen Plan dafür, wie der Verein bezüglich seiner Finanzprobleme die Wende schaffen wollte. Immerhin: Man hatte so einen Plan. Doch nach einem Gespräch mit dem kommissarischen Geschäftsführer und dem Vorsitzenden lehnte sie die Vorstandsposition ab.

»Der Geschäftsplan las sich wie eine Hochglanz-Werbebroschüre, geschrieben von einer Werbeagentur«, erklärte Mary später. »Es war darin nur die Rede davon, wie wunderbar die Tätigkeit des Vereins war, von der tollen Zukunft seiner Non-Profit-Sache und dem Bedarf für seine soziale Aktivität in der Stadt. Es war, als ob ihre Probleme mit dem Cashfow, ihrem Image und der negativen Publizität nicht existierten.

Mein Gespräch mit dem kommissarischen Geschäftsführer und dem Vorsitzenden lief entsprechend: Eine Richtigstellung hier, irgendeine Veranstaltung dort, und alles würde wieder rosig aussehen. Sooft ich versuchte, das Thema zu wechseln und die konkreten momentanen Risiken anzusprechen – die beiden wollten von der akuten Gefahr für ihren Verein nichts wissen. Das Ende war ganz nah, aber sie wollten es nicht sehen, geschweige denn etwas dagegen tun.

Eine Sache, die ich an Kleinunternehmern so mag, ist ihr unbeirrbarer Optimismus. Ihre Gläser sind immer halb voll; es gibt nichts, was sie mit ein bisschen Zeit und harter Arbeit nicht schaffen. Das ist das Gute! Das Schlechte ist, dass jeder erfolgreiche Unternehmer in einem Eckchen seines Kopfes unbedingt einen Advocatus Diaboli braucht. So ein Anwalt des Teufels predigt Risiko, und Risiko gehört zum Geschäftsleben – unvermeidlich.

Das Verhalten dieser Vereinsleute ist ein typisches Beispiel: Wenn man sich am Anfang weigert, das Risiko zu sehen, ist man später blind dafür.«

Auf die Frage, nach was sie denn im »Wende-Geschäftsplan« der Non-Profit-Organisation gesucht habe, antwortete Mary: »So ein Plan für eine ‚Wende' ist gar nicht viel anders als ein guter Geschäftsplan. Ich würde mir zuerst die Leute ansehen, das heißt: Was will der Verein tun, um den geschassten Geschäftsführer zu ersetzen und um Mitglieder und Restvorstand zu motivieren. Danach würde ich wissen wollen, was sie tun wollen, um ihre Imageprobleme zu lösen. Der Schlüssel ist hierbei natürlich Kommunikation.«

Teil 6: Finanzen

Ihre gute Geschäftsidee kann schnell zum Alptraum werden, wenn Sie die finanzielle Seite Ihres Unternehmens nicht untersuchen und nicht realistisch sehen. Wenn Sie ein kreativer Typ sind oder ein handfester Macher, der Zahlen hasst, dann lassen Sie den finanziellen Teil Ihres Geschäftsplans wahrscheinlich am liebsten sausen. Wenn Sie das tun, müssen wir Ihnen leider sagen, dass Sie das mindestens das Geld kosten wird, das Sie zum Aufbau Ihrer Firma brauchen – und maximal die Existenz Ihrer ganzen Firma.

Recherchieren Sie also vor der Gründung die finanziellen Dinge, die wir im Folgenden ansprechen. Sie sollten diese Planungen (Projektionen in die Zukunft) nicht nur machen – nach unserer Meinung müssen sie es, vor allem wenn Sie Finanzierungsmittel von außen brauchen.

Machen Sie Ihre Planungen mit einem Tabellenkalkulationsprogramm (Excel, Lotus 1-2-3 und so weiter). Wenn Sie damit nicht umgehen können, sollten Sie es erlernen (die Investition in eine Schulung lohnt sich) oder einer kundigen Person anvertrauen. Und wenn Sie den Unterschied zwischen einer Gewinn-und-Verlust-Rechnung und einer Bilanz nicht kennen, sollten Sie Kapitel 11 zurate ziehen. Diese Tabellen, Aufstellungen und Projektionen muss jeder Unternehmer verstehen – fangen Sie am besten sofort damit an! Wenn Sie noch gar nicht damit vertraut sind, sollten Sie einen Kurs belegen (fragen Sie Ihre Volkshochschule oder IHK); auch die meisten Computerprogramme für Buchhaltung oder Unternehmensgründung enthalten entsprechende Planungstabellen.

Die folgende drei Planungsunterlagen sollten Sie in Ihrem Geschäftsplan präsentieren:

A. Gewinn-und-Verlust-Rechnung (GuV)

Dies ist die Gegenüberstellung Ihrer geplanten Einnahmen und Ausgaben für eine bestimmte Periode (Monat, Quartal, Jahr). Die Genauigkeit der Planzahlen hängt von den Annahmen ab, die Sie machen. Wenn realistische, zutreffende Annahmen einfließen, können Sie aussagekräftige Ergebnisse erwarten. Ein wichtiger Lerneffekt ist dabei, dass Sie zwangsweise Fragen über die Annahmen, die Sie machen, durchdenken müssen.

Stellen Sie Ihre GuV für die ersten drei Geschäftsjahre Ihres Unternehmens auf (Beteiligungsinvestoren verlangen manchmal fünf Jahre). Längere Projektionen erfordern zu viele zu schwierige (da zu unsichere) Annahmen. Planen Sie für das erste Geschäftsjahr jeden Monat einzeln, für das zweite und dritte quartalsweise.

B. Bilanz

Eine Bilanz stellt die Aktiva (Vermögen und Forderungen) Ihres Unternehmens den Passiva (Verbindlichkeiten) zu einem bestimmten Zeitpunkt gegenüber. Auch für Ihren persönlichen Bereich können und sollten Sie eine Bilanz aufstellen; wenn Sie einen Kredit beantragen, wird so eine Aufstellung Ihres privaten Vermögens stets verlangt.

Wir empfehlen die Aufstellung einer Bilanz für jedes Unternehmen; besonders wichtig jedoch sind sie für solche, wo große Vermögensteile nicht aus liquiden Mitteln (Geld) bestehen, etwa Lagerbestände oder Forderungen. Wie die Gewinn-und-Verlust-Rechnung sollten Sie für die ersten drei Geschäftsjahre Planbilanzen aufstellen, für das erste Jahr monatsweise, für das zweite und dritte Jahr quartalsweise.

C. Cashflow

Der Cashflow ist die Geldmenge, die sich in Form von Einnahmen (also einem Zufluss von Geld – Cash) sowie Ausgaben und Kapitalkosten (Abfluss von Geld) durch Ihr Unternehmen bewegt. Der Cashflow stellt das Geld (die geldähnlichen liquiden Mittel) dar, die Sie für den täglichen Betrieb brauchen. Verwechseln Sie den Cashflow nicht mit der Ertragskraft, die das Ergebnis all Ihrer Operationen (von denen Geld nur ein wichtiger Teil ist) über eine bestimmte Zeitperiode misst. Die Ertragskraft ist ein Maßstab für die Effektivität Ihrer Tätigkeit, aber der Cashflow bezahlt die Rechnungen.

Als angehender Unternehmer sollten Sie Ihren Geldbedarf vor dem Start planen, damit Sie wissen, wie viel Geld Sie aufbringen müssen. Auch Ihren Cashflow sollten Sie für die ersten drei Geschäftsjahre Ihrer Firma planen.

Beachten Sie diese Punkte, bevor Sie Ihre Finanzen planen:

- ✔ Fragen Sie Ihren Steuerberater oder Unternehmensberater (wenn Sie einen haben) nach Beispielen ähnlicher Planungstabellen von anderen Unternehmen. So haben Sie eine Richtschnur.

- ✔ Planen Sie nicht über drei Jahre hinaus. Die Annahmen werden sonst zu vage. (Ausnahme: Externe Investoren verlangen es.)
- ✔ Formulieren Sie Ihre Annahmen deutlich. Die Qualität Ihrer Schlussfolgerungen (wie sie sich in der Finanzplanung ausdrücken) kann nicht besser sein als die Ihrer Annahmen.
- ✔ Falls Sie überhaupt nicht wissen, wie Sie Ihre Finanzplanung aufstellen sollen, können Sie damit einen Unternehmensberater oder Steuerberater beauftragen oder es mithilfe einer Unternehmensplanungssoftware selber erlernen.

Der Geschäftsplan aus dem Computer

Der Markt für Software ist heute unüberschaubar, und natürlich gibt es auch Programme für die Unternehmensgründung und –planung. Die Arbeit damit ist so ähnlich wie bei der Beantragung einer Scheck- oder Kreditkarte oder eines Kredits: Sie geben etwas Geld aus, laden das Programm auf Ihren PC und beginnen, die leeren Felder auszufüllen. Ganz so simpel ist es natürlich nicht, aber immer noch leichter, als Ihren Geschäftsplan von Null an selber zu entwickeln. Ist es aber auch so effektiv?

Nicht die Bohne, wenn Sie faul sind und für komplizierte Probleme 08/15-Lösungen nehmen. Sie müssen Ihre Hausaufgaben schon richtig machen.

Denken Sie daran, dass es Sie, der Unternehmer, sind, der letztlich über das Schicksal Ihres Vorhabens entscheidet. Auch wenn Ihr Geschäftsplan noch so schick aussieht, kann er einen zielstrebigen, begeisterten Unternehmer nicht ersetzen. Die Software ist eine Hilfe, keine Lösung. Nur Sie können nach den Lösungen suchen – und nur wenn Sie die richtigen Fragen stellen.

Das Grundproblem mit Planungsprogrammen ist, dass sie eine »Ausfüll-Mentalität« erzeugen, die die Kreativität des Gründers mindert. So entstehen Pläne, die denen von Myriaden anderer Unternehmen verdächtig gleichen. Seien Sie gewarnt: So einen »Geschäftsplan von der Stange« erkennt jeder Banker oder Investor ganz schnell.

Genauso gefährlich ist es, wenn Sie so einen Geschäftsplan als Verkaufs- oder Planungswerkzeug benutzen wollen: Die Erstickung von Kreativität durch Programme von der Stange ist Ihr schlimmster Feind. Sie folgen nur vorgegebenen Schritten und denken nicht selbst. Gerade als Gründer und Unternehmer aber brauchen Sie eine lebendige Kreativität.

Natürlich ist eine gute Planungssoftware weitaus besser als ein lausiger, selbst gestrickter Plan. Sie spart Zeit und stellt sicher, dass Sie keinen wichtigen Punkt vergessen. Auch können die vorgegebenen Tabellen Ihnen bei der Aufstellung Ihrer eigenen Projektionen helfen – vorausgesetzt, Sie denken daran, dass Sie letztlich selber die Fähigkeit erwerben müssen, die Planungen zu erstellen.

Halten Sie Ihren Plan aktuell

Garantien sind bei Kleinunternehmen gefährlich, aber diese zwei können wir Ihnen ohne Zögern geben:

- ✔ Die Entwicklung Ihres Unternehmens wird vom ursprünglichen Plan abweichen.
- ✔ Ihr Unternehmen wird sich im Lauf der Jahre dramatisch wandeln.

Abweichung und Wandel sind Konstanten auf dem Achterbahnkurs Ihres Unternehmens – aber auch gerade das, weswegen viele von uns die Unternehmerlaufbahn eingeschlagen haben.

Um auf Abweichungen und Wandel zu reagieren, müssen Sie Ihren Geschäftsplan ständig auf dem Laufenden halten. Wie? Lösen Sie sich alle sechs bis zwölf Monate für einen Tag von Büro und Telefon, und überprüfen Sie die wichtigen Teile Ihres Geschäftsplans – vor allem die über Mitarbeiter, Marketing, Vertrieb und Produktentwicklung. Beantworten Sie dabei die folgenden Fragen:

- ✔ Hat sich das Unternehmen in jedem dieser Bereiche nach Plan entwickelt? Falls nicht: Warum?
- ✔ Wollen Sie in den abweichenden Bereichen zurück zum Plan?
- ✔ Welche Anpassungen wollen Sie dazu jeweils vornehmen?
- ✔ Schauen Sie in die Zukunft: Wo soll Ihre Firma in einem Jahr stehen? Was und wie wollen Sie verändern, um dorthin zu gelangen?

Arbeiten Sie dann an den Änderungen Ihres Plans; wenn diese finanzielle Auswirkungen haben, müssen Sie auch deren Einfluss in Gewinn-und-Verlust-Rechnung, Bilanz und Cashflow-Projektion einrechnen. Eine bedeutende Veränderung Ihrer Einnahmen wird natürlich Auswirkungen haben auf Schlüsselpositionen in Ihrer Bilanz und diese wiederum auf wichtige Kennzahlen wie zum Beispiel den Verschuldungsgrad. Extreme Veränderungen solcher Kennzahlen können Ihre Kreditlinien beeinflussen, Ihre Beziehung zu Banken und Lieferanten oder Ihre langfristigen Pläne für Expansion und neue Mitarbeiter.

Einen Geschäftsplan zu erstellen, ist eine einmalige Aufgabe; ihn aktuell zu halten, ist eine ständige Aufgabe. Das ist vergleichbar mit dem Verhältnis zwischen der Gründung eines Unternehmens und dessen Führung.

Finanzierung, Eigentumsverhältnisse und Rechtsform

5

In diesem Kapitel

- Wie hoch Ihr Startkapital sein muss
- Wie und aus welchen Quellen Sie Ihre Firma finanzieren
- Entscheiden Sie über Partner
- Die beste Rechtsform für Ihr Unternehmen

Wir hoffen, Sie haben bei der bisherigen Lektüre dieses Buchs die Marschrichtung für sich und Ihr Unternehmen festgelegt und wollen sich auf die Reise machen. Dann ist jetzt der Zeitpunkt für Entscheidungen, wie Sie Ihrem Ziel näher kommen möchten. In diesem Kapitel helfen wir Ihnen zu bestimmen, wie viel Geld Sie für den Start brauchen, wo Sie es herbekommen, ob Sie allein oder zusammen mit anderen reisen und mit welchem Fahrzeug Sie ans Ziel kommen.

Ermitteln Sie Ihr Startkapital

Sie haben grundsätzlich zwei Methoden, um Ihre Gründung zu finanzieren:

- ✔ Eigenkapital: Das Startkapital besteht aus eigenen Mitteln des Gründers, manchmal ergänzt durch private Kredite oder Einlagen aus dem Familien- oder Freundeskreis.
- ✔ Fremdkapital: Das Kapital für die Gründung und später den Geschäftsbetrieb wird aus externen Quellen beschafft: Banken, staatliche Fördermittel, Beteiligungskapital.

Eigenkapital ist die wahrscheinlichere Quelle der Finanzierung als Fremdkapital, zumal externe Finanziers Ihnen nur Geld geben, wenn Sie gleichzeitig einen Teil des benötigten Kapitals aus eigenen Mitteln aufbringen. In beiden Fällen müssen Sie Ihren Kapitalbedarf ermitteln:

- ✔ Eigenkapitalgründer müssen das tun, um das Risiko zu minimieren, dass ihnen das Geld ausgeht, denn das könnte die Firma scheitern lassen und so den Verlust des gesamten investierten Kapitals bewirken.
- ✔ Fremdkapitalgeber verlangen von Ihnen fundierte Planungen (Projektionen) Ihres zukünftigen Geldbedarfs.

Wenn Sie mit Fremdkapital arbeiten verrät nichts deutlicher fehlende Erfahrung, als wenn Sie Ihren Kapitalgeber irgendwann um mehr Geld bitten müssen. Bei so etwas leuchten bei jeder Bank, jedem Investor die roten Warnlampen auf, denn das heißt ja: Sie haben bei Ihrer ursprünglichen Planung (in Ihrem Geschäftsplan) einen groben

Fehler gemacht. Ob Sie bei so einem zweiten Anlauf Ihr Geld bekommen, ist fraglich, doch eines ist sicher: Man wird Sie und Ihre Firma sehr viel genauer unter die Lupe nehmen. Banker und Investoren mögen keine Nachlässigkeiten und Fehler – vor allem nicht, wenn es um ihr Geld geht.

Die Lösung? Natürlich: Planen Sie von Anfang an genügend Kapital. Nehmen Sie sich ausreichend Zeit, um diesen Punkt zu untersuchen, zu durchdenken und den Kapitalbedarf für Ihr Unternehmen realistisch einzuschätzen. Dabei müssen Sie berücksichtigen, dass Ihr Kapital nicht nur einmalig anfallende Gründungskosten abdecken muss, sondern auch für Betriebskapital und eine Reserve reichen muss:

- ✔ Einmalig anfallende Gründungskosten: Hierzu gehören Ausgaben für Gewerbeanmeldung, Genehmigungen, Beratung, Eintragung und Gründung bei bestimmten Rechtsformen, Geschäftsausstattung, Lager/Warenerstausstattung, Renovierung und Umbau der Geschäftsräume – also für alles, was Sie vor der Eröffnung brauchen.
- ✔ Betriebskapital: Das sind die Mittel, die Sie für die tägliche Aktivität Ihres Unternehmens brauchen: Auffüllen des Lagers, (neue) Mitarbeiter ... bis hin zum Porto für die Briefe, die Sie verschicken. Mit dem Betriebskapital überbrücken Sie die Zeit, bis Sie genügend Gewinn erwirtschaften und den laufenden Betrieb aus dem Cashflow bezahlen können. Vergessen Sie nicht, Zinsen und Tilgung für Kredite einzurechnen; beide reduzieren Ihre frei verfügbaren Mittel.
- ✔ Reserve: Wie der Name sagt, ist dies ein ausreichend großes finanzielles Sicherheitspolster zum Ausgleich von Planungsfehlern und/oder Abweichungen vom vorgesehenen Finanzrahmen (Ihrem Budget). Wenn bei Ihnen weder Planungsfehler noch Budgetabweichungen vorkommen, dann sollten Sie sich beim *Guinness-Buch der Rekorde* melden – dann haben Sie einen untenehmerischen Weltrekord erreicht!

Wenn Sie Gewinn-und-Verlust-Rechnung, Bilanz und Cashflowplanung aufgestellt haben (wie in Kapitel 4 beschrieben), dann dürfte der folgende Schritt einfach sein. Wenn nicht, wird er Ihnen arge Kopfschmerzen bereiten – tun Sie sich den Gefallen und lesen Sie Kapitel 4 jetzt! Auf diesem Arbeitsblatt können Sie Ihr Startkapital kalkulieren:

Geschätztes Startkapital

1. Addieren Sie alle einmalig anfallenden Gründungskosten ____________
2. Addieren Sie die Verluste in den Anlaufmonaten aus Ihrer GuV. Vergessen Sie nicht Zinsen und Tilgung von Krediten (den ersten Teil Ihres Betriebskapitals) ____________
3. Addieren Sie die geplanten Investitionen des ersten Jahres: Ausrüstung, Geschäftsausstattung (den zweiten Teil Ihres Betriebskapitals) ____________
4. Addieren Sie die Zeilen 1 bis 3 zu einer Zwischensumme ____________
5. Addieren Sie 25 %* zu der Zwischensumme in Zeile 4 (Ihre Reserve) ____________

Startkapital gesamt ____________

* Anmerkung: Der Prozentsatz für diese Reserve kann je nach der Erfahrung der Person(en) variieren, die das Unternehmen gründen und führen. Je erfahrener der Gründer, desto geringer muss die Reserve sein und umgekehrt.

Dieses »gesamte Startkapital« ist die Summe, die Ihr Unternehmen vor der Gründung aus allen Quellen zusammen braucht. Wenn Sie seine Höhe kennen, kommt der schwierigere Teil – es aufzubringen.

Wenn Sie mit eigenen Mitteln starten

Wenn Sie, wie die meisten Kleinunternehmer starten, dann brauchen Sie wahrscheinlich kein Fremdkapital. Der Start mit eigenen Mitteln hat seine positiven Aspekte. Erstens: Welches bessere Mittel gäbe es, Disziplin und effizientes Vorgehen zu erzeugen, als wenn man nur begrenzte Mittel zur Verfügung hat? Zweitens: Weil Sie Ihr eigenes Geld riskieren (und eventuell das von Familienmitgliedern oder Freunden), haben Sie einen starken Antrieb, hart und klug für den Erfolg Ihres Unternehmens zu arbeiten.

Werden Sie also nicht mutlos, wenn Sie denken, Sie bräuchten riesige Geldsummen für die Gründung eines Kleinunternehmens, oder wenn Sie bei (vielleicht mehreren) Banken abgeblitzt sind. Die Unternehmertugenden harte Arbeit, Durchhaltevermögen und – jawohl – die gute alte Pfennigfuchserei werden den meisten von Ihnen helfen, das Geld aufzutreiben, das sie für Ihre Existenzgründung brauchen.

Der Start mit eigenen Mitteln ist der Königsweg der Gründungsfinanzierung!

Sie haben's mit eigenen Mitteln geschafft

Wenn Sie aus eigener Finanzkraft gründen, gibt es verschiedene Wege der Unternehmensentwicklung. Der eine will seine wachsende Firma allein leiten, manche springen von Gründung zu Gründung und manche werden vom Klein- zum Großunternehmen.

Hier sind ein paar Beispiele:

- ✔ **Eric**: Bevor Eric seine Finanzberatung gründete, hielt er seine Lebenshaltungskosten niedrig, so dass er etwa die Hälfte seines Angestelltengehalts sparen konnte. So entstand ein nettes Startkapital. Solange er noch nicht verheiratet war, lebte Eric in Haus- oder Wohngemeinschaften, um Miete zu sparen. Als er ins Unternehmerdasein startete, arbeitete Eric noch vier Monate lang halbtags als Angestellter, damit sein Gehalt nicht gleich komplett entfiel.
- ✔ **Jim**: Jims vierte Firma (alle vier mit eigenem Kapital gegründet) entstand, um eine Dienstleistung für seine Sportartikelfirma zu liefern. Er erwarb für 10.000 $ eine Siebdruckerei und stellte die Maschinen bei sich auf, um Trikots individuell zu bedrucken. Das Wachstum der Siebdruckerei finanzierte er aus den Erträgen des Sportgeschäfts, bis die neue Firma Gewinn machte und auf eigenen Füßen stand. Er verkaufte sie, als ihre Gewinne 25 Millionen $ erreichten.

- ✔ **Ted Waitt**: Ted brach das College ab, um bei einem PC-Händler als Verkäufer zu arbeiten. Wie so viele Gründer gab er diesen Job auf, um sich selbstständig zu machen. Mit etwas Geld von seiner Großmutter als Eigenkapital als Basis nahm er einen Kredit über 10.000 $ auf, um in der Scheune seines Vaters in Süd-Dakota eine Firma zu gründen. Aus dieser Firma wurde Gateway 2000, einer der größten amerikanischen Computerhersteller mit Milliardenumsätzen.

Diese Beispiele zeigen die typischen Merkmale für Gründungen mit eigenen Finanzmitteln. Das Startkapital kommt vom Gründer und/oder von Familie und Freunden. Das nachfolgende Wachstum wird finanziert entweder durch die Gewinne der Firma, durch Geld aus externen Quellen (Banken, Aktionäre etc.) oder durch eine Kombination von beiden.

Quellen für die Eigenfinanzierung

Wie die obigen Beispiele zeigen, beginnt die Finanzierung durch eigene Mittel in Ihrem engsten Umfeld. So könnten Sie bei der Suche nach dem Geld für Ihre Existenzgründung vorgehen:

1. **Machen Sie eine Bestandsaufnahme Ihres Vermögens und Ihrer Schulden**

   Wie wir schon in Kapitel 2 besprachen, sollten Sie Ihre persönlichen Finanzen in Ordnung bringen und bestimmen, wo Sie in Bezug auf wichtige Ziele wie Alterssabsicherung stehen. Erst danach können Sie überlegen, welchen Teil Ihres Vermögens Sie ohne Schmerzen für Ihre Unternehmensgründung einsetzen könnten.

2. **Auch wenn Ihre Familie finanziell helfen kann: Seien Sie behutsam**

   Viele Kleinunternehmer starten mithilfe von Geld aus ihrer Familie oder Verwandtschaft. Doch dies ist nach unserer Meinung der gefährlichste Weg der Geldbeschaffung. Der Bank zu sagen, dass sie Ihren Kredit in den Schornstein schreiben kann, ist eine Sache – einem nahen Angehörigen zu beichten, dass Sie das Geld aus seinem Sparstrumpf verpulvert haben, ist eine ganz andere. Das Positive bei solchen Familiendarlehen: Sie werden härter, viel härter arbeiten, um Erfolg zu haben; das Negative: So ein Geschäft kann Ihre persönliche Beziehung beenden. Gehen Sie behutsam an die Sache heran und seien sie den familiären Geldgebern gegenüber offen und ehrlich, was die Risiken angeht – auch das Risiko, dass Sie Ihr ganzes Geld verlieren können, wenn Ihre Firma in Schwierigkeiten gerät!

3. **Fragen Sie Freunde, vor allem solche, die außer ihrem Geld auch Erfahrung mit einbringen können**

   Das ist der nächste logische Schritt. Seien Sie sich aber bewusst, dass die Risiken hier ähnlich sind wie bei der familiären Finanzhilfe. Wenn Sie Pleite machen, können die Folgen genauso schmerzlich sein.

4. **Wenn die Schritte 1 bis 3 nicht ausreichen, müssen Sie sich einen (oder mehrere) Partner suchen**

Über die Rolle von Partnern oder Teilhabern sprechen wir weiter unten in diesem Kapitel. Hier nur so viel: Mit Partnern ist es wie beim Würfeln: Bei einem guten Wurf wird Ihr Unternehmen über das hinaus wachsen, was Sie als Alleininhaber erreichen könnten; bei einem schlechten Wurf können sich Ihre Probleme vervielfachen.

5. **Wenn alles Übrige versagt: Suchen Sie nach externen Kapitalquellen**

   Nutzen Sie öffentliche Förderprogramme, nehmen Sie Bankkredite auf. Ist Ihre Idee oder Ihr Konzept überzeugend genug, könnte auch Beteiligungskapital infrage kommen.

Nachdem Sie Ihre persönlichen Mittel aufgelistet haben, aber bevor Sie Familie, Verwandte und Freunde ansprechen, sollten Sie sich die folgende *Goldene Regel* auf die Stirn kleben und dann in den Spiegel schauen. Falls Sie ihr noch nicht begegnet sind – die Goldene Regel für Existenzgründer lautet:

»Mute anderen nicht zu, was du dir selbst nicht zumuten würdest.« Oder speziell auf Ihre Suche nach Kapital gemünzt: »Wenn du nicht bereit bist, dein eigenes Geld zu riskieren – warum sollte jemand anders das tun?« – vor allem Familie und Freunde!

Diese Goldene Regel soll sicher stellen, dass Sie Ihren Teil beisteuern. Denn die allererste Frage von Familienmitgliedern und Freunden wird lauten: »Wie viel eigenes Geld investierst denn du?«

Hier sind ihre häufigsten Quellen, um eigenes Kapital aufzutun:

- ✔ **Ersparnisse, Geldanlagen, verkäufliche Vermögensgegenstände:** Hier sollten Sie zuerst nachsehen. Theoretisch schichten Sie hier nur eine Art von Vermögen (Ihr Sparkonto) in eine andere um (Ihre neue Firma). Natürlich erhöhen Sie Ihr Risiko um einen Quantensprung, doch Sie erhöhen auch Ihre Chance auf Belohnung.
- ✔ **Familie und Freunde:** Machen Sie Ihre »Familiendarlehen« so offiziell wie möglich. Schließen Sie einen schriftliche Kreditvertrag ab, in dem Zins und Tilgung festgeschrieben sind (natürlich günstiger als bei einem Bankkredit) und der auch sonst wie ein Kreditvertrag unter fremden Dritten gestaltet ist. Ziehen Sie bei höheren Kreditsummen einen Rechtsanwalt oder Notar als Berater hinzu.
- ✔ **Lebensversicherung:** Lassen Sie sich Ihre Lebensversicherung (wenn möglich) vorzeitig auszahlen und setzen Sie das Geld gewinnbringender ein: in Ihrer Firma. Lassen Sie sich bezüglich der steuerlichen Seite unbedingt beraten. Wenn Sie Frau und Kinder haben: Ihre Absicherung für den Fall Ihres Todes darf nicht in Gefahr geraten!

Hypothek: Seien Sie extrem vorsichtig, wenn Sie eine Hypothek auf Ihr Haus aufnehmen oder dieses als Sicherheit für eine andere Kreditart einsetzen. Ein Fehltritt kann Sie und Ihre Familie das Dach über dem Kopf kosten. Denken Sie frühestens daran, Ihr Haus zu beleihen, wenn alle anderen Aspekte Ihrer finanziellen Situation eingehend geprüft haben.

Kapital aus externen Quellen

Existenzgründungen zu finanzieren ist nicht unbedingt die sicherste Investition für eine Bank oder einen anderen Geldgeber und auch nicht die lukrativste. Man sucht eher nach Unternehmen mit einer (finanziell) soliden Geschichte oder (vor allem bei Venture-Capital-Firmen) nach Branchen mit ungewöhnlichen Wachstums- und Gewinnchancen. Zum Teil wird dies wettgemacht durch Mittel aus Existenzgründungsförderprogrammen der öffentlichen Hände (mehr dazu später in diesem Kapitel).

Das Erste, was Sie wissen müssen, wenn Sie externe Finanzquellen anzapfen möchten: Leihen Sie Ihnen Geld (Banken, Föderprogramme) oder investieren sie ihr Geld in Ihr Unternehmen (Venture Capital, deutsch: Beteiligungskapital)? Anders ausgedrückt: Werden Sie Gläubiger sein oder Miteigentümer?

Externe Finanzquellen lassen sich generell in zwei Kategorien einteilen: Banken und Nichtbanken.

Banken

Entgegen der verbreiteten Annahme, dass es Banken Spaß mache, Kreditbewerber abblitzen zu lassen, ist es ihr Geschäft, Geld zu verleihen. Jedes Mal also, wenn ein Banker einem potenziellen Kreditnehmer gegenübersitzt, hofft er auf ein Geschäft, das sich rentieren wird. Denn ohne Kredite gibt es keine Einnahmen für die Bank und ohne Einnahmen keine Marmorsäulen für die Schalterhalle.

Vertun Sie sich nicht: Banken sind im Geschäft, um Geld zu verleihen. Und um dabei Geld zu verdienen, jonglieren Sie mit den Zinssätzen. Sie berechnen Ihnen mehr, um ihr Geld zu bekommen, als sie anderen (den Sparern) bezahlen, um es von diesen zu bekommen.

Die meisten Banken geben Existenzgründern nur Kredite, wenn diese genau so viel Eigenkapital vorweisen können wie die Kreditsumme beträgt. Diese eigenen Mittel können unter anderem Immobilien oder Depots mit Aktien oder Schuldverschreibungen sein.

Bankkredite bekommen Sie nicht, ohne dass Sie dem Geldinstituten Sicherheiten vorweisen können. Das können Vermögens- oder Lagerbestände aus Ihrem Eigentum sein oder auch offene Forderungen, aus denen Ihnen Kunden noch Geld schulden. Sie können bis zu einem bestimmten Prozentsatz ihres Buchwerts beliehen werden.

Eine Kreditlinie (Überziehungskredit, Dispositionskredit) gewährt Ihnen die Bank für den schnellen Zugriff auf liquide Mittel, wenn er im Auf und Ab Ihres Geschäfts einmal nötig werden sollte. Strapazieren Sie diesen Kredit nicht über die Maßen und nur kurzfristig, sonst streicht ihn die Bank zusammen.

Ihr Dispositionskredit kostet Sie erst Geld, wenn Sie die Kreditlinie tatsächlich beanspruchen. Ironischerweise ist der beste Zeitpunkt, ihn mit der Bank auszuhandeln, wenn es Ihrer Firma gut geht und Sie das Geld am wenigsten brauchen. Warum? Weil Ihr Banker Ihre gewünschte Kreditlinie dann am ehesten genehmigt und Sie die besten Konditionen heraus holen können. Auch wenn Sie auf absehbare Zeit keinen Geldbedarf sehen, sollten Sie eine Kreditlinie aushandeln; wenn es Ihrem Unternehmen wie den meisten ergeht, werden Sie irgendwann Geld brauchen.

Nichtbanken

Banken haben kein Monopol auf den Kreditmarkt. Für die Gründungs- und Aufbaufinanzierung Ihres Unternehmens haben Sie eine Reihe anderer Möglichkeiten.

Viele Nichtbanken spezialisieren sich auf Kredite für bestimmte Zwecke oder bestimmte Branchen. Leasing zum Beispiel ist eine Möglichkeit zur Finanzierung etwa von Fahrzeugen oder Ausrüstung, die viele Gründer und Kleinunternehmer außer Acht lassen. Falls Sie es noch nie genutzt haben: Leasing ist einem Mietvertrag vergleichbar – Sie zahlen eine monatliche Gebühr für die Nutzung eines Investitionsguts und geben dieses nach Ablauf der Leasingperiode an die Leasinggesellschaft zurück (oder erwerben es).

Förderprogramme

Vater Staat sorgt in Deutschland gut für seine Existenzgründer. Auf Bundes-, Länder und Kommunalebene gibt es buchstäblich Hunderte von Förderprogrammen. Dazu kommen Programme der Europäischen Union. Für viele kann sich jeder bewerben, andere sind nur für bestimmte Zwecke (zum Beispiel Gründung, Unternehmensberatung, Export, Wachstum, Investitionen), Regionen (zum Beispiel Windkraft in den Küstenländern), Branchen (zum Beispiel Landschaft, High-Tech) oder Personen (zum Beispiel Frauen, Arbeitslose) vorgesehen. Sie haben die Form von zinsgünstigen Krediten (zum Teil zins- oder tilgungsfreie Jahre), Zuschüssen, Bürgschaften, verbesserten Abschreibungsmöglichkeiten oder Steuervorteilen. Und aus den öffentlichen Töpfen gibt es mehr Geld, als Sie vielleicht annehmen; zur Illustration nur ein Beispiel: Im Jahr 1998 vergab allein die Deutsche Ausgleichsbank (DtA) 9,8 Milliarden Euro zinsgünstige Kredite, von denen 68.000 Existenzgründer und Jungunternehmer profitierten.

Alle öffentlichen Fördermittel für Existenzgründer müssen Sie *vor* der Gründung beziehungsweise Eintragung Ihres Unternehmens beantragen – sonst gibt es kein Geld! Wer schon begonnen hat, als Unternehmer tätig zu sein, geht leer aus.

Welche Programme und Konditionen es gibt, können wir in diesem Buch aus Platzgründen nicht darstellen; zudem ändern sie sich immer wieder. Nutzen Sie daher die Adressen der Institutionen, die wir Ihnen am Ende von Kapitel 3 genannt haben, damit Sie auf dem neuesten Stand sind, und suchen Sie auch Beratungsgespräche mit den Institutionen in Ihrer Region. Mindestens über die folgenden drei Programme sollten Sie sich aber auf jeden Fall kundig machen – Sie sind quasi die Standardprogramme und können für Gründungs- und Aufbauinvestitionen miteinander kombiniert werden:

- DtA-Existenzgründungsdarlehen (DtA-Ex): direkt von den Existenzgründungsexperten der Deutschen Ausgleichsbank
- ERP-Existenzgründungsdarlehen (ERP-Ex): ERP bedeutet European Recovery Program, ein Sondervermögen des Bundes
- ERP-Eigenkapitalhilfe (EKH): zur Stärkung Ihrer Eigenkapitalbasis

Die Gelder aus den öffentlichen Töpfen beantragen Sie in der Regel über Ihre Hausbank, die den Antrag an die jeweilige staatliche Stelle weiter leitet. Doch die Goldtaler von Vater Staat regnen nicht so einfach auf Sie herab. Zu Ihrem Antrag müssen Sie einen soliden Geschäftsplan (siehe Kapitel 4) vorlegen, und in der Regel wird zusätzlich ein Gutachten der Bank oder einer dritten Stelle (Kammer, Unternehmensberater, Wirtschaftsprüfer) über Ihr Vorhaben verlangt.

Venture Capital

Diese Art der Finanzierung führt in Deutschland immer noch ein Schattendasein, während sie in den USA allgemein verbreitet ist. Die deutsche Bezeichnung »Beteiligungskapital« sagt, was gemeint ist: Venture-Capital-Gesellschaften stellen gegen eine Beteiligung am Unternehmen Geld zur Verfügung. Im Gegensatz etwa zu konservativen Banken, die eher rückwärts gewandt Vermögen und Unternehmensentwicklung in der Vergangenheit als Beurteilungskriterien bei der Kreditvergabe anwenden, achten Venture-Capital-Geber in erster Linie auf die Zukunftsaussichten, wenn Sie einen Geschäftsplan prüfen. Daher ist Venture Capital eher sinnvoll für aufstrebende Firmen in Branchen mit höheren Risiken, aber auch höheren Gewinnchancen. Beteiligungskapitalisten fordern heftige Erträge (bis zu über 30 %) auf ihre Investments, um die Verluste auszugleichen, die bei einigen ihrer Engagements sicher eintreten. (Deshalb wird Venture Capital auf deutsch auch manchmal als »Wagniskapital« oder »Wagnisfinanzierung« bezeichnet.)

Typische Branchen, in denen sich Venture-Capital-Gesellschaften engagieren, sind zum Beispiel Biotechnologie, Internet und Kommunikation. Unternehmensgründungen in diesen Bereichen erfordern in der Regel hohes Startkapital, einzigartiges Know-how (etwa in Form von Patenten) und längere Zeit, bis Gewinne fließen – denken Sie etwa an die Entwicklung neuer Medikamente. Sie merken schon: Das ist nicht die Art von Existenzgründung, die der Schwerpunkt dieses Buchs ist. Seien Sie also nicht enttäuscht, wenn Sie für Ihre Teppichreinigung kein Venture Capital erhalten können.

Die Eigentumsverhältnisse: Allein oder mit Partnern

Theoretisch hat jedes Unternehmen die folgenden drei Möglichkeiten der Eigentümerschaft:

- Alleineigentum des Gründers
- Teilung des Eigentums mit Partnern oder Teilhabern
- »allgemeines« Eigentum: Anteile an Ihrem Unternehmen (Aktien) sind für jedermann zu erwerben (über die Börse)

In der Praxis haben die meisten Unternehmen nur die ersten zwei Möglichkeiten – allein arbeiten oder mit Partnern beziehungsweise Minderheitsteilhabern. Sehr wenige Firmen haben die Führungsriege, die Mittel und die Attraktivität, die es für einen Börsengang braucht – weder im Gründungsstadium noch später im Wachstumsprozess.

Bei der Wahl zwischen diesen drei Optionen gibt es kein richtig oder falsch. Was aber für Sie über richtig oder falsch entscheidet ... Sie haben's erraten: Das sind Sie! Sie bestimmen die Wahl nach den folgenden und anderen Kriterien: Was für ein Typ Mensch sind Sie? Wie kommunizieren Sie? Wie delegieren Sie (oder halten Sie gar nichts von Delegation)? Wie arbeiten Sie mit Menschen zusammen?

Betrachten wir die Vor- und Nachteile der drei Möglichkeiten.

Sie sind der Alleineigentümer

Für ein Kleinunternehmen ist diese Form des Eigentums weitestgehend problemfrei und sehr beliebt, vorausgesetzt Sie verfügen über ausreichend Startkapital, Branchenkenntnisse und Energie für den Alleinstart. Natürlich können Partner mit ihrem Kapital und Know-how Ihre Erfolgschancen verbessern, aber bei größeren Entscheidungen müssen Sie immer erst einen Konsens mit Ihnen erzielen, und das erfordert Zeit. Außerdem entspricht ein Konsens nicht immer *Ihren Interessen*, doch wenn Ihr Name unter einem Vertrag oder einer Vereinbarung steht, dann sollten *Ihre Interessen* auch optimal darin zum Ausdruck kommen.

Ihre Vorteile als Alleineigentümer:

✔ Ihre Gründung geht in der Regel leichter, schneller und kostengünstiger über die Bühne. Sie brauchen zum Beispiel keinen Rechtsanwalt, um einen Gesellschaftsvertrag aufzusetzen und die Interessen mehrerer Partner unter einen Hut zu bringen.

✔ Den Gewinn kassieren Sie allein.

✔ Sie brauchen auf niemanden Rücksicht zu nehmen. Sie bestimmen, wo's langgeht.

Doch es gibt diese Nachteile:

✔ Niemand teilt das Risiko mit Ihnen.

✔ Ihre begrenzten Kenntnisse und Erfahrungen müssen ausreichen, bis Sie es sich leisten können, jemanden mit ergänzender Erfahrung einzustellen.

✔ Es kann einsam für Sie werden. Oft werden Sie sich wünschen, Sie hätten jemanden, mit dem Sie Probleme und Stress teilen könnten. Auch ein starker Ehepartner oder gute Freunde können Sie hier nur begrenzt moralisch stützen.

Wissen Sie immer noch nicht, ob Sie allein starten sollen oder lieber mit anderen zusammen? Dieses kleine Quiz wird Ihnen bei Ihrer Entscheidung helfen:

1. Glauben Sie, Sie brauchen einen Partner?

Brauchen Sie absolut und unbedingt einen Partner? Fürs Geld? Fürs Know-how? Falls ja, dann ist der Punkt für Sie klar. Falls nein, setzen Sie das Quiz fort.

2. Sind Sie bereit und fähig, mit anderen zusammen zu arbeiten?

   Ist es für Sie ein Problem, gemeinschaftliche Entscheidungen mit zu tragen und Risiko wie Gewinne zu teilen?

3. Verträgt Ihr geplantes Unternehmen mehrere Eigentümer?

   Mit anderen Worten: Bietet es Platz für zwei Partner und hat es genug Wachstumspotenzial, um zwei Eigentümer (oder mehr) zu ernähren? Übernimmt ein Partner eine Schlüsselposition im Unternehmen? Erhöhen seine Fachkenntnisse die Erfolgschancen der Firma?

4. Wie soll die Partnerschaft rechtlich geregelt sein?

   Lesen Sie zu den Rechtsformen den letzten Abschnitt dieses Kapitels. Können Sie mit den rechtlichen Rahmenbedingungen leben?

5. Was haben Sie mit anderen Geschäftsleuten gemeinsam, die mit Partnern zusammen arbeiten? Wo sehen Sie Konflikte?

   Fragen Sie Ihren Banker, Steuerberater oder Anwalt nach Unternehmern, die zu mehreren arbeiten. Sprechen Sie mit diesen Unternehmern über ihre Erfahrungen und die oben genannten Vor- und Nachteile.

6. Wie stehen die Chancen, dass Sie einen Partner finden, dessen Fachwissen Ihres ergänzt und mit dem Sie gut können?

   Das hängt von Ihren Kontakten in der Geschäftswelt ab und vom Tätigkeitsbereich Ihres Unternehmens. Haben Sie viele Kontakte und wissen Sie genau, was Sie wollen, kann die Partnersuche einfach sein. Meistens ist sie es allerdings nicht.

Wenn Sie diese Fragen beantwortet haben, müssten Sie genügend Informationen für Ihre Entscheidung haben. Stellen Sie Ihre eigene Liste von Vor- und Nachteilen auf. Wird Ihre Firma mit Ihnen allein am Steuer die besseren Erfolgsaussichten haben, oder sind schon zu Beginn weitere Fachkenntnisse erforderlich? Nehmen Sie sich Zeit. Denken Sie daran: Wenn Sie sich mit Partnern zusammentun, müssen Sie damit lange Zeit leben. Wenn Sie erst einmal allein starten, können Sie sich bei Bedarf später immer noch Partner suchen.

Wenn Sie Partner als Miteigentümer haben

Wie wir schon sagten, können Partner oder Teilhaber dringend benötigtes Geld und Fachwissen in das Unternehmen einbringen. Leider können Partner aber auch Unruhe in die Firma bringen, und die kostet gerade in der Anfangsphase des Wachstums Zeit und Geld – genau das, was die meisten Gründer nicht haben.

Wenn Sie in der glücklichen Lage sind, den richtigen Partner gefunden zu haben, dann packen Sie's an und vereinbaren Sie die Zusammenarbeit. Wir haben es oft erlebt: Eine Partnerschaft in den richtigen Händen schlägt einen Einzelunternehmer alle Mal.

Minderheitsteilhaber (die zusammen nicht mehr als 50 % des Unternehmens besitzen) aufzunehmen, kann auch sinnvoll sein, vor allem wenn Ihre Firma aus dem Gröbsten heraus ist und an Wert gewonnen hat. Ihre Teilhaber können je nach Rechtsform Gesellschafter oder Aktionäre sein; denken Sie auch an die Möglichkeit, Ihre Mitarbeiter am Unternehmen zu beteiligen.

Minderheitsteilhaber können Probleme verursachen. Je nach der Rechtsform des Unternehmens und den gesetzlichen Bestimmungen können Sie Entscheidungen blockieren oder verzögern. Um solchen Spannungen vorzubeugen, sollten Sie für das Aufsetzen des Gesellschaftsvertrags unbedingt einen Rechtsanwalt zu Rate ziehen; er muss Experte im Handels- und Wirtschaftsrecht sein. Denken Sie auch an Vertragsklauseln über den Kauf und Verkauf von Anteilen und für den Fall, dass ein Teilhaber aussteigen möchte oder stirbt.

Wenn jeder Ihr Miteigentümer werden kann

Es klingt traumhaft für jeden Unternehmer: eine Aktiengesellschaft (AG) gründen, an die Börse gehen, Hunderttausende von Aktien ausgeben, wodurch einem sofort Millionenbeträge zufließen. Dennoch ist dies – außer in ganz wenigen, ganz speziellen Ausnahmefällen – für Sie als Gründer keine echte Möglichkeit, so dass wir es nur kurz erwähnen. Das wichtigste Argument dagegen: Die Börse ist extrem wählerisch und funktioniert nur für Unternehmen, die eine außergewöhnliche Bilanz von Leistungen vorweisen können. Zudem unterliegen Gründung und Betrieb einer AG besonders vielen finanziellen und rechtlichen Auflagen, die ständige Aufmerksamkeit und viel Arbeitsaufwand erfordern. Kurz: Wir raten Ihnen ab – dieser Schuh passt für Existenzgründer nicht.

Was soll Ihr Unternehmen sein? Die Rechtsform

Bevor wir über die möglichen Rechtsformen für Ihr Unternehmen sprechen, ein Rat, der für alle gilt. Obwohl die Kosten für Rechtsberatung hoch sind, ist die Beratung durch einen Rechtsanwalt bei der Wahl der Rechtsform sinnvoll. Weitere Beratungsquellen, die Sie nutzen sollten, sind die Industrie- und Handelskammer, die Handwerkskammer, Branchenverbände und Unternehmensberater. Sprechen Sie unbedingt auch mit Ihrem Steuerberater, der Sie über die steuerlichen Vor- und Nachteile der jeweiligen Rechtsform aufklären kann.

Personen- oder Kapitalgesellschaft?

Dies sind noch keine Rechtsformen, sondern zwei grundlegende Kategorien, denen diese jeweils zuzuordnen sind. Sie sind aber wichtig für alle rechtlich relevanten Handlungen (Rechtsgeschäfte) des Unternehmens und vor allem für die Haftung. Praktisch jede Aktivität Ihrer Firma ist ein Rechtsgeschäft, auch wenn sie längst nicht immer als solche bezeichent wird; Beispiel: Schon wenn Sie nur eine Schachtel Büroklammern kaufen, kommt – unausgesprochen – ein Kaufvertrag zustande und ebenso wenn Sie einem Kunden Ihres Obstgeschäfts ein Kilo Weintrauben verkaufen.

Bei einer Personengesellschaft handeln so genannte natürliche Personen – Menschen. Das Vermögen dieser Gesellschaft besteht aus dem Betriebsvermögen und dem Privatvermögen des oder der Eigentümer, und diese haften für Verbindlichkeiten der Firma stets auch mit ihrem privaten Vermögen.

Eine Kapitalgesellschaft stellt eine so genannte juristische Person dar, die eine eigene, von den Gesellschaftern getrennte Rechtspersönlichkeit besitzt. Für Schulden haften hier also nicht die Gesellschafter mit ihrem Privatvermögen, sondern allein die Kapitalgesellschaft mit ihrem Gesellschaftsvermögen. Diese kann – wiederum unabhängig von den Eigentümern –klagen und verklagt werden. Sie unterliegt der Körperschaftsteuer.

Einzelunternehmen

Dies ist die am einfachsten zu gründende und am wenigsten reglementierte Rechtsform. Wenn Sie ein Gewerbe betreiben wollen, melden Sie dieses beim Gewerbe- oder Ordnungsamt Ihrer Gemeinde an; als Freiberufler (zum Beispiel Arzt, Rechtsanwalt, freier Journalist, Künstler) genügt ein Brief ans Finanzamt, in dem Sie die Aufnahme Ihrer Tätigkeit anzeigen.

Wenn Sie für Ihre Tätigkeit einen »nach Art und Umfang kaufmännisch eingerichteten Geschäftsbetrieb« brauchen, sind Sie (nach bestimmten Kriterien wie Umsatz- oder Gewinnhöhe) laut Handelsgesetzbuch (HGB) ein Kaufmann und dürfen Ihrem Unternehmen einen klangvollen Phantasienamen mit dem Zusatz e. K. – eingetragener Kaufmann – geben, etwa »Top-CD-Service e. K.«. Gehören Sie allerdings zu den Nicht-Kaufleuten (Kleingewerbe), dann darf Ihre Firmenbezeichnung nur aus Ihrem Namen und einer Tätigkeitsbezeichnung bestehen, also etwa »Phillip Heinen, CD-Versand«. In jedem Fall haften Sie als Einzelunternehmer voll mit Ihrem Privatvermögen für Verbindlichkeiten des Unternehmens.

Gesellschaft bürgerlichen Rechts

Wollen Sie mit einem oder mehreren Partnern starten, so können Sie nach dem Bürgerlichen Gesetzbuch eine Gesellschaft bürgerlichen Rechts (GbR, auch: BGB-Gesellschaft) gründen. Sie sind dann allerdings keine Kaufleute. Alle Gesellschafter einer GbR haften mir ihren privaten Vermögen. Auch wenn es für die Regelung der rechtlichen Beziehungen keine Vorschriften gibt: Setzen Sie unbedingt mit Hilfe eines Rechtsanwalts einen schriftlichen Gesellschaftsvertrag auf, in dem Rechte und Pflichten der Beteiligten festgelegt werden!

Partnerschaftsgesellschaft

Diese Rechtsform ist der GbR weitgehend ähnlich; sie wurde durch das Partnerschaftsgesellschaftsgesetz (PartGG) speziell für die Zusammenarbeit von Angehörigen der freien Berufe geschaffen. Bei der Partnerschaftsgesellschaft (PartG) ist es möglich, die Haftung der einzelnen Partner auf deren individuelle Tätigkeit im Rahmen der Gesellschaft zu beschränken.

Offene Handelsgesellschaft

Wenn Sie und Ihr(e) Partner von Anfang an kein Kleingewerbe betreiben, sondern Kaufleute sind, können Sie an Stelle der GbR eine Offene Handelsgesellschaft (OHG) gründen. Sie arbeitet wie eine GbR mit dem zusätzlichen Bonbon, dass Sie für das Unternehmen einen eigenen Namen eintragen lassen können.

Kommanditgesellschaft

In der Kommanditgesellschaft (KG) gibt es zwei Arten von Gesellschaftern: Die Kommanditisten (auch Teilhafter genannt) sind mit einer festen Kapitaleinlage am Unternehmen beteiligt und haften nur bis zu deren Höhe; der Komplementär – in der Regel ist es nur einer, der auch die Geschäfte führt – haftet als Vollhafter unbegrenzt, auch mit seinem Privatvermögen.

Gesellschaft mit beschränkter Haftung

Die Gesellschaft mit beschränkter Haftung (GmbH) ist als Kapitalgesellschaft eine juristische Person – die Haftung ist damit auf das Stammkapital (mindestens 50.000 DM) begrenzt. Das macht sie nach dem Einzelunternehmen zur beliebtesten Rechtsform in Deutschland. Neben dem BGB und dem HGB gilt für sie das GmbH-Gesetz (GmbHG) – und da ahnen Sie schon: Gründung und Geschäftsführung einer GmbH erfordern einiges an juristischem und Kaufmannswissen. Ohne Notar geht es bei Gründung und Gesellschaftsvertrag nicht. Die GmbH unterliegt der Körperschaftsteuer.

GmbH & Co. KG

Diese Rechtsform verbindet die Vorteile von GmbH und KG miteinander: Der voll haftende Komplementär der KG ist eine GmbH, deren Haftung aber wiederum auf ihr Stammkapital begrenzt ist.

Aktien – eine Nummer zu groß

Wir erwähnten schon einmal die Möglichkeit der Kapitalbeschaffung durch die Ausgabe von Aktien über die Börse. Für Gründer sind die Aktiengesellschaft (AG) oder die Kommanditgesellschaft auf

Aktien (KgaA) aber nur in den wenigsten Fällen geeignet: Zu hoch ist das Mindeststammkapital von 100.000 Euro, und zu kompliziert und streng sind die aktienrechtlichen Bestimmungen. Fangen Sie lieber einfach, überschaubar und kostengünstig an.

Teil II

Wie Sie ein bestehendes Unternehmen kaufen

»Wie konntest du bloß glauben, dass ein China-Shop die richtige Geschäftsidee wäre?«

In diesem Teil...

Moment mal — Sie sagen, Sie wollen ein bestehendes Unternehmen kaufen? Prima! Doch das erfordert ein bisschen Arbeit. Dieser Teil zeigt Ihnen die Vor- und Nachteile des Unternehmenskaufs. Er hilft Ihnen bei der Auswahl von Kaufkandidaten. Er sagt Ihnen, was Sie bezahlen sollten und was nicht und wie es nach dem Kauf weitergeht.

Wie Sie den richtigen Kaufkandidaten finden

6

In diesem Kapitel

- Die Vor- und Nachteile eines Unternehmenskaufs
- Was Sie für den Kauf wissen müssen
- Ihre Auswahlkriterien

Wie das Leben so spielt: Wenn man ein Unternehmen kauft, ist das oft genug die Folge von Ereignissen oder Umständen, die einen in diese Richtung leiten. Wie im Fall von David, einem Tierarzt, der zehn Jahre lang in zwei verschiedenen Praxen gearbeitet hatte. Der Betreiber der Zweiten bot David eine zehnprozentige Beteiligung an, nachdem dieser dort ein paar Jahre gearbeitet hatte.

Später allerdings mogelte er sich mit rechtlichen Winkelzügen wieder aus seinem Angebot heraus. David war enttäuscht und wütend – schließlich war er stets eine loyaler und hoch kompetenter Mitarbeiter gewesen. Die Besitzer seiner »Patienten« mochten ihn und fragten oft ausdrücklich nach seinen Diensten. David verstand nicht, wie der Eigentümer ihn trotz seiner ausgezeichneten Arbeit für die Praxis so mies behandeln konnte. Er sah nicht, dass dieser Mann geldgierig und skrupellos war, denn er war keines von beiden.

Aber diese Story hat einen Silberstreif am Horizont: Diese schlechte Erfahrung war der Auslöser dafür, dass David sich selbständig machte! Statt allerdings eine neue Praxis aufzubauen, übernahm David eine bestehende. Heute ist er froh darüber. Mit der bestehenden Praxis hatte er praktisch einen fliegenden Start, und durch Energie und Talent machte er sie größer und besser. Heute ist David ein zufriedener Kleinunternehmer (ja, auch eine Arztpraxis ist ein Wirtschaftsunternehmen) und dazu Multimillionär.

Warum kaufen?

Nach seiner Gründung kann ein Unternehmen ein Eigenleben entwickeln. Die Nabelschnur zu seinem Gründer kann durchschnitten werden, und die Firma kann durch die Hände mehrerer Eigentümer gehen. In vielen Fällen kann ein gutes Kleinunternehmen seinen Inhaber überleben, vorausgesetzt die Nachfolger sind gute Geschäftsleute.

Jedes Jahr wechseln Tausende von Unternehmen den Eigentümer. Warum? Aus den gleichen Gründen, warum viele Menschen lieber ein fertiges Haus kaufen als selber ein neues zu bauen: Ein Haus oder ein Unternehmen (auf) zu bauen, erfordert viel Zeit und Arbeit und kann viele

Probleme bringen. Oft überwiegen die Vorteile durch den Kauf eines Unternehmens, als wenn man es selber aufbaut. Betrachten wir die Gründe, warum Sie den Kauf vorziehen könnten.

Sie möchten Gründungsprobleme und Ärger vermindern

Ein Unternehmen zu führen, ist wie Jonglieren, doch in den Gründungsjahren haben Sie besonders viele Bälle gleichzeitig in der Luft. Außer dem Geschäftsplan müssen Sie einen Marketingplan entwickeln, Kunden Gewinnen, Mitarbeiter einstellen, Geschäftsräume finden und und und. Obwohl Sie auch beim Kauf einer Firma einen Schlachtplan brauchen, sind viele dieser Details bereits geregelt – wenn es eine gute Firma ist.

Ein Firmenkauf ist besonders sinnvoll, wenn das Geschäft kompliziert ist. Bei einem Unternehmen, das ein trickreiches technisches Produkt herstellt, ist der Kauf sicher sinnvoller als bei einem Malerbetrieb, für den Sie nicht viel mehr brauchen als Gerüst, Werkzeuge und Pinsel sowie den Meisterbrief des Malerhandwerks. Umgekehrt: Wenn Sie das technische Produkt, das die Firma herstellt, nicht selber gebaut und die Feinheiten des Produktionsprozesses verstanden haben, ist die Neugründung einer solchen Firma ziemlich riskant und vielleicht tollkühn.

Sie möchten das Risiko senken

Wenn ein Unternehmen eine längere Geschichte hat und nachweislich ein Markt für seine Produkte oder Dienstleistungen existiert, nimmt das einem Kauf einiges an Risiko (obwohl natürlich kein derartiges Investment sicher ist). Wenn Sie die Unternehmenszahlen der vergangenen Jahre einsehen, können Sie auch genauere Voraussagen über die Finanzlage in der Zukunft machen als bei einer Neugründung.

Machen Sie Ihre Hausaufgaben hier gründlich! Untersuchen Sie Ihren Kaufkandidaten und seine Finanzen sorgfältig. Was auf dem Papier oder in der Werkshalle steht, muss nicht so sein, wie es erscheint; genügend Firmenverkäufer haben schon Zahlen frisiert und rostige Maschinen mit einem Eimer Farbe zu neuen gemacht – alles, um Probleme und Schwachstellen zu kaschieren.

Sie können mehr Gewinn und Wert schaffen

Manche Geschäftsleute sehen das Wachstumspotenzial ihrer Firma nicht oder sind nicht an Wachstum interessiert. Vielleicht sind sie ausgebrannt, zufrieden mit den jetzigen Gewinnen oder einfach reif für den Ruhestand. Es ist gar nicht so schwer, Unternehmen mit Potenzial für mehr Effizienz oder Expansion in neue Märkte zu finden, wenn Sie eine Nase fürs Geschäft haben. Und unterbewertete Firmen mit Potenzial sind eine feine Sache.

Auch wenn Sie in einem Unternehmen Potenzial sehen – zahlen nie einen hohen Preis auf Grund Ihrer Erwartungen, den Wert der Firma steigern zu können. Auch wenn Sie richtig liegen: Warum sollen Sie dem jetzigen Besitzer Geld für die harte Arbeit und den Einfallsreichtum zahlen, die Sie in die Firma einzubringen planen? Bieten Sie einen angemessenen Preis auf Basis des *Untenehmenswerts zum Zeitpunkt des Kaufs* (mehr dazu in Kapitel 7). Dann können Sie die Früchte Ihrer Verbesserungen ernten, wenn Sie diese umgesetzt haben.

Sie möchten einen sicheren Cashflow

Eine der größten Fragen bei einer neu gegründeten Firma ist die Schätzung des Cashflows: Wird schnell genug Geld herein kommen, oder wird das lange dauern? Wie lange wird es brauchen, bis der Warenbestand verkauft ist bzw. sich umschlägt? Wie schnell ist Ihr Absatzsystem etabliert? Bei Neugründungen gibt es hier weiten Raum für Fehleinschätzungen.

Nicht so, wenn Sie eine Firma kaufen. Der oder die Vorbesitzer haben die meisten dieser Fragen schon beantwortet. Wenn Sie das Unternehmen nicht komplett umkrempeln, wird der Cashflow weiter laufen. Es wird Ihnen Sicherheit geben, dass Ihr Cashflow vorhersagbar ist. Sie und Ihre Familie, Ihre Bank und andere Investoren werden das sehr schätzen. Umgekehrt kann ein nicht vorhersehbarer Cashflow Ihnen den Schlaf rauben.

Wenn Sie ein Unternehmen kaufen, wird auch die Beschaffung von Fremdkapital leichter, denn das Risiko für Geldgeber ist geringer und besser kalkulierbar. Viele Banken vermitteln sogar aktiv Unternehmenskäufe.

Sie haben keine gute Geschäftsidee

Wir haben es schon gesagt: Um Unternehmer zu werden, brauchen Sie keine neuartige Geschäftsidee. Genügend Geschäftsleute verdienen gutes Geld, ob Sie nun Autoreifen verkaufen oder Gärten pflegen. Wenn Sie Ihr eigener Chef werden wollen, aber keine Idee für ein Produkt oder eine Dienstleistung haben, dann notieren Sie sich dies als einen weiteren Grund, ein bestehendes Unternehmen zu kaufen.

Sie möchten verschlossene Türen öffnen

In manchen Branchen können Sie nur über einen Unternehmenskauf in bestimmten Gebieten Fuß fassen. Nehmen wir an, Sie möchten eine Verkaufsniederlassung der Automarke Stratovarius eröffnen, und zwar im Umkreis von einer Autostunde um Ihren jetzigen Wohnort. Stratovarius hat aber bereits Niederlassungen in diesem Gebiet und vergibt keine neuen. Dann ist Ihr einziger Zugang in die Autohandelsbranche der Kauf oder die Beteiligung an einer Stratovarius-Niederlassung in Ihrer Region (oder Sie freunden sich mit einer anderen Automarke an).

Sie sind kein großes Verkaufstalent

Vielleicht können Sie nicht besonders gut verkaufen (möglicherweise, weil Sie es nicht mögen). Wenn Sie ein bestehendes Unternehmen kaufen, erwerben Sie auch einen Kundenstamm, müssen also selber nicht sofort oder nicht so viele neue Kunden werben. Wenn Sie dann die Bedürfnisse dieser Kunden mit guten Produkten oder Diensten befriedigen, kann Ihre Firma schon allein durch Mund-zu-Mund-Propaganda wachsen.

Auf lange Sicht könnte Ihr mangelndes Verkaufstalent sogar eine etablierte Firma ruinieren. Wie? Jedes Unternehmen, auch eines, das kein Wachstum will, braucht ständig neue Kunden nur um die zu ersetzen, die zwangsläufig weg bleiben (allein beispielsweise durch Wegzug, Tod). Wenn Sie aber nicht verkaufen können (zumindest nicht an potenzielle neue Kunden), kann Ihre Firma irgendwann eingehen. Sorgen Sie also für Mitarbeiter mit der nötigen Verkaufserfahrung und machen Sie sich auch selbst verkäuferisch fit.

Warum nicht kaufen?

Natürlich kann ein Unternehmenskauf auch Nachteile haben. Wie bei den Vorteilen hängt ihr Gewicht zum großen Teil von Ihrer Persönlichkeit und Finanzkraft ab.

Sie mögen keine abgelegte Kleidung

Beim Unternehmenskauf erwerben Sie Gutes und Schlechtes. Beides existiert bei jeder Firma. Da sind zum Beispiel Problemmitarbeiter, oder der Ruf des Geschäfts ist nicht der beste. Und selbst gute Mitarbeiter und die Unternehmenskultur vertragen sich vielleicht nicht gut mit der künftigen Ausrichtung, die Sie im Sinne haben.

Besitzen Sie die Stärke und den Wunsch, Ihre Mitarbeiter für den Wandel zu motivieren oder denen zu kündigen, die alles beim Alten lassen wollen? Besitzen Sie die Geduld, an der Verbesserung von Produkten und Firmenimage zu arbeiten? All das sind Hindernisse, wenn Sie ein Unternehmen führen und seinen Wert steigern wollen. Manche Unternehmer wachsen an solchen Herausforderungen, anderen verursacht der Druck schlaflose Nächte. Erinnern Sie sich an Ihre bisherigen beruflichen Erfahrungen: Welche Herausforderungen haben Sie angenommen und gemeistert? Was waren dabei Ihre Stärken und Schwächen? (Machen Sie hierzu auch unseren Unternehmertest in Kapitel 1, wenn Sie es noch nicht getan haben.)

Sie prüfen nur flüchtig

Es sei noch einmal betont: Ein Unternehmenskauf ist kein Spaziergang. Sie müssen vorher wissen, was Sie kaufen. Daher müssen Sie eine umfassende Prüfung vornehmen, sorgfältig nachsehen, tief graben – wie immer Sie es nennen wollen. Zum Beispiel müssen Sie die Zahlenwerke

(Bilanzen etc.) einer bestehenden Firma buchstäblich auseinander nehmen, um sich zu vergewissern, dass sie wirklich so profitabel finanziell gesund ist, wie sie scheint.

Wenn erst den Kaufvertrag unterzeichnet und die entsprechenden Zahlungsverpflichtungen eingegangen sind, gibt es kein Zurück mehr. Wenn der Verkäufer Sie nicht gerade betrogen oder angelogen hat (was in einem eventuellen Gerichtsprozess schwer und teuer zu beweisen ist), können wir bei dem Punkt Qualität des Unternehmers nur zu äußerster Vorsicht raten: »Käufer aufgepasst!« Das wussten sogar schon die alten Römer und sagten das Gleiche auf lateinisch: »Caveat emptor!«

Die richtigen und die falschen Gründe für einen Unternehmenskauf

Jeff (das ist nicht sein echter Name) war ein erfolgreicher Elektronikgroßhändler. Als er auf die 50 zusteuerte, machte er und seine Frau sich mehr und mehr Gedanken über ihren Alterswohnsitz; schnell kam man da von ihrem Wohnort im Mittelwesten mit seinen kalten und öden Wintern auf das sonnige Florida.

Während eines Winterurlaubs in Naples, Florida, überflog Jeff eines Tages die Kleinanzeigen in der Lokalzeitung und stieß auf ein Verkaufsangebot für einen Elektronikgroßhandel. Seine Neugier gewann die Oberhand – er besuchte das Unternehmen und sprach lange mit dem Inhaber. Nur wenige Tage später kaufte er die Firma, wobei er ein Drittel des Kaufpreises bar bezahlte und den Rest über einen langfristigen Kredit finanzierte.

Jeffs Hauptgrund für den Unternehmenskauf? Er und seine Familie sollten auf Geschäftskosten nach Naples reisen können und dort während der kalten Winter des Mittelwesten Golf, Sonne und Geschäfte miteinander verbinden. »Ein prima Weg, in den Ruhestand hinüber zu gleiten«, meinte Jeff zu seinen Freunden.

Zwei Jahre später. Die Firma in Naples war dem Ende nahe. Offensichtlich hatten viele ihrer Kunden »Beziehungen« zu dem Vorbesitzer gehabt, und jetzt wo er weg war, waren sies auch. (Es war auch wenig hilfreich, dass Jeff nur drei Monate pro Jahr in der Firma war, und deren Effizienz litt entsprechend.) Außerdem entdeckte Jeff, dass er seine neuen Mitarbeiter nicht so führen konnte wie die im Mittelwesten. Kurz: Das Unternehmen verlor Geld.

Sechs Monate später machte Jeff die Firma widerstrebend dicht und brachte die restlichen Lagerbestände an seinen Stammsitz. Er hatte insgesamt 250.000 $ eingebüßt. Ein arg hoher Preis für ein paar Golfrunden im Winter und ein paar Steuervorteile, gab er zu.

Jeffs Unternehmen scheiterte letztlich, weil er es aus den falschen Gründen gekauft hatte. Er hatte es nicht gekauft, weil er eine Leidenschaft für dessen Kunden hatte oder etwas für die Mitarbeiter tun wollte oder das starke Bedürfnis hatte, etwas Bedeutsames zu schaffen, oder irgendeinen anderen strategischen Grund. Er kaufte die

Firma, um dem Winter zu entkommen und um ein paar magere Steuervorteile mitzunehmen – und das, wird Jeff Ihnen heute selber sagen, ist nicht annähernd genug.

Sie sollten überzeugende, ja zwingende Gründe haben, ein Unternehmen zu kaufen (so wie die, die wir zu Anfang dieses Kapitels diskutiert haben). Wie Jeff unter Opfern lernen musste, reichen Golf in Florida und steuerlich absetzbare Reisespesen da nicht aus.

Ihnen fehlt Kapital

Viele Menschen gründen ein Unternehmen statt eines zu kaufen, weil sie nicht genug Geld für einen Kauf haben. Bestehende Firmen haben einen Wert, deshalb brauchen Sie für einen Kauf generell mehr Geld als für eine Neugründung. Wenn Sie lieber kaufen würden, aber nicht das nötige Geld haben und auch keine Geldgeber (Investoren) finden können, dann gibt es für Sie nur einen Weg in die Selbstständigkeit, auch wenn Sie den des Kaufs bevorzugen würden.

Sie wollen kein geringeres Gewinnpotenzial

Wenn Sie ein etabliertes Unternehmen kaufen und gut führen, können Sie gutes Geld machen. Manchmal können Sie viel Geld machen. Aber bei einem Kauf haben Sie verglichen mit einer Gründung im Allgemeinen weniger Wachstumspotenzial nach oben und geringere Chancen, den ganz großen Reibach zu machen. Wer mit Kleinunternehmen den größten Reichtum aufgebaut hat, das sind die, die sie auch selber gegründet haben.

Mit einem gekauften Unternehmen haben Sie immer noch eine Menge Gewinn- und Wohlstandspotenzial, nur eben nicht ganz so viel. Aber überlegen Sie einmal: Wie viele Millionen oder Milliarden brauchen Sie wirklich?

Sie bekommen nicht die Genugtuung eines Gründers

Ob es sie seelisch befriedigt oder einfach ihrem Ego schmeichelt – Existenzgründer, die ihre eigene Firma aufbauen, erleben andere Gefühle als einer, der sie von jemand anders übernimmt. Natürlich können Sie einem gekauften Unternehmen Ihren Stempel aufdrücken, aber das braucht ein paar Jahre. Und selbst dann ist es nie ganz Ihr eigenes Werk.

Was brauchen Sie vor dem Kauf?

Nicht jeder ist prädestiniert, ein bestehendes Unternehmen zu kaufen, und wir meinen nicht bloß die ohne das ausreichende Geld. Tatsächlich können Sie ein gutes Kleinunternehmen auch mit wenig Geld kaufen.

Ein Unternehmenskauf erfordert viel harte Arbeit. Doch die tägliche Unternehmensführung ist für die meisten viel schwerer, als eine Firma zu finden und zu kaufen. Manche haben mit einer gekauften Firma einen Wahnsinnserfolg – andere versagen elend. Was also sind die typischen Charakteristika von Menschen, die ein Unternehmen erfolgreich kaufen *und* führen?

Unternehmererfahrung und Ausbildung

Als Erstes sollten Sie Erfahrung im Geschäftsleben besitzen und eine Ausbildung, die ebenfalls in diese Richtung geht. Wenn Sie Betriebs- oder Volkswirtschaft studiert oder eine kaufmännische Ausbildung absolviert haben, sind das gute Startvoraussetzungen.

Wenn Sie in Unternehmen verschiedener Branchen kaufmännisch gearbeitet haben, besitzen Sie wahrscheinlich auch die richtige Basis. Unternehmensberater, die als Generalisten arbeiten, bekommen so eine Ausbildung. Doch wenn Sie nur beraten haben, besteht die Gefahr, dass Sie nicht an der vordersten Front waren, wo die wichtigen praktischen Schlachten des Geschäftslebens geschlagen werden.

Wenn nichts von dem eben Gesagten auf Sie zutrifft, werden Sie mit einem gekauften Unternehmen nicht scheitern, doch die Karten stehen schlecht für Sie. Auch ohne kaufmännisches Wissen und berufliche Erfahrung können Sie erfolgreich sein, doch wahrscheinlicher werden Sie bloß gerade eben überleben. Und die Gefahr, dass Sie scheitern, ist relativ groß.

Wir raten Ihnen, unbedingt praktische Erfahrung zu erwerben; sie ist ungleich wertvoller als Zeugnisse oder Diplome. Es gibt einfach keinen Ersatz für die reale Erfahrung, Kunden werblich anzusprechen und mit ihnen zu interagieren, mit Zahlenwerken umzugehen, mit der Konkurrenz fertig zu werden – kurz: für das Geschäft des Geschäftemachens.

Wenn Sie eine Computerreparatur besitzen wollen, gehen Sie hin und arbeiten Sie in einer. Wenn Sie Jetskis vermieten wollen, arbeiten Sie bei so einer Firma. Versuchen Sie, dabei so viele Tätigkeitsbereiche kennen zu lernen, wie der Chef erlaubt. Betrachten Sie die gewonnene Erfahrung als bezahltes Training on the Job für Ihre Unternehmerkarriere.

Das Geld für die Anzahlung

Wenn Sie ein Unternehmen kaufen, ist es üblich, eine Anzahlung auf den ausgehandelten Preis zu leisten. In der Regel müssen Sie bei Vertragsschluss oder kurz danach mindestens 25 bis 30 % des Gesamtpreises anzahlen. Das dient der Sicherheit des Verkäufers, der Ihnen ja über den Rest einen Kredit gewährt, den Sie im Laufe der Folgejahre in »Raten« abzahlen müssen: Wer nur ein bisschen angezahlt hat, steigt eher aus seiner Zahlungsverpflichtung aus, wenn die Firma in einen finanziellen Engpass gerät.

Schauen wir uns zum Beispiel an, was mit Jims vierter Firma passierte, die er gegen 33 % Anzahlung bei zehn Jahren Frist bis zur vollständigen Bezahlung verkaufte. Zwei Jahre nach dem Verkauf meldeten die Käufer Konkurs an – und Jim hatte noch 60 % des Kaufpreises zu bekommen! Hätte er gar keine Anzahlung vereinbart, hätte er mit fast dem ganzen Verlust da gesessen; hätte er andererseits 50 % Anzahlung verlangt, wäre sein Verlust beträchtlich geringer gewesen.

Wenn Sie nicht genug Geld für die Anzahlung haben, sollten Sie Familie oder Freunde fragen, ob Sie bei Ihnen Geld investieren oder es Ihnen leihen können (siehe Kapitel 4). Sie können sich auch ein weniger teures Unternehmen suchen oder Verkäufer, die bereit sind, eine geringere Anzahlung zu akzeptieren.

Wenn Sie einen Kaufkandidaten finden, dessen Eigentümer weniger als 20 % Anzahlung verlangt, können Sie Glück haben. Seien Sie aber vorsichtig: Solche Verkäufer haben es vielleicht schwer, ihre Firma zu verkaufen, weil sie problembehaftet ist oder weil sie schlicht einen zu hohen Preis angesetzt haben. Kluge Verkäufer wollen eine möglichst hohe Anzahlung – Sie sollten sie möglichst niedrig halten (natürlich vorausgesetzt, dass die Konditionen für die Ratenzahlung des Restpreises günstig sind), damit Sie so viel Geld wie möglich für den Betrieb des Unternehmens übrig behalten.

Sie können den Kauf eines bestehenden Unternehmens bei ausreichend Eigenkapital auch durch einen Bankkredit finanzieren oder durch günstige Mittel aus staatlichen Förderprogrammen – informieren Sie sich!

Wie finden Sie gute Unternehmen?

Seien Sie hier realistisch und lassen Sie sich viel Zeit. Eile bedeutet verlorenes Geld, wenn Sie ein Unternehmen kaufen, ohne genau zu wissen, was Sie wollen, und ohne die richtigen Schritte zu tun, die Ihnen eine gute Firma zu einem angemessenen Preis verschaffen. Wenn Sie nur nach Feierabend auf die Suche gehen, können Sie dafür leicht ein oder zwei Jahre benötigen. Wenn Sie Vollzeit suchen, müssen Sie immer noch mit mehreren Monaten rechnen.

Ihre Präferenzen

Um effizient suchen zu können, müssen Sie Auswahlkriterien festlegen. Auch wenn Sie nicht jedes Detail definieren müssen, helfen ein paar wohl überlegte Parameter, Ihre Suche zu fokussieren. Jeder hat andere Kaufkriterien, aber hier sind einige, die für die meisten angehenden Unternehmenskäufer sinnvoll sind:

- ✔ **Branche:** Konzentrieren Sie sich auf bestimmte Nischen in Branchen, die Sie kennen oder für die Sie sich interessieren. Auf diese Weise können Sie gründlicher suchen und Firmen von hoher Qualität finden. Die Branchenkenntnisse, die Sie bei Ihrer Suche erwerben, können sich später für Sie als Firmenchef auszahlen.

Helfen Sie Ihrer Suche nach Branchen mit diesem Trick auf die Sprünge: Blättern Sie einfach einmal durch das Branchentelefonbuch, die *Gelben Seiten*. Hier finden Sie Branchen und Unternehmen in Hülle und Fülle.

- ✔ **Lebensstil:** Welchen Lebensstil Ihnen Ihr Kleinunternehmen ermöglichen soll, kann Ihre Suche deutlich begrenzen. Wenn Sie beispielsweise von zu Hause aus arbeiten möchten, werden Sie sicher kein Ladengeschäft kaufen wollen. Berücksichtigen Sie auch, wie hoch das Einkommen sein soll, das Sie erzielen wollen oder müssen.
- ✔ **Größe/Kaufpreis:** Wenn Sie nicht mit einer niedrigen Anzahlung zum Zuge kommen, dann begrenzt Ihr verfügbares Kapital die Größe des Unternehmens, die Sie sich leisten können. Rechnen Sie als Faustregel, dass Sie sich einen Kaufpreis etwa in Höhe des Dreifachen der Summe leisten können, die Sie für den Unternehmenskauf auf die Seite gelegt haben. Wenn Sie also zu Beispiel 30.000 EUR an Ersparnissen besitzen, dann können Sie nach einem Unternehmen mit einem Preis bis zu etwa 100.000 EUR Ausschau halten. Da viele Verkäufer den Preis zu hoch ansetzen, können Sie auch nach Firmen über 100.000, ja bis zu 150.000 EUR suchen, denn im Preis ist meistens Verhandlungsspielraum enthalten. Investieren Sie nicht Ihr ganzes Geld in den Kauf, denn Sie benötigen auch noch welches für den laufenden Betrieb des Unternehmens!
- ✔ **Standort:** Wenn Sie sich schon an einem Ort niedergelassen haben und nicht umziehen oder keine lange Anfahrt wollen, engt das Ihre Suchmöglichkeiten weiter ein. Selbst wenn Sie einen Umzug an einen anderen Ort in Kauf nähmen, ist die Bewertung eines dortigen Unternehmens aus der Ferne schwierig und teuer. Wenn Sie nicht in einer sehr speziellen Branche suchen, sollten Sie die Suche möglichst lokal oder regional begrenzen.
- ✔ **Möglichkeiten der Wertsteigerung:** Manche Käufer suchen nach Unternehmen mit Problemen, die gelöst werden müssen, oder mit unausgeschöpften Möglichkeiten. Für die meisten Menschen jedoch ist die Leitung einer Firma schon genügend Herausforderung – wie bei einem Haus: Sie überlassen eine undichte Wasserleitung lieber dem Klempnermeister. Manche Unternehmen ohne größere Probleme jedoch bieten durchaus brachliegendes Potenzial.

Nachdem Sie Ihre Einkaufskriterien festgelegt haben, können Sie sich auf dem Markt für verkäufliche Unternehmen umsehen. Wir empfehlen, dass Sie Ihre Kriterien schriftlich auf einer Seite niederlegen; dieses Blatt können Sie allen in die Hand geben, mit denen Sie auf Ihrer Suche in Kontakt kommen.

Strecken Sie Ihre Fühler aus

Setzen Sie sich Ihre Sherlock-Holmes-Kappe auf und nehmen Sie die Lupe zur Hand. Einen guten Kaufkandidaten zu finden, erfordert detektivisches Vorgehen. Sie müssen unter viele Steine gucken und eine Menge Spuren verfolgen, von denen viele in einer Sackgasse enden. Hier sind ein paar bewährte Ansatzpunkte.

Nutzen Sie Publikationen

Wenn Sie sich auf eine oder mehrere spezifische Branchen konzentrieren, werden Sie alle möglichen Fachzeitschriften und Informationsdienste (Newsletter) entdecken. Stellen Sie sich nur vor, wie viel Spaß Sie mit Publikationen wie *Brunold – Ideen und Strategien für das Verlagsmanagement, touristik management* oder *tür + tor-report* haben können! Solche Spezialpublikationen führen Sie mitten hinein in eine Branche und enthalten häufig auch Anzeigen, in denen Firmen zum Verkauf angeboten werden. Fragen Sie die Branchenverbände oder Ihre Industrie- und Handelskammer, welche Publikationen es für Ihre Branche gibt. Übrigens: Viele IHKs unterhalten auch eine Fachbibliothek – nutzen Sie diese Fundgruben für Informationen aller Art rund um Unternehmensgründung und -führung.

Vernetzen Sie sich mit Beratern

Sprechen Sie mit Steuerberatern, Rechtsanwälten, Bankern, Kapitalanlage- und Unternehmensberatern , die viel mit Kleinunternehmen arbeiten. Diese Berater sind oft die ersten, die vom Wunsch eines Unternehmers hören, seine Firma verkaufen zu wollen. Sie können Ihnen eventuell auch gute Firmen nennen, die nicht zum Verkauf stehen, deren Eigentümer Sie aber trotzdem einmal ansprechen könnten. Auch hier sind die IHKs wieder ein guter Tipp: Sie unterhalten eine bundesweite »Börse«, über die Unternehmer Käufer für ihre Firmen suchen, oft weil sie keinen Nachfolger haben und/oder sich zur Ruhe setzen wollen.

Putzen Sie Klinken

Wenn bei Ihnen als Hausbesitzer jemand klingelt und sagt, er sei interessiert, Ihr Haus zu kaufen, würden Sie vermutlich antworten, dass Sie an einem Verkauf nicht interessiert seien. Wenn er sagt, dass Ihnen Ihr Haustyp wirklich gefalle und er einen guten Preis zahlen wolle, dann gewinnt er von Ihnen mehr Aufmerksamkeit, aber Sie würden ihn wahrscheinlich immer noch wegschikken. Wenn Sie als Hausbesitzer allerdings selber schon über einen Verkauf nachgedacht haben, dann werden Sie die Ohren spitzen.

Manche Unternehmer, die ihr Geschäft nicht zum Verkauf anbieten, denken trotzdem darüber nach. Wenn Sie also genügend Firmen kontaktieren, die Sie interessieren, werden Sie auf solche stoßen, die noch nicht »auf dem Markt« sind.

Warum aber sich die Mühe machen und den Inhabern ungebeten auf den Wecker gehen? Ganz einfach: Sie erhöhen die Wahrscheinlichkeit, dass Sie die richtige Firma finden. Sie machen dabei vielleicht auch ein gutes Geschäft, denn Sie haben bei den Verhandlungen mit dem Eigentümer keine Konkurrenz durch andere potenzielle Käufer.

Statt anzurufen oder persönlich vorzusprechen, sollten Sie mit einem Vorstellungsbrief beginnen, der knapp und präzise erklärt, welches Unternehmen Sie suchen und was für ein toller Kerl Sie sind. Das zeigt, dass Sie Überlegung und Zeit in Ihr Vorhaben investieren. Fassen Sie etwa eine Woche nach dem Versand des Briefs telefonisch nach.

Vermittler wollen mit verdienen

Manche Unternehmensverkäufer gehen über Vermittler. Das können zum Beispiel Unternehmensberater, spezialisierte Unternehmensmakler (Broker) oder Banken sein. Sie arbeiten im Prinzip so wie ein Immobilienmakler: Sie suchen potenzielle Käufer, und wenn der Kauf zustande kommt, kassieren Sie eine nette Provision.

Wenn Ihr Herz nicht an einer ganz bestimmten Art von Unternehmen hängt – etwa einer Konditorei –, ist es bei Vermittlern ein Vorteil, dass sie Ihnen Firmen anbieten können, an die Sie noch gar nicht gedacht haben. Und sie können Ihnen auch einiges an Fachinformationen liefern – zum Beispiel, dass Sie als Konditor um vier Uhr morgens zum Kuchen backen aufstehen müssen, auch am Wochenende.

Achten Sie auf diese Fallstricke bei jeder Zusammenarbeit mit einem Vermittler:

- ✔ **Provisionskonflikte**: Vermittler sind nicht Ihre Berater, sie sind Verkäufer. Das macht sie nicht korrupt oder unehrenhaft, doch es bedeutet, dass ihre Interessen nicht die Ihrigen sind. Sie wollen einen Abschluss und das schnell – und je mehr Sie zahlen, desto mehr verdienen sie. In der Praxis müssen Sie als Käufer diese Provision oft ganz oder teilweise übernehmen. Bedenken Sie: Ohne Vermittler kann der Anbieter billiger verkaufen und dennoch mehr Geld kassieren, und der Käufer kommt auch günstiger dabei weg.
- ✔ **Schlechte Unternehmen**: Problemfirmen gibt es überall, und manches endet bei einem Vermittler. Der Grund: Die Eigentümer hatten Probleme, es selber zu verkaufen.
- ✔ **Verschleierung**: Dieser Punkt hängt mit den beiden vorigen zusammen. Vermittler verhelfen weniger guten Firmen dazu, besser auszusehen als sie tatsächlich sind. Das kann durch eiskalten Betrug geschehen, meist aber eher dadurch, dass man es mit der Wahrheit nicht ganz so genau nimmt – man verschweigt Negatives und bläht das Potenzial über die Maßen auf. (Übrigens: Auch Eigentümer, die selber verkaufen, tun so etwas gern.) Seien Sie also auf der Hut und glauben Sie erstmal nichts. Nehmen Sie die Informationen des Vermittlers nie als einzige Quelle, prüfen Sie alles auf Herz und Nieren!

Kommt eine Franchise für Sie infrage?

Unter den Firmen, die Sie kaufen können, sind auch Franchisen. Manche Unternehmen vergrößern die Zahl ihrer Niederlassungen, indem Sie »Kopien« oder Franchisen davon verkaufen. Wenn Franchisenehmer eines solchen Unternehmens werden, erwerben Sie das Recht, innerhalb eines bestimmten Gebiets die Produkte oder Dienstleistungen der Firma zu verkaufen. Ihr Vorteil: Sie können dabei deren eingeführten Namen und erprobtes Betriebs- und Marketingkonzept einsetzen. Neben einer Eintrittsgebühr zahlen Sie dafür in der Regel eine laufende Gebühr an den Franchisegeber und oft auch noch eine Werbegebühr.

Als Konsument haben Sie sicher schon mit Franchisebetrieben zu tun gehabt: Hamburger von McDonald's, Tee von Der Teeladen, gebräunte Haut aus einem Sunpoint-Sonnenstudio und so weiter. Der Erwerb einer Franchise kann Ihren Einstieg ins Geschäftsleben teurer, aber auch sicherer machen.

Die Vorteile

Im Gegensatz zum Firmenkauf, erwerben Sie beim Kauf einer Franchise keinen bestehenden Betrieb. Auch wenn der Franchisegeber anderswo möglichst viele, erfolgreiche Franchisebetriebe haben sollte, fangen Sie bei null an. (Manchmal können Sie auch einen bestehenden Betrieb von einem Franchisenehmer erwerben, der verkaufen möchte.) Als stolzer Inhaber eines neuen Franchisebetriebs haben Sie noch keine Kunden; die müssen Sie wie bei jeder Neugründung erst werben.

Warum also ein nicht unbeträchtliches Sümmchen Geld zahlen für ein Geschäft ohne Kunden? Nun, beim Kauf einer Franchise gelten die gleichen Gründe wie beim Kauf eines anderen guten, etablierten Unternehmens. Wenn ein Unternehmen schon einige Jahre im Geschäft ist und erfolgreiche Franchisenehmer hat, beweist das die Nachfrage nach seinen Produkten oder Dienstleistungen und dass sein System für Angebot und Vermarktung dieser Produkte oder Dienstleistungen funktioniert. Das Unternehmen hat die Kinderkrankheiten kuriert und hoffentlich viele alltägliche Probleme gelöst. Davon profitieren Sie als Franchisenehmer: Sie können den Erfahrungsschatz nutzen, den das Mutterunternehmen im Lauf vieler Jahre aufgebaut hat.

Franchisen haben zwei weitere Vorteile, die den meisten anderen Kleinunternehmen fehlen:

- ✔ Ein größerer und erfolgreicher Franchisegeber wird eine bekannte Marke haben. Mit anderen Worten: Die Konsumenten kennen den Namen und sind eher geneigt, die dazu gehörigen Produkte oder Dienste zu kaufen. Manche kaufen eine neue Haustür lieber bei der Firma Biffar, statt sich mühsam durch die Gelben Seiten zu wühlen und dann zwischen unbekannten Schreinermeistern auswählen und mit diesen verhandeln zu müssen. Das Vertrauen in Biffar stammt vielleicht aus dem Einfluss durch dessen regelmäßige Anzeigenwerbung oder aus einer Empfehlung von Freunden oder Verwandten, die – oft in einem ganz anderen Teil Deutschlands – eine Tür bei Biffar gekauft haben. Und: Eine Firma, die bundesweit so erfolgreich tätig ist, kann eigentlich nicht schlecht sein.
- ✔ Der letzte Vorteil ist der des zentralisierten Einkaufs. Wie man bei einem Unternehmen mit so vielen Vertretungen hoffen und erwarten würde, kann Biffar seine Türen zu sehr günstigen Preisen einkaufen bzw. herstellen lassen. Die Großabnahme führt zu günstigeren Endverkaufspreisen und höheren Gewinnspannen für die Franchisenehmer. Zudem erspart es diesen, sich einzeln mühsam kundig zu machen, wo und wie sie denn Türen einkaufen können.

Die Nachteile

Franchisen sind nicht für jeden geeignet. Auch hier gibt es Fallstricke. Halten Sie bei folgenden Punkten die Augen offen:

- ✔ Sie sind kein Franchisenehmertyp: Wenn Sie eine Franchise erwerben, steigen Sie in ein System ein, das der Franchisegeber entwickelt hat. Wer feste Strukturen mag und festgelegte Regeln und Systeme, der wird sich dem Franchiseleben leichter anpassen. Wenn Sie aber der kreative und freiheitsliebende Typ sind, der gern experimentiert und Veränderung als Würze des Lebens mag, dann würden Sie als Franchisenehmer wahrscheinlich nicht glücklich. Wenn Sie einen Betrieb besitzen, der am Ende doch nicht das ist, was Sie sich erträumen, kann das eine teure Lernerfahrung werden. Vielleicht entdecken Sie beispielsweise, dass Sie gar nicht so gern den ganzen Tag im Geschäft sitzen und mit Kunden verhandeln, nachdem Sie gutes Geld für eine Reisebüro-Franchise ausgegeben haben.
- ✔ Sie müssen überteuerte Waren abnehmen. Zentraler Einkauf von Waren oder Geschäftsausstattung in großen Mengen soll den Franchisenehmern Zeit und Geld sparen. Manche Franchisegeber allerdings versuchen, hier den großen Reibach zu machen, indem sie ihre Franchisenehmer zwingen, diese Dinge per Abnahmeverpflichtung mit hohen Preisaufschlägen oder in hohen Mindestmengen abzunehmen.
- ✔ Die Franchise ist unerprobt. Beim Kauf einer Franchise erwerben Sie keinen laufenden, etablierten Betrieb mit einem Kundenstamm. Wenn das System sich nicht schon seit Längerem bewährt und erfolgreiche Franchisenehmer hat, dann sollten Sie nicht als erster Franchisenehmer das Versuchskaninchen spielen. Unseriöse Franchisegeber wollen nur die Einstiegsgebühr kassieren und lassen Sie dann ziemlich allein. Seriöse hingegen wollen, dass Ihre Partner Erfolg haben, damit sie künftig regelmäßige Gebühren aus dem laufenden Geschäft einnehmen können.
- ✔ Die Franchise ist in Wahrheit ein Pyramidensystem. Hier wollen skrupellose Geschäftsleute schnell abkassieren, indem sie möglichst schnell möglichst viele Franchisen verkaufen. Manche lassen ihre »Franchisepartner« sogar selber wieder Franchisen verkaufen und partizipieren auch an diesen »Umsätzen«. Hier geht es um den Einmalverkauf einer Franchise, nicht um den Aufbau von Betrieben, die mit guten Produkten oder Dienstleistungen Kundenbedürfnisse befriedigen.

Seriöse Franchisegeber sind Mitglied im Deutschen Franchise-Verband (DFV) und haben sich selbst zu ethischem Verhalten verpflichtet. Wenn Sie die geringsten Zweifel an der Seriosität eines Franchiseangebots haben oder sich generell über das Thema Franchising informieren möchten, sprechen Sie den DFV an. Die Adresse: Paul-Heyse-Str. 33-35, 80336 München, www.dfv-franchise.de. Eine zweite gute Informationsadresse finden Sie im Internet: www.franchise-net.de.

7

Wie Sie ein erfolgreiches Kaufangebot machen

In diesem Kapitel

- Bewerten Sie Ihren Kaufkandidaten
- Formulieren Sie ein Abgebot, das zieht
- Verhandlungstechniken
- Was im Unternehmen verändert werden muss

Bis jemandem vor Gericht die Schuld bewiesen wurde, hat er in unserem Rechtssystem als unschuldig zu gelten. Wenn Sie allerdings ein Unternehmen kaufen, sollten Sie, bis Sie eines Besseren belehrt werden, annehmen, dass sein Eigentümer schuldig ist, es besser aussehen zu lassen als es tatsächlich ist. Wir wollen nicht zynisch klingen, aber mehr als ein Inhaber versucht, sein Unternehmen profitabler, finanziell gesünder und attraktiver darzustellen als es ist. Bleiben Sie stets kritisch – entscheiden Sie mit dem Kopf, nicht aus dem Bauch heraus.

Schauen wir uns die Unglücksgeschichte von Katie an. Sie entschied sich aus dem Bauch heraus zum Kauf eines Restaurants von einem silberhaarigen, distinguierten Herrn namens Max. Gut gekleidet, gebildet, viel gereist, Weinkenner – Max umgarnte Katie mit seinem Charme und schmeichelte ihr, wie erfolgreich sie sein Restaurant würde führen können (sein französischer Akzent tat dabei sein Übriges).

Sein »Zahlenwerk« über das Restaurant war auch eindrucksvoll. Es zeigte über mehrere Jahre hinweg stetig wachsende Umsätze und sogar noch stärker steigende Gewinne. In den zwölf Monaten vor den Verkaufsverhandlungen hatte das Restaurant über 500.000 $ gemacht bei einem Gewinn vor Steuern von 150.000 $.

Selbst Weinsammlerin und Gourmet, hatte Katie immer davon geträumt, Ihr eigenes Restaurant zu betreiben. Aber Sie wollte die schweren Aufgaben bei einer Neugründung vermeiden: eine komplette Speisekarte erstellen, Räumlichkeiten suchen, Mietvertrag aushandeln, Mitarbeiter suchen und einstellen und so weiter. Dank einer Erbschaft konnte Katie jetzt das Gründungsstadium überspringen und ein etabliertes Restaurant kaufen – eines wie das von Max angebotene.

Nach nur kurzem Hin und Her von Angeboten und Gegenangeboten bezahlte Katie das ganze Unternehmen bar. Max übergab ihr das Restaurant, rief sich bald darauf ein Taxi zum Flughafen und entschwand in den Ruhestand in einem Landhaus in Südfrankreich.

In den ersten Monaten erschien der Geschäftsgang etwas schleppender, als Katie erwartet hatte, aber insgesamt schien alles gut zu laufen. Am Ende des ersten Jahres jedoch musste Katie feststellen, dass sie ein paar ernsthafte Probleme hatte.

Zunächst waren die laufenden Ausgaben höher und die Einnahmen niedriger, als sie nach den historischen Zahlen von Max hätten sein müssen. In Katies erstem Jahr setzte das Restaurant rund 300.000 $ um, nur wenig mehr als die Kosten ausmachten.

Zweitens gab es Probleme mit dem Mietvertrag. Im zehnten Monat wurde Katie vom Eigentümer des Gebäudes, in dem ihr Restaurant lag, darüber informiert, dass ihr befristeter Mietvertrag in Kürze auslaufen würde – danach wolle er die Miete um 300 % erhöhen. Katie konnte es nicht glauben. Max hatte nie erwähnt, dass der Mietvertrag bald auslaufen würde oder dass er vor langer Zeit eine Miete ausgehandelt hatte, die weit unter den Marktpreisen lag und in die Höhe schnellen würde, wenn der Vertag ausliefe.

Um es kurz zu machen und Ihnen die schmerzlichen Einzelheiten darüber zu ersparen, was Katie in den folgenden Monaten und Jahren entdecken musste: Ihr Restaurant trieb Katie schließlich in den persönlichen Bankrott. Wie sich herausstellte, hatte Max bei der Aufstellung seines Zahlenwerks einiges an, sagen wir einmal, »künstlerischer Freiheit« walten lassen.

Katie konnte Max in Frankreich nie aufspüren. Wenn Sie ihn gefunden hätte, hätte Sie ihn wegen Betrugs oder arglistiger Täuschung verklagen können. Und genau deswegen hatte Max seine Spuren sorgfältig verwischt ...

Auch wenn dies ein etwas extremes Beispiel ist, so ist es doch nicht ungewöhnlich, dass Probleme dieser Größenordnung sich hinter verkäuflichen Unternehmen verbergen. Erwarten Sie nicht, dass der Verkäufer Sie auf die Risse im Fundament hinweist – die müssen Sie selber aufspüren. Wenn Sie nicht ohne den Schatten eines Zweifels belegen können, dass es keine negativen Überraschungen geben wird, sollten Sie kein Unternehmen kaufen.

Wie Sie ein Unternehmen bewerten

Ein Kaufangebot für ein Unternehmen zu erstellen und die dafür notwendigen Nachforschungen und Prüfungen vorzunehmen kostet Zeit und Geld. Stochern Sie tief im Unternehmen herum und Sie minimieren das Risiko, eine problembehaftete Firma zu kaufen oder für eine gute Firma zu viel zu zahlen. Klären Sie die wichtigen Fragen, die wir in den folgenden Abschnitten ansprechen.

Inhaber und leitende Mitarbeiter

In der Regel ist ein Unternehmen nur so gut wie sein Chef (oder seine Chefs) und die leitenden Mitarbeiter. Sind diese Leute seriös und erfahren, ist das Unternehmen meist erfolgreich und kaufenswert. Erscheinen Ihnen diese Personen wenig kompetent – Finger weg!

Genauso wie Sie (hoffentlich) keine Mitarbeiter einstellen, ohne deren Zeugnisse zu prüfen und ein Bewerbungsgespräch zu führen, sollten Sie auch kein Unternehmen kaufen, ohne Entsprechendes zu tun. Hier eine kurze Liste von Punkten, zu denen Sie sich Informationen beschaffen sollten:

- ✔ **Geschäftliche Erfahrung:** Erbitten und prüfen Sie die Lebensläufe des Inhabers und der leitenden Mitarbeiter und bedenken Sie, dass Papier geduldig ist. Vermitteln die Lebensläufe den Eindruck guter, bewährter Geschäftserfahrung? Überprüfen Sie die Lebensläufe auf Unstimmigkeiten, Lücken, offensichtlich »geschönte« Aussagen über die Menschen, mit denen Sie es zu tun haben.
- ✔ **Persönlicher Ruf in der Geschäftswelt:** Manchmal vergessen wir, wie klein die Welt ist, in der wir leben – auch die Geschäftswelt. Jede Firma, die ein paar Jahre aktiv ist, hat mit vielen Menschen und anderen Firmen interagiert. Sprechen Sie diesen anderen, die Erfahrungen mit Ihrem Kaufkandidaten gemacht haben, und fragen Sie sie nach ihrer Meinung über den Eigentümer und dessen leitende Mitarbeiter. Natürlich können Sie nicht jede Aussage für bare Münze nehmen; beachten Sie die Qualität der Quelle.
- ✔ **Kreditgeschichte:** Als Banker würden Sie niemandem Geld leihen, ohne dessen Bonität zu prüfen. Lassen Sie sich vom Verkäufer nicht nur eine Kreditauskunft seiner Bank und von der Schufa oder von einer Auskunftei über sein Unternehmen geben, sondern auch über ihn selbst als Person. Warum? Wenn er privat stark verschuldet ist oder Probleme mit der Rückzahlung von Krediten hatte, kann das auf Probleme in der Firma hindeuten.
- ✔ **Hauptkunden:** Am besten können Ihnen die gegenwärtigen Kunden Auskunft über den Wert Ihres Kaufkandidaten geben. Erbitten Sie eine Liste der fünf oder zehn Hauptkunden und stellen Sie diesen die folgenden Fragen: Wie sehen Sie die Firma generell? Liefert sie pünktlich? Sind die Produkte oder Dienstleistungen vergleichbar mit denen der Wettbewerber? Hat die Firma eine integre Unternehmenskultur? Was kann die Firma am besten? Was braucht sie, um besser zu werden?
- ✔ **Hauptmitarbeiter:** Wenn die Mitarbeiter Ihres Kaufkandidaten von den Verkaufsverhandlungen wissen, befragen Sie sie unbedingt nach ihrer Meinung über die Lage der Firma. Sie müssen auch in Erfahrung bringen, ob die Hauptmitarbeiter bleiben werden, wenn Sie ihr neuer Chef sind. (Hätte Katie aus unserem Anfangsbeispiel mit den Angestellten des Restaurants gesprochen, dann hätte sie bestimmt etwas über den Charakter und die mangelnde Glaubwürdigkeit von Max erfahren und vielleicht sogar die falschen Ertragszahlen durchschaut, die er ihr präsentierte.)

Warum verkauft der Eigentümer?

Sie sind mit der Entwicklung Ihrer Kriterien (was Sie wollen) und Ihrer Suche nach einem Kaufkandidaten (wie Sie welche finden) jetzt schon ganz schön weit. Sobald Sie ein potenziell attraktives Unternehmen gefunden haben, beginnt die richtige Arbeit. Versuchen Sie zuerst herauszubekommen, warum der Eigentümer verkauft. Der Grund kann für Sie egal sein (er hat die 60 erreicht, ein schönes Finanzpolster verdient und möchte sich einfach zur Ruhe setzen) oder eben auch nicht – die Firma macht nur Mühe und Ärger, sie ist nicht sehr profitabel oder die Konkurrenzlage verschärft sich.

Negative Verkaufsgründe auf Seiten des Inhabers sollten Sie aber nicht unbedingt vom Kauf abhalten. Wenn die Firma geringe Gewinne macht, hat der Eigentümer sehr wahrscheinlich nicht die richtigen Maßnahmen ergriffen (etwa Kostenkontrolle oder besseres Marketing), um sie zu steigern. Vielleicht können Sie diese Hürde leicht überwinden. Trotzdem: Bevor Sie sich zum Kauf entschließen, müssen Sie klipp und klar wissen, warum der gegenwärtige Eigentümer aussteigen will. Und so finden Sie es heraus (wo angemessen, erbitten Sie vom Inhaber die Erlaubnis, mit einer Quelle zu sprechen):

- ✔ **Unterhalten Sie sich mit dem Eigentümer.** Das ist nicht besonders originell, und wir wissen, dass viele Verkäufer über ihre Motive nicht völlig offen reden, aber man kann nie wissen. Außerdem können Sie die Aussagen mit dem vergleichen, was andere Quellen über die Motive des Verkäufers sagen.
- ✔ **Unterhalten Sie sich mit den Beratern des Eigentümers.** Hier ruht ein Schatz von Informationen und Hintergrundwissen! Zu diesen Beratern gehören Rechtsanwälte, Steuerberater, Banker und/oder die Vorstands- oder Beiratsmitglieder der Firma selbst.
- ✔ **Unterhalten Sie sich mit Leuten aus der Branche.** In vielen Branchen sind die Kontakte eng; man kennt sich und weiß in etwa, wie es den anderen Firmen geht. Die Vertreter von Zulieferfirmen können eine erstklassige Informationsquelle sein. Sie sind vielleicht nicht ganz offen, aber Sie können durchaus zwischen den Zeilen lesen (hören). (Ausschließlich belügen werden sie Sie übrigens auch nicht, schließlich könnten Sie bald zu ihren Kunden zählen.) Auch die größeren Kunden des Unternehmens haben in der Regel eine recht gute Vorstellung davon, warum es zum Verkauf steht.

Die Informationen aus all diese Quellen kann Ihnen bestimmen helfen, ob der Eigentümer aus Stärke oder aus Schwäche verkauft. Sprechen Sie gegenüber Ihren Informanten auch die folgenden entscheidenden Fragen an: Wie wichtig ist der gegenwärtige Inhaber für den Erfolg der Firma? Was passiert, wenn er nicht mehr da ist? Wird die Firma wichtige Mitarbeiter oder Kunden verlieren?

Welche Unternehmenskultur übernehmen Sie?

Wenn Sie ein Kleinunternehmen kaufen, adoptieren Sie das Kind von jemand anderem. Je nach der Stärke seiner bereits entwickelten Persönlichkeit und wie diese mit Ihrer harmoniert, können Sie das Unternehmen erfolgreich im Sinne Ihrer eigenen Persönlichkeit formen.

Larry hatte eine der besten Wirtschaftsuniversitäten absolviert. Er glaubte, eine Menge Geld verdienen zu können, wenn er einen kleinen Produktionsbetrieb kaufen und ihn besser führen würde als der Vorbesitzer. Mit seinem Nobeldiplom und seiner Beratererfahrung bei ähnlichen Firmen glaubte er, das Unternehmen würde leicht zu führen sein. Also kaufte er es und zahlte 35 % des Preises sofort an.

Wie Sie herausfinden, ob ein Verkäufer motiviert ist

Stellen Sie sich vor, Sie wollten ein Haus kaufen. Sie stoßen auf zwei Häuser, die Ihren Vorstellungen entsprechen – eines in der Maxstraße und eines in der Goldtstraße. Beide haben die richtige Größe, auch bei den Gärten, und liegen in ruhigen Straßen. Auch in allen weiteren Punkten sind sich die Häuser sehr ähnlich. Nach Ihren Ermittlungen sind solche Häuser in dieser Gegend etwa 190.000 $ wert.

Das Haus in der Maxstraße soll 229.000 $ kosten, das in der Goldtstraße 199.000 $. Der Eigentümer aus der Goldtstraße hat das Haus schon begutachten lassen und eine Liste der nötigen Ausbesserungsarbeiten erstellt, die er noch auf seine Kosten ausführen lassen wird. Sie bemerken auch, dass sein Haus von innen und außen gereinigt worden ist, so dass man sofort einziehen könnte.

Nehmen wir nun an, dass beide Häuser Ihnen gleich gut gefallen – für welches würden Sie eher ein Kaufangebot abgeben? Keine Frage! Offensichtlich ist der Eigentümer aus der Goldtstraße motivierter und meint es ernst mit dem Verkauf. Das kann man nicht nur an dem realistischeren Preis für sein Haus sehen, sondern auch an Zeit, Mühe und Geld, die er investiert hat, um es für den Verkauf vorzubereiten.

Wenn Sie also nach einem Kleinunternehmen Ausschau halten, um es zu kaufen, sollten Sie nach ähnlich motivierten Verkäufern suchen. Wie bei Immobilien ist ein gut Teil der Firmenverkäufer nicht ernsthaft und motiviert bei der Sache. Und wie manche Hausanbieter, die nicht unbedingt verkaufen müssen, verlangen manche Kleinunternehmer einen hohen Preis für ihre Firma und wollen nur verkaufen, wenn ein Dummkopf ihn wirklich (über-)bezahlt.

Andere Eigentümer sind emotional noch gar nicht so weit, sich von ihrem »Baby« zu trennen. Wenn Sie unseren Ratschlägen in diesem Kapitel folgen, werden Sie sich nicht zum Narren machen, denn Sie können ein gutes Unternehmen erkennen und auch, ob sein Eigentümer wirklich zum Verkauf motiviert ist.

Das Erste, was er tat, war »Ballast« loszuwerden, wie er es ausdrückte: Er feuerte eine Reihe leitender Mitarbeiter, um sie durch Leute zu ersetzen, die seinen hohen Ansprüchen besser gerecht wurden. Er tat das schon nach 14 Tagen im Betrieb und schien nicht zu wissen (oder wollte es vielleicht nicht wissen), dass der Respekt für die Mitarbeiter seit langem in der Kultur des Unternehmens verankert war. Auch in wirtschaftlich schlechten Zeiten hatte die frühere Unternehmensleitung keine Leute gehen lassen, sondern die Arbeitszeit für alle reduziert.

Nachdem fast 20 % der Belegschaft weg waren, hatte Larry – kaum überraschend – seinen Ruf als »Henker« weg. Ganz schnell wurde er allerdings als »dummer Henker« bekannt. Warum? Weil viele von Larrys neuen Leuten ihre Arbeit nicht so gut machten wie ihre gefeuerten Vorgänger. Die übrig gebliebene Originalbelegschaft bangte natürlich um ihre Jobs, hielt Larry für einen hartherzigen Idioten und sorgte sich um die Zukunft der Firma. Viele der besten Altgedienten aktualisierten ihre Lebensläufe und bewarben sich anderswo um neue Stellen.

Nach und nach kündigten alle guten Mitarbeiter, die Larrys ersten Aderlass überlebt hatten, und das Unternehmen geriet finanziell ins Trudeln. Larry ist immer noch der Chef, doch er steht am Steuer eines Schiffs mit starker Schlagseite. Bei einem Verkauf des Unternehmens würde er sein ganzes eingesetztes Kapital verlieren (und noch mehr). Die harte Realität der unternehmerischen Praxis hat Larry bisher gut 200.000 $ gekostet – ganz zu schweigen von den Kosten, die er seinen gefeuerten Mitarbeitern aufgebürdet hat.

Was wollen wir mit dieser Story sagen? Was hätte Larry anders machen sollen?

- ✔ Zunächst sind Kauf und Führung eines Unternehmens nicht so einfach wie Larry und seinesgleichen annehmen. Ein Top-Diplom garantiert keinen erfolgreichen Kauf oder Betrieb (und auch keine erfolgreiche Gründung). Larry hätte seine Firma so lassen sollen, wie sie war, bis er ihre Stärken und Schwächen und die der vorhandenen Mitarbeiter genau gekannt hätte. Erst danach hätte er Pläne für Veränderungen schmieden sollen.
- ✔ Zweitens hätte Larry sich vor dem Kauf die Zeit nehmen sollen, die Kultur des Unternehmens zu verstehen. Mitarbeiter in einem gekauften Unternehmen auszutauschen ist keine Sache der Unmöglichkeit, aber die Kultur verändern zu wollen – vor allem in so kurzer Zeit – ist gefährlich und oft tödlich. Hier hätte Larry Geduld und Fingerspitzengefühl beweisen müssen.

Wie sieht es finanziell aus?

Auch in Kleinunternehmen finden Sie verschiedene Zahlenwerke wie zum Beispiel Bilanz oder Gewinn-und-Verlust-Rechnung (GuV). Wir erklären sie in Kapitel 11. Wenn Sie sich damit noch nicht auskennen, sollten Sie sich unbedingt kundig machen, denn sonst haben Sie einen großen Nachteil bei der Bewertung eines Unternehmens, das zum Verkauf steht. Im Folgenden lesen Sie, wonach Sie suchen und worauf Sie achten müssen.

Geprüfte und nicht geprüfte Gewinn- und Verlustrechnung

Zur Beurteilung und Bewertung eines potenziellen Kaufkandidaten wird man Ihnen (auf Ihre Bitte) Finanzunterlagen des Unternehmens geben. Manche Eigentümer tun sich schwer damit, zu viele dieser Informationen herauszugeben (meist aus Sorge um die Vertraulichkeit oder weil sie Sie nicht als ernsthaften Interessenten ansehen). Man wird Sie vielleicht auffordern eine Verpflichtung zu unterzeichnen, die Informationen vertraulich zu behandeln. Das ist in Ordnung, solange die Verpflichtungserklärung Sie nicht davon abhält, die Zahlen mit denen anderer Kaufkandidaten zu vergleichen.

Auch wenn die Ihnen vorgelegten Zahlenwerke von einem Wirtschaftsprüfer beglaubigt (testiert) sind, sollten Sie sie mit Vorsicht genießen. Denken Sie an den Baukonzern Philipp Holzmann, der Ende 1999 fast zusammenbrach: In den Jahren vorher hatten dessen Wirtschaftsprüfer an den Zahlen des Unternehmens nie etwas auszusetzen gehabt. Vielleicht waren sie blind, vielleicht auch nur inkompetent ... oder dem Vorstand »freundschaftlich verbunden«.

Seien Sie also auf der Hut. Hier ein exzellenter Weg, aufgeblasene Gewinne in den Verkaufsunterlagen zu entlarven: Bitten Sie den Verkäufer um die letzten Steuererklärungen und -bescheide des Unternehmens. Darin wird er möglichst geringe Erträge und möglichst hohe Betriebsausgaben angegeben haben, um zu hohe Steuern zu vermeiden. Passen die Angaben fürs Finanzamt zu den Zahlen, die man Ihnen bisher präsentiert hat?

Die Gewinn-und-Verlust-Rechnung

Die Gewinne eines Unternehmens sind einfach Einnahmen minus Ausgaben. Die Einnahmen (auch: Umsatz) sind das Geld, das die Firma von Kunden für ihre Produkte oder Dienstleistungen erhält. Die Ausgaben sind die Kosten des Geschäftsbetriebs. So wie ein Großteil Ihres Gehalts für Steuern, Miete, Essen und Kleidung draufgeht, verbrauchen die Ausgaben eines Unternehmens oft viel oder manchmal alles von seinen Einnahmen.

Prüfen Sie die folgenden Punkte in der Gewinn-und-Verlust-Rechnung eines Kaufkandidaten:

- ✔ **Veränderung des Umsatzes über die Zeit:** In den letzten drei bis fünf Jahren möchten Sie hier gern eine stetige oder steigende Wachstumsrate sehen. Langsames Wachstum führt zu der Frage: »Warum?« Schlechter Service, schlechte Produkte, bessere Konkurrenzprodukte, ineffizientes Marketing oder ein Inhaber, der genug verdient und kein Interesse mehr an Wachstum hat? Das sollten Sie jetzt herausfinden.

- ✔ **Umsätze einzelner Produktlinien:** Schauen Sie sich jede einzeln an (verlangen Sie entsprechende Zahlen). Was hemmt, was fördert das Gesamtwachstum der Firma? Ein Alarmzeichen sind Firmen, die gekauft wurden, aber nicht recht zu den übrigen Bereichen passen. Manche mittelgroßen Unternehmen versuchen, in neue Geschäftsfelder vorzustoßen, indem sie einfach eine entsprechende Firma »einkaufen« – die sie dann aber schlecht managen, weil sie die Schlüssel zum Erfolg in dem neuen Markt nicht kennen.

- ✔ **Umsätze einzelner Läden:** Untersuchen Sie bei einem Einzelhandelsunternehmen, etwa einer Bilderrahmenhandlung mit vielen Ladenlokalen, die Umsätze der einzelnen Geschäfte. Wenn neue Standorte eröffnet wurden: Prüfen Sie, was diese neuen Umsätze bei denen der alten Geschäfte bewirkt haben. Ein Unternehmen kann durch die Eröffnung immer neuer Niederlassungen Wachstum zeigen – bei den einzelnen Läden können die Umsätze aber durchaus sinken.

- ✔ **Betriebsausgaben im Einzelnen:** Welche Ausgabenarten wachsen, und welche gehen zurück? Schauen Sie sich auch hier die letzten drei bis fünf Jahre an. Bei einem gut geführten und finanziell gesunden Unternehmen sollten die Betriebsausgaben (Kosten) relativ zum Umsatz zurück gehen. Nicht alle Betriebsausgaben

– die Ausgaben für Forschung und Entwicklung können in einer Firma mit hohen Einnahmen sehr wohl wachsen.

- ✔ **Und unterm Strich?** Wenn der Umsatz stärker steigt als die Kosten, ist das Ergebnis unterm Strich ein fetterer Gewinn. Untersuchen Sie, wie sich die Gewinne relativ zu den Umsätzen entwickelt haben; nehmen Sie dabei nur die Gewinne aus dem operativen Geschäft, damit Sie einmalige positive Gewinneinflüsse ausschalten wie etwa den lukrativen Verkauf eines Grundstücks aus Firmenbesitz. Selbst gesunde, wachsende Unternehmen können Probleme bekommen, wenn Ihre Kosten schneller steigen als ihre Umsätze. Gut geführte Firmen halten in guten wie in schlechten Zeiten den Daumen auf ihren Kosten. Leider ist es leicht, in guten Zeiten nachlässig zu werden. Lassen Sie sich also nicht weismachen, dass finanziell alles in Butter sei, bloß weil die Umsätze eines Unternehmens gestiegen sind.
- ✔ **Einkommen des Eigentümers:** Es beeinflusst den Gewinn jeder Firma besonders, wie viel Geld der Inhaber aus ihr herausnimmt (oder herausgenommen hat). Ein Unternehmen mag profitabel aussehen, aber vielleicht hat der Inhaber bewusst nur wenig herausgenommen, damit der Gewinn nicht geschmälert wird.
- ✔ **Sonstige Kosten:** Wenn Sie weiter Ausgabenposten wie Firmenwagen, Reise- und Bewirtungskosten untersuchen, gewinnen Sie ein Gefühl dafür, wie das Unternehmen bisher mit seinem Geld umging. Und Sie entdecken Bereiche, die bei erfolgreichem Abspecken sofort Ihren Gewinn als neuer Eigentümer verbessern.

Die Bilanz

Eine Bilanz ist die Momentaufnahme von Vermögen (Aktiva) und Verbindlichkeiten (Passiva) eines Unternehmens zu einem bestimmten Zeitpunkt. In der Regel wird sie zum Ende des Geschäftsjahres aufgestellt; das ist meist der 31. Dezember, bei manchen Firmen endet das Geschäftsjahr aber auch zu einem anderen Datum. Auf der Aktivseite steht alles an Werten, was der Firma gehört, auf der Passivseite alles, was sie anderen schuldet. Und wenn die Summe der Passiva geringer ist als die der Passiva, steht auf der Passivseite am Ende die Differenz zwischen beiden – das ist der Gewinn, und er ist hoffentlich möglichst hoch. Achten Sie auf die folgenden Dinge, wenn sie die Bilanz eines Kaufkandidaten vorliegen haben:

- ✔ **Forderungen:** Das ist Geld, das andere der Firma für bereits verkaufte Produkte oder Dienstleistungen schulden, aber noch nicht bezahlt haben. Wenn eine Firma wächst, wächst typischerweise auch der Forderungsbestand – aber Vorsicht: Er sollte nicht schneller wachsen als der Umsatz! Ein überproportional großer Forderungsbestand kann auf Probleme mit der Produktqualität oder den Preisen hindeuten: Unzufriedene Kunden zahlen langsamer und/oder feilschen um höhere Nachlässe. Weit überproportionale Forderungen können bedeuten, dass die Kunden selber finanzielle Probleme haben.

- **Anlagevermögen:** Jedes Unternehmen braucht Ausrüstung und Anlagen, um seine Produkte oder Dienstleistungen zu erstellen: Maschinen, Gebäude, Fahrzeuge, Computer, Büroausstattung und so weiter. Mit der Zeit werden diese Vermögensgegenstände älter und verlieren an Wert. Diese Wertminderung durch Abnutzung schmälert als Abschreibung jedes Jahr den Gewinn. Wenn ein Unternehmen seine Ausrüstung nicht regelmäßig erneuert und verbessert hat, müssen Sie Ihren Kaufkandidaten durch teure Anlageinvestitionen erst wieder auf Vordermann bringen. Ist der Bilanzwert des Anlagevermögens in den letzten Jahren ständig gesunken, hat man Neuanschaffungen einfach auf die lange Bank geschoben. Sprechen Sie dann mit Beratern und Leuten aus der Branche, um zu ermitteln, wie veraltet genau die Ausrüstung ist und wie viel Geld Sie investieren müssten, um sie wieder auf einen modernen Stand zu bringen.

- **Inventar:** Produktions- und Einzelhandelsbetriebe besitzen Inventar mit einem Wert – schlicht die Produkte, die noch nicht verkauft worden sind, sondern im Lager oder den Verkaufsregalen liegen. Wächst die Firma, wachsen auch die Lagerbestände. Sie sollten aber nicht schneller als die Umsätze wachsen, sonst sind Probleme wahrscheinlich, wie etwa Kunden, die ihre Bestellmengen reduzieren, schlechtes Management, veraltete oder schlecht verkäufliche Produkte.

- **Verbindlichkeiten:** Wenn ein Unternehmen etwas kauft, sei es eine neue Maschine oder Kugelschreiber, hat es in der Regel eine gewisse Zeit, um die Rechnungen zu bezahlen. Wie die Forderungen wachsen auch die Verbindlichkeiten mit steigenden Umsätzen. Wachsen sie schneller, können Probleme anliegen oder auch nicht. Der Grund kann einfach cleveres Geldmanagement sein – je länger man sich mit dem Bezahlen Zeit lässt, desto länger kann man mit dem Geld im Unternehmen arbeiten oder damit Zinsen erzielen. Wenn die Firma andererseits finanziell am Hungertuch nagt, können sich schnell hohe Verbindlichkeiten ansammeln – achten Sie auf dieses Warnsignal.

- **Verschuldung:** Das sind die Kredite der Firma – Geld, das sie sich geliehen hat und irgendwann zurückzahlen muss. Informieren Sie sich genau über die Laufzeiten, Zins- und Tilgungsraten dieser Kredite, also über die (auch zukünftige!) Belastung der Firma. Mehr zu diesem Thema finden Sie in Kapitel 11.

Goodwill: Dieser Aktivposten, deutsch als Firmenwert bezeichnet, taucht in der Bilanz nicht auf, er ist immateriell. Firmen arbeiten mit Werbung, Produktentwicklung und Kundenservice intensiv daran, Kunden zu gewinnen und zu halten. Markenbindung und Kundenstamm (oder Stammkunden) sind Schlüsselbegriffe für zwei wichtige Elemente des Goodwill. Den Goodwill, den eine Firma geschaffen hat, kann man nicht in Geld bewerten. Wenn aber ein Unternehmen übernommen (erworben) wird, dann wird ein Teil des Kaufpreises für den Goodwill gezahlt. Wenn etwa ein Unternehmen für 100 Millionen $ gekauft wird, aber nur einen Nettowert (Aktiva minus Passiva) von 50 Millionen $ hat, dann werden die zweiten 50 Millionen für den Goodwill bezahlt.

Wie hoch sind die immateriellen Werte?

Der Wert eines Unternehmens besteht nicht nur aus dem seiner physischen Aktiva, sondern auch aus »weichen« Faktoren, wie dem Markennamen, dem Ruf bei Kunden und Lieferanten, dem Kundenstamm, Patenten und so weiter. Wenn Sie ernsthaft interessiert sind, für eine bestimmte Firma ein Kaufangebot zu machen, müssen Sie beurteilen können, ob die bisherigen (Stamm-) Kunden ihr auch nach der Übernahme durch Sie treu bleiben werden.

Sie müssen auch die Qualität der leitenden Mitarbeiter beurteilen. Wie sind die Beziehungen des Unternehmens zu seinen Lieferanten? Und wie steht's mit den Konkurrenten – sind sie stark?

Fragen, die Sie leitenden Mitarbeitern stellen sollten: Was gefällt Ihnen an Ihrer Firma am besten? Was am wenigsten? Wie sehen Sie die Zukunft des Unternehmens? Können die Produkte oder Dienstleistungen verbessert werden? Was wäre die erste Verbesserung, die Sie als Inhaber vornehmen würden?

Zu den Fragen an Lieferanten gehören: Bezahlt die Firma Ihre Rechnungen pünktlich? Hat sie eine ungewöhnlich hohe Retourenquote? Wie behandelt die Firma im Vergleich zu anderen in der Branche ihre Lieferanten – als Partner oder als notwendiges Übel? Wenn Sie in dem Unternehmen eine Sache ändern könnten – was wäre das?

Wie steht's mit den Mietverträgen des Unternehmens?

Ein Mietvertrag mit günstigen Konditionen, der bald ausläuft, kann ein Unternehmen ruinieren (wie im Fall von Katie aus unserer Story zu Beginn dieses Kapitels). Bei einem Ladengeschäft ist es auch entscheidend, dessen guten Standort beizubehalten.

Vergleichen Sie – ermitteln Sie, was vergleichbare Geschäftsräume an Miete kosten –, um zu sehen, ob die gegenwärtige Miethöhe angemessen ist. Gute Informationsquellen sind hier örtliche Mietspiegel, Mieterbund und Haus- und Grundbesitzer-Verein, Immobilienmakler und Vermietungsanzeigen für Gewerberäume in der Zeitung. Sprechen Sie auch mit dem Vermieter, um dessen Pläne in Erfahrung zu bringen. Lassen Sie den gegenwärtigen Mietvertrag gegebenenfalls von einem im Gewerbemietrecht erfahrenen Anwalt prüfen. Achten Sie besonders auf Vertragsklauseln, die regeln, was passiert, wenn das Unternehmen den Eigentümer wechselt.

Sonderfragen bei Franchisen

Der Kauf einer Franchise kann, wie wir schon in Kapitel 6 sagten, ein guter Weg in die Selbstständigkeit mit einem Kleinunternehmen sein. Aber auch hier müssen Sie Ihre Hausaufgaben gründlich machen. Kürzen Sie auch bei einem bekannten, etablierten Franchisegeber nicht die Prüfung ab. Vielleicht passen Sie gar nicht zu ihm, oder das »erfolgreiche« Unternehmen hat es gut verstanden, seine Probleme mit Franchisenehmern unter den Teppich zu kehren. Erbitten Sie Informationen zu den folgenden Punkten:

- ✔ Die Namen und Anschriften der zehn Franchisenehmer, die am nächsten zu Ihrem geplanten Standort sitzen, sowie Namen von Franchisenehmern, die aufgegeben haben oder deren Vertrag nicht verlängert (oder gar aufgekündigt) wurde. Wenn Sie mit Franchisenehmern sprechen, bei denen es nicht geklappt hat, stoßen Sie vielleicht auf Aspekte des Geschäfts, die Ihnen nicht zusagen. Stecken Sie Ihren Kopf dann nicht in den Sand – besser Sie finden diese Negativseiten jetzt heraus, *bevor* Sie einen Batzen Geld gezahlt, noch mehr geborgt und viel Arbeit in den Erwerb einer Franchise gesteckt haben.
- ✔ Information über anhängige oder abgeschlossene Gerichtsprozesse sowie aktuelle oder potenzielle Reibungspunkte zwischen Franchisegeber und –nehmern
- ✔ Kreditauskunft über den Franchisegeber (von Bank, Schufa, Auskunftei)
- ✔ beruflicher Hintergrund und Werdegang der leitenden Mitarbeiter des Franchisegebers

Erkunden Sie die Motive des Franchisegebers

Ein guter Franchisegeber wird Sie genauso gründlich überprüfen wie Sie ihn prüfen sollten. Erfolgreiche Firmen wollen ihre Franchisen nicht an Leute verkaufen, die eventuell eine Pleite bauen und so den guten Ruf beschädigen, den sich der Franchisegeber hart erarbeitet hat. Diese Firmen wissen, dass beide Seiten das gleiche Interesse haben – sie verdienen mehr Geld an laufenden Gebühren, wenn sie ihre Franchisen an solide Unternehmer verkaufen, die den Erfolg wollen. Also: Sucht Ihr potenzieller Franchisegeber nach einem langjährigen Geschäftspartner, oder will er nur schnell eine weiter Franchise verhökern?

Beobachten Sie genau, wie sich das Franchiseunternehmen Ihnen gegenüber verhält. Seien Sie auf der Hut, wenn man mehr am Franchiseverkauf interessiert zu sein scheint als daran, die optimal qualifizierten Franchisenehmer zu finden und ihnen zum Erfolg zu verhelfen. Selbstverständlich werden die Vertreter des Frachisegebers begeistert von ihrer Firma sein, aber zwischen Begeisterung und schnellem Verhökern liegt eine feine Trennlinie.

Ziehen Sie sich zurück, wenn man Ihnen von schnellem Reichtum mit nur wenig Kapital und Arbeit vorschwärmt. Und lassen Sie den Franchisegeber fallen wie eine heiße Kartoffel, wenn man Sie unter Druck setzt, sich schnell zu entscheiden (»Wir haben noch 20 weitere Interessenten für Ihr Gebiet«), auf Fragen nach Details aber ausweicht.

Sprechen Sie mit Franchisenehmern

Befragen Sie so viele Franchisenehmer des Unternehmens wie Sie können – aktive wie auch solche, die ausgeschieden sind – nach ihren Erfahrungen mit der Mutterfirma – guten und schlechten. Die Ex-Franchisenehmer erzählen Ihnen in der Regel mehr über die problematischen Punkte – prüfen Sie aber auch, ob nicht vielleicht sie selbst das Hauptproblem waren. Umgekehrt sehen aktive Franchisenehmer die Dinge eher rosig, wenn auch nur, weil Sie sich in ihrem Entschluss selber bestärken wollen. Wenn Aktive unzufrieden sind: Vorsicht! Achten Sie bei den zufriedenen und erfolgreichen Franchisenehmern darauf, ob ihre Unternehmerperspektiven und Persönlichkeiten Ihren eigenen entsprechen.

Was bekommen Sie? Gibt es Alternativen?

Die meisten Franchisegeber verlangen für den Einstieg einen ordentlichen Batzen Geld. Das reicht von ein paar tausend EURO für eine nebenberufliche Existenz bis zu Hunderttausenden oder gar Millionen, wenn Sie ein komplettes Hamburgerrestaurant neu bauen wollen. Dazu kommen laufende Gebühren von 2,5 bis 10 % vom Umsatz.

Was bekommen Sie für dieses Geld? Sind das System und der Markenname wirklich so viel wert? Welche Schulung bekommen Sie? Wobei unterstützt Sie die Zentrale? Wie ist der Informationsaustausch mit anderen Franchisenehmern organisiert?

Nur wenige Franchisen sind einzigartig. Vergleichen Sie die Kosten für verschiedene Franchisen in einer Branche. Wenn Sie zum Beispiel einen Pizza-Bringdienst starten wollen, sollten Sie die Kosten, Leistungen und Konditionen der Franchisegeber Ataya's Pizza-Service, Flying Pizza, Hallo Pizza, Joey's Pizza Service, Pizza Flitza und Prima Pizza miteinander vergleichen.

Vielleicht schauen Sie sich auch die »besten« Franchisegeber einer Branche an und denken: »Das kann ich genauso gut oder besser und mit weniger Kosten selber machen!« Genau: Sie müssen vielleicht gar keine Franchise erwerben – Sie können auch selber gründen. Seien Sie aber realistisch denn in einer Neugründung stecken viele versteckte Kosten nicht nur in Form von Geld, sondern auch an Zeit. Und eine Franchise hat durch ihren bekannten Namen und den Kundenstamm einen Vorsprung.

Knackpunkt: der Franchisevertrag

Wenn Sie sich nach all den bisherigen Prüfungen einigermaßen wohl bei dem Plan fühlen, eine Franchise zu erwerben, geht es jetzt ans Eingemachte – den Franchisevertrag. So ein Vertrag ist in der Regel lang, zäh und voller Juristen-Fachchinesisch. Lesen Sie in trotzdem ganz, damit Sie ein Gefühl dafür bekommen, worauf Sie sich einlassen. Lassen Sie sich auch juristisch beraten.

Neben den finanziellen Vereinbarungen sollte der Franchisevertrag auch regeln, wie bei Konflikten verfahren wird, unter welchen Bedingungen Sie Ihren Franchisebetrieb verkaufen können und wann die Mutterfirma Ihren Vertrag aufkündigen darf. Stellen Sie sicher, dass Sie auch mit diesen Vertragsklauseln leben können. Denken Sie daran, dass man über alles verhandeln kann (vor allem mit kleineren Franchisegebern). Auch wenn manche Unternehmen nicht mit sich feilschen lassen, bieten andere nicht sofort ihre besten Konditionen an und hoffen, dass Sie sie als gegeben hinnehmen und einfach unterschreiben.

Wie Sie Ihr Angebot für einen Unternehmenskauf machen

Sie haben jetzt viele Informationen über Ihren Kaufkandidaten gesammelt, überprüft und das Für und Wider sorgfältig gegeneinander abgewogen. Natürlich können Sie in Ihr Angebot Vorbehaltsklauseln einbauen, die Ihnen (wie bei einem Hauskauf) den Rückzug erlauben, wenn Sie einen Mangel finden. Aber (wieder wie beim Immobilienkauf) kostet die vertragliche Bindung doch einiges an Geld und Zeitaufwand – beides ist verloren, wenn das Geschäft platzt. Ein Kleinunternehmen erfordert zu Beginn des Kaufvorgangs viel mehr Zeit und Geld, also sollten Sie die Sache nicht leichtfertig angehen.

Sie brauchen ein Beraterteam

Fragen Sie sich einmal: »Wie viele Unternehmen habe ich in meinem Leben schon gekauft?« Wie bei den allermeisten Menschen, die wir kennen, wird die Antwort eine dicke, fette Null sein.

Nun sind Sie aber ein kluger Kerl (ein kluges Mädchen), was sich ja schon daran zeigt, dass Sie dieses Buch gekauft haben, um Ihr Unternehmerwissen zu vervollständigen. Und wir sind der bescheidenen Meinung, dass unser Buch Ihnen dabei kräftig helfen wird. Dennoch glauben wir, dass Ihnen die Dienste von erfahrenen Experten beim Unternehmenskauf sehr von Nutzen sein können. Diese hilfreichen Leute sind:

- ✔ **Ihr Steuerberater:** Vor und beim Kauf müssen viele Zahlen geprüft werden, und der Kauf soll steuerlich günstig für Sie sein.
- ✔ **Ihr Rechtsanwalt:** Ein Unternehmenskauf erfordert einen oder mehrere Verträge; dafür brauchen Sie einen guten Rechtsberater.
- ✔ **Ihr Unternehmensberater (optional):** Auch er kann Ihnen helfen, Ihren Kaufkandidaten zu untersuchen und zu bewerten.

Verhandeln Sie gut

Zu einem gewissen Grad ist Verhandeln eine Fähigkeit, die mit der Erfahrung wächst. Wie wir schon sagten, können Ihnen gute Berater bei der Inspektion Ihres Kaufkandidaten zur Seite stehen. Sie können Ihnen auch helfen, den Kauf zu strukturieren, um zu schützen, was Sie kaufen, und um alle Steuervorteile zu wahren. Um einen guten Kauf zu tätigen, müssen Sie als Erstes Ihrem Kaufkandidaten einen Wert zumessen.

Quellen für die Bewertung

Zu Beginn Ihrer Suche nach Kaufkandidaten werden Sie nicht wissen, was eine bestimmte Firma wirklich wert ist. Sie riskieren also, wegen Ihrer Unkenntnis zu viel zu bezahlen. Mit der Zeit entwickeln Sie aber schon ein recht gutes Gespür für den wahren Unternehmenswert, der nahe dem Preis liegt, den der Verkäufer verlangt – oder auch weit davon entfernt. Wir wollen Sie im Folgenden nicht mit komplizierten Bewertungsmodellen und den dazu gehörigen Formeln quälen, die oft doch keine verwertbaren Ergebnisse liefern. Nehmen Sie unsere praxisbewährten Hinweise und steuern Sie auf Ihr Ziel los.

Ertragswert und Buchwert

Eine beliebte Methode zur Ermittlung des Werts eines Unternehmens ist es, ein Vielfaches des Umsatzes zu nehmen – danach könnte eine Firma mit 300.000 $ Umsatz mit 600.000 $ bewertet werden, dem Zweifachen. Doch die Erträge sind ein schlechter Maßstab für Profitabilität. Zwei Unternehmen im gleichen Tätigkeitsbereich können identische Umsätze aufweisen, bei den Gewinnen aber sehr unterschiedlich dastehen, je nach der Effizienz ihrer Aktivitäten, den Preisen für ihre Produkte und Dienstleistungen und den Kundenschichten, die sie anziehen.

Andere Maßstäbe sind genauer. Wir empfehlen für Kleinunternehmen die folgenden:

- **Vielfaches der Erträge:** Wenn Sie die Verkaufspreise anderer Unternehmen in Erfahrung bringen konnten, achten Sie darauf, zu welchem Vielfachen der Erträge das geschah. Teilen Sie den Preis durch den letzten Jahresertrag (Gewinn) und sie erhalten eine Zahl, die Ihnen das Vielfache der Erträge (auch als Preis/Gewinnverhältnis bekannt) anzeigt. Ist dieses Vielfache niedrig, sagen wir 3 (das heißt die Firma machte 50.000 $ Gewinn und wurde für 150.000 $ verkauft, dann bedeutet das, dass Käufer und Verkäufer keine großen Erwartungen für die zukünftigen Erträge der Firma hatten. Beträgt das Vielfache dagegen zum Beispiel 12 (Gewinn 50.000 $, Preis 600.000 $), dann schätzen die Beteiligten die zukünftigen Erträge beide hoch ein. Denken Sie daran, dass die zukünftigen Erträge der Ertrag aus der Investition des Käufers sein werden; je mehr dieser hier erwartet, desto mehr ist er für die Firma zu zahlen bereit. Kleine Unternehmen in Privatbesitz erzielen typischerweise ein niedrigeres Vielfaches der Erträge als Großunternehmen im selben Geschäftsbereich. Der Grund: Die Kleineren sind weniger etabliert und vom Standpunkt eines Investoren aus riskanter.
- **Buchwert:** Sie können auch auf den Wert des Inventars eines Unternehmens abstellen. Der Buchwert ist der Wert des Inventars minus Verbindlichkeiten, also der Nettowert der Firma, wie er sich aus den Bilanzzahlen ergibt. Die Zahlen, die in die Bestimmung des Buchwerts eingehen, sollten sorgfältig geprüft werden.

Jeder dieser zwei Unternehmenswerte hat seine Vor- und Nachteile, aber das Vielfache der Erträge ist dem Buchwert überlegen. Wenn Sie ein Unternehmen kaufen, erwerben Sie schließlich nicht in erster Linie sein Inventar, sondern vor allem seine Fähigkeit, Gewinne (Erträge) zu generieren. Manche Firmen, etwa eine Unternehmensberatung, haben wenig Inventar – das Wichtigste ist in diesem Fall vielleicht das Personal, und das ist schwer in Geld zu bewerten. Weil das Ertragsvielfache auf der Fähigkeit, Gewinne zu generieren, basiert, ist es ein besserer Wertmaßstab als der Buchwert.

Gutachter

Gutachter verdienen ihren Lebensunterhalt mit der Bestimmung des Werts von Unternehmen. Kontakte können Ihnen die Industrie- und Handelskammer, Ihre Bank oder der Branchenfachverband vermitteln; auch Unternehmensberater betätigen sich in diesem Metier. Wenn Sie ernsthaft kaufen wollen und der Eigentümer Ihres Kaufkandidaten seriös mit Ihnen kooperiert, dann können Sie einen Gutachter einschalten. Machen Sie sich allerdings auf Honorarkosten mindestens im vierstelligen Bereich gefasst.

Verkaufte Unternehmen

Wenn Ihre Suche nach einem Kaufkandidaten sich über Monate hinzieht, verlieren Sie Ihre abgelehnten Kandidaten nicht aus den Augen: Vielleicht haben Sie in der Zwischenzeit einen anderen Käufer gefunden. Das sind für Sie wertvolle Vergleichsmöglichkeiten, weil Sie diese Firmen bei Ihrer Suche und Prüfung gut kennen gelernt haben.

Den letztlich gezahlten Preis für ein Kleinunternehmen herauszubekommen, ist nicht immer leicht. Sie können probieren, den ehemaligen Eigentümer zu fragen oder Berater, die an der Transaktion beteiligt waren.

Berater vergleichbarer Unternehmen

Unternehmensberater, Rechtsanwälte und Steuerberater, mit denen Sie arbeiten, können Ihnen helfen, Verkaufsdaten für Unternehmen zu ermitteln, die mit Ihrem Kaufkandidaten vergleichbar sind. Der Trick ist, Berater zu finden mit Kenntnissen und Erfahrungen bei Kleinunternehmen allgemein wie auch bei solchen wie dem, das Sie eventuell kaufen möchten. Wenn diese Berater Ihnen derartige Informationen verschafften können, dann haben Sie in ihnen gleich gute Leute an der Hand, die Sie bei den Kaufverhandlungen und später bei der Führung des Unternehmens unterstützen können.

Fachzeitschriften

Wie wir schon in Kapitel 6 empfahlen, sind Fachzeitschriften eine exzellente Quelle für Informationen über eine Branche und auch für den Wert von Unternehmen in dieser. Die meisten dieser Publikationen liefern Ihnen gegen Kostenerstattung Kopien von Artikeln über Firmenverkäufe oder –zusammenschlüsse; bei vielen können Sie auch online im Archiv stöbern.

Sichern Sie sich ab

Wenn Sie ein Angebot abgeben, um ein Haus zu kaufen, sollten Sie es abhängig machen davon, ob Sie die beantragte Hypothek bekommen und das Objekt frei von Belastungen und Mängeln ist. Mit entsprechenden Vorbehalten sollten Sie sich beim Angebot für Ihren Kaufkandidaten absichern, beispielsweise:

Komplette Informationsfreiheit: Sie oder ein Beauftragter müssen alle Unterlagen des Unternehmens einsehen können sowie mit Kunden, Lieferanten und Mitarbeitern sprechen können. Sie können vereinbaren, einen Teil des Kaufpreises erst nach sechs oder zwölf Monaten zu bezahlen. Manche Details können Sie vielleicht erst nach dem Kauf klären, und bei ihnen muss es sich dann auch so verhalten wie vom Verkäufer zugesichert.

- **Finanzierung:** Wenn Sie den vollen Kaufpreis nicht in bar auf den Tisch legen können oder wollen, sprechen Sie den Verkäufer auf eine »Ratenzahlung« an. So ein Kredit vom Verkäufer ist manchmal leicht auszuhandeln. Vergleichen Sie die Konditionen aber mit denen für andere Kredite (siehe Kapitel 5) und schließen Sie einen schriftlichen Vertrag ab.

- **Wettbewerbsklausel:** Wenn Sie ein Unternehmen kaufen, wollen Sie nicht, dass der Ex-Eigentümer mit Ihrem Geld gleich um die Ecke wieder eine identische Firma aufmacht und Ihnen seine alten Kunden abwirbt. Vereinbaren Sie also ein Wettbewerbsverbot, nach dem der Verkäufer in einem bestimmten Gebiet für eine bestimmte Zeit keine ähnliche Firma betreiben darf.

- **Beratung:** Fragen Sie den Verkäufer, ob er bereit ist, Ihnen in den ersten sechs oder zwölf Monaten nach der Übernahme als Berater zur Seite zu stehen, und machen Sie ein Stunden- oder Tageshonorar dafür aus. So können Sie noch weiter von seiner Erfahrung profitieren, auch was das Verhältnis zu Mitarbeitern, Lieferanten und Kunden angeht. Um ihn noch stärker zu binden, können Sie versuchen, einen Teil des fälligen Kaufpreises vom künftigen Erfolg des Unternehmens abhängig zu machen.

Haftungsauschluss: Sichern Sie sich ab, dass Sie nicht für alte Verbindlichkeiten des Verkäufers haften müssen, die eventuell nicht aus der Bilanz ersichtlich sind. Ein Beispiel wären etwa umweltschädliche Altlasten auf dem Betriebsgelände. Lassen Sie Ihren Rechtsanwalt nach Eigentumsvorbehalten an Inventar, drohenden Gerichtsprozessen und Steuerproblemen forschen.

Aufteilung des Kaufpreises

Wenn Sie 300.000 EUR für ein Unternehmen zahlen, zahlen Sie nicht 300.000 EUR pauschal. Sie zahlen 60.000 EUR für das Inventar, 40.000 EUR für die Marke, 50.000 EUR für den Fuhrpark und so weiter. Auch wenn das Ihnen, dem Verkäufer und ihren Beratern Arbeit macht: Bestehen Sie darauf, denn es kann Ihnen Steuervorteile bringen.

Letzte Checkpunkte

Sie haben jetzt Monate mit der Suche nach einem Kaufkandidaten verbracht. Endlich haben Sie einen gefunden und vielleicht mehrere Wochen gebraucht, um einen akzeptablen Kaufvertrag auszuhandeln. Sie sind schon fast über die Ziellinie ... da merken Sie, dass Sie in Ihrem Marathon noch ein paar weitere Kilometer vor sich haben.

Jetzt geht es nämlich an die allerletzten Checkpunkte. Spielen Sie advocatus diaboli und suchen Sie bewusst nach potenziellen Problemen, die sich oft gut verstecken. Es gibt sie bei jedem Unternehmen. Decken Sie sie gemeinsam mit Ihren Beratern auf, damit sie im Kaufpreis berücksichtigt werden können.

Ist das Unternehmen wirklich so profitabel, wie die Zahlen sagen? Werden die Kunden beim neuen Eigentümer bleiben? Welche Mietzahlungen, Schulden oder andere Lasten übernehmen Sie, wenn Sie kaufen? Prüfen Sie mit gehöriger Sorgfalt! Hier noch einmal die wichtigsten Knackpunkte:

- ✔ Lassen Sie einen erfahrenen Unternehmensberater die Zahlenwerke prüfen.
- ✔ Rechnen Sie einmalige Einflüsse heraus. Wenn die Firma letztes Jahr zum Beispiel einen ungewöhnlich großen Auftrag erhalten hat, wie er sich kaum wiederholen wird und auch in der Vergangenheit nie vorkam, nehmen Sie diesen Gewinn aus Ihrer Gewinnanalyse heraus.
- ✔ Checken Sie den Unternehmerlohn: Hat sich der Inhaber ein Gehalt genehmigt, das für die Branche zu hoch oder zu niedrig ist? Man kann den Gewinn einer Firma aufblähen, indem man sich in den Jahren vor dem Verkauf nur wenig Geld heraus nimmt oder auch Familienangehörige zu Löhnen weit unter den gängigen beschäftigt.
- ✔ Wie wird sich die Miete entwickeln? Wenn Sie bald nach dem Kauf in die Höhe geht, schmälert sie Ihren zukünftigen Gewinn.
- ✔ Rechnen Sie die Finanzierungskosten ein. Auch die Kosten für Zinsen und Tilgung gehen von Ihrem Gewinn ab
- ✔ Achten Sie auf Eigentumsvorbehalte an Gegenständen des Inventars oder des Lagers und auf Belastungen von betrieblichen Immobilien.
- ✔ Lassen Sie sich belegen, dass alle Steuern und Sozialabgaben bezahlt sind.

Jetzt sind Sie Unternehmer

Herzlichen Glückwunsch – nach all dem Suchen, Vergleichen, Prüfen und Verhandeln sind Sie nun Inhaber eines Kleinunternehmens! Willkommen in der Geschäftswelt! Sie haben viel erreicht und können stolz auf sich sein.

Nach dem Abschluss des Kaufvertrags sollten Sie die folgenden Aufgaben so bald wie möglich anpacken:

- **Machen Sie den Inhaberwechsel bekannt**, etwa durch Anzeigen und Briefe an alle Geschäftspartner.
- **Schreiben Sie Ihren Geschäftsplan und Ihr Mission Statement** (schauen Sie nochmal in Kapitel 4 nach).
- **Überprüfen Sie die Rechtsform.** Nur weil das Unternehmen bisher eine GbR war, heißt das nicht, dass diese Rechtsform auch für Sie sinnvoll ist. Prüfen Sie anhand unserer Informationen in Kapitel 5.
- **Denken Sie viel über Ihre Kunden nach.** Ohne gute Kunden, die gewinnbringende Produkte und Dienstleistungen kaufen und ihre Rechnungen pünktlich bezahlen, wird Ihre Firma nicht lange existieren. Und sogar die besten Unternehmen verlieren Kunden aus Gründen, die sie nicht beeinflussen können. Sie müssen also die Bedürfnisse Ihrer Kunden verstehen, warum sie die Erzeugnisse Ihrer Firma kaufen und was Ihre Bedürfnisse in der Zukunft sein werden (mehr dazu in Kapitel 9 und 10).
- **Lernen Sie Ihre Mitarbeiter kennen.** Wer mit dem alten Inhaber klarkam, muss sich erst an Sie gewöhnen; das braucht Zeit. Manche Mitarbeiter werden auch um ihre Stellen fürchten oder Angst haben, dass ihnen ihr Job unter einem neuen Chef weniger Spaß macht. Hören Sie Ihren Mitarbeitern lieber viel zu als selbst immer der zu sein, der von seinen grandiosen Plänen schwadroniert. Diese Leute hüten einen Schatz von Wissen über die Firma und deren Geschäft, von dem Sie nur profitieren können. Und je besser Sie zuhören, desto eher werden Ihre Mitarbeiter Sie respektieren. Überprüfen Sie auch die freiwilligen betrieblichen Sozialleistungen der Firma, aber hüten Sie sich vor vorschnellen Einschnitten. Frühe negative Veränderungen können hässliche langfristige Folgen haben.
- **Seien Sie nicht zu eilig.** Machen Sie nicht gleich in Ihrer ersten Woche oder im ersten Monat am Unternehmensruder riesige Veränderungen. Nehmen Sie sich Zeit, um die Unternehmenskultur kennen zu lernen, die Bedürfnisse der Kunden und die Empfindlichkeiten seiner Lieferanten. Mitarbeiter, Kunden und Lieferanten mögen keine überraschenden Veränderungen, vor allem nicht, wenn deren Initiator neu und kaum bekannt ist.
- **Lassen Sie sich vom Voreigentümer beraten.** Er kennt die Firma in- und auswendig. Ihr Ego sollten Sie nicht daran hindern, ihn um Rat zu bitten.
- **Arbeiten Sie mit einem guten Steuerberater zusammen.** Geraten Sie mit Steuererklärungen und -zahlungen nie in Verzug oder Sie werden eine böse Überraschung erleben – in Form einer unerwarteten, saftigen Zahlungsaufforderung. Sichern Sie sich mithilfe eines Experten dagegen ab.

Wie bei einem frisch gebackenen Hauseigentümer, der in sein neues Domizil einzieht, kann Ihre Euphorie als Firmeninhaber langsam zu Angst werden, wenn Sie erkennen, dass die Arbeit jetzt eigentlich erst richtig los geht. Nur ruhig – atmen Sie tief durch und wenden Sie die alt bewährte Technik an, eine große Aufgabe in viele kleine aufzuteilen, die sich eine nach der anderen bewältigen lassen. Und seien Sie versichert: Wenn Sie unsere Ratschläge aus Kapitel 6 und diesem beherzigt und Ihre Hausaufgaben vor dem Unternehmenskauf gemacht haben, dann sollten Sie eine Firma besitzen, die keine größeren Probleme hat und die Sie mit Ihren Kenntnissen und Erfahrungen gut führen können.

Teil III

Die Schlüssel zur erfolgreichen Führung eines Kleinunternehmens

»Schon wieder eine Karawane, die vorbeizieht. Darf ich jetzt vielleicht endlich Salzdatteln ins Angebot aufnehmen?!«

In diesem Teil...

Als Inhaber eines Kleinunternehmens sind Sie eigentlich ständig bloß damit beschäftigt, Probleme zu lösen. Dieser Teil soll Ihnen bei den wichtigsten helfen, darunter dem »Hegen und Pflegen« von Kunden, der Steigerung von Umsatz und Gewinn, dem Einsatz von Werbung, Preisstrategie und vor allem, wie Sie Ihre Kosten stets im Griff behalten.

Der Unternehmer ist für alles zuständig

8

In diesem Kapitel

- Die Kleinarbeit bei der Gründung
- Welche Aufgaben Sie outsourcen können
- Die Ausgaben kontrollieren
- Wichtige Menschen außerhalb Ihrer Firma: Banker, Berater, Anwälte

Zu Beginn werden Sie alle Aufgaben bei Ihrer Gründung selber erledigen oder ihre Erledigung zumindest überwachen. Jedenfalls alle *wichtigen* Aufgaben – diejenigen, die am Ende über Ihren Erfolg entscheiden)oder über ihren Misserfolg, wenn sie nicht ordentlich erledigt werden).

Sehr oft sind das wenig aufregende Routine- und/oder Pflichtaufgaben und nicht der Umgang mit Kunden, die Entwicklung neuer Produkte oder die Erhöhung des Gewinns. Es ist vielmehr langweiliges Zeug wie Behördengänge, der Aufbau einer Buchhaltung und die Absicherung, falls etwas schief geht – Sie wissen schon: Sachen, die Sie später einholen, wenn sie nicht erledigt werden.

Die Kleinarbeit bei der Gründung

Nehmen wir an, die großen Aufgaben der Gründung, wie wir sie in den vorhergehenden Kapiteln dargestellt haben, sind erledigt – etwa der Geschäftsplan, die Wahl der Rechtsform, die Entwicklung von Produkten oder Dienstleistungen. Dann müssen Sie sich jetzt um die Details kümmern.

Versicherungen

Hier geht es um Absicherung: Auto, Feuer, Diebstahl, Haftpflicht, Betriebsunterbrechung und so weiter. Versicherungen kosten Geld und immer wieder steigende Beträge. Was die Sache noch verschlimmert: Wenn Sie die Policen erst einmal unterzeichnet haben, heften Sie sie in einem Ordner ab und denken nicht daran, Sie irgendwann einmal zu überprüfen oder zu einer günstigeren Versicherung zu wechseln – denn Sie sind ja vollauf damit beschäftigt, Ihr Unternehmen zu führen.

In den meisten Fällen sind Versicherungen eine notwendige Ausgabe, ähnlich wie die für Miete, Telefon und Gehälter. Manchmal will der Unternehmer die Versicherung, manchmal wird sie von einem Dritten verlangt, etwa einer Bank oder dem Vermieter der Geschäftsräume. Hier sind die wichtigsten:

- ✔ **Diebstahlversicherung:** Früher oder später wird jemand etwas Wertvolles von Ihnen stehlen (es kann übrigens gut ein Mitarbeiter sein). Unsere Empfehlung: Versichern Sie sich gegen Diebstahl, wenn Sie Einzel- oder Großhandel mit hochwertigen Produkten betreiben (Autos, Computer etc.). Warten Sie in anderen Fällen damit, bis Ihr Unternehmen Gewinn macht.

- **Betriebshaftpflichtversicherung:** Man kann nie wissen, was in Ihrem Betrieb passieren kann, und Schadensersatzforderungen können sehr schnell sehr hoch werden. Unsere Empfehlung: Abschließen, und zwar mindestens in Höhe des doppelten Nettowerts.
- **Betriebsunterbrechungsversicherung:** Sie schützt für den Fall, dass Ihre Firma aus irgendwelchen Gründen nicht arbeiten kann, etwa wegen einer Naturkatastrophe. Die Versicherung ersetzt die Gewinne, die Sie während Ihrer Zwangspause nicht machen. Unsere Empfehlung: In der Anfangsphase gibt es in Ihrem Unternehmen nicht viel zu unterbrechen – geben Sie Ihr Geld für Wichtigeres aus. Doch das wird sich ändern – dann ist diese Versicherung ein Muss.

Steuern und Sozialabgaben

Gewerbesteuer, Umsatzsteuer, Lohn- und Einkommensteuer, Kapitalertragsteuer, Grundsteuer, Kfz-Steuer, Zölle – Vater Staat ist sehr erfinderisch, wenn es darum geht, sich seinen Anteil von Ihrem Geld zu holen. Außerdem müssen (!) Sie Ihre Arbeitgeberanteile zur Sozialversicherung Ihrer Mitarbeiter zahlen: Renten-, Arbeitslosen-, Kranken- und Pflegeversicherung.

Wenn Sie einmal knapp bei Kasse sind (täuschen Sie sich nicht: früher oder später kommt es vor), stellen Sie immer sicher, dass Sie dem Staat das zahlen können, was ihm zusteht, selbst wenn andere Gläubiger dadurch länger auf ihr Geld warten müssen. Das Finanzamt und auch die Sozialversicherungsträger haben ein großes Arsenal von Möglichkeiten, an ihr Geld zu kommen, und können von allen einen hohen Preis (in Form von Zinsen und Strafen) verlangen, die ihren Abgabepflichten nicht nachkommen. Zahlen Sie Ihre Steuern und Sozialabgaben immer korrekt und pünktlich!

Ihr Mietvertrag

Langfristige Mietverträge für Geschäftsräume sind nichts für Kleinunternehmer. Wenn Ihre Firma wächst, wächst Sie schnell aus ihren langfristig gemieteten Räumlichkeiten heraus, und Sie müssen die vorzeitige Kündigung teuer bezahlen; wenn Ihre Firma nicht wächst, zahlen Sie einen noch höheren Preis für den vorzeitigen Ausstieg.

Im Grunde ist jeder Mietvertrag für mehr als zwei Jahre »langfristig«. Viele Vermieter wollen Ihnen Drei- oder Fünfjahresverträge mit allen möglichen Vorteilen schmackhaft machen. Lassen Sie sich davon nicht verführen; planen Sie vorerst für zwei Jahre, maximal drei.

Personalunterlagen

Am Tag, an dem Sie einen Mitarbeiter einstellen, müssen Sie für ihm Ihre erste Personalakte anlegen und sie künftig gewissenhaft führen. Heben Sie darin wichtige Unterlagen auf wie Arbeitsvertrag, Sozialversicherungsausweis, Arbeitsunfähigkeitsbescheinigungen, Urlaubsanträge, Leistungsbeurteilungen, Notizen über Zielvereinbarungen und Abmahnungen.

Diese Unterlagen sind hilfreich für die Führung und Motivation Ihrer Mitarbeiter. Instrumente wie Zielvereinbarungen und Leistungsbeurteilungen erfordern detaillierte Unterlagen über jeden Mitarbeiter. Und da Sie menschliche Lebewesen beschäftigen, können Sie früher oder später Konflikte mit diesen menschlichen Lebewesen erwarten – Konflikte, die bis vors Gericht gehen können. Und da ist die Partei im Vorteil, die ihre Position am besten mit Unterlagen und Informationen untermauern kann – das sollten Sie als Arbeitgeber sein.

Schecks

Wenn Sie keinen (Ehe-) Partner haben, der die Buchhaltung macht, sollten Sie alle Schecks Ihres Unternehmens so lange persönlich unterschreiben, bis Sie diese Aufgabe einem absolut vertrauenswürdigen Mitarbeiter übergeben können. Schecks sind Geld, und Geld wird das Lebenselixier Ihrer Firma sein vom Tag der Eröffnung bis zur Schließung der Tore.

Was kann man outsourcen?

Wir definieren Outsourcing so: Delegation von Aufgaben/Funktionen, die Sie nicht ausführen wollen oder für die Sie keine Zeit haben, an jemanden (keinen Mitarbeiter), die sie in der Regel schneller und besser erledigen kann.

Outsourcing ist heute fast zu einem Modewort geworden, dabei gibt es das Auslagern oder Außerhausgeben von Tätigkeiten durch Unternehmen in der einen oder anderen Form schon lange. Ein typischer Fall von Outsourcing ist Kate, die Kacheldesignerin aus Kapitel 4, die die Herstellung ihrer bemalten Kacheln an eine andere Firma übergab. Ebenso outsourct ein Unternehmen, das seine Produkte von freien Handelsvertretern verkaufen oder seine Buchführung extern erledigen lässt.

Typische Aufgaben, die Kleinunternehmen outsourcen

- ✔ **Buchführung:** komplett oder nur teilweise, etwa Lohnbuchhaltung oder Steuererklärungen
- ✔ **Personalangelegenheiten:** Suche, Bewerberauswahl (Tests), Aus- und Weiterbildung
- ✔ **Produktion:** Vor allem kreative und verkäuferische Unternehmertypen überlassen diese profane Aufgabe sinnvollerweise gern Dritten. Und auch Produktionsbetriebe lassen sich Kleinteile und Zubehör gern zuliefern – denken Sie nur an die Autoindustrie.

Verkauf: Den Verkauf »außer Haus« zu geben, ist eine potenzielle Gefahrenquelle; dennoch setzen Unternehmen freie Handelsvertreter dafür ein. Wir sagen »potenzielle Gefahr«, weil es schwer ist, Leuten von »draußen« die Begeisterung und das Fachwissen zu vermitteln, mit dem ein Produkt oder eine Dienstleistung am effektivsten verkauft werden kann. Den Verkauf sollten Sie in der Regel möglichst nicht outsourcen.

Was können Sie outsourcen?

Und nun die Frage aller Fragen: Wie bestimmen Sie, welche Tätigkeiten Sie aus Ihrem Unternehmen outsourcen können und welche besser nicht? Jede Firma und jeder Unternehmer ist natürlich anders, aber Sie sollten vor der Entscheidung jede der folgenden Fragen beantworten:

- ✔ **Kann ich mit meinen verfügbaren Geldmitteln besser auskommen, wenn ich outsource?** Die Antwort hängt in erster Linie davon ab, wie viel Geld Sie zur Verfügung haben. Wenn Sie zum Beispiel den Produktionsprozess auslagern, dann sparen Sie die Kosten für das Rohmateriallager und die Produktionsmitarbeiter. Je weniger Geld Sie haben, desto mehr werden Sie outsourcen müssen.
- ✔ **Was kann ich am besten?** Wenn Sie wie Kate sind, ist das Design, die Kreativität Ihre Stärke. Da der Tag nur 24 Stunden hat: Warum sollen Sie einen Teil davon mit Aufgaben (etwa Buchhaltung) zubringen, die Ihnen nicht gut liegen und die Sie gut nach draußen abgeben können? Konzentrieren Sie sich lieber auf Ihre Stärken.
- ✔ **Bekomme ich für meine Outsourcingkosten ein Produkt (eine Dienstleistung), das qualitativ besser ist als das, was ich für das gleiche Geld selber produzieren könnte?** Anbieter von externen Leistungen sind fast immer Experten auf ihrem Gebiet, so dass die Antwort auf diese Frage in der Regel ja sein wird.
- ✔ **Was macht mir am meisten Spaß?** Das können wir Ihnen garantieren: Wenn Sie Ihre Buchhaltung oder Steuererklärungen im eigenen Haus machen, werden Sie über die Jahre nicht wenig Zeit mit diesen Dingen verbringen. Mal ehrlich: Wollen Sie damit Ihre Zeit verplempern?

Von diesem letzten Punkt wird Ihre Entscheidung pro oder contra Outsourcing in erster Linie abhängen: Womit möchten Sie Ihre Zeit am liebsten verbringen?

Ohne Buchhaltung geht nichts

In einer perfekten Welt bräuchten Sie keine Buchhaltung – Ihr Scheckheft würde reichen. Sie würden Ihre Rechnungen bezahlen, Ihre Einnahmen aufs Konto legen und die Differenz wäre Ihr Gewinn. Doch leider – mit dem Scheckheft können Sie nur Ihr Geldvermögen messen. Genauer gesagt: Ihr heutiges Geld. Sie wissen nichts über Ihr Geld von morgen oder im nächsten Monat. Werden Sie genug Geld haben, um am nächstem Ultimo die Gehälter Ihrer Mitarbeiter zu zahlen oder die Steuervorauszahlung am Quartalsende? Das kann Ihnen Ihr Scheckheft nicht sagen, und damit haben Sie ein Problem, was Ihre vorausschauende Planung anbelangt.

Ob Sie sie mögen oder nicht – die Buchhaltung ist eine der wichtigsten Aufgaben in Ihrem Unternehmen. Ob Sie sie irgendwann outsourcen oder komplett selber erledigen: In der Gründungsphase erfordert sie Ihre ungeteilte Aufmerksamkeit.

Welches System brauchen und wollen Sie?

Jeder Unternehmer hat bei der Buchhaltung drei Wahlmöglichkeiten. Die erste (diese Wahl sollte vor der Eröffnung getroffen werden) ist die, das Ganze außer Haus zu geben, etwa an die DATEV (Outsourcing haben wir im vorigen Abschnitt dieses Kapitels dargestellt). Die zweite ist ein eigenes, manuelles Buchhaltungssystem und die dritte ein EDV-Buchhaltungssystem. Wir beschreiben im Folgenden die manuelle und die EDV-Buchhaltung.

Die manuelle Form ist der schnellste und einfachste Weg. Sie brauchen nur eine große Kladde und sind schon Ihr eigener Buchhalter. Wir empfehlen diese Methode allerdings nur für kleine Firmen und Freiberufler, die eine Einnahme-Überschuss-Rechnung durchführen dürfen. Sie listen Ihre Einnahmen und Ausgaben chronologisch auf, machen jeden Monat einen Abschluss und berechnen Ihre monatlichen oder vierteljährlichen Umsatzsteuer-Vorauszahlungen. Am Ende des Jahres summieren Sie alles auf, und die Ergebnisse fließen in Ihre Jahressteuererklärungen ein.

Vorteil: Sie haben geringe Kosten und können jeden Geschäftsvorgang selbst verfolgen. Nachteil: Bei vielen Geschäftsvorfällen kostet die manuelle Buchhaltung sehr viel Zeit, und wo Menschen mit Zahlen arbeiten, kommen auch Irrtümer vor.

Prüfen Sie daher ernsthaft, ob Sie auch bei einem kleinen Betrieb und bei Einnahme-Überschuss-Rechnung nicht gleich ein EDV-Buchhaltungssystem nutzen wollen. Für diese wie auch für größere Firmen gibt es Software für jeden PC und Computer, die die gängigen Buchhaltungsfunktionen für Sie übernimmt und im Preis erschwinglich ist. Zudem ermöglichen Ihnen die Programme in der Regel vielfältige Zahlenauswertungen, mit deren Hilfe Sie Ihre Firma und Ihr Geld besser im Griff haben. Wir raten Ihnen dazu. Schauen Sie sich auf dem Markt um; Sie werden sicher das Richtige finden, zumal es für viele Branchen auch schon Spezialsoftware gibt.

Hier sind ein paar Fragen und Praxistipps, die Ihnen bei der Auswahl der für Sie geeigneten Buchhaltungssoftware helfen:

- ✔ Was ist der Charakter Ihres Unternehmens? Haben Sie ein Lager? Erwarten Sie, dass Ihre Firma innerhalb des kommenden Jahres stark wachsen wird? Wer bedient die Software und stellt Schecks aus? Wichtig: Beabsichtigen Sie, unserer Empfehlung zu folgen und Ihr Unternehmen mithilfe der EDV-Auswertungen zu steuern? Oder wollen Sie mit der Buchhaltung lediglich Informationen für Ihre Steuererklärungen sammeln?
- ✔ Wie viele Mitarbeiter stehen auf Ihrer Gehaltsliste? Wird sich ihre Zahl in den nächsten zwei Jahren bedeutend vergrößern?

- Wollen Sie Ihre Produkte übers Internet verkaufen? Für Spitzenprogramme gibt es E-Commerce-Module.
- Vergeuden Sie Ihre Zeit nicht damit, ein System zu kaufen und zu erlernen, aus dem Sie in sechs Monaten oder einem Jahr herausgewachsen sein werden.
- Kaufen Sie kein System, an das Sie sich erst drei Jahre oder länger gewöhnen müssen. So lange kann man nicht akkurat vorausplanen. Kaufen Sie ein System für Ihre nächsten zwei Jahre.
- Prüfen Sie die Herstellerfirma der Software: Wie steht's mit dem Support? Der Fehlerfreiheit? Wie oft gibt es Updates? Kosten? Wird der Hersteller in zwei Jahren noch existieren?
- Sprechen Sie mit anderen Unternehmern und Beratern: Mit welchen Buchhaltungsprogrammen haben sie Erfahrung? Womit arbeiten sie? Was empfehlen sie und was nicht?
- Gibt es jemanden bei Ihnen vor Ort, der für Implementation, Training und Support sorgt?

Was lernen wir aus all dem? Kaufen Sie im Zweifelsfall die leistungsstärkste Software, die Sie bezahlen können und die Sie in den nächsten zwei Jahren brauchen werden.

Kostenkontrolle

Es gibt nur drei Wege, wie Sie die Gewinne Ihres Unternehmens steigern können:

- Umsatz steigern (dann *kann* ein Teil dieses Umsatzes positive Wirkung auf den Gewinn haben – oder auch nicht)
- Preise erhöhen (dann *hat* der volle Betrag der Erhöhung positive Wirkung auf den Gewinn – vorausgesetzt, Sie verlieren durch die Preiserhöhung keine Kunden)
- Kosten senken (dann *hat* der volle Betrag der Senkung positive Wirkung auf den Gewinn)

Mit anderen Worten: Jede Mark, um die Sie Ihre Preise erhöhen oder die Kosten senken, schlägt voll (1 : 1) auf Ihren Gewinn durch! Deshalb schaut der erfolgreiche Kleinunternehmer immer zuerst auf seine Kosten und Verkaufspreise, wenn's beim Gewinn hapert. Die Ergebnisse können sich sofort einstellen, mit voller Wirkung Mark für Mark.

Die Kontrolle der Kosten ist stets auch eine Frage der Unternehmenskultur, und die beginnt an der Spitze. Was wir meinen? Nun, viele Ihrer Mitarbeiter werden Sie nachahmen; wenn Sie im Chefbüro auf üppigen Polstern thronen und in Ihrem Vorzimmer überbezahlte Sekretärinnen sitzen, die die Briefe nach dem Adler-Suchsystem tippen, dann werden Ihre Mitarbeiter auch eine Neigung entwickeln, unnötig Geld auszugeben. Also: Gehen Sie selber mit gutem Beispiel voran.

Wann immer wir ein Firmenfoyer oder Vorzimmer betreten und von plätschernden Wasserfällen oder Bronzestatuen begrüßt werden, dann fällt uns Sam Walton mit seinem Weltunternehmen Wal-Mart ein. Linoleumböden und Metallschreibtische waren zu Beginn in seiner Zentrale in Bentonville, Arkansas, an der Tagesordnung. Kein Wunder, dass Sam so große Konkurrenten wie Sears oder J. C. Penney im Preis unterbieten und im Wettbewerb ausstechen konnte – zu deren Kosten gehörte unter anderem der Unterhalt von Firmenzentralen in den Wolkenkratzern von Chicago und Dallas.

Fixe und variable Kosten

Zwei Arten von Kosten müssen Sie im Griff haben: fixe und variable. Fixe Kosten verändern sich nicht mit den Umsätzen; sie werden normalerweise in der Gründungsphase ausgehandelt und dann sich selbst überlassen, bis die ursprüngliche Vereinbarung ausläuft und neu verhandelt werden muss. Das kann nach einem bis fünf Jahren geschehen.

Zu den fixen Kosten gehören zum Beispiel die für Versicherungen, Miete, Leasing. Um sie optimal im Griff zu haben, sollten Sie als Gründer und Unternehmer persönlich darüber verhandeln. Verhandeln Sie gut, denn eine einmal getroffene Regelung können Sie nicht so schnell wieder ändern.

Variable Kosten verändern sich mit den Umsätzen – höherer Umsatz, höhere variable Kosten (und umgekehrt). Das Aushandeln dieser Kosten können Sie delegieren, solange Sie selbst diese vor allem in der Gründungsphase ständig kontrollieren. Sie sollten alle Einkäufe abzeichnen und alle Schecks für variable Kosten unterschreiben.

Ein Schlüssel zur Kostenkontrolle ist das Kostenbewusstsein Ihrer Mitarbeiter: Wenn Sie wissen, dass Sie oder andere Leitende unangemessene und unnötige Ausgaben hinterfragen werden, dann werden sie sich selber bemühen, diese zu vermeiden. Auch mit Prämien oder Sonderurlaub können Sie Ihre Mitarbeiter motivieren, ständig auf der Suche nach unnötigen Ausgaben zu sein – und seien Sie versichert: Sie werden welche finden.

Denken Sie daran, dass die 80:20-Regel auch für die Kosten gilt. Hier besagt sie, dass 80 % Ihrer unnötigen Ausgaben in nur 20 % der Kostenkategorien zu finden sind. Das heißt nicht, dass nicht auch die übrigen Kategorien kontrolliert werden sollten. Schnell werden Sie in der Regel fündig bei Verbrauchsmaterialien, Reisekosten, Versicherungen und dem größten Komposthaufen von allen, den »sonstigen Ausgaben«.

Denken Sie schließlich daran, dass effektive Kostenkontrolle sich nicht nur in Ihrem Gewinn niederschlägt. Sie ist auch ein wichtiges Element bei der Kontrolle des Cashflows. Ist er zu gering, fehlt Ihnen buchstäblich Geld – und das ist das gravierendste Anzeichen für eine nahende Pleite. Warum also nicht von Anfang an ein solides Fundament für Ihr Unternehmen legen, indem Sie dessen Kosten kontrollieren?

Zero-based Budgeting

Budgetierung oder *Finanzplanung* ist die periodische (in der Regel jährliche) Überprüfung der Finanzinformationen aus der Vergangenheit mit dem Ziel, Finanzinformationen für die Zukunft vorherzusagen, um mit diesen zu planen. Wenn Sie Ihren ersten Geschäftsplan erstellt haben, haben Sie auch schon Ihr erstes Budget aufgestellt, indem Sie eine Gewinn- und-Verlust-Rechung machten. Der einzige Unterschied bei der jährlichen Budgetierung für Ihr laufendes Geschäft ist, dass Sie jetzt den Vorteil haben, mit Zahlen aus der Vergangenheit arbeiten zu können. (Diesen Budgetierungsprozess können Sie übrigens genauso gut für Ihre privaten Finanzen durchführen – eine gute Vorbereitung für Ihre Existenzgründung.)

In Ihrem Kleinunternehmen haben Sie zwei Möglichkeiten, Ihre Ausgaben von Jahr zu Jahr zu budgetieren. Der erste – einfache – Weg: Sie nehmen für jede Kostenkategorie, variable und fixe, ein bestimmtes prozentuales Wachstum an. Sie sagen zum Beispiel, dass Ihre Telefonkosten (variabel) im nächsten Jahr um 5 % steigen werden, dass Ihre Miete (fix) gleich bleiben wird und Ihre Ausgaben für Werbung (variabel) um 10 % steigen werden. Schwupps – ein paar Multiplikationen später haben Sie diese Kosten für ein Jahr geplant. Einfacher geht's nicht.

Das *Zero-based Budgeting* dagegen nimmt an, dass die Kosten im letzten Jahr null betrugen, und beginnt ab diesem Punkt mit der Planung. Es wird zum Beispiel angenommen, dass Ihr Konto für Büromaterial auf null steht. Sie müssen also bestimmen, wer im letzten Jahr wie viel Büromaterial verbraucht hat, wer es dieses Jahr verbrauchen wird und wie viel verbraucht werden wird. Dann müssen Sie festlegen, welchen Preis Sie für den diesjährigen Verbrauch zahlen werden. Auf diese Weise zwingt das Zero-based Budgeting Sie dazu, ihren Verbrauch jedes Jahr neu zu überprüfen, gleichzeitig mit Ihren Kosten. Kann man ein Unternehmen besser führen?

Die positive Wirkung des Zero-based Budgeting ist, dass Sie nicht mehr Fehler aus früheren Jahren in Ihre Planung für das laufende übernehmen. Beispiel Telefonkosten: Statt diese pauschal mit einem Prozentsatz steigen zu lassen, erfordert das Zero-based Budgeting von Ihnen die Überprüfung, ob die Telefonkosten des letzten Jahres wirklich die niedrigst möglichen waren. Das zwingt Sie zu der Überlegung, wer Ihre Telefone wofür benutzt und ob es vielleicht (neue) Anbieter mit niedrigeren Tarifen als bisher gibt. Statt eine Kostensteigerung von 5 % einzuplanen, planen Sie am Ende vielleicht eine Reduzierung um 5 %.

Viel zu viele Kleinunternehmen planen (budgetieren) Ihre Kosten überhaupt nicht. Und von den wenigen, die es tun, verwenden die wenigsten das Zero-based Budgeting – trotzt seiner Vorteile. Kosten gar nicht zu planen, ist einer der teuersten Fehler, die ein Kleinunternehmer machen kann! Natürlich erfordert Zero-based Budgeting mehr Zeit, aber es kann sich mehr als bezahlt machen, indem es den Gewinn unter dem Strich erhöht.

Die Beziehungen zu Ihren Lieferanten

Manche Management-Gurus sagen, der Kunde stehe an der Spitze der Kleinunternehmens-pyramide, und predigen, dass es die oberste Priorität für einen Kleinunternehmer sei, den Kunden zufrieden zu stellen.

Wer an die Spitze dieser Pyramide gehört, sehen wir anders. Wir erkennen an, dass der Kunde wichtig ist, doch wir glauben, dass Sie – der Unternehmer – und Ihre Mitarbeiter an die Spitze der Pyramide gehören, dass Sie die Top-Priorität verdienen. Warum? Weil der Unternehmer und seine Mitarbeiter diejenigen sind, die die Produkte herstellen oder die Dienstleistungen anbieten, für die der Kunde Schlange steht. Kein Produkt, keine Dienstleistung, für die es sich lohnt, Schlange zu stehen? Kein Kunde!

Egal welcher Ansicht Sie zustimmen – eines ist sicher: Die geringste Priorität genießen bei Kleinunternehmen die Lieferanten (Zulieferer). Doch was würde ohne gute Lieferanten aus Ihrer Firma? Sie betreiben einen Computerladen? Wo wären Sie ohne Compaq, Hewlett-Packard und Microsoft in Ihren Verkaufsregalen? Ein Restaurant? Wo wären Sie ohne einen guten Bäcker, Fleischlieferanten, Gemüse(groß)händler, auf den Sie sich verlassen können? Wo wären Sie ohne Calvin Klein und Seidensticker? Jeder erfolgreiche Unternehmer hat gelernt, wie wichtig es ist, einen Kader von loyalen Lieferanten zu haben, die hinter seiner Firma stehen.

Nur wenige Kleinunternehmen haben allerdings die Macht oder das Renommee, um solche Lieferantenloyalität zu verlangen. Daher müssen sie starke Lieferantenbeziehungen auf die alte Weise aufbauen – indem sie sie sich verdienen. Die folgenden Tipps helfen Ihnen dabei:

- ✔ **Pressen Sie Ihre Lieferanten nicht bis aufs Blut aus.** Einigen Sie sich auf die Einzelheiten Ihrer Geschäftsvereinbarung (Preis, Liefertermin, Konditionen) und versuchen Sie dann, für die vereinbarte Zeit innerhalb der Parameter dieser Vereinbarungen zu arbeiten. (Ausnahmen werden vorkommen.) Und was immer Sie tun: Halten Sie einem langjährigen, verlässlichen Lieferanten nicht die Dumpingpreise des Lieferanten von der nächsten Straßenecke vor, um die Preise zu drücken, wenn Sie nicht bereit sind, den langjährig Verlässlichen zu verlieren oder wenigstens arg zu verärgern.
- ✔ **Bezahlen Sie Ihre Rechnungen pünktlich.** Das ist das einfachste Mittel, um immer ein geschätzter Kunde zu sein. Immerhin ist das ja auch, was Sie von Ihren eigenen Kunden erwarten, nicht wahr?
- ✔ **Äußern Sie nicht ständig Sonderwünsche.** Verlangen Sie nicht bei jeder Bestellung Service, der weit über das Normale hinaus geht. Sparen Sie sich die Bitte um besondere Gefälligkeiten für die Gelegenheiten auf, wenn es wirklich eng wird.
- ✔ **Behandeln Sie die Vertreter und Kundendienstmitarbeiter Ihrer Lieferanten so, wie Sie auch wollen, dass man Ihre eigenen Mitarbeiter behandelt.** Diese goldene Regel ist die Grundlage für gute Lieferantenbeziehungen.

Übrigens können Ihnen Lieferanten, vor allem die guten, mehr liefern als nur Waren oder Dienstleistungen. Sie können auch Schulungen für Ihre Mitarbeiter (und manchmal für Ihre Kunden) anbieten – eine Form der Unterstützung, von der ein typisches Kleinunternehmen nie genug haben kann. Bei Jims Sportartikelfirma zum Beispiel lief das so: Die Hersteller vieler Produkte, die Jim verkaufte (vor allem Fitnessgeräte), boten kostenlose Schulungsprogramme an, und zwar sowohl bei Jim vor Ort als auch extern. Fragen Sie Ihre Lieferanten unbedingt nach solchen Schulungen oder sonstigen Hilfen, die sie anbieten, und haben Sie keine Vorbehalte, davon zu profitieren.

Nicht jeder potenzielle Lieferant wird Ihren Anforderungen genügen. Prüfen Sie ihre neuen Lieferanten deshalb sorgfältig, vor allem, wenn diese unbekannt oder noch nicht lange am Markt sind. Prüfen können Sie durch Firmenbesichtigungen, Kundenreferenzen oder (was die finanzielle Solidität angeht) über Auskunfteien.

Der alles übergreifende Gesichtspunkt ist hier, dass es eine ganz besondere Kombination von Menschen braucht, um ein erfolgreiches Unternehmen zu schaffen: Sie, Ihre Mitarbeiter, Ihre Kunden, Ihre Lieferanten und verschiedene Externe (von diesen handelt der nächste Abschnitt). Egal, wer von diesen für Sie am wichtigsten ist – die Übrigen haben alle ihre Rolle beim Aufbau Ihrer erfolgreichen Firma.

Wie Sie mit Bankern, Anwälten und anderen Externen umgehen

In früheren Kapiteln dieses Buchs haben wir gesprochen über Kredite, die Banker vergeben, Rechtsformen, die Anwälte konstruieren, staatliche Stellen, mit denen es Unternehmer zu tun haben, und andere Externe, die nicht zu Ihrem Unternehmen gehören. Warum sind diese Leute »draußen« so wichtig? Natürlich – wenn's nach Ihnen ginge, bräuchten Sie die meisten gar nicht. Aber so läuft's leider nicht ...

Ebenso, wie Sie die Beziehungen zu Ihren Mitarbeitern, Kunden und Lieferanten managen müssen, müssen Sie auch mit einer Reihe Externer klarkommen. Hier sind hilfreiche Hinweise dafür.

Banker

Wenn Sie den durchschnittlichen Kleinunternehmer fragen, was er von Banken und Bankern hält, ernten Sie in der Regel Reaktionen zwischen Augenverdrehen und Haareraufen. Kleinunternehmer reden meist schlecht über Banker.

Wenn Banker nein sagen, dann tun sie nur das, wozu Sie ausgebildet sind – das Geld der Sparer schützen. Wir kennen zum Beispiel einen Bankmitarbeiter, der Kreditantragstellern stets sagt: »Ich behandle das Geld meiner Bank genauso, als ob es meinen Eltern gehörte.« Was er damit wirklich meint: »Wenn es nur den Hauch eines Risikos gibt, müssen Sie sich Ihr Geld woanders besorgen.« Schließlich sind die meisten Sparer einer Bank ja wirklich jemandes Eltern oder Großeltern.

Risiken erkennen

Worauf es hinausläuft: Banker mögen keine großen Risiken; das ist ein wesentlicher Punkt in ihrer Stellenbeschreibung. Wenn sie kreativ, optimistisch und Risiken einzugehen bereit wären, dann wären sie nicht bei einer Bank. Sie wären wie wir – Unternehmer. Wir haben in unseren Wirtschaftssystem alle unsere Rollen. Ihre ist die sicherheitsbewusste und konservative.

Täuschen Sie sich nicht: Existenzgründungen sind das riskanteste aller Risiken. Deshalb können Sie so ein Vorhaben mit Bankkrediten allein nur ganz selten finanzieren. Aber zum Glück gibt es ja Fördermittel aus den Töpfen von Vater Staat.

Wie Sie mit Ihrem Banker klarkommen

Auch wenn Banker bei der Gründung vielleicht keine so wichtige Rolle spielen, können Sie wichtiger werden, wenn ein Unternehmen ans Laufen gekommen ist und besonders wenn ein Kleinunternehmen rapide wächst. Wachstum erfordert oft Betriebskapital in Form von Fremdfinanzierung, und da kommen die Banker ins Spiel. Beim Umgang mit ihnen können Ihnen die folgenden Tipps helfen:

- ✔ Helfen Sie Ihrem Banker, seine Arbeit zu tun. Rufen Sie ihn öfter an als er Sie – nicht bloß mit guten Nachrichten, sondern auch mit den schlechten. Banker mögen keine Überraschungen und schon gar keine bösen.
- ✔ Beantragen Sie immer mehr Geld, als Sie zu brauchen glauben. Eine kleine Reserve schadet niemandem, und normalerweise bekommen Sie eh nicht alles, was Sie wollen. Zudem kann es problematisch und peinlich sein, um einen »Kreditnachschlag« zu bitten.
- ✔ Laden Sie Ihren Banker ein- oder zweimal jährlich in Ihre Firma ein, damit er sich vor Ort ein Bild machen kann. Legen Sie ihm regelmäßig Unternehmenszahlen vor, bevor er Sie danach fragt. Halten Sie Gesprächsergebnisse in einem Brief an ihn fest, in dem Sie sich noch einmal für sein Engagement und seine geopferte Zeit bedanken.
- ✔ Vergessen Sie nicht, dass über Leistungen, Zinsen und Gebühren der Bank verhandelt werden kann. Welchen Zins Sie für Kredite zahlen oder auf Einlagen erhalten, wie hoch Ihr Dispositionskredit ist und so weiter, das hängt nicht zuletzt von Ihrer Verhandlungsposition und -stärke ab. Akzeptieren Sie nicht alle Konditionen blind und holen Sie auch Vergleichsangebote von anderen Banken und Sparkassen ein.
- ✔ Seien Sie auf harte Fragen der Bank vorbereitet, vor allem was Ihre Aktiva angeht. Man wird mehr über Inventar, Forderungen und Maschinenpark wissen wollen, als Sie für möglich halten. Doch bedenken Sie: Das sind die Sicherheiten der Bank. Darüber muss Sie Bescheid wissen, und je besser Ihre Firma hier dasteht, desto besser ist Ihre Verhandlungsposition, wenn es daran geht, die Konditionen eines Kredits auszuhandeln.

Das Problem mit Kommissionen

Einige Jahre, nachdem Jim die Firma General Sports Corp. gekauft hatte, gewährte die größte Bank in Minneapolis seiner Firma ihre erste Kreditlinie. Die Beziehung zwischen der Bank und Jims Firma lief die nächsten Jahre glatt, und zwar dank General Sports' profitabler Entwicklung und des fähigen Bankmitarbeiters, der es betreute. Der Banker, der Jims Freund geworden war, wusste über alles Bescheid, was in der Firma vorging; Jim sorgte dafür.

Eines Tages verabschiedete sich der Banker unerwartet (er war befördert worden) und gab eine neue Bankrichtlinie bekannt: Jims Kreditanträge mussten ab sofort von »der Kommission« genehmigt werden. Anscheinend hatte der Kreditbedarf von General Sports eine bestimmte Größe überschritten und brauchte nun die Unterschriften von drei Bankern statt einem. Jim wurde versichert, das sei reine Formsache.

Etwa ein Jahr später geschah das Unvermeidliche: »Die Kommission muss Sie leider davon in Kenntnis setzen ...«, ertönte es aus dem Telefon. Und so endete die Beziehung zwischen Jim und der größten Bank der Stadt.

Jim und General Sports überlebten am Ende dank harter Arbeit und der neuen Geschäftsbeziehung zu einer Sparkasse. Jims verschiedene Unternehmen sind über die Jahre gewachsen, und er hat gelernt, mit Bankkommissionen zu leben. Auch wenn deren Vorgehen zu verstehen ist (man verlässt sich auf Fakten und Zahlen, nicht auf Vertrauen), kann man es schwer akzeptieren. Es läuft der menschlichen Natur zuwider, jedenfalls der von Jim.

Das Problem, wie Jim es rückblickend sieht, ist, dass Kommissionen keine Beziehungen entstehen lassen; das tun nur einzelne Menschen, mit denen man persönlich zu tun hat. Jim hat auf die harte Tour gelernt, dass er lieber Geschäfte macht mit einem lebendigen, atmenden menschlichen Wesen als mit einer Kommission.

Rechtsanwälte

Rechtsanwälte waren früher wie FBI-Agenten: Man wusste, dass sie existieren, und manchmal haben Sie sogar einen gesehen, aber Sie hatten nie mit einem zu tun. Rechtsanwälte hatten mit anderen zu tun. Nie mit Ihnen. Heute sind Anwälte wie Haustiere. Jeder scheint einen zu haben, und die Rechtsschutzversicherung bezahlt ihn.

Ihnen als Unternehmer zahlt keiner etwas. Für Sie sind Anwaltskosten ein großer zusätzlicher Ausgabenposten, der schwindelerregende Höhen erreichen kann. Und die Zeit, die sie von Ihnen beanspruchen, fehlt Ihnen für die Führung Ihres Unternehmens ...

Die Beratung mit einem Rechtsanwalt ist manchmal unerlässlich. Anwälte bieten Schutz (oft gegen andere Anwälte) und zwingen Sie dazu Pläne, auch für die unerfreulichen Seiten Ihres Geschäfts zu machen, die Ihre unternehmerisch-optimistische Natur oft übersieht.

Ja, Rechtsanwälte haben definitiv ihre Berechtigung. Sprechen Sie persönlich oder telefonisch mit einem Anwalt, wenn es um die folgenden Dinge geht:

- ✔ Firmengründung
- ✔ Änderung der Rechtsform
- ✔ Aufnahme oder Ausscheiden eines oder mehrerer Partner
- ✔ Mitarbeiterbeteiligung am Unternehmen
- ✔ Unterzeichnung langfristig bindender Verträge
- ✔ Unternehmenskauf oder -verkauf
- ✔ Auseinandersetzung mit dem Rechtsanwalt eines Dritten
- ✔ arbeitsrechtliche Konflikte mit Mitarbeitern
- ✔ Situationen, die teure Prozesse nach sich ziehen können (etwa die Kündigung eines leitenden Mitarbeiters)

Auch wenn Sie die Ausgaben für Rechtsberatung möglichst vermeiden wollen, werden Sie bei der Gründung Ihres Unternehmens einen Rechtsanwalt brauchen und auch später immer wieder. Im Falle eines Falles sollten Sie die folgenden Tipps beherzigen:

- ✔ Lassen Sie sich von Unternehmerkollegen einen Anwalt empfehlen. Holen Sie über diesen Referenzen ein.
- ✔ Lassen Sie sich vorab über die voraussichtlichen Kosten seiner Tätigkeit für Sie informieren. So weiß er, dass Sie ein Auge auf seine Kosten haben.
- ✔ Vergeuden Sie Ihr Geld im Beratungsgespräch nicht mit Smalltalk – kommen Sie direkt zur Sache und sorgen Sie dafür, dass auch Ihr Anwalt das tut.
- ✔ Anwälte sind auch bloß Menschen. Das bedeutet, dass sie nicht immer Recht haben. Ihr Beruf ist grau, nicht schwarzweiß. Logik (von Anwalt wie Klient) zusammen mit ihrer Kenntnis der Gesetze wird für Ihre Firma eine große Rolle spielen. Sie als Unternehmer aber können auch logisch denken. Machen Sie davon auch in Gegenwart von Anwälten Gebrauch. Wenn ein Anwalt Ihnen nicht zuhören möchte – lassen Sie ihn sausen.
- ✔ Rechtsanwälte sind nicht anders als Mitarbeiter, Steuerberater oder sonst jemand, den Sie für eine Dienstleistung bezahlen. Wenn ein Anwalt nicht die Leistungen erbringt, die Sie von ihm erwarten: Haben Sie keine Angst, ihn zu feuern.

Steuerberater

Steuerberater sind ebenso wie Rechtsanwälte Profis. Ihre Dienstleistungen basieren zwar nicht auf Konflikten, aber es kann ähnlich lästig sein, sie zu finden und zu bezahlen. Die Hauptaufgabe von Steuerberatern ist, Ihre Steuerlast zu mindern, wo es nur geht, für die pünktliche Erledigung Ihrer Steuerzahlungen zu sorgen, Sie mit steuerlich relevanten Informationen zu versorgen, um kluge Geschäftsentscheidungen zu treffen und Ihr Unternehmen erfolgreich zu führen. Unsere obigen Tipps für den Umgang mit Rechtsanwälten gelten auch für Steuerberater.

Berater

Einen guten Berater zu finden gleicht oft einem Glücksspiel, doch je mehr Mühe Sie investieren, desto größer ist die Chance, dass Sie den richtigen finden. Externe Berater gibt es für die verschiedensten Bereiche von Computern und Software über Personalfragen bis zu Werbung und Verkauf.

Sie können Berater ganz verschieden einsetzen und bezahlen. Manche bieten wirklich nur (mündliche und schriftliche) Beratung; andere steigen voll ins Tagesgeschäft Ihres Unternehmens ein und machen sich die Hände schmutzig. Manche werden nach Stunden- oder Tagessätzen bezahlt, andere pauschal für ein bestimmtes Projekt, andere mit einem monatlichen Fixum. Das hängt alles davon ab, was Sie wollen und brauchen und was Sie sich leisten können.

Hier unsere Tipps für den erfolgreichen Umgang mit Beratern:

- ✔ Engagieren Sie einen Berater, als würden Sie einen leitenden Mitarbeiter einstellen. Hören Sie sich nach dem Besten um und überprüfen Sie Referenzen. Meiden Sie Berater, die bisher vor allem mit größeren Firmen (im Gegensatz zu Kleinunternehmen) gearbeitet haben. Obwohl sie Ihnen etwas anderes erzählen werden, verstehen die meisten nicht, worauf es in einem Kleinunternehmen ankommt.
- ✔ Überlassen Sie Beratern nie die Befugnis, wichtige Entscheidungen zu treffen. Setzen Sie nicht alle Ihre Mittel für die Umsetzung der Beratervorschläge ein. Die Berater sollen sich erst einmal bei kleineren Dingen bewähren, bevor Sie die größeren Veränderungen umsetzen, die sie empfehlen. Und vergessen Sie nie, dass Sie der Chef sind.
- ✔ Schließen Sie keine langfristigen Verträge ab. Bauen Sie eine vorzeitige Kündigungsmöglichkeit ein für den Fall, dass Sie nicht das bekommen, was Sie erwarten.
- ✔ Machen Sie sich klar, dass die Kosten für einen ineffektiven Berater höher sind als nur dessen Honorar. Unklare Kompetenzen, aufgebrachte Mitarbeiter und vergeudete Zeit können die Kosten in kurzer Zeit in ungeahnte Höhen hochschnellen lassen.
- ✔ Zögern Sie nicht, Beratern die Tür zu weisen, wenn sie ihren Job nicht erledigen.

Staat

Wenn Unternehmer nur verstünden, dass der Staat und seine Institutionen oft ein unkontrollierbares Zufallsereignis sind wie eine Überschwemmung oder ein Konkurrent, der neben Ihnen eröffnet. Das trifft vor allem auf die Bundesregierung mit ihrer Gesetzgebung zu; für einen Kleinunternehmer ist es so gut wie unmöglich, mit den Offiziellen zu sprechen, die die Entscheidungen treffen, oder gar seine Probleme gelöst zu bekommen. Auch der Weg über Verbände und Parteien führt selten zum Ziel und wenn, dann oft erst mit großer Verzögerung.

Finden Sie sich also mit der Tatsache ab, dass Sie sich oft den komplizierten und unfreundlichen Gesetzen und Bestimmungen von »Vater Staat« fügen müssen. Legen Sie sich nicht mit unfreundlichen Beamten an – sie können Ihnen das Leben schwer machen. Tun Sie, was getan werden muss, um die Staatsdiener zufrieden zu stellen, pflegen Sie die Kontakte zu den freundlichen und schelten Sie nicht die Überbringer schlechter Nachrichten – die meisten Beamten tun nur ihre Pflicht und haben nichts gegen Sie persönlich.

Die Herde wird dezimiert

Zu Beginn der 80-er Jahre herrschte in den USA eine rasende Inflation. Das Federal Reserve System – die US-Notenbank, auch als Fed bekannt – beschloss, dass man etwas gegen diesen schleichenden Wirtschaftskiller tun müsste. Fed-Präsident Paul Volcker glaubte, das beste Mittel wäre eine Erhöhung der Leitzinsen.

Als Folge stiegen die Marktzinsen über die nächsten zwei Jahre wie irre, bis sie sage und schreibe in der Gegend von 20 % landeten. Für den unglücklichen Kleinunternehmer, der frisches Geld brauchte oder dessen Zinssätze für laufende Kredite variabel waren, bedeutete das eine Belastung von 21 oder 22 % auf geborgtes Geld. Verbuchen Sie solche Zinsausgaben mal für ein oder zwei Jahre und sehen Sie sich an, was das in Ihrer Gewinn-und-Verlust-Rechnung anrichtet!

Unser Freund Don betrieb damals einen Groß- und Einzelhandel für Elektroartikel mit einem Lager voll Ware und einem dicken Forderungsbestand. Wie jeder Kleinunternehmer weiß, sind das Warenlager und die ausstehenden Forderungen die größten Geldfresser in der Bilanz, und jedes Mal, wenn Volcker den Diskontsatz um weitere ein oder zwei Punkte hochdrückte, steckte Dons Gewinn einen weiteren Tiefschlag ein.

Zwei Jahre später lagen die Zinsen wieder im einstelligen Bereich, die Inflation war bezähmt und in der Wirtschaft herrschte heitere Ruhe. Don war immer noch im Geschäft, obwohl nicht wenige seiner Konkurrenten hatten aufgeben müssen. Die exorbitanten Zinsen, so stellte sich heraus, hatten effizienten Geschäftspraktiken einen Vorteil verschafft – alle, die ihre Lagerbestände nicht im Griff behalten, Ihre Forderungen eintreiben und ihr Unternehmen auch sonst profitabel führen konnten, hatten den höchsten Preis bezahlt. Die Herde war sozusagen durch den Wolf im Zinspelz dezimiert worden.

Was für Dons Konkurrenten tödlich war, stellte sich für ihn als vorteilhaft heraus. Jetzt, wo so viele Mitbewerber aufgegeben hatten, hatte er Zugang zu einem größeren Markt.

Statt seine Zeit damit zu verschwenden, über »diese blöden Bürokraten« zu schimpfen und sich selbst zu bemitleiden, weil seine Gewinne von den Zinsen aufgefressen wurden, konzentrierte sich Don auf die grundlegenden Dinge in der Führung seiner Firma: strikte Lagerbestandskontrolle, Forderungen eintreiben und all das zu tun, was Kunden und Mitarbeiter glücklich machte.

Die Lektion daraus? Lernen Sie, dem manchmal Unternehmer-unfreundlichen Staat so entgegenzutreten, wie Don es tat – indem Sie die Probleme von heute in die Chancen von morgen verwandeln.

Ihre Marketingstrategie: Produktentwicklung, Werbung, Verkauf, Vertrieb und Preispolitik

9

In diesem Kapitel

- Was Marketing ist
- preisgünstige Werbeideen
- Nutzen statt Produkteigenschaften verkaufen
- Vertriebsaufbau
- Die richtigen Preise
- Wie Sie Ihre Produkte und Dienstleistungen verkauft bekommen

Schließen Sie die Tür hinter sich, stellen Sie das Telefon ab und aktivieren Sie Ihren Denkapparat: Jetzt geht's um Marketing und den Prozess, der dahinter steht. Schließlich ist das Marketing die Facette Ihres Unternehmens, die Ihr Produkt oder Ihre Dienstleistung von den Hunderten (oder gar Tausenden?) konkurrierenden Produkten und Dienstleistungen am Markt abheben soll. Zudem ist Marketing die schwierigste oder zweitschwierigste Aufgabe, die Sie als Unternehmer zu bewältigen haben (die andere ist die Mitarbeiterführung). Und das Marketing unterscheidet oft die mittelmäßigen Unternehmen von den langlebigen und erfolgreichen. Wie wichtig Marketing ist, zeigt sich darin, dass es eine Reihe gar nicht so toller Produkte gibt, die aber dank erstklassigen Marketings durchaus erfolgreich sind (McDonald's hat *nicht* die besten Hamburger der Welt); umgekehrt sind erstklassige Produkte selten durch unzureichendes Marketing erfolgreich.

Was ist Marketing?

Zu Beginn sollten Sie die wahre Bedeutung des Worts »Marketing« verstehen und auch die von zwei anderen Wörtern, die oft damit verwechselt werden – Verkauf und Vertrieb. Hier sind die Definitionen:

- ✔ **Marketing:** Marketing ist die Art und Weise, wie Produktentwicklung, Verkauf, Werbung, Vertrieb und Preispolitik in einem übergreifenden Plan gebündelt werden, um die Produkte oder Dienstleistungen Ihrer Firma auf den Markt und somit letztlich zum Kunden zu bringen.
- ✔ **Verkauf:** Er ist eine Komponente des Marketingsprozesses, bei der Ihr Unternehmen (potenzielle) Kunden direkt oder indirekt kontaktiert, überzeugt und mit ihnen Verträge abschließt über den Kauf Ihrer Produkte oder Dienste.

- **Vertrieb:** Der Vertrieb legt die Kanäle fest (etwa Einzelhandel, Großhandel, Versandhandel), die im Verkaufsprozess eingesetzt werden.

In großen Unternehmen ist der Marketingleiter immer eine Schlüsselfigur für den Erfolg oder Misserfolg der Firma. In einem Kleinunternehmen fällt das Marketing in der Regel dem Inhaber zu – Ihnen.

Der Marketingprozess besteht aus fünf Schlüsselkomponenten: Produktentwicklung, Werbung, Verkauf, Vertrieb und Preispolitik. Um sie geht es in diesem Kapitel und darum, wie Sie Ihr Marketingtalent weiter entwickeln können.

Produkt- und Dienstleistungsentwicklung

Den meisten Unternehmern macht die Entwicklung ihrer Produkte und/oder Diensstleistungen beim Unternehmensaufbau am meisten Spaß. Ob wir ein existierendes Produkt verbessern oder ein ganz neues entwickeln, starten wir in die Selbstständigkeit, weil wir glauben, dass wir etwas Nützliches und Wertvolles anzubieten haben. Wir lieben die Details unseres Produkts und suchen ständig nach Wegen, um es neu zu definieren und zu verbessern.

Eric ist ein ausgezeichnetes Beispiel dafür, wie die Produkt- und Dienstleistungsentwicklung die Ausrichtung eines Kleinunternehmens bestimmen kann. Aus seiner Arbeit in Großunternehmen kannte Eric die Finanzdienstleistungsbranche genau und wollte dieses Wissen nutzen, um Menschen bei der Verbesserung ihrer privaten Finanzlage zu helfen. Er freute sich darauf, neue Dienstleistungen zu entwickeln, und war ständig dabei, zu werkeln, zu ändern und bestehenden Ideen in der Finanzbranche einen neuen Dreh zu verpassen. Ihm machte es Spaß, neue Leistungen für seine Kunden zu entwickeln, und er war mit Interesse und unermüdlich dabei.

Erics ursprüngliche Dienstleistung war die persönliche, private Finanzberatung. Weil es ihm Spaß machte zu unterrichten, begann er bald Kurse über persönliche Finanzplanung an der University of California in Berkeley zu geben. Gleichzeitig fing er an, für eine Reihe von Zeitungen und Zeitschriften zu schreiben und steckte viel Energie in ein Exposé für ein Buch. Zu seiner eigenen Überraschung verbringt Eric heute den größten Teil seiner Zeit mit Schreiben, wogegen er sich in der Anfangsphase seiner Firma vorgestellt hatte, durch seine Finanzberatung mehr Menschen zu erreichen und seinen Umsatz zu vergrößern.

Jims zweites Unternehmen hatte ein ähnliches Wachstumsmuster, das auch durch die Entwicklung neuer Produkte entstand. Sein Sportartikelgroß- und -einzelhandel führte zu einer Siebdruckerei, als Jim nach neuen Produktlinien suchte: Er wollte die Trikots, die er an Mannschaften verkaufte, selber mit Namen und Zahlen bedrucken. 15 Jahre später war diese simple Produktentwicklungsidee zu einem eigenständigen Unternehmen mit 25 Millionen $ Umsatz angewachsen!

Obwohl zu viele Kleinunternehmen Produkte und Dienstleistungen beliebig und nebenbei betreiben, gibt es doch ein definiertes Vorgehen. Der Prozess läuft etwa wie folgt ab:

1. **Die Idee:** Einer hat sie, wenn auch nicht unbedingt der Unternehmer. Der aber ist es, der sie sich zu eigen macht.
2. **Bewertung:** Die Idee wird vom Unternehmer und den Verantwortlichen für die Produktentwicklung geprüft und bewertet. Besonders wichtig sind dabei Aspekte wie Gewinnpotenzial, leichte Herstellbarkeit (wo zutreffend), Konkurrenz und Preis(klasse).
3. **Marktanalyse:** Das Produkt oder die Dienstleistung wird einigen ausgewählten Kunden versuchsweise präsentiert, um Größe und Umfang des potenziellen Marktes zu ermitteln.
4. **Produktentwicklung:** Wenn es nach den ersten drei Schritten immer noch heißt: »Machen!«, dann wird es Zeit, das Produkt oder die Dienstleistung bis in die letzten Feinheiten zu entwickeln.
5. **Markttest:** Jetzt testen sie das (hoffentlich) komplette Produkt oder die Dienstleistung bei ein paar ausgewählten Kunden. Ihr Ziel: letzte eventuelle Fehler oder Makken ausmerzen, damit das Produkt auf dem Gesamtmarkt eingeführt werden kann.
6. **Markteinführung:** Jetzt beginnen Ihre Werbekampagne, die Pressearbeit und die Ausbildung Ihrer Vertreter, die für den Verkauf des neuen Produkts zuständig sind.

Nicht jede Idee lässt sich in ein machbares oder gewinnbringendes Produkt oder eine solche Dienstleistung verwandeln. Bei den obigen Schritten müssen Sie kritisch und hart sein, vor allem beim zweiten, dem Bewertungsprozess. Stellen Sie (sich) unbedingt die folgenden Fragen:

- ✔ Haben Sie das Personal und das Geld, um die Idee zu verwirklichen?
- ✔ Passt die Idee zu Ihrer Produktlinie, Ihrem Mission Statement und Ihren Werten?
- ✔ Wird sie bereits von Wettbewerbern angeboten? Falls ja: Ist Ihre Idee deutlich besser oder vorteilhafter als diese anderen?

Stellen Sie sicher, dass Sie auf jede dieser drei Fragen mit »Ja« antworten können, bevor Sie zu den nächsten Schritten weiter gehen. Der Produktentwicklungsprozess kostet viel Geld, und Sie sollten Ihre Verluste lieber früher als später im Prozess begrenzen.

Neue Produktideen können aus einer Vielzahl von Quellen stammen, darunter Lieferanten, Branchenzeitschriften und natürlich Mitarbeiter. Fraglos aber entsteht die Mehrzahl neuer Produktideen, wenn Sie mit Kunden sprechen und ihnen zuhören. Schließlich sind Ihre Kunden die Menschen, die mit der Nutzung des Produkts oder der Dienstleistung am vertrautesten sind, und sie sind diejenigen, die sie letztlich verbrauchen werden. Der kluge Kleinunternehmer sollte immer ein offenes Ohr für Kundenideen haben, egal wie abwegig sie vielleicht erscheinen mögen. Wenn Ihre Mitarbeiter den Verkauf erledigen, müssen Sie immer ein offenes Ohr für die haben, die in direktem Kontakt mit den Kunden stehen.

Die berühmte Buchreihe ... *für Dummies* wurde durch den Kommentar eines Kunden angeregt. John Kilcullen, der Chef von IDG Books Worldwide, dem amerikanischen Originalverlag dieses Buchs, wurde in einer Buchhandlung Zeuge eines Gesprächs über Computerbücher: Ein Kunde war enttäuscht, dass er kein Grundlagenbuch über Computer finden konnte, das ihm auch die allerdümmsten Fragen zu diesem Thema beantwortete.

Werbung: So werden Sie und Ihre Produkte bekannt

Werbung ist der Prozess der Information von potenziellen Kunden über Ihr Unternehmen und dessen Produkte und Dienstleistungen sowie der Beeinflussung, damit sie kaufen, was Sie verkaufen. Werbeaktivitäten umfassen Mund- zu Mund-Propaganda, die Nutzung von Netzwerken, Medienwerbung und Öffentlichkeitsarbeit. Manche Ihrer Werbeanstrengungen sollen direkt Verkäufe anregen, während andere informieren sollen, aufklären und so künftige Verkäufe vorbereiten sollen.

Bevor Sie auch nur eine Werbemark ausgeben, müssen Sie erst Ihr Werbeziel festlegen. Ein Unternehmer mag zum Beispiel an einer Anzeige bemängeln, dass sie keine Ergebnisse (Verkäufe) gebracht hat, aber dabei übersehen, dass sie nie irgendeine Art von Handlungsaufforderung enthielt. Wenn Sie wollen, dass Ihr Telefon klingelt, dann sollten Sie den Lesern Ihrer Anzeige besser einen guten Grund dafür geben und Ihre Telefonnummer besser deutlich herausstellen. Wenn Sie andererseits Laufkundschaft anziehen wollen, müssen Sie einen zeitlich dringenden, zwingenden Grund anbieten, um Ihr Geschäft aufzusuchen, zum Beispiel eine Sonderpreisaktion oder den Auftritt eines Prominenten. Kurz zusammengefasst: Kennen Sie Ihr Werbeziel und gestalten Sie die Werbebotschaft entsprechend.

Nutzen Sie Netzwerke

Hierfür wird auch in Deutschland oft der amerikanische Fachausdruck Networking verwendet. Networking ist ein Prozess, in dem man Kontakte zu Menschen knüpft, um gute Dinge entstehen zu lassen. Die so entstehenden Netzwerke haben für ihre Mitglieder eine Reihe von Vorteilen; die zwei wichtigsten sind die Möglichkeit, für Ihre Produkte oder Dienstleistungen zu werben, und die Chance, von Gleichgesinnten zu lernen. Aus diesen zwei Hauptgründen gibt es Institutionen wie die Industrie- und Handelskammern, die Handwerkskammern, Gewerbegemeinschaften, (Branchen-)Verbände, Vereine, Rotary Clubs und so weiter.

Doch warten Sie. Bevor Sie loslaufen und irgendeiner Organisation beitreten, sollten Sie an die Netzwerke denken, die Sie schon haben. Ihre Freunde, Verwandten, Ihre alte Schule und die Ihrer Kinder, Ihre Universität, die Kirchengemeinde, Ihr Sportverein und andere Gruppen und Organisationen, denen Sie angehören, sind alle Netzwerke, die Sie nutzen können. Auf einen kleinen Anstoß Ihrerseits wird man es gern einmal mit Ihrem Produkt oder Ihrer Dienstleistung probieren. Sie müssen nur den Anstoß geben. Dieser kann viele Formen haben – ein Telefongespräch, ein Prospektblatt am Schwarzen Brett oder auch eine beiläufige Erwähnung in einer Unterhaltung auf dem Schulfest. Und das Schönste: All diese Aktivitäten kosten Sie kaum etwas.

Hier sind ein paar Tipps, wie Sie Netzwerke nutzen:

- ✔ Erstellen Sie eine Liste der Netzwerke, die Sie zur Zeit haben. In wie vielen haben Sie genügend Anstöße gegeben? Und was können Sie tun, um die anderen für Ihre Zwecke zu nutzen?
- ✔ Setzen Sie sich zu Beginn jedes Jahres das Ziel, ein neues Netzwerk aufzutun.
- ✔ Lassen Sie sich professionell aussehende Visitenkarten drucken und scheuen Sie sich nicht, sie zu verteilen.
- ✔ Fassen Sie bei jeder Networkingchance nach. Ein Telefonat oder Brief am Tag danach wird Ihre Netzwerkpartner an Sie und Ihr Unternehmen erinnern und sie zudem überzeugen, dass Sie professionell arbeiten.
- ✔ Netzwerke basieren auf Gegenseitigkeit. Wenn Sie einem anderen Unternehmen in Ihrem Netzwerk helfen, dann können Sie erwarten, dass es irgendwann auch Ihnen helfen wird. Das ist die Basis für erfogreiches Networking.

Seien Sie bedachtsam und vorsichtig, wenn Sie Bekannte in Ihrem Netzwerk nutzen wollen. Viele Menschen sind sehr beschäftigt und werden jeden Tag mit Werbung und irgendwelchen Anliegen bombardiert (geht es Ihnen selbst nicht auch so?). Das Letzte, was sie da noch brauchen, ist ein aufdringlicher Vertretertyp, der in das vermeintlich sichere Beziehungsgefüge ihrer Schule oder Kirchengemeinde einbricht. Fangen Sie sachte an: Stellen Sie ein einseitiges Firmenportrait zusammen oder einen einfachen Prospekt Ihrer Produkte oder Dienstleistungen und verschicken Sie diese an Menschen, die Sie kennen.

Mund- zu Mund-Propaganda: Die Macht der Empfehlung

Was denken Sie, wenn Sie in einer Anzeige des Cafés Müller lesen, man backe »feinste Kuchen«, Ihnen fünf Minuten später aber eine Freundin vorschwärmt, das Café Meier habe die besten Kuchen in der Stadt? Wem glauben Sie – der Anzeige oder Ihrer Freundin?

Wie die meisten Menschen werden Sie Ihrer Freundin glauben. Anzeigen sind schließlich nur auf Verkauf aus und zudem bezahlte Werbung. Bei Freunden und Bekannten ist das anders; sie reden nicht in Werbetexten und verdienen nichts mit ihren Aussagen. Das macht sie zu einer glaubwürdigen Quelle. Und das ist die Macht von Mund- zu Mund-Empfehlungen.

Leider können Sie die Aussage einer Empfehlung nicht vorschreiben wie in einer Werbeanzeige. Wenn der Kuchen vom Café Meier nicht so toll ist, dann wäre es dem Inhaber lieber, wenn seine Kunden ihren Mund hielten (denn auch Negatives macht mündlich die Runde). Mund- zu Mund-Propaganda sagt es, wie es der Kunde sieht, nicht wie der Inhaber es gern hätte.

Ebenso funktioniert es bei Ihnen und Ihrer Firma: Sie müssen erst einmal für leckeren Kuchen sorgen, bevor Sie um Empfehlungen bitten. Wenn Sie jedoch wissen, dass er lecker ist (Ihre Kunden beurteilen das), dann ist die Zeit reif, die Schleusen für Empfehlungen zu öffnen. Empfehlungen sind nur einer der vielen Gründe, warum Ihr Produkt oder Ihre Dienstleistung Spitze sein sollte und auch weitere nachfolgende Leistungen. Wenn Sie sich in der Anfangsphase Ihres Unternehmens intensiv um die Kunden kümmern, sind die Empfehlungen dieser zufriedenen Kunden ein sicheres Fundament für dessen Zukunft.

Leider geben die meisten Kunden kaum Empfehlungen weiter, jedenfalls nicht ohne Anstoß. Den müssen Sie geben – jedes Mal, wenn Sie einen zufriedenen Kunden bedient haben. Fassen Sie nach, indem Sie sich mit einem Telefonanruf oder einer Antwortkarte vergewissern, dass die Transaktion zu seiner Zufriedenheit abgelaufen ist, und um die Empfehlung eines weiteren Interessenten bitten. Wenn diese Empfehlung zu einem Verkauf geführt hat, fragen Sie sechs Monate später nochmals an.

Noch eine Anregung, um Empfehlungen von Kunden zu erhalten: Fragen Sie jeden neuen Kunden, der bei Ihnen kauft, wie er von Ihrer Firma erfahren hat. Er antwortet vielleicht, dass wir von Harry empfohlen wurden. Wenn Harry dann das nächste Mal vorbeikommt, danken Sie ihm herzlich für die Empfehlung und geben ihm vielleicht ein wenig Rabatt oder ein kleines Werbegeschenk. Damit belohnen Sie Harry – kein unbedingt neuer Trick im Motivationsspiel, aber wirksam.

Ein letzter Vorteil der Mund- zu Mund-Propaganda: Sie brauchen dafür keine Werbeagentur, keinen Mediaberater – Sie können alles selber machen. Und der Preis stimmt.

Medienwerbung

Werbung ist nach unserer Definition ein Programm von bezahlten Botschaften mit dem Ziel, große Zahlen von Kunden über die Eigenschaften und den Nutzen Ihrer Produkte und Dienstleistungen aufzuklären und zu informieren. Das langfristige Ziel von Werbung ist natürlich, den Konsumenten zu einem Kauf zu motivieren; eine kurzfristige Werbestrategie kann sich aber auch darauf beschränken, nur Ihren Firmennamen bekannter zu machen.

Vor allem Letzteres erreicht man nicht mit einer einmaligen Anzeige. Um sich fest im Gedächtnis der – potenziellen – Kunden zu verankern, müssen Sie beständig durch Werbung in den Medien präsent sein. Sehen Sie die Kosten dafür als Investition, die sich in der Zukunft bezahlt machen wird, nicht als finanzielle Belastung!

Da Sie kein Großunternehmen sind, können Sie für die Medienwerbung nicht Berge von Geld ausgeben. Daher empfehlen wir Ihnen für die Anfangsphase Ihres Geschäfts, wo das Geld generell knapp ist, sich auf Netzwerke, Empfehlungen und andere preiswerte Werbearten zu konzentrieren, um Ihre ersten Kunden zu gewinnen. Wenn Sie dann hinaus in die weite Welt der bezahlten Werbung wandern, sollten Sie eine der folgenden Methoden zur Anzeigenentwicklung einsetzen, um die besten Ergebnisse zu vertretbaren Kosten zu erhalten:

- ✔ Sie können Ihre Anzeigen im eigenen Haus entwickeln, wenn Sie sie selbst texten oder einen Mitarbeiter mit Werbeerfahrung und Kreativität einstellen. Einen kreativen Mitarbeiter einzustellen, ist sinnvoll, wenn Sie nur ein kleines Werbebudget haben oder wenn Sie vom Franchisegeber oder von Lieferanten Anzeigenvorlagen erhalten, die nur noch für Ihre Firma angepasst werden müssen. Aber auch wenn Sie Ihre Anzeigen selber machen: Sorgen Sie für eine rigorose Qualitätskontrolle, denn inhaltliche oder Druckfehler in einer Anzeige fallen negativ auf Ihr Unternehmen zurück.

- ✔ Sie können auch mit freiberuflichen Werbetextern, Gestaltern oder anderen Profis zusammenarbeiten. Sie oder jemand anders wählt dann die richtigen Leute für die Schaffung Ihrer Werbematerialien aus und fungiert als deren Ansprechpartner. Vereinbaren Sie mit den freien Mitarbeiter den Einsatz nach Bedarf sowie einen Honorarrahmen und achten Sie auf Zuverlässigkeit, Genauigkeit und Termintreue.

- ✔ Sie können eine Werbeagentur engagieren, um Ihre gesamte Werbung in die Hand zu nehmen. So erhalten Sie alles aus einer Hand und müssen nicht jeweils getrennt Werbetexter für Anzeigen, Lettershop für Direktwerbeaktionen und Messebauer für die Gestaltung eines Messestands ansprechen. Eine gute Werbeagentur sollte Ihre gesamten Kommunikationsbedürfnissse unter die Lupe nehmen, eine Kampagne aus einem Guss kreieren und alle Werbematerialien produzieren (lassen), die Sie brauchen, um Ihre Werbebotschaft rüberzubringen. Natürlich zahlen Sie nicht unbedingt wenig für die Erfahrung und die Dienste der Agentur, aber Sie halten sich so den Kopf für andere Aktivitäten frei. Außerdem wird Ihnen Ihre Werbeprogramm ja einen großen Umsatzsprung für Ihr Geld verschaffen, wenn Sie eine gute Agentur gewählt haben (überprüfen Sie Referenzen sorgfältig).

Um die Werbeunterstützung zu finden, die für Sie richtig ist, sollten Sie Augen und Ohren bei allen Medien (Zeitungen, Zeitschriften, (Lokal-)Radio, eventuell Fernsehen) offen halten, Anzeigen und Spots aussuchen, die Ihnen gefallen, und dann die Firma, die damit wirbt, anrufen und erfragen, wer ihre Werbung gestaltet hat. Oder sprechen Sie einfach andere Kleinunternehmer in Ihren Netzwerken an und fragen Sie sie nach ihren externen Werbeleuten und danach, welche Art der Werbung sich für sie ausgezahlt hat. Fragen Sie auch Ihre Lieferanten, Ihre Kunden. Lassen Sie sich von jedem, der als Werber für Sie infrage kommt, Referenzen geben (genau prüfen) und auch einen Kostenvoranschlag für typische Dienstleistungen (kritisch vergleichen).

Erfolgreiche Werbung muss zielgerichtet sein. Die richtigen Zielgruppen (achten Sie auf die demografischen Daten) anzusprechen ist wichtig. Wenn Sie zum Beispiel CDs von Opernstar Placido Domingo anbieten und dafür auf der wöchentlichen Jugendseite Ihrer Tageszeitung werben, dann sprechen Sie das falsche Publikum an. Stellen Sie in Ihrer Werbebotschaft vor allem den Nutzen Ihres Produkts für den Kunden heraus, nicht unbedingt seine (technischen) Eigenschaften.

Hier die bekanntesten Medien für Ihre Werbung:

Gelbe Seiten

Das Branchentelefonbuch, die Gelben Seiten *bestehen* praktisch aus Kleinunternehmen, die lokal oder regional aktiv sind. Hier finden Sie den Einzelhandel und die Dienstleister vor Ort. Wer ein Schreibbüro, einen Schreiner oder einen Kleiderverleih in seiner Nähe sucht, der schaut oft zuerst in die Gelben Seiten.

Wenn Ihre Kundschaft zum größten Teil aus der näheren Umgebung kommt, dann sollten Sie in den Gelben Seiten werben. Die Kosten sind vertretbar, und die Anzeigen haben ein langes Leben, denn sie liegen bei den meisten Leuten mindestens ein Jahr lang griffbereit in der Nähe des Telefons.

Seien Sie bei Ihrer Anzeige kreativ und heben Sie sich so von der Masse ab. Und: Größer ist nicht unbedingt besser (auch wenn Ihnen der Anzeigenvertreter im Interesse seiner Provision genau das Gegenteil sagen wird). Nehmen Sie aber auch nicht den kleinsten Standardeintrag, denn sonst gehen Sie in der Masse Ihrer Mitbewerber unter. Denken Sie auch daran, dass es für Ihre Produkte oder Dienstleistungen mehr als eine Rubrik geben kann: Wenn Sie T-Shirts bedrucken könnte Ihre Anzeige unter Bekleidung, Siebdruck, Textilien und Werbeartikel erscheinen.

Zeitungen

Generell erfordert die Werbung in Zeitungen und Anzeigenblättern weniger Geld als die meisten anderen Werbearten. Die meisten Anzeigen sind schwarzweiß, das bedeutet geringe Produktionskosten. Sie können gezielt eingesetzt werden, zum Beispiel nur in der Teilauflage für Ihren Teil der Stadt.

Zeitungen haben eine relativ kurze Lebensdauer, bieten nicht die gleiche Druckqualität wie andere Printmedien und werden von den Lesern oft nur flüchtig gelesen.

Rundfunk

Übers Radio können Sie, wie bei den Tageszeitungen, die Menschen in einem bestimmten Gebiet erreichen und bestimmte Menschen, wenn Ihre Werbespots in bestimmten Sendungen laufen. Sie verkaufen Antipickelcreme in Bonn? Dann schalten Sie Spots in der wöchentlichen Hitparade des Lokalsenders Radio Bonn/Rhein-Sieg und in den Musiksendungen, die am frühen Nachmittag nach der Schule laufen.

Weitere Vorteile von Rundfunkwerbung sind die kurzen Vorlaufzeiten und dass Sie auch Menschen in ihren Autos erreichen. Auch wenn schnelle Reaktionen das sind, was Sie wollen, liegen Sie beim Radio richtig. Untersuchungen haben gezeigt, dass 75 % aller Reaktionen auf Rundfunkwerbung in der ersten Woche nach der Ausstrahlung erfolgen.

Diese Schnelligkeit des Mediums ist allerdings auch der Nachteil von Rundfunkwerbung. Wenn Ihre Zielgruppe nicht genau in dem Moment Radio hört, wo Ihre Spots laufen, dann haben Sie Pech. Deshalb sollten Sie Ihre Werbung auf verschiedenen Sendeplätzen testen und auf regelmäßige Wiederholung achten in der Hoffnung, dass Ihre potenziellen Kunden sie irgendwann hören werden.

Fernsehen

TV-Werbung ist für Sie als Kleinunternehmer noch ein paar Nummern zu groß. Warum? Nur zwei Gründe: Die Produktion von Fernsehspots ist zu teuer. Die Streuverluste sind zu groß. (Was nutzt es einem Autokäufer in Saarbrücken, wenn Sie in Dresden Gebrauchtwagen anbieten?) Und Lokalfernsehen gibt es nur ganz vereinzelt auf wenig mehr als Amateurniveau und mit minimalen Zuschauerzahlen. Lassen Sie's, bevor Sie nicht dreistellige Millionenumsätze haben.

Zeitschriften

Der wichtigste Nutzen von Anzeigenwerbung in (Fach-)Zeitschriften ist, dass Sie im Gegensatz zu Zeitschriften spezifische Kundengruppen gezielt ansprechen können. Annoncieren Sie im *Feinschmecker* und Sie erreichen eine bestimmte Zielgruppe; werben Sie in *Spex* und Sie erreichen eine ganz andere. Ein zusätzlicher Vorteil von Zeitschriftenanzeigen ist, dass sie ein längeres Leben haben als die in den anderen Medien, denn Zeitschriften werden oft aufgehoben oder an andere Leser weitergegeben (oder sie wandern im Wartezimmer beim Arzt einen Monat lang von Hand zu Hand). Ein Radiowerbespot ist nach seiner Sendung – weg.

Wenn Sie einen Herstellungsbetrieb haben, kann Ihnen eine Fachzeitschrift für Ihre Branche eine ungeahnte Zielgruppengenauigkeit bieten. Leser von Fachzeitschriften sind mehr als wahrscheinlich potenzielle Kunden; vielfach lesen sie das Branchenorgan nur mit Blick auf die Anzeigen: Was gibt es Neues an Produkten, die mir einen Vorteil gegenüber meinen Konkurrenten verschaffen?

Ein paar weiter interessante Anmerkungen zur Werbung in Zeitschriften:

- ✔ Zeitschriftenanzeigen müssen Sie lange im Voraus planen. Oft müssen Sie einen Monat oder länger vor Erscheinen vorliegen.
- ✔ Beten Sie um eine gute Platzierung Ihrer Anzeige. Jeder will oben rechts auf einer rechten Seite erscheinen, aber bei vielen Zeitschriften wird es langjährige gute Anzeigenkunden geben, die ein Vorrecht auf die besten Werbeplätze hat. Sie können natürlich Platzierungswünsche äußern, aber wenn Sie nicht regelmäßig Anzeigen schalten, werden Sie leicht auf den weniger guten Plätzen landen.
- ✔ Je höher Auflage und Ansehen einer Zeitschrift, desto teurer der Anzeigenraum. Planen Sie entsprechend.

Internetwerbung

Online zu verkaufen, ist heute auch für kleine Unternehmen mit eigener Internetseite eine Umsatzchance. Eine Homepage können Sie mit relativ geringem Geldeinsatz einrichten und pflegen. Der Hauptvorteil: Im Internet kann ein »Kleiner« mit einer pfiffigen Website den Großunternehmen durchaus Paroli bieten.

Wie bei den anderen Werbemedien hängt der Erfolg einer Website davon ab, wie viele Menschen auf sie aufmerksam werden, sie tatsächlich anklicken – und dann auch etwas bestellen. Hier ein paar Tipps für eine starke Web-Präsenz und wie Sie Ihre Internetkunden immer wieder auf Ihre Homepage ziehen:

- ✔ **Aktualität:** Die Informationen und Angebote auf Ihrer Webseite sollten Sie regelmäßig aktualisieren, damit Ihre Besucher einen Anreiz haben, sie erneut zu besuchen. Das Datum des letzten Updates sollte nicht länger als eine Woche zurückliegen. Ihr Ziel: Wiederholungsbesucher und -käufer.
- ✔ **Funktionalität und leichte Navigation:** Es gibt jede Menge Tools, mit denen Sie Ihren Kunden das Navigieren auf Ihrer Website leichter und angenehmer machen können. Viele sind sogar kostenlos aus dem Internet herabladbar. Sprechen Sie Ihren Websitegestalter oder Ihren Provider an.
- ✔ **Heben Sie sich ab.** Ihre Internetseite muss sich durch Kreativität in Text und Grafik positiv von anderen abheben. Sie müssen auch den Besuchern vermitteln, was Ihre Homepage – und ihre Produkte oder Dienstleistungen – von der Masse unterscheidet.

Weitere Werbemittel

Es gibt eine breite Palette weiterer, in der Regel weniger teurere Werbemöglichkeiten. Darunter sind Medien wie Plakatwerbung oder Werbung auf Fahrzeugen und öffentlichen Verkehrsmitteln und auch weniger professionelle Formen wie Flugblätter oder Handzettel. Treffen Sie Ihre Wahl nach sorgfältiger Prüfung aller Alternativen. Welches Medium letztlich das beste für Sie ist, wird bestimmt von der Zielgruppe Ihrer Werbebotschaft, der Größe Ihrer Brieftasche und Ihrer eigenen Erfahrung.

Öffentlichkeitsarbeit

Presse- und Öffentlichkeitsarbeit, auch in Deutschland gleichberechtigt als Public Relations (PR) bezeichnet, führt im Ergebnis zu »kostenloser Werbung«. Typische Beispiele sind Berichte über Ihre Firma oder neue Produkte, die gedruckt oder gesendet werden. Die Anlässe für die Berichterstattung und die Informationen liefern Sie. So etwas ist besonders effektive Werbung, denn es wirkt auf Leser und Hörer – auf potenzielle Käufer! – besonders glaubwürdig, weil es von einer »neutralen« Quelle stammt, wogegen man bei direkter Werbung oft eher skeptisch ist.

Der Nachteil solcher Öffentlichkeitsarbeit ist natürlich, dass Sie (ähnlich wie bei der Mund-zu Mund-Propaganda) nicht kontrollieren können, was über Ihr Unternehmen, seine Produkte oder Dienstleistungen gesagt wird. Stellen Sie sicher, dass die Informationen, die Sie an die Presse geben, deren kritischem Blick standhalten. Schließlich muss und will die Presse die Dinge so darstellen, wie sie sind, nicht so, wie Sie nach Ihrer Meinung sein sollten. Journalisten werden dazu ausgebildet, die Dinge zu hinterfragen

Die Medien, die Sie bei Ihrer PR-Arbeit ansprechen können, sind nicht nur die örtliche Tageszeitung, das Lokalradio oder Ihre Branchenfachzeitschrift. Denken Sie auch übers Geschäftliche hinaus: Auch Personalien oder menschliche Geschichten aus Ihrer Firma oder über einzelne Mitarbeiter sind für die Medien interessant, wenn auch vielleicht nicht für deren Wirtschaftsredaktionen.

Die Pressemitteilung

Ein wichtiges PR-Mittel ist die Pressemitteilung. Mit ihr werden Redaktionen und (freie) Journalisten passender Medien versorgt – wie eben gesagt, nicht immer nur aus dem Wirtschaftsbereich. Anlässe für Pressemitteilungen sind die Eröffnung eines neuen Ladenlokals, die Einführung neuer Produkte oder Dienstleistungen, die Gewinnung eines wichtigen Kunden oder leitenden Mitarbeiters.

Zusätzlich zu der schriftlichen Pressemitteilung sollten Sie den zuständigen Redakteur oder Journalisten persönlich kontaktieren und ihn auf Ihre einzigartige Story hinweisen (je einzigartiger, desto größer die Chance, dass die Medien sie bringen). Schauen Sie ins Impressum der Zeitung oder Zeitschrift oder achten Sie auf die Namen der Radiomoderatoren und -reporter, um den Namen Ihres richtigen Ansprechpartners herauszufinden.

Der Aufhänger

In den meisten Fällen brauchen Sie irgendeinen Aufhänger, um bei den Medien Interesse zu erwecken. Der Aufhänger ist das Merkmal, das Ihre Firma, Ihr Produkt oder Ihre Dienstleistung einzigartig und interessant für das Publikum macht. Das können bei einem Restaurant die Kellner sein, die ab und zu eine Opernarie schmettern (zufällig serviert man auch das beste italienische Essen in der Stadt), bei einer Tankstelle die Gratiszugabe einer Tageszeitung wenn man voll tankt oder bei einer »Antiquitätenscheune« eine Stall mit Ziegen, die die Besucher füttern können.

Wie steht's mit Ihrer Firma – was genau ist Ihr Aufhänger? Wenn Ihnen keiner einfällt, müssen Sie vielleicht Ihren ganzen Marketingansatz überdenken. Einen Aufhänger kann man immer brauchen, ob man auf kostenlose Publicity aus ist, einen Anzeigentext schreibt oder an der Straßenecke Prospekte verteilt. Wenn Ihr Unternehmen keinen Aufhänger liefern kann, dann sollten Sie einen entwickeln.

So ein Aufhänger muss übrigens gar nicht so »exotisch« sein wie die Ziegen beim Antiquitätenhändler. Es genügen schon ein Glas mit leckeren Bonbons neben der Kasse, Nachfasstelefonate, in denen Sie den Kunden für deren Kauf danken, oder Geburtstagskarten an Ihre besten Kunden.

Hier sind ein paar weitere Tipps, wie Sie »kostenlose Werbung« für Ihr Unternehmen erzielen:

- ✔ Schreiben Sie einen Artikel für Ihre Lokalzeitung über ein Thema, das mit Ihrer Firma oder Branche zu tun hat. Wenn er gut geschrieben ist und einen originellen Aufhänger hat, bringt er Ihnen die gewünschte Werbewirkung.
- ✔ Halten Sie Vorträge oder Kurse über Ihren Beruf oder Ihre Branche an der Volkshochschule, an Schulen, bei der Industrie- und Handelskammer und anderen Institutionen.
- ✔ Engagieren Sie eine PR-Agentur. Sie tun für die Presse- und Öffentlichkeitsarbeit das, was Werbeagenturen im Bereich Werbung tun. (Die Honorare sind auch vergleichbar.)

Übrigens: Wo immer es passt, sollten Sie Ihren PR-Aussendungen ein Foto von sich (und von Ihrer Veranstaltung, wenn es eine gibt) beilegen. Fotos machen Ihr Material persönlicher und knüpfen ein engeres Band zu den Medienleuten. Ihre Fotos müssen natürlich von absoluter Profiqualität sein, denn nach Ihnen werden Sie und Ihr Unternehmen beurteilt.

Vertrieb: So kommen Ihre Produkte zum Konsumenten

Vertrieb ist der Kanal, über den Ihre Produkte oder Dienstleistungen zum Endverbraucher gelangen. In einer Branche gibt es oft mehrere Vertriebskanäle; keiner davon ist allein richtig oder falsch – aber Sie können immer einen besten für sich finden.

Sie können Ihre Produkte indirekt vertreiben, das heißt zwischen Hersteller und Konsument gibt es noch einen Mittelsmann. Ohne einen solchen können Sie direkt an den Endverbraucher herantreten. Jims vierte Firma zum Beispiel stellte bedruckte Sportbekleidung her. Er wählte dafür den indirekten Vertrieb: Seine Vertreter verkauften seine Produkte an kleine und große Einzelhandelsgeschäfte, diese schlugen die Kosten für ihre Leistung und ihren Gewinn auf und verkauften sie weiter an die Endverbraucher.

Gleichzeitig wählten Konkurrenten von Jim andere Vertriebskanäle. Manche verkauften direkt an Endkunden – Versandhäuser sind ein gutes Beispiel für direkten Vertrieb. Andere Kanäle können Coupon-Anzeigen in Zeitschriften sein oder Verkaufsshows im Fernsehen. Auch das Internet ist ein Direktvertriebskanal. Ein Hersteller in Jims Branche eröffnete sogar eigene Ladengeschäfte zusätzlich zum herkömmlichen Vertretervertrieb – Unternehmen können mehr als nur einen Vertriebskanal nutzen. Jeder hat dabei seine Stärken und Schwächen; um diese geht es im Folgenden.

Produkt- oder Dienstleistungsvertrieb

Der Vertrieb von Produkten und der von Dienstleistungen unterscheiden sich. Wir besprechen im Folgenden schwerpunktmäßig die Kanäle des Produktvertriebs, denn dieser ist in der Regel komplizierter als der Vertrieb von Diensten. Ein Dienstleistungsunternehmen vertreibt direkt oder indirekt. Die meisten wählen die direkte Option, bieten Ihre Leistungen also direkt den Kunden an, ohne Mittelsmänner. Ein Computernotdienst zum Beispiel geht direkt zum Kunden (das kann auch ein Firmenkunde sein), ähnlich wie ein Klempner, ein Elektriker oder ein Kapitalanlageberater. Direkte Transaktionen zwischen Verkäufer und Käufer sind die Regel.

Ab und zu tritt auch bei Dienstleistungen ein Mittelsmann hinzu. Ein typisches Beispiel sind künstlerische Kleinunternehmer wie Musiker oder Alleinunterhalter, die einen Agenten beschäftigen, der für sie Auftritte besorgt, die Gagen aushandelt und Verträge abschließt.

Direkter Produktvertrieb

Wie beim Vertrieb von Dienstleistungen haben Sie es auch hier direkt mit den Käufern zu tun.

Einzelhandel

Es gibt kaum einen besseren Weg, Mittelsmänner zu vermeiden und Ihren Kunden nahe zu sein, als ein Einzelhandelsgeschäft. Kundenkenntnis ist ein entscheidender Erfolgsfaktor für jedes Kleinunternehmen, und der Einzelhandel vermittelt sie perfekt.

Ein weiterer Vorteil eines eigenen Ladengeschäfts ist, dass Sie die volle Gewinnspanne in Ihren Preisen für sich selbst kassieren. Sie haben auch keine hohen offenen Forderungen, denn in der Regel wird im Einzelhandel gegen bar verkauft. (Ok, wenn ein Kunde mit Scheck oder Kreditkarte bezahlt, haben Sie nicht sofort Bargeld in der Hand, aber Sie können sicher sein, es bald zu erhalten.)

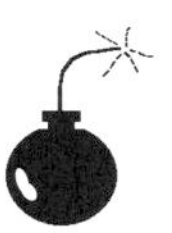

Der Nachteil des Einzelhandelsvertriebs: Die Kosten für Laden und Personal sind hoch. Und weil Sie die Kasse und die Tür nicht ständig im Auge haben können, ist der Einzelhandel anfällig für Diebstahl von Geld und Ware (auch durch Mitarbeiter).

Direktwerbung

Die steigende Verbreitung von Direktwerbung per Verkaufsbrief ist kein Zufall. Sie verschicken dabei per Post Werbebriefe und Prospekte an eine ausgewählte Zielgruppe. Der Erfolg oder Misserfolg einer Direktwerbekampagne hängt in der Regel von der Qualität der angeschriebenen Adressliste und des Werbebriefs (Mailings) ab.

Der wichtigste Vorteil der Direktwerbung: Sie können potenzielle Käufer ganz gezielt erreichen, ob diese das wollen oder nicht. Dabei können Sie Ihre Adressaten sehr genau nach demografischen Eigenschaften auswählen; spezialisierte Agenturen, so genannte Adressenverlage oder Lettershops, helfen Ihnen dabei (und verdienen an der Vermietung der Adressen). Suchen Sie eine Liste potenzieller Kunden mit zwei oder mehr Kindern, Eigenheim und einem Jahreseinkommen über 100.000 EURO? Kein Problem – Sie können eine Adressliste anmieten und das Mailing selbst verschicken. Oder Sie heuern einen Lettershop an, der das für Sie macht.

Ein Nachteil der Direktwerbung sind die relativ hohen Kosten pro Kontakt. Um 1.000 Menschen zu erreichen, müssen Sie mehr ausgeben als für die gleiche Zahl von Zeitungs- oder Zeitschriftenlesern. Der entscheidende Unterschied aber ist der, dass die Adressen, die Sie anschreiben, qualifiziert sind – eben demografisch zielgenau ausgewählt –, so dass der Streuverlust Ihrer Direktwerbung nur gering ist. Ein zweiter Nachteil der Direktwerbung ist, dass viele Menschen sich über die Flut von Werbebriefen in ihrem Briefkasten ärgern und sie ungelesen direkt in die Altpapiertonne befördern.

Hier eine kleine Ideensammlung für Ihre eigenen Direktwerbeaktionen:

- ✔ Sammeln Sie Mailings, die Ihnen gefallen, und verwenden Sie sie als Anregung für Ihre eigenen Briefe.
- ✔ Statt dem Adressaten Produkte zu verkaufen, sollten Sie sich darauf konzentrieren, seine Probleme zu lösen. Die Menschen wollen keine Pillen einwerfen – sie wollen mehr Energie und Vitalität. Wenn Ihre Vitaminpillen Ihnen dazu verhelfen können: Sagen Sie es den Kunden!
- ✔ Mieten Sie eine Adressliste erst an, nachdem Sie die Angebote mehrerer Adressverlage verglichen haben – nicht nur preislich, sondern vor allem auch bezüglich der Qualität der Adressen.
- ✔ Bleiben Sie am Ball, geben Sie nach dem ersten Mailing nicht auf. Viele Kunden müssen die gleiche Botschaft mehrmals erhalten, bevor sie reagieren.

Nehmen Sie unbedingt eine statistische Auswertung jeder Direktwerbeaktion vor: Zahl der Aussendungen, Zahl der Antworten und Zahl der Verkäufe, die letztlich daraus resultieren. Setzen Sie Ihre Ziele dabei nicht zu hoch – eine Antwortquote von 2 bis 3 % beim ersten Anschreiben wird allgemein als gut angesehen.

Versandkataloge

Der Kauf per Katalog – bequem von zu Hause aus – wird immer beliebter. Herstellung und Versand von Katalogen sind teuer, aber bedenken Sie: Die Alternative ist die Eröffnung eines eigenen Ladengeschäfts, und das ist sehr teuer. Versender wie Quelle oder Otto haben sich mit dem Vertrieb über Kataloge einen treuen Kundenstamm geschaffen.

Täuschen Sie sich aber nicht: Der Katalogverkauf ist ein teurer Kanal, vor allem für Unternehmensgründer. Einen Spitzenkatalog (wenn Sie sich keinen solchen leisten können, dann ist dieser Vertriebsweg eh nichts für Sie) zu produzieren und zu verschicken, kann leicht sechsstellige Summen kosten – von den Adresskosten über die Kreativkosten bis zu den Versandkosten. Und vergessen Sie nicht die zusätzlichen Kosten (und das Risiko) für die Unterhaltung eines ausreichend großen Lagers, damit Sie Bestellungen zügig ausliefern können.

Internet

Der Vertrieb übers Internet ähnelt dem über Versandkataloge. Er ist angenehm für den Käufer (er sucht und bestellt von zu Hause aus) und den Verkäufer (keine Ladenmiete, keine Adresskosten). Aus dem letzteren Grund sind viele Preise bei Angeboten im Internet so günstig (außer bei Produkten, deren Versand kostspielig ist).

Der Internetverkauf läuft für Kleinunternehmen am besten, wenn man ein außergewöhnliches Produkt hat, das woanders nicht zu finden ist. Sie finden im Internet Firmen mit den erstaunlichsten Produkten von Bausätzen für Autoarmaturenbretter aus Edelholz über hyperrare Rhythm-and-Blues-78er bis hin zu Straußeneiern zum Ausbrüten.

Indirekter Vertrieb

Hierbei gelangt das Produkt oder die Dienstleistung erst über einen Mittelsmann zum Kunden. Es folgen einige Beispiele für indirekten Vertrieb.

Einzelhandel

Wenn Sie durch einen Supermarkt oder ein Kaufhaus gehen, sehen Sie, dass jedes Produkt in den Regalen von einem Hersteller stammt, der diese zweistufige Methode des indirekten Vertriebs gewählt hat. Das Geschäft von Tengelmann und Karstadt ist schließlich nicht die Herstellung von Produkten. Sie sind vielmehr da, um das zu tun, was sie am besten können: sie *verkaufen*.

Der Vorteil beim Verkauf an Wiederverkäufer ist, dass sie es bei diesen nur mit wenigen Abnehmern zu tun haben – den Einkäufern der Einzelhändler –, was Ihren Vetriebsprozess immens vereinfacht. Zusätzlich können Sie hier zu Ihren Abnehmern eine enge Beziehung aufbauen (Stichwort: Beziehungsmarketing), was gegenüber Tausenden von Endverbrauchern fast unmöglich ist.

Ein deutlicher Nachteil beim Verkauf an Einzelhändler, vor allem an solche mit vielen Filialen, ist, dass diese die Größe ihrer Bestellungen oft dazu benutzen, extreme Forderungen zu stellen, was Preise, Anlieferung und Verpackung angeht. Und Zahlungsbedingungen. Großabnehmer springen oft hart mit ihren Lieferanten um (oder versuchen es wenigstens). Jims Sportartikelfirma hatte einige der größten US-Einzelhandelsketten als Kunden. Viele zögerten Zahlungen bis zu 60 Tagen hinaus und verlangten die unterschiedlichsten Rechnungsminderungen, egal ob sie diese mit Jims Firma vereinbart hatten oder nicht. Einzelhändler, vor allem größere und Ketten, können dem Endverbraucher aus einem bestimmten Grund niedrige Preise bieten – und in der Regel geht dieser Grund auf Kosten ihrer Lieferanten.

Großhandel

Der Großhandelsvertrieb ist ein typisches Beispiel für den Weg über Mittelsmänner. Ein Großhändler kauft von Herstellern große Mengen von Produkten, teilt sie in handliche Teilmengen auf, verpackt sie manchmal neu und bietet Sie seinen Abnehmern dann in »kleinen Portionen«

an. Beispiele sind etwa Firmen für Klempner- oder Elektrikerbedarf, deren Hauptkunden Handwerker und Bauunternehmen sind, aber auch Baumärkte, deren Kunden wiederum Endverbraucher sind. Den Großhandel gibt es aus zwei Gründen:

- ✔ Viele Produzenten scheuen den Aufwand und die Mühe, direkt an Endkunden und kleine Abnehmer zu verkaufen; schließlich sind sie Experten für die Produktion und wollen sich darauf spezialisieren.
- ✔ Der Kunde, der ja meist weit weg vom Produktionsort wohnt, schätzt die unmittelbare Verfügbarkeit von Produkten: Er will das Produkt sehen und anfassen, bevor er es kauft, und zahlt dafür gern einen Aufschlag. Selbst wenn ein Konsument direkt beim Hersteller kauft (Fabrikverkauf), tut er das oft lieber in seiner Region; das spart lange Anfahrtswege und der Umtausch ist leichter, wenn das Produkt fehlerhaft ist.

Die Qual der Wahl

In den vorigen Abschnitten haben wir Ihnen die wichtigsten Möglichkeiten des direkten und indirekten Vertriebs vorgestellt. Auf die Frage, welche nun für Sie die beste ist, gibt es keine eindeutige Antwort. Bereiten Sie Ihre Entscheidung mithilfe der folgenden Listen vor:

- ✔ Listen Sie die Vertriebskanäle auf, die Ihre Mitbewerber nutzen. Setzen Sie die Ihrer Topkonkurrenten an die Spitze.
- ✔ Listen Sie die Kanäle auf, die Sie sich leisten können.
- ✔ Listen Sie die Kanäle auf, die nach Ihrer Erfahrung und Intuition in Ihrer Branche in fünf Jahren erfolgreich sein werden.

Vergleichen Sie zum Schluss die drei Listen, setzen Sie Ihren gesunden Menschenverstand ein und wählen Sie den Vertriebskanal aus, den Sie bevorzugen. Machen Sie sich dann daran, die Anforderungen zu erfüllen, die dieser Kanal stellt.

Wie immer Sie sich entscheiden – binden Sie sich nicht für ewig an einen Vertriebskanal. Marktveränderungen und die moderne Technik verändern auch den Vertrieb. Und Sie wissen ja: Kleinunternehmen müssen vor allem eines sein – flexibel. Ihre Vertriebskanäle sollten Sie deshalb ständig überprüfen.

Preispolitik: Eine Sache von Kosten und Nutzen

Jemand hat einmal gesagt, die Preispolitik bestehe zu zwei Dritteln aus Marketing und zu einem Drittel aus finanziellen Überlegungen. Das widerspricht dem gesunden Menschenverstand, nach dem nichts finanzieller sein kann als ein Preis. Aber wenn Ihre Preispolitik nicht stimmt, dann klappt auch Ihr Marketingplan nicht, auch wenn er noch so genial ist. Zu hohe Preise? Dann verkauft sich Ihr Produkt nicht. Zu niedrige Preise? Dann verkauft sich Ihr Produkt vielleicht, aber Ihr Unternehmen macht keinen Gewinn. Also: Auf den Preis kommt's an.

Immer noch verwirrt über den Zusammenhang zwischen Preispolitik und Marketing? Denken Sie einmal an die Anzeigen für »Sonderverkäufe« oder »einmalige Schnäppchen«. Was glauben Sie, warum Firmen ihre Preise reduzieren – und damit die Gewinnspannen ihrer Produkte oder Dienstleistungen? Die Antwort: Sie wollen mehr Kunden anziehen. Das ist Marketing! Und die Preispolitik oder -strategie gehört untrennbar dazu.

Um die Rolle der Preispolitik richtig zu verstehen, müssen wir zuerst das Wort Marge definieren: Die Marge (oder Gewinnmarge, Gewinnspanne) ist die Differenz zwischen den Herstellungskosten Ihres Produkts oder Ihrer Dienstleistung und dem Preis, zu dem es oder sie verkauft werden kann. Wenn Ihr Produkt in der Herstellung 2 EUR kostet und Sie es für 3 EUR verkaufen, dann ist Ihre Marge 1 EUR. Sie machen beim Verkauf 1 EUR Gewinn auf 3 EUR Umsatz, das ist eine Marge von 33 % (1 EUR dividiert durch 3 EUR).

Je nach Branche differieren Margen weit, so dass wir Ihnen keinen Richtwert für die Marge geben können, die Sie in Ihrem speziellen Unternehmen erzielen können. Die Margen bei Lebensmitteln zum Beispiel sind relativ niedrig, in der Regel zwischen 5 und 10 %. Die Margen bei Computersoftware dagegen sind relativ hoch und liegen bei 20 % und darüber.

Die sechs entscheidenden Faktoren für Ihre Preisstrategie

Vorab ein Wort über Preisstrategie. Jedes Unternehmen braucht eine Gesamtstrategie als Richtschnur für seine Preisentscheidungen. Sie müssen Ihre Preisstrategie also »planen«, statt sie sich entwickeln zu lassen. Ihre Preise sollten nicht aus dem Bauch heraus festgelegt werden, sondern sich aus einem übergeordneten Plan ergeben.

Sie können zum Beispiel (in Ihrem Plan) entscheiden, der billigste Anbieter in Ihrer Marktnische zu sein, um so Kunden anzuziehen, die glauben, sie könnten bei Ihnen Schnäppchen machen. Oder Sie wollen die höchsten Preise in Ihrer Nische haben – hohe Preise vermitteln manchen Kunden eine Botschaft von Qualität und Distinktion (etwa bei Kunstgalerien, feinen Weinen oder Maßkleidung). Vielleicht wollen Sie auch einen Teil Ihrer Produkte billig verkaufen, um damit Kunden anzuziehen, die dann auch andere Produkte mit höheren Preisen kaufen.

Im Gegensatz dazu bestimmen öffentliche Unternehmen, zum Beispiel städtische Verkehrsbetriebe, als Erstes ihre Kosten und bestimmen danach unter strenger Kontrolle ihre Preise. Diese Methode der Preisbildung nennt man kostenbasiert; leider wird sie auch von vielen Kleinunternehmern als einzige Preisstrategie benutzt. Wenn Sie nämlich keiner öffentlichen Kontrolle unterliegen, haben Sie die Freiheit und Flexibilität, die Preise zu verlangen, die Sie für richtig halten. Denken Sie an diese Flexibilität, wenn Sie im Folgenden über die sechs entscheidenden Faktoren für die Entwicklung Ihrer Preisstrategie lesen.

Ihre Marketingziele

Je nach Ihrem Produkt oder Ihrer Dienstleistung werden Sie unterschiedliche Marketingziele haben. Wenn Sie zum Beispiel ein neues Produkt haben, wird es Ihr kurzfristiges Ziel sein, einen Marktanteil zu erobern, der Konkurrenz zuvorzukommen und in diesem Prozess Ihr Produkt beim Kunden bekannt zu machen. Also setzen Sie Ihre normalen Preise für eine kurze Zeit herab, um diese langfristigen Ziele zu erreichen; die Gewinne setzen Sie hintan. Die gesenkten Preise können jedoch nicht ewig bleiben, denn sonst wird Ihre Firma nicht fortbestehen.

Ein anderes Marketingziel könnte sein, Ladenhüter abzuverkaufen. Auch das erfordert eine kurzfristige Niedrigpreispolitik.

Hüten Sie sich davor, in Dauerniedrigpreise hineinzurutschen (außer wenn Sie als billiger Jakob bekannt werden wollen). Eine unternehmerische Maxime besagt: Wenn Ihre Preise zu Beginn am Boden sind, dann bleibt Ihre Firma das für immer.

In der Regel sollte es Ihr Marketingziel sein, den Gewinn auf Ihre Produkte zu maximieren, ohne dabei (zu viel) Umsatz einzubüßen. Dieses Ziel sollte Ihre langfristigen Preisentscheidungen bestimmen.

Herstellungskosten

Die Hestellungskosten sind die Summe aller Ausgaben, die mit Ihrem Produkt oder Ihrer Dienstleistung zusammenhängen – das sind nicht nur die direkten Kosten wie die Löhne und Gehälter Ihrer Produktionsmitarbeiter, für Material und Transport, sondern auch indirekte Kosten wie die für allgemeine Verwaltung, Geschäftsraummiete und Verkauf.

Die Kenntnis der direkten und indirekten Kosten Ihres Produkts ist wichtig für die Bestimmung des Break-even-Punktes, des kostendeckenden Preises, unter dem Sie Ihr Produkt nicht verkaufen können, ohne Verlust zu machen. Die Kosten sollten allerdings nicht der stärkste Bestimmungsfaktor bei Ihrer Preispolitik sein.

Sie können die Kosten zur Bestimmung Ihres Break-even-Punktes leicht ermitteln, wenn Ihre Buchhaltung die erforderlichen Zahlen liefern kann. So gehen Sie bei der Bestimmung vor:

1. **Ermitteln Sie die *direkten Kosten* für jedes einzelne Produkt in einem bestimmten Zeitraum (am besten ein Monat, höchstens ein Quartal).** Teilen Sie die Gesamtsumme der direkten Kosten durch die Gesamtzahl der Produkte oder Dienstleistungen, die Sie in der Periode hergestellt oder erbracht haben. Ergebnis: die direkten Kosten pro Stück.

2. **Ermitteln Sie die *indirekten Kosten* für jedes Produkt, jede Dienstleistung im selben Zeitraum.** Teilen Sie ihre Gesamtsumme durch die Gesamtzahl der hergestellten Produkte, der erbrachten Dienstleistungen. Ergebnis: die indirekten Kosten pro Stück.

3. **Addieren Sie die direkten und indirekten Kosten für jedes Ihrer Produkte und jede Ihrer Dienstleistungen.** Jetzt haben Sie für alle den Break-even-Punkt ermittelt. Alles, was bei einem Verkaufspreis über dem Break-even liegt, ist Ihr Gewinn; wenn Sie darunter liegen, machen Sie Verlust.

Nachfrage

Wie leicht oder schwer es ist, Ihr Produkt oder Ihre Dienstleistung an den Kunden zu bringen, sollte eine wichtige Rolle bei der Preisentscheidung spielen. Wie ist das Verhältnis zwischen dem Produktangebot am Markt und der Nachfrage durch Kunden?

Diesen Einflussfaktor können Sie jeden Tag beobachten, wenn Sie darauf achten, wie die Benzinpreise je nach Angebot und Nachfrage schwanken. Auch wenn deren Einfluss nicht in jeder Branche so deutlich spürbar ist wie beim Mineralölhandel, unterliegen doch alle Branchen ähnlichen Einflüssen von Angebot und Nachfrage.

Vergleichbarer Wert für den Kunden

Ebenso wie Schönheit relativ ist, ist es auch der Wert (Nutzwert, Nutzen) eines Produkts. In Ihren Augen hat Ihr Produkt einen bestimmten Wert, aber Sie müssen auch wissen, welchen Wert ihm der Kunde in seiner *Wahrnehmung* zumisst.

Das beste Beispiel für das Konzept des relativen Werts sind Produkte aus dem künstlerischen Bereich – Gemälde, Skulpturen und sogar Bücher. Anders als bei Massenprodukten wie Aspirin oder Unterhemden, deren Preis selten variiert, ändert sich der Wert künstlerischer Produkte je nachdem, wie ihn der Kunde wahrnimmt. Ein Gemälde kann in den Augen von Jim 1.000 EUR wert sein und in denen von Eric nur 1 EUR. Die Arbeitsstunde eines Arztes kann Ihnen 1 Million EUR wert (oder gar unbezahlbar) sein, wenn er Ihnen in dieser Zeit das Leben rettet, aber höchstens 100 EUR, wenn er bloß eine Warze entfernt. Die Differenz ist die Wertanmutung, der »wahrgenommene Wert«, den man definieren könnte als den, den der Kunde einem Produkt oder einer Dienstleistung zumisst, egal welcher Preis dafür verlangt wird.

Konkurrenz

Wer sind Ihre Mitbewerber, und was der Break-even-Punkt bei ihren Produkten? Sind diese Produkte mit Ihren vergleichbar? Welcher Wert wird ihnen im Vergleich zu Ihren zugemessen, und was beeinflusst diese Wertvorstellung?

Wenn Sie Ihr Produkt mit dem Ihrer Konkurrenten vergleichen, müssen Sie alle Kriterien berücksichtigen, nicht bloß den Preis. Das können unter anderem sein: Stärke des Markennamens (Image, Statussymbol), Qualität, Kundendienst, Garantie.

Um diese Dinge zu erfahren, müssen Sie Ihre Konkurrenten unter die Lupe nehmen, indem Sie Geschäfte besuchen, wo ihre Produkte verkauft werden, oder sie anrufen und Fragen stellen. Fragen Sie auch die Käufer und/oder Verbraucher, warum sie das Produkt gekauft haben, wie sie das Verhältnis zwischen Preis und Wert einschätzen, ob sie auch mehr dafür bezahlen würden, was ihnen an dem Produkt am besten gefällt und was am wenigsten.

Gehen Sie dann die Ladenregale ab; vergleichen Sie die Preise bei gleichartigen Produkten und bei ähnlichen. Zusammengefasst: Tun Sie alles, was Sie brauchen, um die Preisstrategie Ihrer

Mitbewerber herauszufinden. Wenn ein Konkurrent erfolgreich ist, dann hat er mit Sicherheit eine erkennbare Preisstrategie – Sie müssen nur deren Komponenten herausbekommen.

Substitutionsprodukte

Sind Substitutionsprodukte auf dem Markt verfügbar, also solche die nicht das Gleiche sind, aber den gleichen Zweck erfüllen? Substitution kommt aus dem Lateinischen und heißt so viel wie Ersatz. Wenn Sie zum Beispiel Butter verkaufen wollen, dann ist Margarine ein Substitutionsprodukt, denn sie kann die Butter auf dem Brot ersetzen. Welche Preise haben diese Substitutionsprodukte? Sollte Ihr Produkt teurer oder billiger sein? Wie viel teurer oder billiger? Auch hier sind Markterkundung und Vergleich der einzige Weg, um das herauszufinden.

Die Preisfestsetzung

Wenn Sie die Faktoren verstehen, die in Ihre Preisentscheidung einfließen, und Ihre Markterkundung abgeschlossen haben, müssen Sie auf Basis all dieser Informationen Ihren Preis oder Ihre Preise festsetzen. Im Folgenden erklären wir, wie die Preisfestsetzung für ein neues Produkt oder eine neue Dienstleistung funktioniert und auch die Preisänderung für bestehende Produkte.

Preisfestsetzung für neue Produkte oder Dienstleistungen

Bei neuen Produkten oder Diensten haben Sie drei Optionen. Je nach Ihrer vorher gewählten Preisstrategie können Sie eine der folgenden drei wählen:

- ✔ **Premiumpreise:** Hier setzen Sie ihren Preis höher als die Konkurrenz fest oder, falls Sie keine Konkurrenz haben, höher bei Ihren üblichen Gewinnmargen. Auf diese Weise schöpfen Sie am Markt den Rahm ab, indem Sie Kunden ansprechen, die höchst bereit sind, einen hohen Preis zu zahlen, der auf dem zugemessenen Wert beruht. Premiumpreise können Ihre verkauften Stückzahlen begrenzen, erhöhen dafür aber Ihre Gewinnspanne. Diese Strategie ist am erfolgreichsten, wenn Sie außergewöhnliche, einzigartige Produkte haben (wie etwa Kunstgalerien und so weiter) oder schwer erhältliche Dienstleistungen anbieten, bei denen Sie im Rahmen Ihrer Preisstrategie eine hohe Wertanmutung vermitteln können.
- ✔ **Marktdurchdringung:** Bei dieser Option senken Sie Ihren Preis, um die Konkurrenz mit der Absicht zu unterbieten, Marktanteile (Ihr prozentualer Anteil am Gesamtmarkt) zu gewinnen und Ihr bisher unbekanntes Produkt bekannt zu machen. Diese Preisstrategie zieht Kunden an, die Produkte nach dem Preis kaufen.
- ✔ **Mithalten:** Hier setzen Sie Ihren Preis gleich hoch fest wie Ihre Konkurrenten und motivieren damit die Kunden, Ihr Produkt oder Ihre Dienstleistung mit der Ihrer Mitbewerber zu vergleichen – bei jeder Eigenschaft und jedem Nutzenaspekt. Bevor Sie Ihren Preis jedoch so festsetzen, sollten Sie sicherstellen, dass Ihr Produkt oder Dienst dem Vergleich standhält und dass Sie es sich leisten können, einen niedrigen Mithaltepreis zu nehmen, ohne die Existenz Ihrer Firma zu gefährden.

Preisänderung bei bestehenden Produkten und Dienstleistungen

Ihre Preise sollten Sie laufend überprüfen und anpassen und nicht nur einmal pro Jahr. Vor einer Änderung müssen Sie Ihre Produkte und Dienstleistungen zuerst in jeweils eine der folgenden Kategorien einteilen:

- ✔ **Sonderangebote und Dauerniedrigpreise:** Hier liegt der Preis nur wenig über den Kosten, um Kunden anzulocken. Sie erwarten dabei, dass die Kunden außer den billigen auch noch Produkte aus gewinnbringender kalkulierten Kategorien kaufen. Ein Elektrogeschäft kann zum Beispiel preiswerte Glühbirnen anbieten, um sich einen Namen zu machen und den Umsatz mit anderen Produkten anzukurbeln. Anders als die Niedrigpreise bei der Marktdurchdringung (siehe oben) können Dauerniedrigpreise eine langfristige Strategie sein.
- ✔ **Standard- und Markenprodukte:** Sie bringen Ihnen die Butter aufs Brot. Diese Produkte kosten bei allen Unternehmen etwa das Gleiche, sind bekannt und überall erhältlich und müssen mit mäßigen Gewinnmargen verkauft werden.
- ✔ **Spezialitäten und einzigartige Produkte:** Dies sind die Produkte, die der Verbraucher nirgendwo sonst erhalten kann. Aufgrund ihrer Einzigartigkeit können Sie diese Produkte gewöhnlich mit hohen Gewinnmargen verkaufen.

Preise müssen nicht für ewig in Stein gemeißelt sein. Sie können und sollten sich ändern, wie sich ja auch die Marktverhältnisses ändern (denken Sie an die Benzinpreise, die wir schon erwähnten). Sie können die Preise nicht immer ändern, aber denken Sie daran, dass die Preispolitik in erster Linie eine Marketingstrategie ist; und wenn sich die Märkte ändern, dann müssen das auch Ihre Strategien, um in diesen Märkten Geld zu verdienen.

Eine Lektion in Preispolitik

Sie erinnern sich bestimmt an Jims Sportartikelgroß- und -einzelhandel, den wir in diesem Buch immer wieder erwähnt haben. Das Sportgeschäft lag im eisigen US-Bundesstaat Minnesota, einer Hochburg des Eishockeys. Also bot der Laden auch das Schärfen von Schlittschuhkufen an.

1970 kostete das Schärfen 50 Cents pro Paar. Jim hatte diesen Preis gewählt, weil es eine »hübsche runde Zahl« war und auch weil seine Konkurrenten so viel verlangten. Weil sich die tatsächlichen Kosten für das Schärfen nur auf 15 Cents beliefen, lieferten die 50 Cents einen schönen Gewinn (relativ zu den Kosten) von 35 Cents – eine Gewinnmarge von stolzen 70 %.

Zwei Jahre später (die Gründe weiß er nicht mehr, aber wahrscheinlich war es die Preisänderung eines größeren Konkurrenten) verdoppelte Jim den Preis fürs Schärfen auf 1 $. Raten Sie, was passierte! Keine Änderung der Nachfrage, absolut null. Und jeder Cent aus der Preiserhöhung war Reingewinn für den Laden (85 Cents statt 15) – Gewinnmarge: 85 %!

Heute kostet das Schärfen 2,50 $, und die Kosten sind bei Weitem nicht in diesem Ausmaß gestiegen. Die heutigen Inhaber des Geschäfts haben ihre Lektion für die Preispolitik gelernt:

- ✔ Setzen Sie Ihre Preise nicht nur aufgrund der Kosten fest. Im vorliegenden Fall erlaubten Nachfrage und Wertanmutung Gewinnspannen, von denen man bei anderen Artikeln in dem Laden nur träumen konnte.
- ✔ Bilden Sie nicht alle Ihre Produktpreise nach den gleichen Kriterien. Unterschiedliche Produkte können unterschiedliche Gewinnmargen bringen. Obwohl Jim an den Eishockeyschlittschuhen nur 20 % verdiente, war es beim Schärfen ganz anders. Jedes Produkt, jede Dienstleistung hat ihre eigene »Margentoleranz«.
- ✔ Erhöhen Sie Ihre Margen bei den kleinpreisigen (und notwendigen) Produkten und Dienstleistungen. Dem Kunden des Jahres 1972 war es offenbar egal, ob er fürs Schlittschuhschärfen 50 Cents oder 1 $ zahlte.

Verkauf: Hier geht's um die Wurst

Der Unternehmer Curt Carlson, bekannt durch Radisson Hotels, TGIF Restaurants und Carlson Travel, prägte einmal dieses Bonmot: »Nichts passiert, bis ein Verkauf gemacht wird.«

Was meint er damit? Dass die Marketingaktivitäten eines Unternehmens wichtiger sind als das eigentliche Produkt? Dass ein mittelmäßiges Produkt in den Händen von exzellenten Marketing- und Verkaufsleuten mehr Umsatz bringt als ein exzellentes Produkt in den Händen mittelmäßiger Marketing- und Verkaufsleute? Oder meint er, dass ein Produkt – egal wie gut es sein mag – auf Tod und Verderben den Talenten der Marketing- und Verkaufsleute ausgeliefert ist? Ja, genau das meint er.

Verkaufen oder verkaufen lassen – das ist hier die Frage

Sehen Sie der Wahrheit ins Auge: Irgendjemand muss Ihre Produkte oder Dienstleistungen verkaufen; auch wenn sie noch so gut sind – sie verkaufen sich nicht von allein. Also stellt sich die Frage: Wer soll sie verkaufen?

- ✔ Sollen (wollen) Sie der Verkäufer sein, einer Ihrer Mitarbeiter oder ein Team von Mitarbeitern? Das sind Beispiele für eigene, unternehmensinterne Vertreter oder Repräsentanten.
- ✔ Oder soll der Verkäufer jemand von außerhalb des Unternehmens sein, jemand der Ihre potenziellen Kunden schon mit ähnlichen Produkten besucht? Diese Leute nennt man freie (Handels-)Vertreter.

Die folgenden Abschnitte sollen Ihnen helfen, diese Entscheidung zu treffen.

Ihre eigene Verkaufsmannschaft

Die Mitglieder dieses Teams sind Angestellte des Unternehmens, dessen Produkte sie verkaufen, und werden Vertreter, oft (Firmen-)Repräsentanten genannt. Sie werden in der Regel vom Unternehmen selbst eingestellt, trainiert und bezahlt. Daher ist ihre Mission allein der Verkauf von Produkten ihres Unternehmens. Bezahlt werden Firmenvertreter in der Regel mit einem festen Gehalt (Fixum) und einer Umsatzprovision.

Der Vorteil einer eigenen Verkaufsmannschaft ist die direkte Kontrolle über Ihre Vertreter und dass diese Ihre ganze Kraft auf den Verkauf Ihrer Produkte oder Dienstleistungen konzentrieren können. Der Nachteil bei so einem Team ist, dass Sie die vollen Kosten für den Einsatz und die Bezahlung dieser Leute zahlen müssen. Sie müssen also genug Umsatzpotenzial in einem gegebenen Gebiet auftun, um den Vertreter bezahlen zu können, der dieses Gebiet betreut.

Freie Handelsvertreter

Freie Vertreter sind unabhängige Vertriebsleute, die eine Kollektion von Produkten mehrerer Hersteller anbieten; von diesen erhalten Sie als Bezahlung normalerweise ein kleines Fixum und eine prozentuale Provision vom Umsatz, den sie für jeden Hersteller machen. Die Produkte, die sie verkaufen, zielen in der Regel auf Käufer aus einer Branche.

Ein Vertreter, der Fotogeschäfte besucht, hat zum Beispiel Produkte wie Filme, Stative und Fotoalben. Ganz verschieden und auch von verschiedenen Herstellern, aber alle interessant für den Inhaber – und die Kunden! – eines Fotogeschäfts. Ein Vertreter kann Produktlinien von bis zu 30 Firmen anbieten und ein relativ großes Gebiet bereisen. (Fragen Sie Ihren immer nach der Zahl der Unternehmen, die er vertritt – je mehr es sind, desto weniger kann er sich für Sie und Ihre Produkte einsetzen.)

Der Hauptvorteil freier Vertreter ist, dass Sie die Kosten für den Aufbau und die Bezahlung eines eigenen Verkaufsteams sparen. Weil die Vertreter ihre Kosten (Spesen) auf mehrere Hersteller umlegen, sinken Ihre Kosten weiter. Freie Handelsvertreter können aus dem gleichen Grund auch kleine Abschlüsse machen beziehungsweise niedrigpreisige Produkte verkaufen. Sie bringen diese Produkte auch in abgelegene oder dünn besiedelte Gebiete, in denen sich der Einsatz firmeneigener Vertreter nicht lohnen würde.

Der Hauptnachteil bei freien Handelsvertretern ist die mangelnde Kontrolle über ihre Aktivitäten. Sie sind schließlich nicht Ihre Angestellten, sondern freie Mitarbeiter. Denken Sie auch daran, dass auch freie Vertreter nur begrenzte Zeit für jeden Kunden haben. Welche Produkte er in dieser (kurzen) Zeit anbietet, hängt davon ab, wie leicht er glaubt, sie verkaufen zu können, und wie viel Provision er an ihnen verdient.

Wenn Ihr Produkt gut eingeführt und relativ leicht zu verkaufen ist und zudem eine breite Käuferbasis hat, kann der Einsatz freier Vertreter optimal sein. In so einem Fall werden die Vertreter Ihr Produkt bei jedem Verkaufsbesuch aus dem Koffer holen. Auf der anderen Seite werden Sie einem relativ unbekannten, stark erklärungsbedürftigem Produkt nicht den Einsatz zukommen lassen, den es braucht.

Ein weiterer Nachteil von freien Handelsvertretern: Da sie nicht täglich und nicht so eng mit Ihrer Firma zu tun haben, können Sie Ihr Produkt unmöglich so gut kennen wie firmeneigene Vertreter, vor allem nicht, wenn es sich um ein technisches Produkt handelt.

Kurz gesagt: Sie opfern Kontrolle für Kostenersparnis, wenn sie statt eigenen freie Vertreter einsetzen. Keine der beiden Möglichkeiten ist richtig oder falsch – die Entscheidung hängt von Ihrer individuellen Situation ab. Die folgenden »Gleichungen« helfen Ihnen dabei:

- Leicht verkäufliche Produkte, begrenzte Finanzen = freie Vertreter
- Schwer verkäufliche Produkte, ausreichende Finanzen = eigenes Vertreterteam
- Niedrigpreisige Produkte, großes Gebiet = freie Vertreter
- Hochpreisige Produkte, kleines Gebiet = eigenes Vertreterteam

Und wo finden Sie freie Handelsvertreter? Schauen Sie in den Anzeigenteil Ihrer Branchenfachzeitschrift und in Zeitschriften für Außendienstler und Verkauf. Annoncieren Sie auch selbst nach Vertretern. Auch Messen in Ihrer Branche sind ein gutes Kontaktforum.

Ihre ganze Firma muss verkäuferisch denken

Vorab wie wir es nicht meinen. Eine verkäuferische Firma ist kein Team von Mitarbeitern, die beim leisesten Geruch einer Verkaufsmöglichkeit in irrsinnige Aktivität geraten. Eine verkäuferisch denkende Firma erkennt – wie die Überschrift dieses Unterkapitels besagt –, dass es beim Verkauf um die Wurst geht. Diese Unternehmen haben die Erfahrung gemacht, dass die Tätigkeit des Verkaufens das wichtigste Element von allen in dem Prozess ist, Produkte oder Dienstleistungen in Gewinne zu verwandeln.

Die Inhaber und leitenden Mitarbeiter von verkäuferisch denkenden Unternehmen wissen, dass jeder Mitarbeiter – vom telefonischen Kundendienst bis zum Auslieferungsfahrer – die folgenden drei Hauptprinzipien verstehen muss, damit er wirklich verkäuferisch denkt und handelt:

- **Verkäuferische Firmen verkaufen Lösungen statt Produkte.** Das Produkt ist nur ein Teil der Lösung. Verkäuferische Firmen aber bieten die komplette Lösung an, denn genau die sucht der Kunde in Wahrheit. Als Resultat knüpft die Firma, die Lösungen liefert, eine Beziehung zu ihren Kunden auf, die über den bloßen Verkauf eines Produkts (das leicht auch Konkurrenten liefern könnten ...) hinausgeht.
- **Verkäuferische Firmen verkaufen Nutzen statt Produkteigenschaften.** In einer solchen Firma ist das Verhältnis zwischen den Vertretern (Verkäufern) und den übrigen Mitarbeitern ein besonderes. Weil die Vertreter die Stimme des Kunden sind und verantwortlich für den Verkauf – ohne den »nichts geht« –, werden sie in verkäuferischen Firmen hoch geschätzt. Sie sind diejenigen, die die Firmen-

mannschaft führen, anstoßen, in Bewegung halten und dafür sorgen, dass Neues angepackt wird. Übrigens verdienen sie meistens mehr als die übrigen Mitarbeiter.

✔ **Verkäuferische Firmen bauen Beziehungen auf statt bloß Produkte oder Dienstleistungen zu verkaufen.** Früher war das typische Hauptziel beim Verkauf, »den Auftrag zu kriegen«. Alles, was ein Unternehmen tat, diente diesem Ziel. Wenn ein Vertreter einen Auftrag schrieb, war sein Besuch ein Erfolg, wenn nicht, war er ein Versager. Dieses Denken zog sich durch die ganze Firma – einziges Ziel war, die Ware loszuschlagen oder den Kunden eine Dienstleistung (etwa einen Bausparvertrag) aufs Auge zu drücken.

Das war einmal. Heute ist das Hauptziel einer verkäuferisch denkenden Firma der Aufbau einer Beziehung zum Kunden. Und das erreicht man durch die Lösung von Problemen, nicht durch die Auslieferung von Produkten (oder das Erbringen einer Dienstleistung). Das Ziel ist vielmehr, dass alle Mitarbeiter den Wert einer Kundenbeziehung verstehen und alles tun, um diese zu festigen. Wenn dazu gehört, ein Produkt zurückzunehmen, das der Kunde irrtümlich bestellt hat, dann sei's drum. So baut man Beziehungen, ja Bindungen auf.

Es kommt übrigens nicht darauf an, ob es Sie selbst sind, der sich um den Kunden kümmert, Ihre Mitarbeiter oder Ihre freien Handelsvertreter. Jeder Mitarbeiter im Geschäftsprozess, vom Kundendienst bis zur Versandabteilung, muss – und wird – seinen Teil zum Aufbau der Kundenbeziehung beitragen.

Die erfolgreichen Unternehmen haben diese Lektion gut gelernt: Ein Produkt oder eine Dienstleistung hat einen Preis, eine Beziehung aber ist unbezahlbar.

Stellen Sie Ihre Kunden zufrieden

10

In diesem Kapitel

- Zufriedene Kunden sind langfristig die profitabelsten
- Kundenabwanderung untersuchen
- Guter Kundendienst vor, beim und nach dem Verkauf
- Wie Sie mit unzufriedenen und schwierigen Kunden umgehen

Der langfristige Erfolg Ihres Unternehmens hängt nicht nur davon ab, dass Sie Kunden gewinnen, sondern in noch größerem Ausmaß davon, dass Sie Ihre Kunden halten und zufrieden stellen. Als Kleinunternehmer werden Sie oft selbst mit Kunden zu tun haben. Wenn Sie jedoch Mitarbeiter haben, werden auch diese wahrscheinlich Kundenkontakt haben. Deshalb müssen unserer Ratschläge für exzellenten Kundendienst in diesem Kapitel zu allen Menschen in Ihrem Unternehmer durchdringen, die irgendeinen Einfluss auf die Kundenzufriedenheit haben können.

Egal, ob Sie Ihr Unternehmen neu gründen oder eines kaufen: Wenn Sie Ihre Kunden durch lausige Produkte, schlampige Dienstleistungen, oberflächliche Betreuung oder überzogene Preise verärgern oder enttäuschen, haben Sie eine Sisyphusarbeit vor sich und können sich schnell die folgenden und andere unangenehme Folgen einhandeln:

- ✔ **erstarkende Konkurrenz:** Kunden haben heute mehr denn je viele Möglichkeiten, um das zu kaufen, was Ihre Firma anbietet. Für die große Mehrheit aller Unternehmen ist der Wettbewerb hart, und zwar auf lokaler, regionaler, bundesweiter, ja (dank Internet) auf weltweiter Ebene. Schneller als Sie sich's versehen, werden Ihre unzufriedenen Kunden die neuesten Kunden Ihrer Konkurrenten sein.
- ✔ **negative Mund- zu Mund-Propaganda:** Sie ist noch schlimmer als die Abwanderung Ihrer verärgerten Kunden, denn diese werden ihren Mund nicht halten und anderen Menschen abraten, bei Ihnen zu kaufen. Außerdem werden Ihre Konkurrenten jedem, der es hören will, genüsslich alle Horrorstories über Ihre Firma weitererzählen, die sie von Ihren abgewanderten Kunden gehört haben.
- ✔ **drohende Prozesse:** Als ob Kundenverluste und Imageschaden noch nicht genug wären, können verärgerte Kunden, besonders Firmenkunden, sogar Klagen gegen Sie anstrengen. Auch wenn die Kläger vor Gericht nicht gewinnen, müssen Sie eventuell hohe Anwalts- und Prozesskosten tragen. Zudem erleiden Profitabilität und Ruf Ihres Unternehmens weiteren Schaden.

Was ist ein guter Kunde?

Manche Kleinunternehmer glauben, sie müssten nur ein Qualitätsprodukt herstellen oder eine Qualitätsdienstleistung entwickeln, die Leute zum Kauf motivieren (mit anderen Worten: Nachfrage schaffen) und dann liefern. Daraufhin würde – Hokuspokus! – aus dem Abnehmer sofort ein Kunde.

Nichts könnte weiter entfernt von der Wahrheit sein. Auch wenn Produktentwicklung, Nachfragestimulation und Lieferung der Anfang des Wegs zu einem Kunden sind, braucht es doch viel mehr, um eine erfolgreiche gegenseitige Kundenbeziehung aufrecht zu erhalten. Manche definieren einen Kunden als jemanden, der regelmäßig in einem Geschäft kauft oder es frequentiert. Das geht uns nicht weit genug. Ihr Geschäft, Ihr Unternehmen will doch gar nicht jeden Beliebigen als Kunden – um sich als guter Kunde zu qualifizieren, muss er

- ✔ Ihre Produkte oder Dienstleistungen kaufen
- ✔ Sie dafür bezahlen
- ✔ Ihnen ermöglichen, einen Gewinn zu machen
- ✔ Wiederholungskäufe tätigen und Sie weiterempfehlen

Ist irgendeine dieser Bedingungen (vor allem die ersten drei) nicht erfüllt, dann ist Ihr »Kunde« in Wahrheit kein guter Kunde. Wenn ein Kunde Ihr Produkt will, aber nicht bereit ist, dafür zu bezahlen, oder wenn er bezahlen will, aber nicht genug, damit Sie einen Gewinn machen können, dann ist er kein guter Kunde. Lassen Sie ihn zur Konkurrenz gehen.

Und noch etwas. Sie haben sicher schon den Satz »Der Kunde ist König« gehört. Nun, wir würden diese Aussage abwandeln und sagen: »Der Kunde ist König, solange er ein guter Kunde ist, wie wir ihn eben definiert haben.« Wenn umgekehrt der Kunde kein guter Kunde ist, dann ist er auch nicht immer König.

Wie Sie gute Kunden an sich binden

Als Inhaber eines Kleinunternehmens müssen Sie Ihre Kunden zufrieden stellen wollen – durch Ihre Produkte und Dienstleistungen. Dieser Abschnitt gibt Ihnen dazu Hinweise.

Machen Sie's von Anfang an richtig

In den 70er- und 80er-Jahren machten die großen amerikanischen Autofirmen (Ford, Chrysler, GM, AMC) einen großen Fehler – sie ignorierten die Bedrohung durch die Konkurrenz ausländischer Autohersteller. Obwohl diese in den frühen 70ern einen relativ kleinen Marktanteil hatten, waren ihnen ihre amerikanischen Kunden doch immens treu. Warum? Weil die Ausländer Qualitätsfahrzeuge herstellten, die selten Probleme hatten. Und wenn doch eines der seltenen Probleme auftauchte, dann leisteten sie exzellenten Kundendienst.

Die US-Autofirmen hatten dem gegenüber riesige Marktanteile, aber ihre Kunden rauften sich nur verzweifelt die Haare. Die Giganten von Detroit konnten Ihre Kosten niedrig und ihre Gewinne hoch halten, weil sie teilweise unterdurchschnittliche Autos bauten. Beim Autohändler sahen diese Wagen hübsch aus, aber schon nach kurzer Nutzungsdauer produzierten sie weit mehr Pannen und Probleme als ihre importierten Gegenstücke. Und um es noch schlimmer zu machen, erhielten ihre Besitzer keinen besonders guten Kundendienst, wenn Sie ihre Wagen zur Reparatur brachten.

Die obersten Erbsenzähler und die Führungsetagen der großen US-Autofirmen berücksichtigten nicht die großen Zusammenhänge, wenn sie in den 70ern ihre Bilanzen analysierten. Sie waren auf ihre kurzfristigen Gewinne fixiert und dachten nicht an den Kundendienst nach dem Verkauf, den man infolge ihrer schäbigen Produkte brauchte.

Es überraschte kaum, dass die amerikanischen Autoproduzenten in den 70er- und 80er-Jahren riesige Marktanteile an die besten ausländischen Hersteller verloren. Tatsächlich ging eine der größten Firmen, Chrysler, fast Pleite und wurde nur durch Regierungshilfe gerettet (später sah sie ihre Überlebenschance einzig in der Fusion mit der deutschen Nobelmarke Daimler-Benz).

Nach längerer Zeit hatten die Detroiter Autofirmen es dann auf die harte Tour gelernt: Das Produkt von Anfang an richtig hinzukriegen, ist billiger und profitabler, als ständig mit Nachbesserungen hinterherzuhecheln. Kunden sind nicht dumm; wenn Sie ihnen ständig miese Ware verkaufen (vor allem wenn gleichzeitig woanders bessere verfügbar ist), kommen Sie das nächste Mal nicht zurück, wenn Sie nach Produkten oder Dienstleistungen suchen, die Sie im Angebot haben. Obendrein werden Sie anderen ihre lausigen Erfahrungen mit Ihrer Firma weitererzählen (siehe oben: negative Mund- zu Mund-Propaganda).

Obwohl die großen US-Autohersteller in den 90er-Jahren dann die Kurve gekriegt und die Erosion ihrer Marktanteile gestoppt haben, spüren Sie bis heute die finanziellen Einbußen in den vorhergehenden zwei Jahrzehnten durch die Abwanderung von Millionen entfremdeten Kunden zur ausländischen Konkurrenz. Denken Sie als Kleinunternehmer daran: Wenn Sie Ihr Produkt nicht vom ersten Mal an richtig hinkriegen, werden Sie vielleicht keine zweite Chance haben. Die US-Autofirmen hatten genügend Kapitalreserven, um die Krise zu überstehen – der typische Kleinunternehmer hat sie nicht. Also: Verzichten Sie lieber auf kurzfristige Gewinne, damit Sie nicht Ihre langfristige Profitabilität aufs Spiel setzen.

Bieten Sie mehr fürs Geld

Von Anfang an das optimale Produkt ist auf lange Sicht nicht genug. Die Geschäftswelt verändert sich täglich. Wegen der ständigen Bedrohung durch die Konkurrenz ist es leichtsinnig, sich auf seinen Lorbeeren auszuruhen – und vielleicht tödlich.

Nehmen wir einmal an, Sie betreiben eine chemische Reinigung. Eine neue Technologie kommt auf den Markt, mit der Sie 20 % schneller und 30 % billiger reinigen können. Wenn Sie es versäumen, diese Technologie zu nutzen, werden Sie nur zu bald entdecken, dass Ihre Mitbewerber sie sehr wohl einsetzen. Ihre Konkurrenten werden die Preise senken, mehr Kunden anziehen und mehr Gewinn machen. Sie werden Umsatzeinbußen erleiden und sinkende Gewinnmargen.

Außer für Ihre Kunden von Anfang an ein Topprodukt oder eine Spitzendienstleistung zu entwickeln, sollten Sie regelmäßig prüfen, wie Sie noch mehr fürs Geld bieten können – verbesserte Produkte oder Dienstleistungen zum gleichen oder einem niedrigeren Preis. Wenn Sie das nicht tun, wohl jedoch Ihre Konkurrenz, nimmt diese Ihnen die Butter vom Brot.

Regeln sind dazu da, gebrochen zu werden

Stellen Sie sich die folgenden Situationen vor:

- ✔ Sie sind Elektriker und brauchen Material, um einen Auftrag termingerecht beenden zu können. Ihr Großhändler sagt Ihnen, er habe einen »Rückstand bei der Eingabe von Bestellungen in den Computer« und könne Ihre nicht sofort bearbeiten; Sie müssten morgen noch einmal wiederkommen.
- ✔ Sie haben ein neues Auto gekauft, aber das Radio geht nicht. Sie fahren mit dem Wagen zum Händler; die Kundendienstabteilung informiert Sie, dass der Radiofachmann in Urlaub sei und Ihr Radio erst in einer Woche repariert werden könne.
- ✔ Sie sind Stammkunde bei einer Reinigung. Es ist Mittwoch und Sie brauchen Ihren Smoking bis Freitagabend zurück. Geht nicht, hören Sie; er werde erst am Samstag fertig sein, weil man für eine Reinigung drei Tage brauche.

Was ist das Gemeinsame an allen drei Beispielen? Erstens: Alle drei Firmen scheinen unveränderbare, in Stein gemeißelte Regeln und Bestimmungen zu besitzen, die diktieren, wie man Geschäfte macht, und sie können sich angeblich nicht über diese Regeln hinwegsetzen, um ein Kundenproblem zu lösen. Zweitens: Alle drei Firmen schweben in Gefahr, einen guten Kunden zu verlieren.

Flexibilität ist das Wichtigste in jeder Organisation, doch besonders wichtig in Ihrem Kleinunternehmen, wo der Service Sie von größeren Firmen abheben kann. Wenn ein Kunde mit einem Problem kommt, Ihre Regeln und Abläufe dessen Lösung aber verhindern, dann vergessen Sie die Regel! Brechen Sie sie. Umgehen Sie sie. Finden Sie ein Schlupfloch.

In den Eingangsbeispielen sollte der Elektrogroßhändler dem Kunden sein Material heute geben und die Transaktion morgen in seinen Computer eingeben; der Autohändler sollte den Wagen des Kunden da behalten und woanders reparieren lassen, wenn er es selber nicht kann; und die Reinigung sollte den Smoking des Stammkunden vor alle anderen Aufträge hängen, damit er zuerst gereinigt wird – egal was das Firmenhandbuch vorschreibt.

Solche Situationen sind in jedem Unternehmen der Moment der Wahrheit: Wenn die (werblichen) Versprechungen dem widersprechen, was sie tatsächlich tut. Wenn man den Unterschied erkennt zwischen der Firma, die *sagt*, der Kunde sei König, und der Firma, die *handelt*, als sei der Kunde König.

Damit wollen wir nicht sagen, dass Sie Extraservice immer nebenbei oder kostenlos anbieten sollten. Manchmal können Sie für besonderen Service auch mehr verlangen. Denken Sie daran, wenn Sie sich Ihre Preisstrategie anschauen. Auch sollten Sie Ihre Mitarbeiter nicht dazu ermutigen, alle Regeln jederzeit zu brechen; das führt zu Chaos und sinkenden Gewinnen. Aber Flexibilität hilft, Kunden zufrieden und bei der Stange zu halten. Lassen Sie Ihre Führungskräfte und Mitarbeiter wissen, dass Sie hinter dieser Politik stehen und ihnen die Möglichkeiten geben, Topservice für gute Kunden zu leisten.

Aus Kundenabwanderungen lernen

Die Kosten, einen neuen Kunden zu gewinnen, sind beträchtlich. Wenn Sie Geld für Marketing und die Bindung eines Neukunden an Ihr Unternehmen ausgegeben haben, dann wollen Sie, dass dieser Kunde für viele weitere Jahre treu bei Ihnen kauft. Wenn Sie eine hohe Kundenfluktuation haben, werden Ihre Geschäftskosten deutlich steigen, weil Sie ständig neue Kunden gewinnen müssen. Kundenfluktuation kann auf gravierende Probleme bei Ihren Produkten, Dienstleistungen oder dem Service hindeuten.

Vom Wert treuer Kunden

Frederick Reichheld hat sich als Unternehmensberater darauf spezialisiert, Kundentreue zu studieren und Firmen in diesem Punkt zu unterstützen. Er ist im Lauf seiner Arbeit zu folgenden Erkenntnissen gekommen:

- ✔ Das durchschnittliche Unternehmen verliert in fünf Jahren die Hälfte seiner Kunden.
- ✔ Der typische amerikanische Großkonzern hat ein reales Wachstum (also über die Inflationsrate hinaus) von 2,5 % jährlich. Wenn diese Unternehmen jedes Jahr nur 5 % mehr ihrer Kunden halten könnten, dann würde sich Ihr reales Wachstum auf 7,5 % verdreifachen.
- ✔ Wenn man 5 % mehr Kunden hält, bewirkt das in einem typischen Unternehmen ein Wachstum der Gewinne von über 25 %. In manchen Branchen sind gute, langjährige Kunden so viel wert, dass eine Reduzierung der Kundenabwanderung um 5 % die Gewinne verdoppeln kann.

Das Binden und Halten von Kunden – vor allem Ihrer besten Kunden – hat eindeutig eine enorme Wirkung auf Ihren Gewinn. Unter diesem Aspekt sollte man denken, dass eine Firma, wenn Sie viele Kunden verliert, die dafür verantwortlichen Probleme herausfinden und beseitigen wollte. Nun, wenn das so wäre, wäre die Kundenabwanderung nicht weiterhin so hoch und so verbreitet, wie sie es bis heute ist.

Reichheld hat – wenig überraschend – herausgefunden, dass viele Unternehmen nichts aus ihren Kundenverlusten lernen. »Psychologisch und kulturell ist es schwer und manchmal bedrohlich, sich sein Versagen von Nahem anzusehen. Ehrgeizige Manager wollen ihre Karriere mit Erfolgen in Verbindung bringen; Fehler werden in der Regel nur untersucht, um Schuld zuzuweisen statt die systembedingten Ursachen für schlechte Leistungen zu erkennen und zu beseitigen«, sagt Reichheld.

Kundenabwanderungen verfolgen

Sie als Kleinunternehmer müssen sich zum Glück nicht mit Chefs und Vorschriften der Organisation herumschlagen, wenn sie sich um das Problem der Kundenabwanderung kümmern. Sie sind der Chef. Es ist jedoch ein menschlicher Zug, mehr Zeit auf die Jagd nach Erfolg und dessen Zelebrierung zu verwenden als innezuhalten, um Fehler und Verluste zu untersuchen und aus ihnen zu lernen.

Machen Sie es sich zur Aufgabe, Ihre verlorenen Kunden aufzuspüren und sie nach dem Warum zu fragen (analog zum Abschlussgespräch mit scheidenden Mitarbeitern). Zu wissen, dass Sie Kunden verloren haben, ist nicht genug; sie müssen in Erfahrung bringen warum. Viele Firmen kümmern sich nicht darum, doch es kann helfen, dass Sie im Geschäft bleiben und weiter wachsen.

Nehmen wir zum Beispiel die Ölwechselstation in der Nähe seines Hauses, zu der Eric immer fuhr. Die Firma prahlt, dass Sie Ihr Öl in zehn Minuten gewechselt bekommen und dann munter weiterfahren können. Bei einem Besuch fuhr Eric bei der Firma vor und stieg aus. Dann wurde er zehn Minuten lang ignoriert – nicht weil so viel Betrieb war, sondern vielmehr weil die Leute, die neue Kunden annahmen, im Schneckentempo arbeiteten und einer sogar noch mehrere Minuten für ein privates Telefonat brauchte.

Als Eric dran war, war der Mitarbeiter an der Annahme unhöflich. Während das Öl gewechselt wurde, machte Eric in der Nähe eine Besorgung, denn er hatte keine Lust, in der schlecht belüfteten, abgasgefüllten Servicestation zu warten. Nach seiner Rückkehr musste er weitere zehn Minuten warten, denn obwohl der Ölwechsel erledigt war, war die Rechnung noch nicht fertig. Derselbe Mitarbeiter, der Erics Auto angenommen hatte, brauchte eine volle Viertelstunde für den Papierkram und war wieder unhöflich und pampig.

Während er diesen ganzen schlechten Kundendienst erleiden musste, äußerte Eric kein Wort der Beschwerde, aber raten Sie einmal, wo er seinen nächsten Ölwechsel machen ließ ... Eine Tankstelle, noch näher an seinem Zuhause gelegen, hatte begonnen, Ölwechsel anzubieten, die etwa 20 % preiswerter waren. Der Mitarbeiter, der Erics Auto annahm, war freundlich und höflich, Auto und Rechnung waren zur zugesagten Zeit fertig.

Es ist in Unternehmen allgemein üblich und in Ordnung, wenn man Erfolge feiert statt Fehler zu untersuchen. Doch als Kleinunternehmer werden Sie viel viel mehr aus Fehlern lernen und aus den positiven Änderungen, die Sie danach vornehmen. Nehmen Sie sich die Zeit, Kundenabwanderungen und ihre Gründe unter die Lupe zu nehmen. Sie sollten es in Ihrem Unternehmen zur Regel machen, dass nicht von jedem Mitarbeiter Perfektion erwartet wird; wer einen Fehler macht, wird also nicht sofort gefeuert. Allerdings sollten Sie wenig Nachsicht mit solchen Mitarbeitern haben, die wiederholt gute Kunden vertreiben.

Kundendienst gehört immer dazu

Alle Unternehmen haben Produkte oder Dienstleistungen zu verkaufen. Manchmal fixieren sich die Unternehmen zu sehr auf diese Produkte und Dienstleistungen und lassen den begleitenden Kundendienst (Dienst am Kunden, Service, Betreuung ...; es lassen sich viele Ausdrücke finden) zu kurz kommen, den Kunden erwarten.

Vielleicht können Sie Kundendienst nicht ad hoc definieren, aber Sie wissen es ganz bestimmt, wann Sie ihn bekommen und wann nicht. Sie erkennen ihn bei einem Unternehmen zum Beispiel sicher, wenn

- ✔ die Telefonistin Sie schnell und erfolgreich mit Ihrem Gesprächspartner verbindet
- ✔ der Buchhalter Ihnen bereitwillig eine Frage zu einer Rechnung beantwortet
- ✔ der Lagermitarbeiter Ihre Bestellung schnell findet und Ihnen genau sagt, wann Sie die Lieferung erwarten können
- ✔ der Vertreter sich schnell wieder mit dem Angebot und den Lieferterminen meldet, die Sie erbeten haben

In jeder dieser Situationen bekommt der Kunde sein Problem gelöst – und das ist letztlich die Definition von Kundendienst. Kundendienst = Lösung der Probleme Ihres Kunden.

Große Unternehmen haben dafür oft eine eigene Abteilung, über die alle Anfragen, Probleme oder Beschwerden von Kunden laufen und gegebenenfalls an die entsprechenden Abteilungen im Haus weitergeleitet werden. In kleineren Firmen jedoch sind viele – vielleicht sogar alle – Mitarbeiter mit Kundendienst befasst. Die vier aus unseren Beispielen oben leisten alle Kundendienst. Und wenn Sie als Chef und großer Meister in die Lösung eines Kundenproblems einbezogen werden, dann leisten auch Sie Kundendienst. Gleiches gilt für den Hausmeister und den Nachtwächter.

Die folgende Antwort haben Sie sicher auch schon einmal gehört, wenn Sie den Mitarbeiter eines Geschäfts, in dem Sie Kunde sind, um Hilfe baten: »Tut mir leid, aber das ist nicht meine Abteilung.« In einem Geschäft – groß oder klein –, wo man den Wert des Kundendienstes kennt, würde die korrekte Antwort auf die Frage lauten: »Lassen Sie mich eine Lösung für Sie finden.« Die Lösung ruht letztlich vielleicht in den Händen eines anderen Mitarbeiters, einer anderen Abteilung, doch der Kunde weiß, dass jemand sich um die Lösung seines Problems kümmert.

Ihre Mitarbeiter müssen verstehen, dass sie dazu da sind, die Probleme Ihrer Kunden zu lösen. Vielleicht glauben sie (weil es so in ihrer Stellenbeschreibung steht), dass sie einfach das Telefon zu bedienen, die Bücher zu führen oder Waren zu versenden haben. Das beschreibt zwar die Tätigkeiten dieser Mitarbeiter, jedoch nicht den Grund, wozu die Mitarbeiter überhaupt da sind. Sie sind – genauso wie Sie als Inhaber und die ganze Firma – nur zu einem einzigen Zweck da: um die Probleme Ihrer Kunden zu lösen.

Kluge Unternehmer wissen, dass der Kundendienst (und die begleitenden Problemlösungen) schon vor dem Verkauf beginnt, während des Verkaufs weitergeht und noch weitergeht, lange nachdem der Verkauf getätigt wurde.

Kundendienst vor dem Verkauf

Wenn Sie etwas kaufen, dann haben Sie meistens schon mit dem Verkäufer zu tun, bevor Sie sich endgültig zum Kauf des Produkts oder der Dienstleistung entscheiden. Denken Sie einmal an Ihren letzten Autokauf. Wie die meisten von uns haben Sie wahrscheinlich unangenehme Erinnerungen an aalglatte Autoverkäufer, die nur auf den Verkauf aus waren, statt Sie sachlich zu informieren und zu beraten. So ein Verkäufer will nicht *Ihr* Problem lösen – nämlich, welches Auto Sie kaufen sollen. Er will *sein* Problem lösen – wie er eine fette Provision kassiert, um seine nächste Hypothekenrate zahlen zu können. Wegen dieses schlechten Kundendienstes sind Sie – Scheckheft in der Hand – vielleicht wieder hinausgegangen und haben Ihr Geld woanders ausgegeben.

Wenn Sie zum Arzt gehen möchten, wird man bei der Vereinbarung des Termins wahrscheinlich höflich und flexibel sein – doch wenn Sie dann pünktlich ankommen, begrüßt man Sie zwar höflich, lässt Sie dann aber warten ... und warten. Obwohl Sie hier wahrscheinlich nicht einfach wieder hinausgehen, wenn Sie 45 Minuten dagesessen haben, ohne dass Ihnen jemand eine Erklärung oder Vertröstung gegeben hat, werden Sie über diesen »Kundendienst« sauer sein. Wessen Problem löst der Arzt, wenn er Sie so lange warten lässt? Ihres mit Sicherheit nicht, das ist mal klar.

Ob der Verkauf eines Produkts oder einer Dienstleistung klappt oder in die Hose geht, hängt zum Teil von der Qualität des Kundendienstes (oder dem Mangel daran) ab, bevor der Kunde seine Kaufentscheidung fällt. Prinzipiell will der Kunde ja kaufen – machen Sie es ihm also mit exzellentem Kundendienst leicht! Wer einen Termin beim Arzt vereinbart, kauft nicht bloß dessen Fachkenntnisse – er kauft auch »angemessene Behandlung und Betreuung«, bevor die Dienstleistung erbracht wird. Und wer Ihr Ladengeschäft betritt, der möchte es sauber und übersichtlich aufgebaut antreffen. All das ist Kundendienst.

Kundendienst beim Verkauf

Hat ein Kunde sich zum Kauf entschlossen, muss der Kundendienst immer noch weitergehen. Wenn Sie zum Arzt ins Sprechzimmer kommen, werden Sie darauf achten, wie genau er Ihnen zuhört und wie er sich Ihnen gegenüber verhält. Ist er kurz angebunden, ein schlechter Zuhörer, vorschnell und arrogant ist seinem Urteil, statt bereitwillig und offen mit Ihnen über Behandlungsmöglichkeiten und Ihre Bedürfnisse zu sprechen, dann werden Sie vielleicht überlegen, sich einen anderen Arzt zu suchen.

Ebenso werden Sie nicht gerade beglückt sein, wenn der Papierkram beim Autokauf stundenlang dauert. Auch wenn Sie mit Ihrem gewählten Wagen zufrieden sind, wird das langwierige Drumherum Ihre Lust dämpfen, diesen Autohändler weiterzuempfehlen.

Nur weil Kunden sich entscheiden, Ihre Produkte und Dienstleistungen zu kaufen, heißt das nicht, dass Sie damit aufhören könnten, sie zufrieden zu stellen. Wenn ein Kunde Ihnen das Geld für Ihre Ware über den Tresen schiebt, dann erwartet er mit Fug und Recht erstklassigen Kundendienst. Wenn Sie sein Bedürfnis nach Kundendienst an diesem Punkt nicht erfüllen – auch wenn der Kauf schon über die Bühne ist –, dann verlieren Sie vielleicht Folgekäufe dieses Kunden und auch die Chance, dass er Sie anderen weiterempfiehlt.

Kundendienst nach dem Verkauf

Nachdem ein Kunde gekauft hat, bezahlt hat und wieder gegangen ist, ist Ihre Beziehung zu ihm (zumindest was diese Transaktion betrifft) noch nicht beendet. Er hat später vielleicht noch Fragen, die beantwortet werden müssen, oder Probleme bei der Anwendung Ihres Produkts.

Behandeln Sie oder Ihre Mitarbeiter Ihre Kunden so, als seien diese lästig und kümmern Sie sich nicht um den Kundendienst nach dem Verkauf, dann verlieren Sie diese Kunden leicht (und auch ihre Weiterempfehlungen). Schlechte Betreuung nach dem Kauf vermittelt Ihren Kunden, dass sie Ihnen jetzt, wo Sie ihr Geld in der Tasche haben, herzlich egal sind.

In manchen Branchen und Unternehmen müssen Sie aufpassen, dass Sie nicht wertvolle Unterstützung verschenken, für die Sie Geld nehmen können und sollten. Wenn zum Beispiel weitere ärztliche Untersuchungen und Termine zu erwarten sind, dann müssen Sie die Kosten dafür in Ihren Gesamtpreis für die Behandlung einrechnen oder die Kosten für nachfolgende Leistungen aufführen. Stellen Sie sicher, dass Ihre Kunden schon zum Zeitpunkt des Kaufs die Kosten solcher nachträglichen oder Zusatzleistungen kennen.

Denken Sie daran, dass Kunden nicht bloß wegen Ihrer Produkte oder Dienstleistungen zu Ihnen kommen. Das Eingehen auf die Wünsche und Bedürfnisse Ihrer Kunden – vor, bei und nach dem Verkauf –, die mit dem, was Sie verkaufen, verbunden sind, ist ein integraler Bestandteil des gesamten »Pakets«, das Sie für den Kunden schnüren. Stellen Sie, wie bei Ihren Produkten und Dienstleistungen sicher, dass Sie von Ihren Kunden Feedback bekommen (möglicherweise durch eine Befragung) über die Qualität des Kundendienstes, den Ihr Unternehmen ihnen anbietet.

Es gibt natürlich Kunden, die schon bei der kleinsten Kleinigkeit eine Beschwerde oder Reklamation vom Stapel lassen. Manche mögen damit Recht haben, andere beschweren sich, weil sie einfach so ein Typ Mensch sind. Sie müssen den Unterschied erkennen. Und das bringt uns zum Thema unseres nächsten Abschnitts – dem unvermeidlichen Thema, wie man mit den weniger zufriedenen Kunden umgeht, die es bei jedem Unternehmen gibt.

Wie man mit unzufriedenen (und schwierigen) Kunden umgeht

Sie können die besten Produkte und Dienstleistungen haben, die günstigsten Preise und den besten Kundendienst weit und breit – und Sie werden immer noch unzufriedene Kunden haben. Wir alle wissen, dass es Menschen gibt, denen man es anscheinend nie recht machen kann. Seien Sie sich bewusst, dass Sie Ihr Unternehmen auf Ihre Weise führen, dass Ihr Produkt oder Ihre

Dienstleistung nicht perfekt ist und dass Sie die Wünsche und Erwartungen Ihrer Kunden nicht *immer* erfüllen können.

Wie Sie mit Beschwerden (berechtigten wie unberechtigten) umgehen, ist lebenswichtig für den langfristigen Ruf und das Wohlergehen Ihrer Firma. Hier sind unsere erfolgserprobten Ratschläge für den Umgang mit unzufriedenen und manchmal nervigen Kunden.

Zuhören, zuhören und noch mal zuhören

Wir alle glauben gern, dass wir ausgezeichnete Zuhörer seien. Leider sind wir das nicht, und sogar die guten Zuhörer unter uns sind das aus den verschiedensten Gründen nicht immer. Wir sind zu beschäftigt und gestresst durch die hohe zeitliche Belastung durch Arbeit, Familie, Freunde, Routineaufgaben und Verpflichtungen. Wir alle haben Tage, wo wir abgespannt sind, uns nicht wohl fühlen, schlechte Nachrichten erhalten haben und so weiter.

Ein weiteres Hindernis für gutes Zuhören: Wir glauben vielleicht, der betreffende Kunde wolle einfach nur Ärger machen. Doch wie in allen zwischenmenschlichen Beziehungen können uns unserer vorgefassten Meinungen (nennen wir sie ruhig Vorurteile) daran hindern, die berechtigten und realen Anliegen und Beschwerdegründe eines unzufriedenen Kunden wahrzunehmen.

Also: Bevor Sie (oder einer Ihrer Mitarbeiter) gegenüber einem Beschwerdeführer die Geduld verlieren – atmen Sie tief durch und schieben Sie Ihre Meinung über die Situation, den Kunden und dessen Beschwerdegrund beiseite. Halten Sie ein und hören Sie zu. Fragen Sie, warum und womit der Kunde nicht zufrieden ist. Verschiedene Menschen regen sich wegen verschiedener Dinge auf. Sie können erst dann wissen und verstehen, was einen speziellen Kunden verärgert, wenn Sie sich die Zeit für Fragen nehmen und wirklich zuhören.

Um sich zu versichern, dass Sie den Kunden wirklich verstanden haben, sollten Sie mit eigenen Worten das Anliegen formulieren, das er Ihnen mitgeteilt hat, und ihm sagen, dass es Ihnen leid tut, wie die Sache für ihn gelaufen ist. (Das ist kein Eingeständnis von Fehlverhalten oder Schuld Ihrerseits; keine Angst, Sie landen nicht vor Gericht.)

Der Schlüssel zum Verständnis von Kundenbeschwerden (und zu denen Ihrer Mitarbeiter) ist Ihre Fähigkeit, sich in die Lage des Beschwerdeführers zu versetzen. Wenn Sie diesen Blickwinkel haben (gelernt haben, Ihre Firma mit den Augen des Kunden zu sehen), werden Sie feststellen, dass Sie die Probleme Ihrer Kunden in den allermeisten Fällen lösen können.

Entwickeln Sie eine Lösung

Der Kunde ist also nicht zufrieden mit dem, was er bekommen hat. Nachdem Anhören seiner Beschwerde ist der nächste Schritt, eine Lösung für sein Problem zu entwickeln. Es gibt zwei Wege zu einer solchen Lösung: Erstens können Sie selber eine Lösung vorschlagen und dann warten, dass der Kunde mit einer eigenen kommt, die er für besser hält; zweitens können Sie den

Kunden fragen, welche Lösung er vorschlagen würde, und diese dann mit dem vergleichen, was Sie tun können.

Der Vorteil, wenn Sie den Kunden um eine Lösung bitten, ist der gleiche wie bei jeder anderen Verhandlung (denn genau das geht hier vor). Lassen Sie immer die andere Seite das Eröffnungsangebot machen. Dann wissen Sie genau, wo Sie stehen und was sie tun müssen um den Kunden zufrieden zu stellen.

Denken Sie an Ihren Vorteil, wenn die Lösung des Kunden eindeutig ungünstiger ist als die, die Sie vorschlagen wollten. Hier ergibt sich plötzlich die Möglichkeit, eine unangenehme Situation eine Chance zu verwandeln, die Bindung des Kunden an Ihre Firma zu verstärken.

Nur wenn der Kunde keine Lösung hat oder sich weigert, müssen Sie eine vorschlagen. Nehmen wir einmal an, Sie sind freier Journalist und haben durch eigene Schuld einen Kundentermin nicht eingehalten – sei es durch einen Fehler in Ihrer Terminplanung oder weil Sie Ihrem Plan hinterherhinken und der Kunde nicht länger warten konnte. Sie hören dem Kunden zu und bemerken schnell, dass er wirklich sauer ist, weil Sie ihn versetzt haben, wo er sich extra wertvolle Zeit für den Termin frei gehalten hatte und nun gar nichts erreicht hat. Ihre Lösung könnte in dieser peinlichen Situation etwa wie folgt aussehen:

- ✔ Entschuldigen Sie sich dafür, dass er wegen Ihnen Zeit vergeudet hat.
- ✔ Fragen Sie ihn, welche Lösung er empfiehlt.
- ✔ Wenn er nicht schon eine Lösung hat, bieten Sie ihm einen Nachlass auf Ihr Honorar an (vielleicht 15 oder 20 %), wenn er Ihnen einen neuen Termin setzt.
- ✔ Wenn Sie ihn dann an dem neuen Termin treffen, stellen Sie sicher, dass Sie absolut pünktlich sind und er die beste nur mögliche Betreuung erfährt.

Nehmen wir jetzt an, Ihre Firma verkauft Produkte; ein Kunde kommt herein und sagt, Ihr Produkt sei kaputt gegangen und sowieso von mieser Qualität. In diesem Fall könnten Sie Ihm ein Ersatzprodukt anbieten, das kaputte reparieren oder den Kaufpreis zurückerstatten. Wenn Sie relativ sicher sind, dass der Kunde das Produkt falsch bedient hat und das zu dem Schaden geführt hat, dann stehen Sie vor einem Dilemma. Hier müssen Sie entscheiden, ob dieser Kunde das ist, was Sie als guten Kunden bezeichnen.

Auch wenn Sie in so einer Situation entscheiden, dass der Beschwerdeführer kein guter Kunde ist, sollten Sie die Trennung Ihrer Wege so harmonisch und konfliktfrei wie möglich gestalten. Es ist in Ordnung, wenn so ein schwieriger Kunde nicht mehr bei Ihnen kauft; es ist aber nicht in Ordnung, wenn er wütend weggeht und anderen erzählt, wie lausig bei Ihnen Produkte, Dienstleistungen und Kundendienst sind.

Die Finanzen: Cashflow, Kosten und Gewinne

11

In diesem Kapitel

- Das Konzept des Cashflows verstehen
- Die Zahlen verstehen
- Was den Gewinn beeinflusst
- Die Kosten im Griff behalten
- Forderungen managen

Wie immer man es dreht: Im Geschäftsleben geht es um Menschen. Es geht um die Dinge, die Menschen machen, kaufen und verkaufen, um ihre Zusammenarbeit und Interaktion und sogar um die Gründe, warum Menschen morgens aufstehen und zur Arbeit gehen. Ohne Menschen gäbe es niemanden, der Geschäfte macht, und niemanden, mit dem man Geschäfte machen könnte.

Doch obwohl Menschen das Herz der Wirtschaft sind, ist es das Geld, das diese antreibt. Dieses Geld kann auf verschiedene Art gezählt, aufsummiert und präsentiert werden – und wenn das geschickt gemacht wird, entsteht ein Fluss von Informationen, die man für wichtige Unternehmensaufgaben brauchen kann:

- **Pflege der Buchhaltungsdaten:** Laufende Information über Lagerbestände, Forderungsbestand und Verbindlichkeiten und anderes
- **Steuerpflicht:** Das Finanzamt verlangt nicht nur, dass Sie Steuern zahlen, sondern auch, dass Sie die entsprechenden Unterlagen aufbereiten.
- **Erfolgskontrolle:** Sie müssen die Zahlen Ihres Unternehmens laufend verfolgen, um zu wissen, ob Sie Gewinn oder Verlust machen.
- **Informationen für die Unternehmensführung:** Informationen sind die Grundlage jeder Entscheidung und je mehr Informationen der Kleinunternehmer hat, desto besser können seine Entscheidungen sein.

In diesem Kapitel erfahren Sie, wie Sie Finanzinformationen sammeln und nutzen. Obwohl wir drei der soeben genannten Funktionen besprechen (zu Steuern siehe Kapitel 16), legen wir das Hauptaugenmerk auf die Verwendung von Finanzinformationen als Führungsinstrument – Informationen, die Sie verwenden können, um Ihren Cashflow zu steuern, Ihre Gewinne zu steigern und Ihre Chancen zu erhöhen, auf lange Sicht im Geschäft zu bleiben.

Cashflow – der Treibstoff Ihres Unternehmens

Um Ihre Rechnungen zu bezahlen, müssen Sie das Geld (oder dem Geld ähnliches wie Schecks) managen, das in Ihr Unternehmen fließt und aus ihm heraus – Ihren Cashflow. Bevor Geld abfließen kann, muss Ihnen welches zugeströmt sein. Wenn Ihr Geld abfließt, bevor es zuströmt, wird Ihre Firma große Probleme bekommen.

Um das Konzept des Cashflows zu verstehen, müssen wir zwei Begriffe unterscheiden, die oft miteinander verwechselt werden:

✔ **Cashflow:** ein Ausdruck aus der Unternehmensführung, der den Zu- und Abfluss von Geld (Bargeld, Schecks, elektronische Zahlungen und Belastungen) in Ihr Unternehmen und aus ihm heraus bezeichnet.

✔ **Ertragskraft (Profitabilität):** ein Ausdruck aus der Buchhaltung, der die Fähigkeit Ihres Unternehmens bezeichnet, mehr Umsatz als laufende Kosten zu erwirtschaften.

Um den Unterschied zwischen diesen beiden Begriffen zu kennen, müssen Sie verstehen, dass die Gewinne in einem profitablen Unternehmen nicht notwendigerweise in Form von (Bar-)Geld anfallen. Sie können sich auch zeigen im Wachstum anderer Vermögensteile, etwa der Lagerbestände, der Forderungen oder des Werts von betrieblichen Grundstücken. Natürlich hatten diese »Gewinnarten« vorher auch einmal die Form von Geld, aber irgendwann hat der Unternehmer die Entscheidung getroffen, dieses Geld in etwas anderes umzuwandeln – zum Beispiel in zusätzliche Ware fürs Lager. Auf diese Weise kann ein Unternehmen profitabel sein, aber wenig Geld in der Kasse haben.

Obwohl ein Anwachsen der Geldbestände nur eines von vielen möglichen Resultaten der Ertragskraft ist, ist es doch bei weitem das wichtigste, denn Geld ist der Treibstoff für die laufende Tätigkeit Ihres Unternehmens. Wenn Sie zu viel Geld für Inventar oder Ausrüstung ausgegeben oder Ihre Forderungen zu nachlässig eingetrieben haben, dann können Sie vielleicht Ihre Lieferanten und Mitarbeiter nicht bezahlen. Die wollen nämlich Bares und nichts aus dem Lager.

Profitable Unternehmen sind schon Pleite gegangen, weil die Eigentümer ihr eingenommenes Geld falsch verwendet haben. Statt es zu akkumulieren, akkumulierten sie (bewusst oder unbewusst) andere, nicht liquide Vermögenswerte – und siehe da: Als die Rechnungen fällig wurden, war die Kasse leer.

Das Konto Ihrer Firma sagt Ihnen genau, wie viel Geld Sie in diesem Moment haben. Haben Sie genug auf dem Konto, um die Rechnungen von heute und die Gehälter von morgen zu bezahlen? Und haben Sie danach noch Geld übrig? Falls ja, ist Ihr Cashflow gesichert – zumindest für heute.

Schwierig wird es, wenn man den Cashflow von morgen vorhersagen soll. Sie wissen ja, wie wichtig vorausschauende Planung für die Zukunft ist. Um auch den künftigen Cashflow planen zu können, müssen Sie Fragen wie die folgenden beantworten:

✔ Werden Sie genug Geld haben, um am Monatsende die Gehälter zahlen zu können?

✔ Werden Sie genug Geld haben, um die hohe Lieferantenrechnung zu bezahlen, die nächsten Montag fällig wird?

- ✔ Wie steht's mit den Kreditzinsen, den künftigen Stromrechnungen, den Steuern, die alle regelmäßig fällig sind? Wird das Geld auch für sie reichen, wenn es so weit ist?

Sie merken schon: Sie müssen Ihren Cashflow planen. Sie brauchen eine Vorhersage, wie viel Geld Ihnen in einer künftigen Zeitperiode zur Verfügung stehen wird. Manche Unternehmen planen ihren Cashflow für 30 Tage im Voraus, andere für sechs Monate oder ein ganzes Jahr.

Um Ihren Cashflow effektiv planen zu können, müssen Sie Ihre Kristallkugel aufpolieren, denn Sie macht eine Reihe wichtiger Vorhersagen. Sie müssen zum Beispiel Ihre zukünftigen Umsätze vorhersagen, welchen Teil Ihrer Forderungen Sie sicher eintreiben können, die Summen Ihrer monatlichen Gehaltszahlungen und der Lieferantenrechnungen, die Sie morgen, nächste Woche, in 30 Tagen, in sechs Monaten oder in einem Jahr werden zahlen müssen. Je besser Ihre Vorhersagen, desto besser wird Ihre Planung. Tabelle 11.1 zeigt eine einfache Vorlage für Cashflowplanungen:

Planungsperiode (Tage, Monate etc.)	____________
Gegenwärtiger Geldbestand (Girokonten, Kasse)	__________ EURO
+ erwartete Barumsätze in der Planungsperiode	__________ EURO
+ erwartete Zahlungseingänge aus Forderungen in der Planungsperiode	__________ EURO
Zwischensumme	__________ EURO
– Auszahlungen	
Gehälter	__________ EURO
Steuern	__________ EURO
sonstige Ausgaben	__________ EURO
Gesamtsumme = erwarteter Geldbestand am Ende der Planungsperiode	__________ EURO

Tabelle 11.1: Cashflowplanung

Je länger Sie die Planungsperiode wählen, desto nützlicher, aber auch ungenauer werden Ihre Cashflowvorhersagen. Wir empfehlen Planungen für mindestens sechs Monate im Voraus, die Sie dann mindestens einmal pro Monat fortschreiben. So haben Sie jederzeit die sechs kommenden Monate im Blick; Sie können auf diese Weise Problemperioden früher erkennen und sich rechtzeitig auf sie einstellen, wenn Sie die tatsächlich erzielten Cashflows mit den geplanten (in Ihrem Budget) vergleichen.

Die meisten Unternehmensberater und auch die Steuerberater, die eventuell die Buchführung für Sie übernehmen, haben vorformatierte EDV-»Cashflowvorhersagen«, die sie ihren Klienten zur Verfügung stellen. Lassen Sie sich davon aber nicht die Verantwortung abnehmen. Auch wenn Sie ein ganz kleines, unkompliziertes Geschäft betreiben – Sie *müssen* das Konzept des Cashflows verstanden haben! Tut uns leid: In diesem Punkt müssen wir – und sollten Sie – hart bleiben.

Lernen Sie Ihre Zahlenwerke kennen

Ob Sie Ihre Bücher manuell oder per PC führen, entstehen am Ende zwei Zahlenwerke: die Gewinn- und Verlust-Rechnung und die Bilanz. Beide werden jeweils am Ende einer Geschäftsperiode erstellt, in der Regel monatlich, quartalsweise und immer jährlich zum Ende des Geschäftsjahres.

Freiberuflich Tätige haben es hier sehr viel leichter: Sie ermitteln ihre Umsätze und Gewinne (Einkommen) mit einer einfachen Gegenüberstellung der Einnahmen und Ausgaben in einer Periode – die Differenz zwischen beiden ist ihr Gewinn. Diese einfachste Art der Buchführung heißt Einnahme-Überschuss-Rechnung.

Wir empfehlen, dass Sie Ihre Zahlenwerke so oft wie möglich erstellen (lassen), am besten monatlich. Wenn dies aus irgendwelchen Gründen (Software) nicht möglich sein sollte, reicht es auch quartalsweise; tappen Sie aber nicht wie viele Kleinunternehmen in die Falle, die Zahlenwerke nur ein- oder zweimal pro Jahr zu erstellen. Sie erinnern sich: Sie dienen in erster Linie als Instrument der Unternehmensführung, und Sie sollten nicht 364 Tage herumwursteln, ohne die Informationen aus den Zahlenwerken zu beachten.

Die Gewinn- und Verlust-Rechnung

Die Gewinn- und Verlust-Rechnung (GuV) misst die Ergebnisse der Tätigkeit eines Unternehmens in einer bestimmten Zeitperiode – in der Regel ein Monat, ein Quartal oder ein Jahr. Die GuV addiert alle Einnahmen der Firma und subtrahiert davon alle Ausgaben; das Ergebnis ist eine Zahl, die zeigt, was übrig geblieben ist: der Gewinn. (Und wenn die Ausgaben höher als die Einnahmen waren, ist das Ergebnis ein Verlust.) In Abbildung 11.1 finden Sie eine einfache Gewinn-und-Verlust-Rechnung, an die Sie Ihre eigene anlehnen können.

Eine GuV kann viele Gestalten haben. Wir empfehlen dafür und auch für die Bilanz das vierspaltige Format, wie wir es in Abbildung 11.1 verwenden. Damit können Sie für jede Position leicht und schnell die drei entscheidenden Zahlen (Vorjahr, Plan und laufendes Jahr) vergleichen. Die vierte Spalte misst die prozentuale Veränderung des laufenden Jahres gegenüber dem Vorjahr: Wachstum oder (in Klammern) Absinken.

Auch wenn eine typische GuV auf den ersten Blick verwirrend aussehen mag, ist der Weg zum Betrag des Gewinns nicht schwer zu verstehen. Sie gehen in fünf einfachen Schritten vor:

1. **Beginnen Sie mit dem Bruttoumsatz.** In Abbildung 11.1 beträgt er fürs laufende Jahr 500.000 Euro.
2. **Ziehen Sie davon die Kosten für die Waren ab, die diesen Umsatz erbrachten – den Wareneinsatz.** Im Beispiel belaufen Sie sich auf 225.000 Euro.
3. **Was übrig bleibt, ist die Bruttomarge aus diesem Umsatz – der Bruttogewinn vor Abzug der Ausgaben.** Im Beispiel sind das 275.000 Euro.

4. **Ziehen Sie davon nun alle Ausgaben ab, die in der Geschäftsperiode angefallen sind, darunter alle für Verkauf und Marketing sowie für die allgemeine Verwaltung.** Ihre Summe im Beispiel beträgt 234.000 Euro.
5. **Der Betrag, der übrig bleibt (ist das nicht supereinfach?), ist Ihr Gewinn** – 41.000 Euro!

Wie Sie sehen, ist die Handhabung der GuV gar nicht so schwierig; was allerdings ein bisschen Arbeit macht, ist das Heraussuchen und Zusammenrechnen all der Zahlen, die in sie einfließen. Hier gilt wieder: Je besser das Buchführungssystem einer Firma ist, desto leichter wird diese Aufgabe.

Achtung Lektorat!
Zahlen checken!

Moderne Internationale Trend-Produktionen
Gewinn- und Verlust-Rechnung
für das Geschäftsjahr ... per 31. 12. ...

(alle Angaben in Euro)

	Vorjahr	Plan	Lfd. Jahr	Veränderung gegenüber (Budget) Vorjahr
Umsatz (Einnahmen)	450.000	475.000	500.000	11 %
- Wareneinsatz	200.000	210.000	225.000	12,5 %
= Bruttomarge	250.000	265.000	275.000	10 %
Ausgaben				
Löhne und Gehälter	75.000	77.000	97.000	29 %
Miete	50.000	52.000	54.000	8 %
Verkauf/Marketing	55.000	58.000	61.000	11 %
Telefon	10.000	11.000	11.000	10 %
Energiekosten	10.000	11.000	11.000	10 %
Ausgaben gesamt	200.000	209.000	234.000	15 %
Gewinn (vor Steuern)	50.000	56.000	41.000	(32 %)

Abbildung 11.1: Beispielhafte Gewinn-und-Verlust-Rechnung mit erfreulichen Zahlen

Aus einem Zahlenwerk, wie unser Beispiel-GuV, lassen sich leicht wichtige Informationen gewinnen:

- ✔ Gehen Sie zum Gewinnbetrag für das laufende Jahr (das ist die Zahl, die jeden Kleinunternehmer natürlich am meisten interessiert). Mithilfe des Prozentsatzes in der Spalte daneben können Sie schnell bestimmen, wie profitabel die Firma Moderne Internationale Trend-Produktionen im Vergleich zum Vorjahr war. Der Gewinn ist um 18 % gesunken.
- ✔ Ein Blick auf die oberen Zeilen der GuV zeigt, dass diese gesunkene Ertragskraft nicht am Umsatz lag, der um 11 % stieg, und auch nicht an der Bruttomarge, die sich um 10 % erhöhte.

Wenn wir uns an unsere Überlegungen zur Ertragskraft weiter oben in diesem Kapitel erinnern, können wir vermuten, dass das Problem mit den Ausgaben zu tun hat.

- ✔ Bei den Ausgaben in der dritten Spalte sehen wir, dass sich die für Löhne und Gehälter um 29 % erhöht haben. Das bedeutet: Trotz 11 % mehr Umsatz und 10 % mehr Gewinnmarge hat der saftige Anstieg der Löhne und Gehälter zu einem Problem geführt. Ein schneller Vergleich mit den geplanten Ausgaben für Löhne und Gehälter zeigt, dass der Anstieg um 29 % *nicht* vorgesehen war; was immer da vorgefallen ist, es war jedenfalls nicht eingeplant. Um die Ursache des Problems genau zu bestimmen, müssten wir uns die Personalausgaben für eine eingehende Überprüfung vornehmen.

Manche Unternehmen erweitern ihre GuV neben den ersten drei Spalten um drei zusätzliche. Darin stehen die Beträge der jeweiligen Vorspalte in Prozent ausgedrückt. Der Umsatz beispielsweise wird gleich 100 % gesetzt, und die übrigen Werte in der Spalte sind dann ein Anteil davon. Die Bruttomarge der Modernen Internationalen-Trendproduktionen betrüge dann 55 % (275.000 Euro geteilt durch 500.000 Euro). Solche zusätzlichen Prozentspalten machen die Größenordnungen der einzelnen Positionen klarer; für uns steht allerdings eher der Nachteil im Vordergrund, dass sie das Zahlengewirr vergrößern und den Überblick erschweren.

Wenn Sie Ihre vierspaltige GuV erstellt haben, können Sie relativ leicht erkennen, was die Firma getan hat, wo sie jetzt steht und wo Verbesserungen nötig sind. Wenn Sie drei der Spalten betrachten, können Sie schnell die drei Fragen beantworten, die die Ertragskraft jeder Firma bestimmen:

- ✔ Haben Sie Ihre Kosten kontrolliert? Hier gilt für die Modernen Internationalen Trend-Produktionen ein klares Nein.
- ✔ Haben Sie Ihre Marge gehalten oder verbessert (die Differenz zwischen Herstellungskosten und Preis)? In unserem Beispiel ja.
- ✔ Haben Sie den Umsatz gehalten oder erhöht? In diesem Beispiel ja.

Auch wenn Ihnen diese Antworten bei der Führung Ihres Unternehmens helfen, sind sie nicht die einzige Information, die die GuV Ihnen liefert. Lesen Sie dazu weiter unten den Abschnitt »Von Zahlen zu Aktionen«.

Die Bilanz

Das zweite wichtige Zahlenwerk für ein Kleinunternehmen ist die Bilanz. Sie liefert einen Schnappschuss der finanziellen Lage eines Unternehmens zu einem bestimmten Zeitpunkt (in der Regel das Ende des Geschäftsjahres, meist der 31. 12.). Das Konzept ist nicht schwierig zu verstehen: Die Bilanz ist ganz einfach eine Liste dessen, was ein Unternehmen besitzt (Vermögen, Aktiva) und was es anderen schuldet (Verbindlichkeiten, Fremdkapital, Passiva); die Differenz zwischen beiden gibt an, wie viel das Unternehmen wert ist (Nettowert) beziehungsweise wie hoch sein Eigenkapital ist. Diese Größe wird auch als Buchwert bezeichnet.

In Abbildung 11.2 stellen wir Ihnen eine Musterbilanz vor. Wir haben für dieses Beispiel das gleiche vierspaltige Format gewählt wie für die Gewinn-und-Verlust-Rechnung, damit Sie die Werte in den Spalten besser vergleichen können. Normalerweise stehen die Passiva am Bilanzstichtag rechts in einer Spalte neben der mit den Aktiva; Vorjahreswerte, Plan- und Veränderungswerte kommen nicht hinein. Wir empfehlen Ihnen unser vierspaltiges Format für die Erstellung Ihrer eigenen Bilanz, müssen aber anmerken, dass die allermeisten Firmen ihre Bilanz nicht »planen«, aber dennoch erfolgreich operieren.

In unserem Beispiel schlossen die Modernen Internationalen Trend-Produktionen das Geschäftsjahr mit einem Wachstum des Eigenkapitals (also des Nettowerts) gegenüber dem Vorjahr von 41.000 Euro ab. Das sind genau die 41.000 Euro, die uns auch schon die GuV lieferte. Durch den Vergleich der Werte des laufenden mit denen des Vorjahres können Sie sofort ablesen, was im Laufe des Geschäftsjahres mit den Aktiva und Passiva geschehen ist – mit anderen Worten: wie die Modernen Internationalen Trend-Produktionen ihre Mittel eingesetzt hat.

Noch ein Beispiel, um Ihnen zu zeigen, wie leicht es ist, Informationen aus unserem vierspaltigen Bilanzformat zu ziehen: Schauen Sie in die letzte Spalte und Sie werden bemerken, dass das gesamte Umlaufvermögen sich nicht besonders stark verändert hat – wohl aber zwei seiner Unterpositionen, die liquiden Mittel und das Inventar. Erstere betragen per 31. 12. Nur 5.000 Euro, wogegen sich die Lagerbestände auf 85.000 Euro aufgebläht haben. Im Laufe des Geschäftsjahres ist also ein großes Lager aufgebaut worden, was die Firmenkasse arg gebeutelt hat. Ein schneller Blick in die Spalte »Plan« bestätigt, dass diese Inventarerhöhung nicht geplant war und auch keine Mittel dafür vorgesehen waren. (Das ist übrigens ein typisches Beispiel dafür, wie ein Unternehmen profitabel sein, aber dennoch in finanzielle Probleme geraten kann.) Laut Bilanz haben die Modernen Internationalen Trend-Produktionen 90.000 Euro kurzfristige Verbindlichkeiten, aber nur 5.000 Euro flüssig.

Die einzige weitere Prozentzahl in dieser Beispielbilanz, die sofort ins Auge springt, ist der 55-prozentige Rückgang der langfristigen Kredite. Irgendwann im Laufe des Jahres hat die Unternehmensleitung beschlossen, einen Teil der langfristigen Verbindlichkeiten abzubauen – eine Entscheidung, die sie angesichts des gegenwärtigen Mangels an liquiden Mitteln wahrscheinlich gern wieder rückgängig machen würde.

Wie wir bereits sagten, ist die Gewinn-und-Verlust-Rechnung dazu da, Fragen der Ertragskraft zu beantworten: Umsätze, Margen und Ausgaben. Die Bilanz dagegen beantwortet eine gänzlich andere Frage: Wie haben Sie Ihre Mittel (Ressourcen) eingesetzt? Haben Sie Ihr Geld in die Vergrößerung des Inventars gesteckt oder damit Kredite zurückgezahlt oder die liquiden Mittel zu erhöhen? Ein Unternehmer trifft im Laufe eines Jahres hunderte von Entscheidungen, wie er seine Mittel einsetzt; die Bilanz erzählt die Geschichte dieser Entscheidungen.

Moderne Internationale Trend-Produktionen Bilanz für das Geschäftsjahr ... per 31. 12. ... (alle Angaben in Euro)				
Aktiva **Umlaufvermögen**	**Vorjahr**	**Plan**	**Lfd. Jahr**	**Veränderung gg. (Budget) Vorjahr**
Liquide Mittel	25.000	35.000	5.000	(–80 %)
Forderungen	50.000	55.000	55.000	10 %
Inventar (Warenlager)	50.000	55.000	85.000	70 %
Umlaufvermögen gesamt	125.000	145.000	145.000	16 %
Anlagevermögen				
Immobilien	100.000	95.000	95.000	(–5 %)
Betriebs- u. Geschäftsausst.	50.000	47.000	47.000	(–6 %)
Ausrüstung (Masch., Anl.)	50.000	47.000	47.000	(–6 %)
Anlagevermögen gesamt	200.000	189.000	189.000	(–5,5 %)
Aktiva gesamt	325.000	334.000	334.000	
Passiva				
Kurzfr. Verbindlichkeiten				
Fällige Verbindlichkeiten	75.000	69.000	80.000	6,7 %
Kurzfristige Kredite	10.000	10.000	10.000	–
Kurzfr. Verb. gesamt	85.000	79.000	90.000	6 %
Langfristige Verbindlichkeiten				
Hypotheken	70.000	65.000	65.000	(–7 %)
Langfristige Kredite	45.000	0	20.000	(–56 %)
Langfr. Verb. gesamt	115.000	65.000	85.000	(–26 %)
Verbindlichkeiten gesamt	200.000	144.000	175.000	(–12,5 %)
Eigenkapital (Nettowert)	125.000	190.000	159.000	27 %
Passiva gesamt	325.000	334.000	334.000	(2,8 %)

Abbildung 11.2: Beispielhafte Bilanz, die zeigt, wie der Unternehmer seine Ressourcen einsetzte

Ed betrieb ein erfolgreiches Bauunternehmen. Er war seit 15 Jahren im Geschäft, beschäftigte 20 Mitarbeiter und machte mehrere Millionen Umsatz pro Jahr – anscheinend eine solide Grundlage für ein angenehmes Leben. In einem Gespräch mit Jim, der sein Unternehmen zu dieser Zeit beriet, beichtete Ed ihm eine Frage seiner Bank, die ihn kürzlich in Verlegenheit gebracht hatte, als er sich nach einem Kredit erkundigte.

»Die wollten wissen, wie hoch mein Verschuldungsgrad ist«, sagte er. »Und ich wusste nicht nur keine Antwort, ich wusste auch nicht, wo ich den in meinen Zahlen finden konnte.«

Wie sich herausstellte, war das nicht das Einzige, das Ed nicht über seine Zahlen wusste. Er wusste auch nicht, wie er seine Lagerumschlagsgeschwindigkeit oder die Eigenkapitalquote errechnen konnte. Und er hatte keine Jahreszahlen, anhand derer er die Positionen in seiner Bilanz und Gewinn- und Verlust-Rechnung miteinander vergleichen konnte. Kurz: Ed konnte seine Zahlenwerke nicht lesen und schon gar nicht die Informationen nutzen, die in ihnen steckten.

Leider ist Ed ein typisches Beispiel für viele Kleinunternehmer, die Ihre Zahlenwerke kaum für mehr benutzen als zur Dokumentation oder für die Steuer. Ironischerweise beschäftigte Ed für 40.000 $ pro Jahr eine freiberufliche Controllerin, zahlte also 40.000 $ (plus weitere 10.000 $ für Sonstiges in diesem Zusammenhang) für Buchführung, Jahresabschlüsse und pünktliche Steuerzahlungen. Ein magerer Ertrag für eine Investition von 50.000 $!

Wie ein Fußballtrainer eine Reihe von Statistiken über Eckbälle, Vorlagen und Torschüsse und so weiter einsetzt, um wichtige Entscheidungen (etwa über die Mannschaftsaufstellung) zu treffen, so sollte auch jeder Inhaber eines Kleinunternehmens die Statistiken nutzen, die in seiner Firma entstehen. So bleibt man als Unternehmer am Ball!

Von Zahlen zu Aktionen

Versuchen Sie doch einmal, genau zu ermitteln, wie viel es jedes Jahr kostet, die Zahlenwerke Ihres Kleinunternehmens zu erstellen. Nur zu! Addieren Sie die Löhne und Gehälter der Leute, die die Zahlen sammeln, die Abschreibung Ihrer Buchhaltungshard- und -software und die Kosten für externe Dienstleister, wie etwa Ihren Steuerberater. Und das Ergebnis? Das Ergebnis ist eine sehr teure Prozedur, um zu bestimmen, wie viel Steuern Sie beziehungsweise Ihr Unternehmen zahlen müssen – wenn das alles ist, wozu Sie die Zahlenwerke nutzen!

Wenn Sie die Zahlenwerke jedoch als Instrument der Unternehmensführung nutzen, dann sieht das Bild ganz anders aus. Manchmal machen sich die Zahlenwerke sogar von ganz allein bezahlt, wenn Sie die Lehren aus ihnen in Aktionen umsetzen, die sich als gute Führungsentscheidungen erweisen.

Hätte der Inhaber der Modernen Internationalen Trend-Produktionen zum Beispiel seine Mehrausgaben für Gehälter eingeplant, bevor er sie tätigte, und wäre er sich des drohenden negativen Einflusses auf die Ertragskraft seiner Firma bewusst gewesen, dann hätte er seine Entscheidung vielleicht noch einmal überdacht. Gleiches gilt für den enormen Anstieg des Inventars in unserer Beispielbilanz.

Das ist die Macht von Zahlenwerken und Planungen (Budgets). Mit ihrer Hilfe können Sie die Ergebnisse Ihrer Entscheidungen sehen – bevor Sie sie treffen!

Die Kennzahlen Ihres Unternehmens

Bevor wir die Zahlen in GuV und Bilanz in sinnvolle Instrumente der Unternehmensführung verwandeln, müssen wir zwei Vorbemerkungen machen:

- ✔ **Vergleiche sind am besten.** Zahlen, Kennzahlen und Prozentsätze sind immer dann am aussagekräftigsten, wenn man sie mit anderen Zahlen, Kennzahlen und Prozentsätzen vergleicht. Ihre Firma erzielt vielleicht einen anscheinend ansehnlichen Nettogewinn in Prozent vom Umsatz – doch wenn dieser Prozentsatz geringer ist als in der gleichen Periode des Vorjahres, kann Gefahr drohen. Zahlen kann man am effektivsten dazu nutzen, Trends zu erkennen, und um Trends zu erkennen, muss man immer zwei zeitlich auseinander liegende Zahlen miteinander vergleichen.
- ✔ **Es kommt auf die Branche an.** Was in einer Branche gängig ist, mag es in einer anderen nicht sein. Wenn Sie in der Softwarebranche arbeiten, sind Sie vielleicht enttäuscht, wenn von 1 Euro Umsatz nur 15 % als Gewinn übrig bleiben. Als Lebensmitteleinzelhändler dagegen wären Sie schon bei 5 % außer sich vor Freude.

Wenn Sie die gängigen Kennzahlen in Ihrer Branche nicht kennen, sollten Sie Ihren Branchenfachverband kontaktieren. Die meisten Verbände können Ihnen die branchentypischen Zahlen und Werte geben, anhand derer Sie Ihr Unternehmen mit dem Branchendurchschnitt vergleichen können. Auch Branchenfachzeitschriften und spezialisierte Unternehmensberater sind Quellen für Branchenkennzahlen.

Wir empfehlen Ihnen sehr, selber zu lernen, wie Sie Kennzahlen aus Ihren Zahlenwerken errechnen, statt dies Ihrem Buchhalter oder Steuerberater zu überlassen. Es ist einfacher als Sie vielleicht denken. Wenn Sie selber rechnen, gewinnen Sie ein besseres Verständnis dafür, wo die Zahlen herkommen und wie Sie die Zahlenwerke als Instrument der Unternehmensführung nutzen können.

Im Folgenden stellen wir Ihnen einige ausgewählte Kennzahlen vor, knapp und ohne theoretisches Brimborium. Diese Kennzahlen liefern Ihnen nicht all die umfassenden Informationen, die

Sie brauchen, um ein raffinierter Finanzmanager zu werden, aber sie bilden eine solide Basis für die Führung Ihres Unternehmens.

Umsatzrentabilität

Die Umsatzrentabilität wird berechnet durch die Division des Gewinns (vor Steuern; aus der GuV) durch den Umsatz (die Einnahmen; auch aus der GuV). Das Ergebnis gibt an, wie viel Sie an jeder Mark Umsatz verdienen, misst also die Effizienz Ihres Unternehmens, eine Umsatzmark in Gewinn zu verwandeln. Die Umsatzrentabilität ist von Branche zu Branche sehr unterschiedlich.

Eigenkapitalrentabilität

Die Eigenkapitalrentabilität wird berechnet durch die Division des Gewinns (aus der GuV) durch das Eigenkapital (den Nettowert; aus der Bilanz). Das Ergebnis gibt an, wie viel Sie für jede Mark verdient haben, die Sie in Ihre Firma investiert haben (Ihr Eigenkapital).

Wenn Ihre Eigenkapitalrentabilität mindestens drei Jahre lang nicht über 5 % hinauskommt (das ist etwa die Verzinsung von sicheren Geldanlagen, wie Schuldverschreibungen), dann sollten Sie sich überlegen, Ihr Unternehmen zu verkaufen und Ihr Eigenkapital am Geldmarkt anzulegen. Der Ertrag wäre etwa gleich, Ihr Risiko geringer und die »Arbeit« leichter.

Anmerkung: Umsatz- wie Eigenkapitalrentabilität sind in ihrer Höhe sehr stark davon abhängig, was der Inhaber aus dem Unternehmen für sich persönlich entnimmt. Je großzügiger er sich bedient, desto geringer sind Umsatz- und Eigenkapitalrentabilität.

Bruttomarge

Diese Kennzahl wird ermittelt als prozentualer Anteil des Wareneinsatzes am Umsatz (beide Zahlen aus der GuV) und ist dessen Differenz zu 100 %. Die prozentuale Bruttomarge misst, was Sie an Ihren verkauften Produkten verdienen, bevor Sie die allgemeinen Betriebskosten in Ansatz bringen. Auch die Bruttomarge hängt in der Höhe stark von Ihrer Branche, Ihrer Firma und von Ihren Produkten ab.

Hier ist der Trend, die Entwicklung besonders wichtig. Im Laufe der Zeit sollte Ihre Bruttomarge eher steigen als abnehmen. Rechnen Sie sich die Bruttomarge auch für einzelne Produkte oder Produktgruppen aus – wenn einzelne keine befriedigende Bruttomarge mehr einbringen, sollten Sie sie aus dem Programm nehmen.

Liquiditätsgrad

Der Liquiditätsgrad wird errechnet per Division des Umlaufvermögens (aus der Bilanz) durch die kurzfristigen Verbindlichkeiten. Diese Kennzahl drückt Ihre Liquidität aus, also Ihre Fähigkeit, Geldvermögen und Lager schnell zu Zahlungsmitteln zu machen. Sie ist daher besonders interessant für Ihre Gläubiger und Anteilseigner/Investoren. Je höher der Liquiditätsgrad, desto flüssiger sind Sie; alles über 2 ist gesund, darunter wird's kritisch.

Auch hier ist der Entwicklungstrend wichtig. Ihr Liquiditätsgrad sollte im Laufe der Zeit eher steigen als sinken.

Verschuldungsgrad

Den Verschuldungsgrad errechnet man über die Division des Eigenkapitals (Nettowerts; aus der Bilanz) durch die gesamten Verbindlichkeiten (auch aus der Bilanz). Der resultierende Wert gibt an, wie viel von der Firma dem Eigentümer gehört beziehungsweise seinen Gläubigern.

Generell gilt 1 als gesund, alles darunter ist fragwürdig. Schauen wir uns dazu die beispielhafte Bilanz der Modernen Internationalen Trend-Produktionen an. Die Firma ist mit 175.000 Euro verschuldet (Verbindlichkeiten gesamt). Das bedeutet, dass am Bilanzstichtag die Gläubiger des Unternehmen 16.000 Euro mehr darin stecken hatten als der Eigentümer (Verbindlichkeiten gesamt minus Eigenkapital von 159.000 Euro). Der Verschuldungsgrad war also etwas niedriger als 1. Wenn der Inhaber in dieser Situation einen weiteren Kredit bräuchte, um zurecht zu kommen, dann würde es ihm schwer fallen, die Banken zu überzeugen, dass ein weiteres Engagement sich lohnt.

Passen Sie auf, dass Ihr Verschuldungsgrad nicht unter 1 absinkt. Und wenn er es tut, müssen Sie geldzehrende Vorhaben wie eine Vergrößerung des Inventars, die Einstellung neuer Mitarbeiter oder den Kauf neuer Ausrüstung verschieben – so lange bis der Verschuldungsgrad in den Augen Ihrer Banker wieder freundlicher aussieht.

Lagerumschlagsgeschwindigkeit

Diese Kennzahl gibt an, wie oft pro Jahr sich Ihr Inventar, Ihr Lagerbestand »umschlägt«. Sie wird berechnet über die Division des Wareneinsatzes (aus der GuV) durch Ihren durchschnittlichen Lagerbestand. Wenn Ihr Anfangsinventar einen Wert von 100.000 Euro hatte und der Endbestand 150.000 Euro wert ist, dann ist Ihr Durchschnittsinventar 125.000 Euro.

Die Lagerumschlagsgeschwindigkeit zeigt an, wie gut Sie Ihr Inventar im Griff haben. Je höher der Wert ist, desto öfter hat sich Ihr Lager umgeschlagen – und das ist immer vorzuziehen. Die Höhe des Werts hängt sehr stark von der Branche und Ihrer Rolle darin (Produzent, Groß- oder Einzelhändler) ab. Typische Lagerumschlagsgeschwindigkeiten können sich zwischen 5 und 20 bewegen.

Wie Sie Ihr Inventar im Griff behalten

Wenn Sie keine Steuern hinterziehen oder krumme Geschäfte machen, ist der Aufbau von überhöhten Lagerbeständen der schnellste und einfachste Weg zu Problemen, den wir kennen. Zu viel Inventar und dessen lange Schreckensliste von Folgen können aus jedem gesunden Unternehmen ein kränkelndes machen.

Anders als Lieferanten, die nicht mehr pünktlich liefern, können Sie Lagerbeständen, die es nicht mehr bringen, nicht einfach den Laufpass geben. Inventar, das sich schlecht oder gar nicht verkauft, liegt einfach da und setzt Staub an – und Sie zahlen Zinsen auf das Geld, das Sie dafür investiert haben, Miete für die Lagerräume, Strom für die Lagerräume ... und auch der Nachtwächter, der Ihre Lagerhalle kontrolliert, kostet jeden Monat Geld.

Manchmal gehen die Lagerbestände schon zurück, aber leider nicht wie geplant und nicht immer im Tausch gegen das Geld von Kunden. Inventar kann auf vielen unerwünschten Wegen verschwinden, zum Beispiel durch Mitarbeiterklau, Kundenklau – und durch die tödlichste Krankheit von allen: Es veraltet, wird nutzlos und schlichtweg unverkäuflich.

Wenn zu Ihrem Unternehmen ein Lager gehört, beachten Sie die folgenden Tipps, um es effektiv im Griff zu haben:

- ✔ Die Vorbeugung gegen zu hohe Lagerbestände beginnt bei der Person, die den Einkauf macht. Je mehr Informationen sie hat, desto besser können ihre Einkaufsentscheidungen sein. Etablieren Sie ein gutes EDV-Warenwirtschaftssystem, auf das die Einkäufer Zugriff haben. Als Einzelhändler sollten Sie das Warenwirtschaftssystem direkt mit den Kassen koppeln, damit jeder einzelne Verkauf sofort registriert wird; mit Scannerkassen ist das ein Kinderspiel.
- ✔ Teilen Sie Ihr Inventar in kleine, handhabbare Einheiten auf. Achten Sie besonders auf die Stücke, die finanziell am meisten Wirkung erzielen. Denn auch das Inventar unterliegt der 80 : 20-Regel: Etwa 80 % Ihres Umsatzes resultieren aus etwa 20 % der Lagereinheiten. Richten Sie Ihr Augenmerk besonders auf diese 20 % – und überlegen Sie, welche der übrigen 80 % Sie vielleicht nicht weiter verkaufen wollen.
- ✔ Stellen Sie sicher, dass Sie ein zuverlässiges System und ebensolche Mitarbeiter an den entscheidenden Stellen der Lagerverwaltung haben: beim Versand und bei der Warenannahme. Die meisten Vorgänge von »Schwund« können an diesen zwei Positionen erkannt werden.
- ✔ Machen Sie oft körperliche Inventur. Zählen Sie die Stückzahlen in Ihrem Lager und vergleichen Sie die Zahlen mit denen in Ihren Unterlagen. Auf diese Weise können Sie Schwundprobleme schnell aufspüren. Wenn Sie Ihr Inventar in kleine, handhabbare Einheiten aufgeteilt haben, können Sie schneller herausfinden, wo der Schwund vorkommt. Wir empfehlen, zwei Mal pro Jahr Inventur zu machen, besser noch vier Mal.
- ✔ Nehmen Sie bei der Lieferantenauswahl nicht einfach den mit den niedrigsten Preisen. Die Kriterien Lieferzeiten und -zuverlässigkeit sollten ganz oben auf Ihrer Anforderungsliste stehen. Denn je kürzer die Lieferfrist und je zuverlässiger der Lieferant, desto weniger Lagerbestand müssen Sie von seinen Produkten vorhalten.

Wie effizient Sie Ihr Inventar managen, kann unmittelbare Auswirkungen haben auf die Ertragskraft (je weniger Lagerbestände Sie abschreiben müssen, desto profitabler arbeiten Sie) wie auch auf den Cashflow Ihres Unternehmens (je weniger Euro Sie in Ihrem Lager gebunden haben, desto mehr Geld steht Ihnen für andere Zwecke zur Verfügung).

Wie Sie Ihre Forderungen eintreiben

Banken sind nicht die einzigen Institutionen in der Geschäftswelt, die Geld verleihen – auch die meisten Kleinunternehmen tun es. Der Hauptunterschied zwischen beiden: Die Banken kassieren Zinsen für Ihre Kredite – Unternehmen bekommen nichts für ihre ausstehenden Forderungen (Geld, das sie ihren Lieferanten leihen).

Überlegen Sie einmal. Wenn Kunden Ihr Produkt kaufen und nicht sofort bar bezahlen, geben Sie ihnen in der Regel 30 Tage Zeit, um die Rechnung zu begleichen. 30 Tage, in denen der Kunde nicht nur Ihr Produkt hat (und nutzen kann), sondern auch das Geld, das Ihnen zusteht – genau das Geld, das Sie einsetzen könnten zur Tilgung von Krediten, zur Bezahlung Ihrer eigenen Rechnungen oder um auf einem Konto Zinsen dafür zu kassieren.

Jedes erfolgreiche Kleinunternehmen braucht jemanden, der für die Eintreibung von Forderungen zuständig ist. Am Anfang ist das fast immer der Gründer oder Inhaber. Später wird dieser Verantwortungsbereich einem (Mahn-)Buchhalter oder Controller übertragen. Wer immer zuständig ist: Er muss hinter dem Geld der Firma her sein – indem er langsame Zahler zunächst höflich anmahnt, sie dann hartnäckig verfolgt und die ganz Unbelehrbaren am Ende per Mahnbescheid zur Kasse bittet.

Der Kunde wird heute überall als König bezeichnet, doch diese Bezeichnung ist unvollständig. In den Augen eines Unternehmers muss sie lauten: *zahlender Kunde*. Für den erfolgreichen Unternehmer von heute ist ein Kunde erst dann ein geschätzter Kunde, wenn er seine Rechnung bezahlt hat.

Kunden finden, die auch zahlen

Hier ein paar Tipps, wie Sie vor allem unter Firmen »zahlende Kunden« finden und mit Ihnen gute Geschäfte machen:

- **Nicht jeder ist ein geschätzter Kunde.** Das sind nur die, die ihre Rechnungen innerhalb einer Frist begleichen, die es Ihnen erlaubt, einen Gewinn zu machen. Setzen Sie nicht auf einen großspurigen Kunden, der Ihnen Riesenumsätze verspricht – vergewissern Sie sich, dass er auch zahlen kann.
- **Erbitten Sie eine Selbstauskunft von Neukunden, bei denen es um größere Aufträge geht.** Lassen Sie sich ein Muster für eine Selbstauskunft von einem Ihrer Lieferanten oder Ihrer Bank als Vorlage geben. Das muss der »Neue« vor der Annahme des ersten Auftrags ausfüllen.

- ✔ **Bewerten Sie jeden Bewerber, jeden potenziellen Kunden anhand dieser drei Fragen:** Ist er zahlungsfähig? Hat er in der Vergangenheit seine Zahlungswilligkeit unter Beweis gestellt? Können Sie mit ihm angemessene Gewinne erzielen? Lautet nur eine Antwort nein, lassen Sie den eventuellen Umsatz ruhig sausen.
- ✔ **Prüfen Sie die Bonität.** Sie gewähren Ihrem Kunden Kredit – also prüfen Sie ihn ruhig so, wie eine Bank es tut. Wirtschaftsauskunfteien liefern Ihnen die gewünschten Informationen.
- ✔ **Legen Sie Konditionen fest.** Verbindliche Abmachungen über Zahlungsart und -frist sorgen für klare Verhältnisse und geben Ihnen eine sichere Handhabe, falls der Kunde gegen sie verstößt.

Wie Sie Ihre Forderungen managen

Praktische Tipps, wie Sie mit offenen Forderungen umgehen und an Ihr Geld kommen:

- ✔ Was gemessen wird, wird beachtet. Ausstehende Forderungen sollten mindestens einmal pro Monat nach ihrer Fristigkeit geordnet werden. Diese Liste auf seinem Schreibtisch erinnert den Unternehmer ständig daran, bei wem ein großer Teil des Firmenkapitals steckt. Eine gängige und akzeptable Frist bis zur Zahlung sind 30 Tage; wenn es 45 Tage und mehr werden, sollte die Warnlampe aufleuchten.
- ✔ Je älter die Forderung, desto geringer die Chance, dass sie beglichen wird. Warten Sie mit Ihren Mahnaktionen nicht, bis Forderungen älter als 90 Tage sind. Mahnen Sie, solange eine Rechnung noch warm ist (nicht älter als 45 Tage).
- ✔ Verlangen Sie Mahngebühren, denn schließlich entstehen Ihnen Kosten.
- ✔ Kein Geld – keine Lieferungen mehr. Beliefern Sie keine Kunden mehr, die nicht fristgerecht zahlen. Ihre eigenen Lieferanten beliefern Sie auch nicht mehr, wenn Sie gegen die vereinbarten Zahlungsmodalitäten verstoßen.

Denken Sie immer daran, dass Ihre Forderungen bares Geld sind. Und Geld ist letztlich der Maßstab für die Liquidität Ihres Unternehmens. Auf die Liquidität schauen Kreditgeber und Investoren zuerst, wenn sie die Gesundheit Ihrer Firma beurteilen.

Die drei Wege zur Stärkung der Ertragskraft

Jeder Kleinunternehmer ist ständig bestrebt, die Ertragskraft seiner Firma zu verbessern – die Differenz zwischen Einnahmen und Ausgaben. Keiner hat dabei ständig nur Erfolg. Manche haben oft genug Erfolg, um aus einem kleinen ein großes Unternehmen zu machen, andere haben gerade soviel Erfolg, dass sie überleben. Und manche haben leider überhaupt keinen Erfolg.

Es gibt nur drei Wege zur Stärkung der Ertragskraft Ihres Unternehmens:

- Senken Sie die Kosten.
- Erhöhen Sie die Margen. Margen sind die Differenz zwischen Preis und Herstellungskosten der verkauften Waren oder Dienstleistungen. Sie können erhöht werden durch Preiserhöhungen, Senkung der Herstellungskosten oder beides.
- Erhöhen Sie den Umsatz.

Sie können auch alle diese drei Wege gleichzeitig beschreiten – wenn das Glück und die Götter des Unternehmerhimmels Ihnen hold sind.

Kosten senken (oder kontrollieren)

Der größte Vorteil von Kostensenkungen: Wenn Sie an den richtigen Stellen ansetzen, hat das eine direkte, kurzfristige Wirkung auf den Gewinn. Für jeden Euro, den Sie weniger ausgeben, machen Sie einen zusätzlichen Euro Gewinn. (Sie können Ihren Gewinn auch mit einer Umsatzsteigerung erhöhen, doch 1 Euro Mehrumsatz bringt vielleicht nur 25 Cents mehr Gewinn; mehr dazu später.)

Es liegt natürlich ein himmelweiter Unterschied zwischen der Senkung Ihrer Telefonrechnung durch den Wechsel zu einem billigeren privaten Anbieter und der Senkung Ihrer Produktherstellungskosten durch den Wechsel zu einem Lieferanten, der niedrigere Preise *und* niedrigere Qualität bietet. Höhere Gewinne von verärgerten Kunden – oder noch schlimmer: Prozesse wegen fehlerhafter oder schädlicher Produkte – können der langfristigen Ertragskraft Ihrer Firma mehr schaden als nutzen. Obwohl wir also für schlanke Unternehmen plädieren, müssen Sie gut überlegen, wo und wie Sie Ihre Kosten senken. Sie müssen alle Wirkungen berücksichtigen, nicht bloß die kurzfristigen.

Kostenkontrolle ist eine Sache der Unternehmenskultur und funktioniert über Vorbilder. Sie beginnt bei Ihnen als Chef und reicht bis zu Ihren Mitarbeitern (vorausgesetzt, Sie haben die richtigen eingestellt). Vom Tag Ihrer Geschäftseröffnung an, müssen Sie genau auf dessen Kosten achten, aufpassen, dass Sie nicht zu viel ausgeben, und diejenigen, die es sorglos tun, taktvoll kritisieren. Wenn der Chef das richtige Beispiel gibt, dann zieht auch der Rest der Firma mit. So gedeiht eine starke Unternehmenskultur.

Zero-based Budgeting

Wenn Sie sich für eine Kultur der Kostenkontrolle entschieden haben – und auch danach handeln –, ist der nächste Schritt die Etablierung eines Zero-based Budgeting (wir besprachen es schon in Kapitel 8): Bei der Planung des jährlichen Budgets setzen Sie jeden Posten zunächst auf null. Sie nehmen die Zahlen des vergangenen Jahres also nicht als gegeben hin und schreiben sie mit einem Prozentsatz fort, sondern stellen jeden Euro, der für eine Position ausgegeben wurde, infrage. Das ist der ideale

Ausgangspunkt, um zu prüfen, ob einzelne Kosten überhaupt nötig sind und wenn ja, in welcher Höhe. Der »Wildwuchs« vom Vorjahr (also überhöhte, unangemessene Kosten) wird also nicht ins neue Geschäftsjahr mitgenommen.

Hier ein Beispiel für Zero-based Budgeting: Sie wollen Ihre Telefonkosten planen. Der bequeme Weg wäre: Sie nehmen Ihre Telefonkosten vom letzten Jahr, schlagen 2,5 % drauf (die Inflationsrate) und wenden sich der nächsten Position in Ihrer Gewinn-und-Verlust-Rechnung zu. Wer »von null an« budgetiert, nimmt an, die Telefonkosten des Vorjahres seien null gewesen und macht sich an die mühevolle Arbeit des Preisvergleichs zwischen verschiedenen Telefongesellschaften. Er ruft sie an, holt Angebote ein, vergleicht, verhandelt – und wechselt oft zu einem weniger teuren Anbieter. In der Regel wird der vermehrte Zeitaufwand bei dieser Art der Budgetierung durch eine Senkung der Kosten belohnt.

Wie Sie Wildwuchs im Zaum behalten

Außer dem Zero-based Budgeting müssen Sie die 80 : 20-Regel auf Ihre verschiedenen Kostenpositionen anwenden. Sie besagt, dass 80 % Ihrer verschwendeten Euros in nur 20 % Ihrer Kostenpositionen stecken. Stellen Sie Kosten aller Art infrage, große und kleine Positionen. Sie können ungeahntes Einsparpotenzial auftun, wenn Sie in Kosten, wie denen für Geschäftsreisen und Bewirtung, Versicherungen und dem großen Komposthaufen der »Sonstigen« herumwühlen.

Hier weitere Tipps für Ihre Kostenkontrolle:

- **Vermeiden Sie zu viel Personal.** Einen guten Mitarbeiter zu finden und einzustellen ist teuer, seine Entlassung ist nicht nur teuer, sondern oft auch schwierig. Nutzen Sie freie Mitarbeiter, externe Dienstleister, Zeitarbeitskräfte und (sozialversicherungsfreie) Teilzeitkräfte, wenn Sie noch keine Vollzeitkraft auslasten können.
- **Automatisieren Sie, wo immer möglich.** Technik ist normalerweise billiger als Menschen (und kann abgeschrieben werden). Investieren Sie zum Beispiel in gute Software, die Funktionen wie Buchführung, Lagerverwaltung, Mahnwesen oder Lohnbuchhaltung zu großen Teilen »automatisiert«.
- **Warten Sie nicht bis zu einer Krise, bevor Sie etwas gegen zu hohe Kosten tun.** Etablieren Sie ein Kostenkontrollprogramm, wenn die Dinge gut laufen; lassen Sie sich von Effizienz motivieren statt von Angst.
- **Legen Sie die Verantwortung für die Kostenkontrolle dort in die Hände der direkt Zuständigen – in die Hände derjenigen Mitarbeiter, die das Geld ausgeben.** Sie müssen über Ihre Handlungen Rechenschaft ablegen. Belohnen Sie sie, wenn Sie ihre Ziele erreichen, und geben Sie ihnen korrigierendes Feedback, wenn sie das nicht tun.

Diese Tipps sollen Ihnen die Richtung für die Kontrolle Ihrer Kosten vorgeben. Hier nun einige spezifische Tipps, die Sie auch anregen sollen, andere Kosten genau zu hinterfragen:

- ✔ **Zahlen Sie keine unnötigen Bankgebühren.** Auch wenn eine Bank zum Beispiel günstige Kreditzinsen anbietet, sieht die Rechnung unter dem Strich oft anders aus: Durch verschiedenste zusätzliche Gebühren (man ist da sehr erfinderisch) wird's oft teurer, als man Ihnen vorrechnete. Kontoführungsgebühren sind heute schlicht out, und Sie würden sich ja auch mit Recht wehren, wenn Ihnen Ihr Bäkker eine »Geldentgegennahmegebühr« abverlangte.
- ✔ **Nehmen Sie Ihre Telefongesellschaft jedes Jahr kritisch unter die Lupe.**
- ✔ **Verlangen Sie Angebote, bevor Sie sich für Dienstleister entscheiden.** Geben Sie die Positionen genau vor, damit sie zwischen mehreren Anbietern ohne Mühe vergleichen können. Lassen Sie sich auch auf Rechnungen alle Einzelposten aufschlüsseln.
- ✔ **Wie lange ist es her, dass Sie sich nach günstigeren Versicherungen umgesehen haben?** Also los – worauf warten Sie?

Übrigens: Wir sagen nicht, dass der Preis Ihr einziges Kriterium sein sollte und Sie Ihrem gegenwärtigen Lieferanten oder Dienstleister den Laufpass geben sollten, sobald Sie einen billigeren gefunden haben. Was wir vielmehr meinen: Sie sollten einfach die Marktpreise kennen und den Lieferanten wechseln, wenn es opportun scheint, oder ihn dazu veranlassen, seine Preise zu überdenken. Wo es im Getriebe knirscht, muss geölt werden – und die effektive Kontrolle der Kosten ist keine Ausnahme von dieser Regel. Und denken Sie daran: Kostenkontrolle darf keine Einzelaktion sein; sie ist ein laufender Prozess, dessen Erfolg oder Mißerfolg allein Sie in den Händen haben.

Margen erhöhen

Wenn Ihr Produkt 15 Euro kostet und die Kosten (inklusive Transport/Versand) 10 Euro betragen, dann beträgt Ihre Bruttomarge 33 Prozent (5 Euro Marge dividiert durch den Verkaufspreis von 15 Euro; mehr zur Bruttomarge beim Thema Preispolitik in Kapitel 9).

Das Wunderbare bei erhöhten Margen ist (ähnlich wie bei gesenkten Kosten), dass jeder Euro, den Sie damit bei gleich bleibendem Umsatz erzielen, Gewinn ist. Wenn wir im vorigen Beispiel den Produktpreis auf 16 Euro erhöhen, springt die Marge von 33 auf 37,5 % beziehungsweise von 5 auf 6 Euro. Da eine Preiserhöhung praktisch keine Kosten verursacht, ist der volle Euro mehr Gewinn (wenn der Umsatz gleich bleibt).

Die Bereitschaft Ihrer Kunden, Preiserhöhungen zu akzeptieren, wird abhängen von Faktoren, wie Wettbewerb, alternativen Produkten und vor allem von Ihren Beziehungen zu den Kunden. (In Kapitel 10 finden Sie Tipps, wie Sie Ihre Kunden zufrieden stellen.)

Wir empfehlen jedem Unternehmer, die Margen all seiner Produkte und Dienstleistungen mindestens einmal pro Jahr zu überprüfen. Suchen Sie sich einen Zeitpunkt, wo es am sinnvollsten ist, Preise zu erhöhen (in der Regel zu Beginn des Geschäftsjahres), und gehen Sie dann vom Produkt mit dem niedrigsten Preis aus nach oben vor. Analysieren Sie bei jedem Produkt den Prozentsatz der Preiserhöhung. Nehmen Sie keinen pauschalen Erhöhungssatz für alle Produkte, sondern betrachten Sie jedes einzeln. Streben Sie bei den niedrigpreisigen höhere Margen an und auch bei denen, wo es nicht so viel Konkurrenz gibt.

Aber Sie können eine Preiserhöhung auch stets dann erwägen, wenn die Nachfrage nach Ihrem Produkt plötzlich steigt. Vielleicht hat ein Mitbewerber seine Preise erhöht, oder das Gesetz von Angebot und Nachfrage wirkt sich aus – mit anderen Worten: Ist die Nachfrage nach dem Produkt größer als das Angebot, ist das eine ideale Voraussetzung für eine Preiserhöhung. (Und Sie brauchen dabei keine Schuldgefühle zu haben – oft genug wird das Gesetz von Angebot und Nachfrage auch umgekehrt wirken, so dass Sie gezwungen sind, Ihre Preise zu *senken*.)

Umsatz erhöhen

Nachdem Sie Ihre Kosten auf null basiert und Ihre Margen erhöht haben, ist es an der Zeit für das, was jeder gestandene Unternehmer am liebsten tut: den Umsatz erhöhen. Dazu sind wir geboren, und im Übrigen macht der Angriff (Umsatzerhöhung) immer mehr Spaß als Verteidigung (Kostensenkung). Es ist einfach herrlich, ein neues Produkt zu lancieren, einen neuen Vertreter einzustellen (das macht mehr Spaß als einen Buchhalter einzustellen) oder eine neue Werbeaktion zu entwickeln. Außerdem sind die Ergebnisse eines Plans zur Umsatzerhöhung leicht zu messen.

12 Wie Sie das Haupthindernis auf Ihrem Weg zum Erfolg überwinden

In diesem Kapitel:

- Der Hauptgrund für das Scheitern kleiner Unternehmen
- Die Alternativen zum Lernen durch Versuch und Irrtum

Eine wichtige Frage: *Was ist der Hauptgrund für das Scheitern kleiner Unternehmen?*

Finger fliegen in die Höhe.

Wie war das? Nein, es ist nicht Geldmangel. Auch nicht der ungünstige Standort – sorry. Und auch nicht der schlechte Vertrieb. Geben Sie auf?

Alles nickt.

Die Antwort lautet – Isolation. Die Isolation des Kleinunternehmers.

Geben Sie's ruhig zu, liebe Leserin, lieber Leser – Sie lagen auch falsch, nicht wahr?

Geldmangel, ungünstiger Standort und schlechter Vertrieb sind keine Scheiterungsgründe, sondern lediglich Symptome ... Symptome der gefürchteten Krankheit »Inhaberisolation«. Unter diesen Symptomen leidet jeder Kleinunternehmer irgendwann einmal in seiner Laufbahn – verbreitete Symptome, die nicht auftreten, wenn der Unternehmer von Anfang an alles tut, um der Krankheit vorzubeugen. Die Inhaberisolation ist nicht die eigentliche Ursache für die Aufgabe eines Unternehmens; es sind vielmehr die Fehler durch das Management nach Versuch und Irrtum, die den Todesstoß versetzen. Eine unglückliche und unnötige Situation, wo es doch so viele Möglichkeiten gibt, sie zu überwinden.

Wie Sie die Isolation überwinden

Getreu unserer Maxime, nie ein Problem aufs Tapet zu bringen, wenn wir nicht auch eine Lösung dafür anzubieten, präsentieren wir Ihnen eine Sammlung von Möglichkeiten, die ihnen helfen werden, die Managementmethode »Versuch und Irrtum« ad acta zu legen. Wir empfehlen Ihnen, von allen Möglichkeiten Gebrauch zu machen.

Saugen Sie Infomationen auf wie ein Schwamm

Zeitschriften und Bücher (und CD-ROMs und Internetseiten und Seminare) gibt es wie Sand am Meer. Auch zum Thema Existenzgründung und Kleinunternehmen – dieses gehört auch dazu! Lesen Sie außerdem die Fachzeitschriften Ihrer speziellen Branche.

Suchen Sie sich einen Mentor

Zwei Dinge wissen wir sicher:

✔ Wenn wir noch einmal als Kleinunternehmer anfingen, wäre das Erste, was wir täten, uns einen Mentor zu suchen.

✔ Irgendwo da draußen in diesem unserem Lande gibt es einen altgedienten Kleinunternehmer, der gern als *Ihr* Mentor fungieren würde, wenn Sie ihn richtig ansprächen.

Mentoren besitzen Erfahrung, und die ist der beste Lehrer von allen (darum ist sie so teuer)! Aber niemand weiß, wie er so einen alten Unternehmerkämpen finden soll, der sein Mentor sein und ihm diese Erfahrung zur Verfügung stellen möchte. Da hilft unser Dreistufenplan für die Mentorensuche:

1. **Erstellen Sie eine Liste potenzieller Mentoren**

   Fragen Sie Ihren Banker, Steuerberater, Rechtsanwalt und andere in Ihrer Stadt (Industrie- und Handelskammer, Handwerkskammer, Innung, Gewerbeverein, Gründer- und Technologiezentrum, Gewerbeförderungsamt und und und), die Kontakte in der Geschäftswelt haben noch Namen von älteren, erfahrenen Kleinunternehmern, die Interesse daran haben könnten, Ihnen zum Erfolg zu verhelfen.

2. **Sprechen Sie die Person an, die nach Ihren Suchergebnissen und Ihrer Intuition wahrscheinlich der beste Mentor für Sie wäre.**

   Nutzen Sie für Ihre Suche und die Intuition die folgenden Anregungen:

   Was Sie suchen, ist eine »Beziehung«; versichern Sie sich, dass Sie und Ihr Mentor zueinander passen.

   Der beste Weg, Ihren potenziellen Mentor anzusprechen: Schreiben Sie ihm einen Brief, der Sie und Ihr Unternehmen vorstellt sowie den Grund für Ihr Interesse an seiner Person. Lassen Sie dem Brief einen Telefonanruf folgen (siehe unten).

   Der beste Mentor wäre natürlich jemand, der Erfahrung in Ihrer Branche besitzt (von früher oder gegenwärtig), doch das ist kein Muss. (Generelles Unternehmerwissen dagegen ist ein Muss.)

3. **Überzeugen Sie Ihren potenziellen Mentor, die Aufgabe zu übernehmen.**

   »Herr (oder Frau) Altgedient, mein Name ist Willi Hochhinaus. Herr Reinhard Redlich, ein gemeinsamer Bekannter von uns, regte an, ich sollte Sie einmal anrufen.

»Herr Altgedient, ich bin nicht auf Ihr Geld aus, sondern auf Ihren Rat. Wären Sie bereit, ein klein wenig von Ihrer Zeit für ein Treffen mit mir zu opfern, wenn ich verspreche, nicht eine Sekunde Ihrer Zeit zu verschwenden, wenn ich diese Stunde organisiere und Ihnen vorher eine Tagesordnung zuschicke, wenn ich Ihre Ratschläge befolge und wenn Sie Zeit und Ort unserer Zusammenkunft sowie Ihr Honorar bestimmen könnten?

»Herr Altgedient«, schließen Sie mit einem ganz winzigen Flehen in Ihrer Stimme, »wie Sie wahrscheinlich vermuten, bin ich auf der Suche nach einem Mentor. Könnten Sie sich vorstellen, dieser zu sein?«

Das funktioniert, wir wissen das. Man hat es auf diese Art bei uns beiden probiert und auch bei anderen Unternehmern, die wir kennen. Hier noch ein paar Tipps, wie Sie Ihren Mentor bei der Stange halten und optimal von Ihrer Beziehung profitieren:

- ✔ Bitten Sie einen Mentor nicht um Geld.
- ✔ Die Beziehung zu Ihrem Mentor ist eine persönliche, keine geschäftliche. Wenn die Chemie stimmt, funktioniert sie gut, wenn nicht ...
- ✔ Geben Sie ständig Feedback. Schicken Sie Ihrem Mentor eine kurze Nachricht oder lassen Sie ihn bei Ihrem nächsten Treffen wissen, wie die Umsetzung seines Rats gelaufen ist und wie sehr Sie seine Hilfe schätzen.
- ✔ Seien Sie gegenüber Ihrem Mentor offen und ehrlich, was Probleme und anstehende Dinge angeht. Die rosa Brille ist verboten. Ihr Mentor wird Sie sowieso durchschauen und weniger schätzen.
- ✔ Ziehen Sie sich warm an. Gute Mentoren nehmen kein Blatt vor den Mund (dazu sind sie auch nicht da) und scheuen sich nicht, dürftige Ideen abzuschießen.
- ✔ Folgen Sie dem Rat Ihres Mentors nicht blind. Ihr Mentor hat vielleicht andere Prioritäten, ethische Vorstellungen und Bedürfnisse als Sie. Letztlich sollten Sie Ihrem Herzen und Ihrem Verstand folgen, wenn Sie Entscheidungen auf der Basis des Inputs von Ihrem Mentor treffen. Zeigen Sie aber in allen Auseinandersetzungen Respekt und Rücksichtnahme.
- ✔ Die meisten Mentoren beschäftigen sich lieber mit strategischen Dingen (langfristig, grundlegend und immer entscheidend) statt mit laufenden Angelegenheiten (kurzfristig, alltäglich und oft vorübergehend).
- ✔ Eine Mentorenbeziehung kann einen Tag dauern, einen Monat, ein Jahr oder die ganze Existenzdauer Ihres Unternehmens. Das hängt nur davon ab, wie gut sie für beide Beteiligten funktioniert.

Vernetzen Sie sich mit Unternehmerkollegen

Niemand kennt das Geschäft kleiner Unternehmen besser als ein »alter Kämpe«, aber ganz knapp dahinter im Wettbewerb um das Gegenmittel gegen die Unternehmerisolation kommt auf dem zweiten Platz ein gegenwärtig aktiver Kleinunternehmer. Ein Kollege. Einer, der jeden Tag mit den gleichen Dingen zu tun hat wie Sie.

Stellen Sie sich die geballte Kraft von einem Dutzend Kleinunternehmer in einem Raum vor, die Vielfalt von Lösungen, die auf den Tisch kommen, wenn ein Mitglied ein brennendes Problem oder eine heikle Angelegenheit zur Sprache bringt. Sie haben einen Problemmitarbeiter, der nie pünktlich zur Arbeit erscheint? Jemand anders hat schon das gleiche Problem gehabt ... finden Sie heraus, was bei ihm geholfen hat. Sie haben noch kein Mitarbeiterhandbuch? Eine Unternehmerin hat sich bereits die Mühe gemacht, eines zu erarbeiten, und könnte es Ihnen leihen.

Diese Art der Vernetzung mit Unternehmerkollegen bringt Ihnen viel, denn wie wir schon öfter in diesem Buch gesagt haben: Viele Probleme von Kleinunternehmen sind gleichartig – es gibt sie nicht nur in der Branche oder Marktnische einer speziellen Firma. Daher sind auch die Lösungen dieser Probleme gleichartig.

Nach dem, was ein guter Mentor für Sie tun kann, können Sie im Kontakt mit Unternehmerkollegen am besten lernen – wenn Sie das richtige Netzwerk nutzen (wir reden hier nicht vom Rotary Club, oder der IHK, auch wenn diese ein möglicher Schritt in die richtige Richtung sind). In vielen Städten und Regionen gibt es bereits Institutionen wie Erfa-Gruppen (Erfahrungsaustauschgruppen) oder Unternehmerstammtische; fragen Sie Ihre IHK, andere Unternehmer, Ihren Verband oder auch Unternehmensberater in Ihrer Branche nach Kontaktadressen. Und wenn es bei Ihnen noch keine solche Gruppe gibt? Dann gründen Sie doch selber eine!

Das Selbstverständliche

Wir wollen es nur der Vollständigkeit halber aufführen. Natürlich sollten Sie Mitglied in einem Fachverband Ihrer Branche sein; auch er ist eine wichtige Quelle für Informationen, Kontakte und Dienstleistungen. Und natürlich sollten Sie sich durch die Lektüre von Fach- und Wirtschaftszeitschriften sowie von Büchern ständig auf dem Laufenden halten.

Setzen Sie einen Beirat ein

Ähnlich wie Mentoren, verschaffen Beiräte dem isolierten Kleinunternehmer mit bezahlbaren, frischen Perspektiven von jenseits seines Tellerrands. Beiräte ersetzen Versuch und Irrtum durch Erfahrung und Wissen; sie sondieren, sie geben Feedback, sie hinterfragen. Sie öffnen notwendige Türen und schließen unnötige und vermitteln dem Kleinunternehmer ein besseres Bild von seiner Umwelt.

Wir sprechen hier übrigens nicht von einem (Firmen-)Vorstand, sondern von einem Beirat. Vorstände sind für die Führung des Unternehmens verantwortlich, Beiräte nur für die Beratung des Inhabers oder Geschäftsführers. Vorstände sind für die Geschicke des Unternehmens verantwortlich (zum Beispiel gegenüber Eigentümern oder Aktionären), und werden deshalb gut bezahlt. Das Erste brauchen Kleinunternehmen in Form von Einzelunternehmen nicht, und das Zweite können sie sich in der Regel nicht leisten, also arbeiten Sie mit Beiräten.

Es gibt wenig gute Gründe, keinen Beirat zu haben. Ja, Ihre Organisation und Koordination kosten Zeit, aber dieser Aufwand wird sich mehr als bezahlt machen, wenn Ihr Beirat gut ist. Sie sind auch nicht teuer – die meisten Beiratsmitglieder werden gern alle zwei bis drei Monate ein oder zwei Stunden ihrer Zeit für den Preis eines Guten Mittagessens opfern (vorausgesetzt, Ihre Beiratssitzungen sind gut organisiert, die Beiräte haben nicht das Gefühl, ihre Zeit werde verschwendet, und merken, dass ihr Rat gebraucht wird und erwünscht ist).

Die meisten Beiräte von Kleinunternehmen bestehen aus etwa fünf Mitgliedern, den Inhaber eingeschlossen. (Wenn Sie von zu Hause aus arbeiten, brauchen Sie vielleicht nur drei Leute im Beirat.) Hier ein paar Tipps für die effiziente Arbeit mit Ihrem eigenen Beirat:

- ✔ **Holen Sie die Berater nicht aus Ihrer Firma, sondern von außerhalb.** Die Beiräte sollen nicht alles abnicken aus Angst, sonst entlassen zu werden. Außerdem suchen Sie ja Erfahrung und Know-how, die in Ihrem Unternehmen gerade fehlen. Leute aus den eigenen Reihen sind da oft zu betriebsblind.
- ✔ **Holen Sie das Fachwissen in den Beirat, das Ihnen fehlt.** Wenn Ihre Stärken in Marketing und Verkauf liegen, sorgen Sie für Beiratsmitglieder, die zum Beispiel Buchhaltungsexperten sind. Können Sie einen Banker in Ihrem Beirat brauchen? Einen Rechtsanwalt? Einen Personalfachmann?
- ✔ **Nehmen Sie einen Kunden in den Beirat auf.** Keine Perspektive kommt der des Kunden gleich.
- ✔ **Planen Sie die Sitzungen regelmäßig und weit im Voraus.** Verschicken Sie die Einladungen mindestens vier Wochen vor dem Termin. Vierteljährliche Sitzungen sind am besten.
- ✔ **Keine Überraschungen.** Versenden Sie rechtzeitig vor jeder Sitzung eine Tagesordnung und halten Sie sich an diese, es sei denn, eine Notsituation macht in letzter Minute Abweichungen nötig.
- ✔ **Konzentrieren Sie sich auf strategische und umfassende Themen.** Diskutieren Sie nicht übers laufende Geschäft. Beschränken Sie die Sitzungen auf zwei bis drei Stunden und gestalten Sie sie abwechslungsreich und praxisorientiert, damit das Interesse der Teilnehmer nicht erlahmt.
- ✔ **Seien Sie ehrlich (wie gegenüber Ihrem Mentor – siehe oben).** Ohne Glaubwürdigkeit keine Beiräte. Seien Sie ehrlich – rosa Brille und Tatsachenverdrehungen haben hier keinen Platz.
- ✔ **Geben Sie Feedback, und zwar nicht nur auf die Empfehlungen des Beirats, die Sie gut finden.** Sie müssen nicht jede Empfehlung in die Tat umsetzen, sollten aber die Höflichkeit besitzen, auf alle Empfehlungen und Vorschläge zu antworten.
- ✔ **Bezahlen Sie den Beirat.** Wenn Sie es sich leisten können, sollten Sie den Mitgliedern für jede Sitzung ein Honorar von 100 Euro zahlen. Spesen (Anreise, eventuell Übernachtung) und das gemeinsame Essen zahlen Sie extra.

Wenn Ihre Beiratsmitglieder sich an Sie und Ihr Unternehmen gewöhnt haben, können Sie sie darum bitten, ihr Renommee und ihre Kontakte zur Anknüpfung neuer Geschäftskontakte, zur Gewinnung neuer Kunden, Lieferanten und Finanzierungsquellen nutzen zu dürfen. Wenn Sie mit Ihrem Beirat eine gute Arbeitsbeziehung aufgebaut haben, wird man Ihnen in der Regel gern behilflich sein.

Holen Sie sich einen Partner

Sie haben sicher eine Menge Gründe, warum Sie keinen Partner (oder mehrere) in Ihrer Firma haben möchten. Jeder kennt Horrorstories über geschäftliche Partnerschaften, die in die Brüche gingen und vor Gericht endeten. Dabei geht oft auch das Unternehmen selbst zugrunde. Natürlich stellen Partnerschaften ein deutliches Risiko dar, das nicht existiert, wenn Sie es allein angehen. Schließlich sind sie wenig mehr als formalisierte Beziehungen, und wir alle wissen, was mit Beziehungen – formalisisert oder nicht – passieren kann. Auch die guten sind mühsam aufrechtzuerhalten.

Hier kommt jedoch eine Tatsache, die nicht jedem bekannt ist: Studien belegen, dass Partnerschaften deutlich erfolgreicher sind als einzelne Unternehmer. Was die Studien nicht nachweisen, wir aber vermuten: Die erfolgreichsten Partnerschaften sind die, bei denen sich Wissen und Erfahrungen der zwei (oder mehr) Partner ergänzen. Sie sind ein Verkaufsgenie? Holen Sie sich einen guten Organisator als Partner. Ihre Stärke ist die Produktentwicklung? Suchen Sie sich jemanden, der es auf den Markt bringt und verkauft. Sie sind ein kreativer Machertyp? Wählen Sie als Partner einen Erbsenzähler, der pingelig die Erbsen nachzählt, die Sie »gemacht« haben.

Wie findet man Partner? Ermitteln Sie, was Sie brauchen (Kenntnisse und Erfahrung, die Ihnen fehlen), und nutzen Sie dann das Netzwerk, das Ihnen zur Verfügung steht.

Die wichtigste Regel für eine Partnerschaft? Sprechen Sie immer zuerst mit einem Rechtsanwalt. Er kann Sie und Ihren potenziellen Partner auf die vielen Hindernisse hinweisen, die auf Ihrem gemeinsamen Weg zum Erfolg liegen. Und er wird Ihnen dabei helfen, einen vernünftigen, felsenfesten Vertrag aufzusetzen (gegebenenfalls einen Gesellschaftsvertrag), der im Laufe der Zeit immer wieder auf die Probe gestellt werden wird, sei es von Ihnen oder Ihrem Partner oder Ihrer beider Rechtsnachfolger.

Warum also kann eine Partnerschaft sinnvoll sein? Hier sind fünf gute Gründe dafür:

1. **Sich ergänzende Erfahrungen**

   Das haben wir weiter oben in diesem Unterkapitel schon als wichtigsten Nutzen einer Partnerschaft besprochen. Auch wenn wir unsere individuellen Stärken meistens gut kennen, übersehen wir unserer Schwächen oft lieber – das ist nur menschlich. Fragen Sie Menschen in Ihrer Umgebung, welche ergänzenden Erfahrungen Sie bei einem Geschäftspartner suchen sollten. Und fragen Sie sich selbst ehrlich danach.

2. **Zusätzliches Kapital**

   Zwei Sparbücher sind besser als eines.

3. Zusätzliche Problemlösungsfähigkeit

Zwei Köpfe sind meist besser als einer.

4. Mehr Flexibilität

Ein Partner geht in Urlaub oder wird krank – der andere schmeißt den Laden.

5. Weniger Risiko

Gewinne sind nicht das Einzige, was Partner teilen.

Das Wichtigste, wenn Sie eine Partnerschaft begründen: Sie beginnen eine hoffentlich lang währende Beziehung – eine dauerhafte Beziehung, die mindestens so komplex ist wie eine Ehe. Wenn Sie klug sind, stellen Sie die Chemie Ihrer Partnerschaft auf die Probe, bevor Sie sich so eng binden, dass Sie nicht mehr herauskommen. Sonst müssen Sie die Lektion aus allzu vielen Ehen lernen: Lebenslang kann sehr lang sein.

Teil IV

Wie Sie im Geschäft bleiben

In diesem Teil...

Wenn Sie Ihr Unternehmen gegründet haben, geht der Spaß erst richtig los – Sie wollen im Geschäft bleiben, und Ihre Firma soll wachsen. In diesem Teil können Sie Ihr Unternehmertalent mit all dem vervollständigen, das uns noch einfiel und das wir woanders in diesem Buch nicht unterbringen konnten.

Wie Sie die besten Mitarbeiter finden und halten

13

In diesem Kapitel

- Die besten Mitarbeiter einstellen
- Mitarbeiter ausbilden und motivieren
- Anerkennung und korrigierendes Feedback
- Wenn alles andere versagt: Mitarbeiter entlassen
- Wie Sie ein Mitarbeiterhandbuch erstellen
- Zeitarbeitskräfte – ja oder nein

Die Zeiten haben sich geändert: Suchten die Menschen früher nach der »Stellung fürs Leben«, so sind besonders jüngere Leute heute eher bereit, den Arbeitsplatz zu wechseln – stets auf der Suche nach neuen Chancen und Herausforderungen (und nach mehr Gehalt). Darauf müssen Sie sich als Arbeitgeber einstellen. Die Managementtechniken in diesem Kapitel sind dazu da, Ihre Mitarbeiter zufrieden zu halten und genau dort, wo sie hingehören: an einen Arbeitsplatz in Ihrem Unternehmen und nicht bei Ihrer Konkurrenz oder anderswo.

Warum Sie die Besten brauchen

Als Kleinunternehmer sind Sie wie viele in der Anfangszeit ganz ohne Mitarbeiter ausgekommen; wenn Sie sich dann doch entscheiden, welche einzustellen, brauchen Sie oft nur einen oder zwei. Wenn Sie aber wirklich den Ehrgeiz haben, Ihr Unternehmen groß zu machen, dann werden Sie am Ende wahrscheinlich viele Mitarbeiter beschäftigen – in ihnen liegt schließlich ein Großteil der Wachstumschancen.

Eine der wichtigsten Aufgaben eines wachstumsorientierten Unternehmers ist es, ein Team von Topleuten für die Schlüsselpositionen in der Firma zusammenzustellen. Anfangs haben Sie diese Schlüsselstellung vielleicht allein inne. In größeren Firmen gehören zu den Schlüsselfiguren zum Beispiel der Eigentümer/Geschäftsführer/Obermotz (das sind Sie), der Finanzchef, der Verkaufsleiter, der Marketingchef, der Produktionsleiter, vielleicht der Büroleiter, der Einkaufsleiter, der Werbeleiter ... sie verstehen schon. Wie viele Schlüsselpositionen es gibt, hängt von Art und Größe einer Firma ab und von der Zahl der Aufgaben, die der Inhaber selber übernimmt.

Jedes erfolgreiche wachsende Unternehmen muss in seinen Schlüsselpositionen Topleute haben – Superstars auf ihrem Gebiet.

So ein Superstar ist ein Mitarbeiter,

- der mehr und mehr Verantwortung übernimmt und zum stetigen Wachstum der Firma beiträgt,
- der die Vision des Unternehmers voll unterstützt,
- der Ethik und Grundprinzipien des Unternehmers teilt,
- der auf seinem Fachgebiet kreativ ist,
- der zur Synergie des Teams beiträgt; Superstars sind keine, wenn sie nicht effektiv mit anderen Teammitgliedern zusammenarbeiten können,
- der positive Veränderungen begrüßt.

Einen solchen Superstar zu erkennen, wenn man ihn vor sich hat, sollte nicht schwer sein. Der Trick ist natürlich, ihn zu finden und zu halten. Der Aufbau Ihres Superstarteams ist ein dreiteiliger Prozess: Einstellung, Aus- und Weiterbildung und Motivation. Leider werden sich vermeintliche Topleute nicht in allen Fällen auch als solche erweisen – dann müssen Sie den Prozess der Entlassung ingang setzen.

Wie Sie ein Team von Superstars aufbauen

Die besten Mitarbeiter gehen zu dem Unternehmer, der die größte Mühe aufwendet, sie zu finden.

Die Einstellung von Mitarbeitern ist weniger eine Kunst als eine Wissenschaft. Sie ist methodisch, kann eintönig und nervig sein und sich lang hinziehen.

Zuerst müssen Sie eine Anzahl aussichtsreicher Bewerber für die Position bekommen – durch Stellenanzeigen, Aushang im Ladenfenster, übers Arbeitsamt oder Stellenmärkte im Internet, durch Empfehlungen von Mitarbeitern, Lieferanten oder Kunden. Empfehlungen sind in der Regel am besten, denn diese Bewerber besitzen eher Erfahrung (sonst würde der Empfehlungsgeber sich selbst ein Armutszeugnis ausstellen), und sie kosten fast nichts: Verbreiten Sie nur, wen Sie suchen, und lassen Sie Ihre Mitarbeiter, Lieferanten oder Kunden den Rest erledigen.

Wenn Sie Teilzeitkräfte oder geringfügig Beschäftigte (sozialversicherungsfrei) suchen, werden Bewerber manchmal keinen schriftlichen Lebenslauf haben. Halten Sie für diesen Fall ein Formular bereit, das sie ausfüllen können. Akzeptieren Sie nie einen Bewerber ohne Lebenslauf für eine Vertrauensposition (Mitarbeiterführung, Umgang mit Geld, Kundenkontakt und so weiter) ohne Lebenslauf. Wenn sich ein Bewerber noch nicht einmal die Mühe gemacht hat, einen Lebenslauf zu schreiben, sagt das genug über seine Eignung für die Stelle aus.

Wenn Sie die Lebensläufe und das Begleitmaterial, wie Abschlusszeugnisse beisammen haben, fängt die richtige Arbeit an: Sie müssen mit Bewerbern sprechen, nochmals sprechen und erneut sprechen. Und Sie müssen die Zeugnisse entschlüsseln (im wahrsten Sinne des Wortes), deren primäre Funktion es ist, Ihnen zwischen vollmundigen Adjektiven so wenig wie möglich über die Fehler eines Bewerbers zu sagen.

Tipps für die Einstellung

Hier ist eine Liste von Tipps, wie Sie den begehrten Superstar finden und einstellen:

- ✔ In Ihrer Stellenanzeige verkaufen Sie eine Chance, nicht bloß einen Job – formulieren Sie sie entsprechend. Sie suchen ja (so nehmen wir an) einen karrierebewussten Mitarbeiter, der mit Ihrem Unternehmen wachsen will; schildern Sie also Ihre Firma und die Position entsprechend attraktiv. Schauen Sie sich möglichst viele Stellenangebote an und verwenden Sie die besten Elemente entsprechend abgewandelt für Ihr eigenes.
- ✔ Etablieren Sie ein Belohnungssystem (Prämien, Sonderurlaub) für diejenigen Ihrer Mitarbeiter, die Ihnen qualifizierte Bewerber empfehlen. Das ist oft die beste Quelle für gute Leute.
- ✔ Erstellen Sie vorher immer eine Stellenbeschreibung (mehr dazu später in diesem Kapitel). Gute Bewerber wollen genau wissen, was die Stelle beinhaltet und was von ihnen erwartet wird. Notieren Sie auch das Gehalt, Zusatzleistungen und die Stellung der Position in der Hierarchie Ihres Unternehmens.
- ✔ Wenn Sie frühere Arbeitgeber oder Referenzgeber anrufen: Sorgen Sie für eine offene, entspannte Gesprächsatmosphäre. Achten Sie auf Zwischentöne. Fragen Sie nach den Schwächen des Bewerbers und vervielfachen Sie sie – Ex-Arbeitgeber verharmlosen hier oft. Übrigens: Wenn Ihr Gesprächspartner Ihnen nur zögerlich Auskunft gibt, muss das nichts Negatives über den Kandidaten aussagen – es ist vielleicht nur Selbstschutz.
- ✔ Achten Sie auf die Fähigkeit des Bewerbers, zuzuhören. Wenn er Ihnen im Bewerbungsgespräch nicht gut zuhört, wird er das später nach der Einstellung wahrscheinlich auch nicht tun.
- ✔ Finden Sie heraus, wie (umfangreich) sich der Bewerber über Ihre Firma und Sie informiert hat. Kommt er unvorbereitet und bar jeder Branchenkenntnis zum Bewerbungsgespräch, dann sagt das etwas über seinen Arbeitsstil oder sein Interesse an der Stelle aus.
- ✔ Im Einstellungsprozess tragen Sie immer zwei Hüte: den des Detektivs, der Topleute von den übrigen Bewerbern unterscheiden muss, und den des Verkäufers

Ihrer Firma, den Sie aufsetzen müssen, wenn Sie den Superstar gefunden haben. Vergessen Sie nicht, sich auf diese zweite Rolle vorzubereiten; setzen Sie nicht einfach voraus, dass Ihr Unternehmen die einzige und beste Stelle anzubieten habe (und dem Bewerber das klar sein müsse). Zeigen Sie Ihrem potenziellen Superstar, welche Vorteile und Nutzen er von der Arbeit für Sie haben wird.

Die richtige Einstellungspolitik bringt Ihnen eine endlose Liste von Nutzen. Der größte: Je besser die Leute, die Sie einstellen, desto weniger Zeit müssen Sie für ihre Führung aufwenden. Stattdessen können Sie Ihre Zeit für wichtige Dinge, wie Produktentwicklung oder die Einstellung weiterer Mitarbeiter einsetzen oder für die Dinge, die Ihnen am meisten Spaß machen.

Bewerbungsgespräche

Den folgenden Prozess sollten Sie bei der Einstellung von Bewerbern einsetzen, die mehr als Teilzeit- oder Aushilfskräfte sind. Ja, dieser Prozess kostet Zeit und wird Sie von anderen Dingen abhalten, die vielleicht wichtiger oder angenehmer erscheinen. Aber denken Sie daran: Wenn Sie bei der Einstellung schlampig vorgehen, wird Sie das später teuer zu stehen kommen – Ärger mit einem zweitklassigen Mitarbeiter, eventuell dessen Entlassung und die aufwendige Suche eines Nachfolgers.

Gehen Sie nach der folgenden Anleitung vor, wenn Sie Superstars einstellen möchten:

Bewerbungsgespräch Nr. 1:

Es findet in Ihrem Büro statt. Sie fragen, und der Bewerber redet etwa 90 % der Zeit (wenn nicht, dann reden *Sie* zu viel). Prüfen Sie direkt nach dem Gespräch die Referenzen, solange Ihnen Einzelheiten noch frisch im Gedächtnis sind.

Bewerbungsgespräch Nr. 2:

Treffen Sie sich auf neutralem Boden, vielleicht zum Mittagessen. Lockern Sie den Bewerber auf, beobachten Sie sein Verhalten in Gesellschaft und seine persönlichen Eigenheiten. (Vorsicht: Beobachten Sie nur; zu persönliche Fragen verschrecken den Kandidaten und sind zudem teilweise rechtlich nicht zulässig.) Klären Sie auch Widersprüche auf, die sich zwischen dem ersten Bewerbungsgespräch und Nachfragen bei früheren Chefs ergeben haben.

Bewerbungsgespräch Nr. 3:

Wenn alles gut gelaufen ist, lassen Sie die leitenden Kräfte in Ihrem Unternehmen, die direkt an seiner Einstellung beteiligt sind, ein Bewerbungsgespräch führen. Erbitten Sie ihre Meinungen und vergleichen Sie. Wenn der Bewerber nicht zu Ihren Führungskräften passt, ist es besser, wenn Sie das schon jetzt herausfinden.

Bewerbungsgespräch Nr. 4:

Ziehen Sie ein Fazit, verhandeln Sie über letzte offene Punkte und schlagen Sie ein, wenn der Kandidat der Prüfung immer noch standhält. Danach können Sie nur noch hoffen – auf Mitarbeiter gibt es keine Garantie, egal wie gründlich Sie geprüft haben (mit der Zeit allerdings erhöht die Erfahrung Ihre Erfolgschancen).

Vergessen Sie nicht, in allen Bewerbungsgesprächen offene Fragen zu stellen. Das sind solche, die man nicht einfach mit einem Ja oder Nein beantworten kann; sie sollen Bewerber vor allen zum Reden bringen. Hier ein paar unserer liebsten offenen Fragen, die Ihnen beim Herausfiltern Ihres Superstars helfen:

- ✔ **Welche einzelne Eigenschaft unterscheidet Sie von anderen Bewerbern?** – Suchen Sie hier nach etwas Konkretem: frühere Erfolge, besondere (nachgewiesene) Kenntnisse und so weiter. Hinterfragen Sie allgemeine Aussagen wie »Ich kann gut mit Leuten« oder »Ich halte meine Termine ein« mit gezielten Fragen: »Warum können Sie gut mit Leuten? Geben Sie mir ein Beispiel.« Achten Sie auf egoistische oder egozentrische Antworten; solche Menschen sind in der Regel keine guten Teammitglieder.
- ✔ **Was ist Ihr größter beruflicher Erfolg?** – Achten Sie auch hier auf Konkretes. Geht es um die erste Stelle eines Bewerbers, fragen Sie ihn nach Erfolgen in anderen Bereichen wie etwa Schule, einer sozialen Organisation oder Ähnlichem.
- ✔ **Was war Ihr größter Misserfolg, und was haben Sie daraus gelernt?** – Hier kommt es auf Ehrlichkeit an. Jeder hat Misserfolge erlebt. Gute Bewerber haben kein Problem, das zuzugeben und Ihnen zu erzählen, was sie daraus gelernt haben. Schwache Bewerber versuchen zu vertuschen.
- ✔ **Was sind Ihre Schwächen?** – Jeder hat Schwächen, und die guten Kandidaten sind auch hier offen. Fallen jemandem keine Schwächen ein, können Sie sanfter fragen: »Welche Arbeiten mögen Sie nicht?« oder: »Welche Aspekte dieser Stelle werden Ihnen am meisten Spaß machen und welche am wenigsten?«
- ✔ **Was sind Ihre Stärken?** – Konkrete Beispiele sind auch hier gefragt. Passen die Stärken des Bewerbers zu den Anforderungen der Stelle?
- ✔ **Wo sehen Sie sich in fünf Jahren?** – Die »richtige« Antwort auf diese Frage hängt von der zu vergebenden Stelle ab und von Ihren Zielen für das Unternehmen. Für Schlüsselpositionen in einem wachsenden Unternehmen zum Beispiel wollen Sie hören, dass der Kandidat in den nächsten fünf Jahren mehr und mehr Verantwortung übernehmen möchte. Wenn Sie andererseits einen Lastwagenfahrer einstellen, für den Sie keine Beförderung vorsehen, dann sollte er antworten, dass er in fünf Jahren das Gleiche tun will wie heute – Lastwagen fahren.

Beachten Sie, dass Fragen zu bestimmten Themen Bewerbern zwar gestellt werden dürfen, der Kandidat sie aber nicht oder nicht wahrheitsgemäß beantworten muss. Finger weg also von Themen wie Partei- oder Gewerkschaftszugehörigkeit, Weltanschauung, Krankheiten (chronische, die die Arbeitsfähigkeit einschränken, oder Behinderungen darf man Ihnen allerdings nicht verschweigen), bestehender oder geplanter Schwangerschaft, Vermögensverhältnissen und ähnlichen persönlichen bis intimen Dingen.

Ausbildung ist eine Investition

Aus- und Weiterbildung ist der effizienteste und kostengünstigste Weg zu besseren Mitarbeitern. Leider steht sie bei zu vielen Kleinunternehmern weit unten auf der Prioritätenliste.

Ein Freund von uns hatte seine erste Stelle nach dem College beim Großunternehmen Xerox. In seinem ersten Jahr erhielt er sechs Monate interne Schulung und Weiterbildung sowie einige weitere Monate Training on the job. Unser Freund bekam in diesem einen Jahr mehr Aus- und Weiterbildung, als manche Mitarbeiter von Kleinunternehmen in 20!

Wir wissen nicht, ob diese Politik von Xerox die beste ist (denn einen so gut ausgebildeten Mitarbeiter verliert man leicht an andere Arbeitgeber), aber eines ist gewiss: Zu oft sehen Kleinunternehmen in Aus- und Weiterbildung nur Kosten und nicht die Investition, die sie in Wahrheit ist. Geld, das Sie für ein Auto, einen Mahagonischreibtisch ausgeben ist für immer weg. Geld, das Sie in die Ausbildung guter Mitarbeiter investieren, fließt später in Form von erhöhter Produktivität wieder an Sie zurück.

Viele Kleinunternehmer haben sich uns gegenüber schon über die Kosten der Ausbildung beklagt, vor allem, wenn der Mitarbeiter als Folge davon sein Glück woanders suchte – und sein Wissen mitnahm. So etwas kommt natürlich vor, aber ein Grund, warum Mitarbeiter wechseln, ist der, dass Sie nicht die Aus- und Weiterbildung bekommen, die sie brauchen. Hier gilt der Spruch: »Wenn Sie glauben, Mitarbeiter auszubilden und dann gehen lassen zu müssen sei teuer, dann probieren Sie mal, Sie nicht auszubilden und bleiben zu lassen!«

Für Aus- und Weiterbildung gibt es viele Formen und Quellen. Im Gegensatz zu Großunternehmen, die eigene Ausbildungsabteilungen haben, kommt die Ausbildung für kleine Firmen oft von außen. Hier die wichtigsten Möglichkeiten:

- ✔ **Berater** sind vielleicht die besten Trainer, aber auch teuer.
- ✔ **Lieferanten** sind exzellente, preiswerte Ausbilder. Manche bieten kostenlose Schulungen für ihre Produkte oder Dienstleistungen an.
- ✔ **Seminare** können viel Zeit und Geld kosten; ihr Wert ist schwer vorherzusagen. Gute Seminare sind ihr Geld mehr als wert, schlechte grenzen manchmal an Betrug. Oft sind die besten und preiswertesten Seminare die von Fachverbänden.

- ✔ »**Schulische**« **Weiterbildung** kann qualitativ gut sein (etwa an den meisten Abendgymnasien) oder auch nur so lala (etwa an Volkshochschulen, wo es sehr auf den Dozenten ankommt). Das vorher zu beurteilen, kann schwierig sein.
- ✔ **Bücher und Fachzeitschriften** haben wir schon öfter als wichtig erwähnt. Das Geld, das Sie hierfür ausgeben ist in der Regel gut angelegt. Schon eine Information, eine Idee ist mehr wert als der Kaufpreis. Zudem können Bücher und Zeitschriften von mehreren Mitarbeitern gelesen werden.

Das **Internet** bietet mehr und mehr Ausbildung, Weiterbildung und Training für Existenzgründer, Kleinunternehmer und ihre Mitarbeiter an. Manche sind kostenpflichtig, andere kostenlos. Prüfen Sie vor einem Einsatz die Qualität, die Kosten und auch den Sponsor, der dahinter steht.

Bieten Sie Ihren Mitarbeitern die Erstattung der Kosten für Aus- und Weiterbildungsmaßnahmen an, die für ihre Arbeit bei Ihnen von Nutzen sind. Das stärkt das Image Ihres Unternehmens, fördert eine Kultur der ständigen Selbstverbesserung und das Einfließen neuer Ideen. Fordern Sie für die Kostenerstattung Abschlusszeugnisse oder Teilnahmebescheinigungen mit guten Noten, wo solche vergeben werden.

Geld und Leistung: Wie Sie Ihr Team motivieren

Chefs und Mitarbeiter denken oft ganz verschieden. Das gilt auch für das Thema Motivation. Kluge Leute, die darüber Studien durchgeführt haben, sagen uns, dass der Durchschnittsmitarbeiter von den folgenden Dingen (in dieser Rangfolge) motiviert wird:

- ✔ Anerkennung/Wertschätzung
- ✔ zum Team gehören
- ✔ Hilfe bei Problemen
- ✔ Sicherheit
- ✔ Geld

Der durchschnittliche Gründer beziehungsweise Unternehmer dagegen wird von einem oder mehreren der folgenden Dinge motiviert (ohne Rangfolge):

- ✔ Kreativität/Wachstum
- ✔ Geld
- ✔ Macht
- ✔ Freiheit
- ✔ Überleben

Obwohl sich die zwei Listen etwas überschneiden, erkennen wir klar die großen Diskrepanzen. Wenn Sie also Ihre Mitarbeiter zu der Leistung motivieren wollen, die Sie wünschen, müssen Sie lernen, Sie anders zu motivieren als sich selbst.

Um ein erfolgreicher Arbeitgeber zu sein, müssen Sie Ihren Motivationsprozess auf Ihre speziellen Mitarbeiter zuschneiden. Das biblische Gebot braucht dafür eine kleine Änderung – es sollte so lauten: Liebe Deine Mitarbeiter wie diese sich selbst.

Die folgenden Abschnitte besprechen die wichtigsten Instrumente der Motivation: Entlohnung, Zielsetzung, Leistungsanforderungen und Leistungsbeurteilung. Achten Sie bei der Lektüre auf die unterschiedlichen Einschätzungen zwischen Ihnen und Ihren Mitarbeitern (siehe die obigen Ranglisten).

Was Mitarbeiter wirklich wollen

Mitarbeiter sind wie Ehepartner. Sie glauben, Sie kennen sie durch und durch – da tun oder sagen sie etwas, das Ihnen ein Rätsel ist. Hier ein Beispiel.

Ein Bekannter von uns ist örtlicher Filialleiter eines kleinen (20 Mitarbeiter) Großhandels. Eines Tages schickt ihm das Mutterunternehmen einen Berater ins Haus, um eine Mitarbeiterbefragung durchzuführen. Anscheinend will man in der Zentrale mehr über die Wünsche und Bedürfnisse der Mitarbeiter erfahren, was ihnen an der Firma gefällt und was nicht, und wie man das Klima am Arbeitsplatz verbessern kann.

»Vergeudete Zeit und rausgeschmissenes Geld«, grummelte unser Freund, wie es manche Manager (und Eigentümer) gern tun, wenn Berater mit Anregungen kommen. »Ich weiß, was meine Leute wollen: mehr Geld, mehr Sozialleistungen, mehr Urlaub und längere Kaffeepausen.«

Die Ergebnisse der Umfrage trafen ein, und jetzt raten Sie mal! Die Mitarbeiter wollten nur von einer Sache mehr. Aus- und Weiterbildung.

Das ist eine schöne Aussage über die menschliche Natur. Sie besagt, dass die meisten Menschen mehr über ihre Arbeit wissen, Ihre Kenntnisse erweitern und morgen besser dastehen wollen als heute. Die meisten klugen Mitarbeiter (vor allem potenzielle »Superstars«) erkennen, dass ständige Weiterbildung ihnen die Chance gibt, ihre Ziele zu verwirklichen.

Unser Freund intensivierte die Aus- und Weiterbildung, woraufhin das jährliche Umsatzwachstum seiner Filiale von 15 auf 30 % hochschnellte. Die Mitarbeiter erhielten daraufhin einen kräftigen Bonus. Aus- und Weiterbildung ist eine klassische Situation, wo beide Seiten nur gewinnen können.

Ihr Entlohnungssystem

Die Entlohnung steht auf Rang 5 (Geld) bei den Hauptmotivatoren von Mitarbeitern. Auch wenn Sie glücklich sind, dass sie nicht an allererster Stelle steht, ist das irrelevant, wenn die Zeit für das Gehaltsgespräch kommt – wenn es ums Gehalt geht, kämpft jeder Mitarbeiter wie ein Löwe. Wenn Sie im Gehaltsgespräch nur andeuten, dass die Erhöhung dieses Mal nicht so hoch ausfallen kann, dann wird aus Rang 5 ganz schnell Rang 1!

An diesem Tag ist nichts wichtiger als die Entlohnung: Bekommt der Mitarbeiter eine Gehaltserhöhung? Und um wie viel? Die Entlohnung sagt in dürren Zahlen, was ein Mitarbeiter wert ist, zumindest in Ihren Augen. Übrigens: Das Gehalt ist der erste Fuß in der Tür, wenn Konkurrenten herumschnüffeln, um Ihre besten Mitarbeiter abzuwerben – eine Abwerbung beginnt meistens mit dem Angebot eines höheren Gehalts.

Arten der Entlohnung

Sie können Mitarbeiter auf viele Weisen entlohnen:

✔ **Stundenlohn** ist der typische Zeitlohn und wird besonders an Teilzeitkräfte und Aushilfen gezahlt.

✔ **Lohn/Gehalt** ist die Langzeitversion des Zeitlohns. Oft wird es durch einen Bonus oder eine Erfolgsbeteiligung (siehe unten) aufgestockt. Es bietet dem Empfänger Sicherheit.

✔ **Provision** ist die beste Form der Entlohung für harte, hungrige Verkäufertypen. Sie wollen (noch) keine Sicherheit, sondern freie Bahn und Chancen.

✔ **Leistungsbezogene Entlohnung** wird auch deutlicher als Erfolgsbeteiligung bezeichnet. Der Mitarbeiter erhält ein relativ geringes Grundgehalt, und der Rest seiner Entlohnung hängt ganz von seiner Leistung oder der seines Teams ab (oder von beidem). Die Vielfalt dieser Entlohnungsart ist groß, aber alle erfordern ein effizientes Maßsystem als Basis.

✔ **Mischformen** zwischen den obigen sind in allen Varianten denkbar.

Wie Sie ein erfolgreiches Entlohnungssystem schaffen

Hier unsere Ratschläge für ein Entlohnungssystem, das für Ihre Firma funktionieren wird:

✔ Planen Sie die Entlohnung, bevor Sie Ihren ersten Mitarbeiter einstellen. Dann haben Sie ein festes Gerüst und schaffen keine Präzedenzfälle, die Sie später revidieren müssen.

✔ Stellen Sie sicher, dass Ihre Mitarbeiter das Entlohnungssystem verstehen. Leistungsabhängige Bezahlung funktioniert nur, wenn der Mitarbeiter versteht, wie er sein Ergebnis beeinflussen kann.

- ✔ Stellen Sie sicher, dass Sie das messen können, wofür Sie bezahlen. Dieses Messen ist oft leichter gesagt als getan.
- ✔ Entlohnen Sie Gruppen von Mitarbeitern gleichartig. Für Ihre Vertreter sollte es zum Beispiel nur ein Entlohungssystem geben, das für alle gleich ist.
- ✔ Zahlen Sie Prämien oder Boni öfter als nur einmal im Jahr. Diese Belohnungen verlieren an Wirkung, wenn man zu lange auf sie warten muss.
- ✔ Wenn Sie nicht sicher sind, was Sie Ihren Mitarbeitern zahlen sollen, wenden Sie sich an Ihren Branchenverband, der meist Durchschnittszahlen besitzt. Auch ein Blick in den Tarifvertrag Ihrer Branche hilft weiter.

Sehen Sie die Löhne und Gehälter Ihrer Mitarbeiter nicht als lästige, stets zu hohe Ausgabe, sondern vielmehr als Motivationsinstrument – dann haben Sie kein Spesenkonto, sondern ein Mittel, um die Leistung Ihres Mitarbeiters zu steigern. Und denken Sie an diesen Punkt: Die besten Mitarbeiter sind die, die glauben, dass sie geschätzt und gerecht behandelt werden. Das beste Maß (!) für diese Wertschätzung ist ihr Gehalt. Wenn dieses ihrer Leistung für Ihr Unternehmen angemessen ist, brauchen Sie sie nicht besonders zu motivieren – sie werden sich selbst motivieren. Die Ausgaben für Gehälter werden so zu Investitionen in Form von Gehältern – ein riesiger Unterschied!

Das Fazit? Sie können ein Vermögen für die Entlohnung Ihrer Mitarbeiter ausgeben, doch wenn dieses Geld die damit Bezahlten nicht motivieren hilft, dann ist Ihr Entlohnungssystem wirkungslos.

Helfen Sie Ihren Mitarbeitern und Sie helfen sich selbst

Ingo, der Inhaber eine eines kleinen Metall verarbeitenden Unternehmens, erzählte uns die folgende Story:

Henning, mein Lagerleiter, war in den letzten Wochen ungewöhnlich schweigsam gewesen, fast schon mürrisch. Die übrigen Mitarbeiter fingen an, ihm aus dem Weg zu gehen. Henning machte auch ungewöhnlich viele Fehler, und wenn ich ihn dann korrigierte, zuckte er bloß mit den Schultern und machte sie erneut. Schließlich rief ich ihn in mein Büro.

»Henning«, begann ich, »du bist jetzt vier Jahre bei mir, und ich weiß, du kannst gute Arbeit leisten. Was du in letzter Zeit gemacht hast, entspricht nicht deiner üblichen Qualität. So kann's nicht weitergehen.«

Henning sackte in sich zusammen. »Ich weiß«, flüsterte er und starrte auf den Boden. »Es tut mir Leid, Ingo, aber ich kann mich nicht mehr auf meine Arbeit konzentrieren.«

»Komm, schon, Henning, sag's mir. Was ist denn los?«

»Es ist das Finanzamt. Ich muss 2.000 Euro nachzahlen und habe das Geld nicht. Ich weiß nicht, was die tun, wenn ich nicht bis Freitag zahle.«

Ich entschuldigte mich, ging ins Nebenbüro und kam mit einem Scheck über 2.000 Euro, ausgestellt auf Henning, zurück. »Hier ist ein zinsfreies Darlehen«, sagte ich und gab ihm den Scheck. »Ich ziehe dir von jeder Gehaltszahlung 100 Euro ab, bis es zurückgezahlt ist.«

Das war vor sechs Monaten. Aus Henning wurde über Nacht wieder ein Top-Mitarbeiter, dem seine Arbeit Spaß machte. Das war die beste Investition, die ich je gemacht habe. Das war so klar, dass ich gar nicht lange überlegt habe. 2.000 Euro sind ein geringer Preis, um einen guten Mitarbeiter zu halten. Außer dass ich Henning etwas für seine früheren Leistungen schuldete – stellt Euch nur vor, was es mich gekostet hätte, einen neuen Lagerleiter zu suchen und einzuarbeiten!

Ziele setzen – aber SMART!

Jeder kann Ziele als Motivationsinstrument einsetzen, nicht nur bei der Arbeit. Sie können Ziele setzen bei der Kindererziehung, bei der Altersabsicherung und beim Verbessern Ihres Golf-Handicaps. Wir reden hier nicht von schnell dahingesagten Vorsätzen zu Neujahr – wir meinen Ziele im Sinne von ernsthafter (Selbst-)Verpflichtung. Obwohl es im Folgenden darum geht, mit Ihren Mitarbeitern – einzeln oder als Team – Ziele zu vereinbaren, die sie motivieren, können Ihnen unsere Anregungen auch bei Ihren privaten Zielen helfen.

Abkürzungen und Akronyme sind heute in Mode, also gibt es auch eines für die Zielsetzung. Es lautet SMART, und das bedeutet:

- ✔ **S = spezifisch.** Ziele müssen klar, direkt und eindeutig sein.
- ✔ **M = messbar.** Ziele müssen messbar sein in dem Sinne, dass Arbeitgeber und Mitarbeiter beurteilen können, ob ein Ziel erreicht ist oder nicht. Diese Ziele müssen übrigens beiden beteiligten Parteien sinnvoll erscheinen und gemeinsam vereinbart werden. Ein Mitarbeiter, der nicht hinter einem Ziel steht, wird sich nicht besonders bemühen, es zu erreichen.
- ✔ **A = angemessen.** Ziele sollten der Erfahrung, Ausbildung, dem Verantwortungsbereich und dem Potenzial des Mitarbeiters angemessen sein.
- ✔ **R = realistisch.** Ziele sollten eine Herausforderung sein, aber erreichbar. 80 % des Ziels sollten relativ leicht erreichbar sein, 20 % eine echte Anstrengung – und Leistung – sein.
- ✔ **T = terminiert.** Die Ziele sollten innerhalb eines fest terminierten Zeitrahmens erreichbar sein.

Wenn Unternehmer Ziele für sich selbst, ihre Firma oder ihre Mitarbeiter setzen, sind die zwei größten Fehler, dass Sie Ziele schaffen, die nicht messbar sind, und keinen terminierten Zeitrahmen vorgeben. Dazu nur zwei Beispiele:

- ✔ **Nicht SMARTes Ziel:** »Umsatz und Ertragskraft durch mehr und härtere Arbeit erhöhen.« Nichts Messbares, kein Termin.
- ✔ **SMARTes Ziel:** »Bis zum Ende dieses Geschäftsjahres den Umsatz um 15 und den Gewinn um 20 % erhöhen.« Sind diese Ziele messbar? Ja. Gibt es einen Zeitrahmen? Ja. Ist beides erreichbar? Das liegt an Ihnen.

Hier ein paar Tipps, wie Sie und Ihre Mitarbeiter SMARTe Ziele vereinbaren und erreichen können:

- ✔ Setzen Sie Ziele nie, ohne zu planen, wie sie erreicht werden sollen. Den Umsatz um 15 % erhöhen zu wollen, reicht nicht; Sie brauchen dazu einen Marketingplan.
- ✔ Warten Sie mit dem Messen nicht bis kurz vor dem Endtermin. Prüfen Sie den Fortschritt ab und zu informell (eine kurze Frage beim Treffen am Kaffeeautomaten reicht) und formell zu vorher festgelegten Zeitpunkten.
- ✔ Rechnen Sie mit Unvorhergesehenem. Ziele mittendrin zu ändern ist völlig ok, wenn die Gründe dafür stimmen.
- ✔ Machen Sie es in der Firma bekannt (oder auch nach außen, wenn ein besonderes Ziel erreicht wurde), wenn Ihr Unternehmen oder Ihre Mitarbeiter ihre Ziele erreicht haben. Feiern Sie kräftig, spontan und ruhig ein bisschen laut – alle Beteiligten sollen und dürfen den Erfolg genießen.
- ✔ Akzeptieren Sie, dass ein Mitarbeiter seine Ziele manchmal nicht erreicht. Allerdings darf das nicht immer passieren. In dem Fall stimmt etwas nicht mit dem Mitarbeiter oder mit dem Zielsetzungsprozess.

Setzen Sie Ziele nicht autoritär von oben herab fest, sondern streben Sie einen einvernehmlichen Prozess mit allen Beteiligten an – vereinbaren Sie die Ziele gemeinsam. Je mehr Ihr Mitarbeiter an der Formulierung mitwirken kann, desto engagierter wird er für ihre Verwirklichung arbeiten. Bitten Sie ihn, SMARTe Ziele zu formulieren, besprechen Sie diese dann gemeinsam, machen Sie sie wasserdicht – und legen Sie sie dann schriftlich nieder! Ein Exemplar des Papiers bekommt Ihr Mitarbeiter, ein zweites kommt in seine Personalakte, ein drittes in Ihre Wiedervorlage. Durch die Dokumentation wird die Zielvereinbarung offiziell; das verhindert mögliche Missverständnisse wenn die Leistunsbeurteilung des Mitarbeiters ansteht.

Leistungsanforderungen festlegen

Früher wäre dieser Abschnitt überschrieben gewesen: »Stellenbeschreibungen ausarbeiten«. Das war einmal. Der Ausdruck »Stellenbeschreibung« passt zu einem Kleinunternehmen von heute genauso wenig, wie »sportliche Fairness« heute noch Platz im Profifußball hat. Heute ist der korrekte Ausdruck »Leistungsanforderungen«.

Obwohl manche Unternehmen ohne die Festlegung von Leistungsanforderungen zurecht kommen, glauben wir, die meisten Kleinunternehmer würden zustimmen, dass Mitarbeiter eine gewisse Struktur bei ihrer Arbeit brauchen. Leistungsanforderungen leisten das. Richtig eingesetzt liefern Sie ein loses aber verläßliches System, das es dem Mitarbeiter erlaubt, sich auf die *Ergebnisse* seiner Arbeit zu konzentrieren, statt auf den Arbeitsprozess selbst. Eine Stellenbeschreibung »beschreibt« die Arbeit – Leistungsanforderungen stellen die erwarteten Ergebnisse in den Mittelpunkt.

Beispiel gefällig? Eine typische Stellenbeschreibung besagt, dass ein Vertreter dafür zuständig ist, die Produkte des Unternehmens zu vorgegebenen Preisen zu verkaufen, Bestellungen korrekt auszufüllen und die Lieferfristen zu überwachen. Eine Leistungsanforderung für die gleiche Stelle dagegen würde verlangen, dass der Vertreter sein Unternehmen professionell repräsentiert (und dabei das Wort »professionell« definieren), dauerhafte Beziehungen mit Kunden aufbaut und pflegt und das gesamte Außendienstteam dabei unterstützt, die für diese Abteilung vereinbarten Ziele zu erreichen.

Leistungsanforderungen zu formulieren, ist nicht so schwer, wie Sie vielleicht denken. Sie schreiben sie nieder, der Mitarbeiter prüft sie und Sie beide unterzeichnen sie oder einigen sich auf Änderungen. Und so geht's:

- ✔ Stellen Sie an den Anfang kurz formuliert das Ziel der Position (die Mission) und seinen Zusammenhang mit der Mission des Gesamtunternehmens.
- ✔ Beschreiben Sie die Stellung der Position innerhalb der Gesamtorganisation; nennen Sie den Titel des unmittelbaren Vorgesetzten und die Positionen etwaiger Untergebener.
- ✔ Definieren Sie den Prozess der Leistungsbeurteilung: Wer macht die Beurteilung? Wann? Auf welcher Basis wird die Leistung des Mitarbeiters beurteilt?
- ✔ Konzentrieren Sie sich auf Ergebnisse, nicht auf Tätigkeiten; schränken Sie die Möglichkeiten, wie Ergebnisse erreicht werden, nicht ein. Legen Sie Verantwortlichkeiten fest und lassen Sie dem Mitarbeiter freie Hand bei seiner Arbeit.
- ✔ Seien Sie flexibel. Die Welt verändert sich. Anforderungen auch.

Ihre Mitarbeiter sind keine Roboter; der größte Fehler, den Sie machen können: Leistungsanforderungen, die die Handlungsmöglichkeiten des Mitarbeiters einschränken. Schreiben Sie die Leistungsanforderungen auf, bevor Sie eine Stelle ausschreiben. Wenn Sie dann einen Mitarbeiter eingestellt haben, sollten Sie die Leistungsanforderungen mit ihm besprechen, gegebenenfalls modifizieren und über die erwarteten Ergebnisse Einigkeit erzielen. Danach sollten Sie dem Mitarbeiter volle Freiheit dabei lassen, wie er diese Ergebnisse erzielt.

Wie Sie die Leistungen Ihrer Mitarbeiter beurteilen

Wie wichtig ist die Leistungsbeurteilung? Wie wichtig ist es, jemandes Anwesenheit an einem Ort zu bewerten, wo er möglicherweise über 50 % seiner wachen Stunden in der Arbeitswoche verbringt? Wenn Leistungsbeurteilungen nicht wichtig sind, dann können Sie auch gleich aufhören zu atmen!

Das größte Problem bei Leistungsbeurteilungen: Der durchschnittliche Unternehmer sieht sie eher als Gelegenheit, die Leistung des Mitarbeiters zu kritisieren statt zu verbessern. Natürlich wird es zur Sprache kommen, wenn etwas nicht gut gelaufen ist – aber entscheidend ist die positive, aufbauende, fördernde Kritik. Sie soll die zukünftige Leistung des Mitarbeiters verbessern, nicht ihn bestrafen und an früheren Leistungen herummäkeln. Alles, was Sie bei der Leistungsbeurteilung sagen und tun (auch eine Gehaltserhöhung), ist ein Mittel, um die Leistung zu verbessern.

Sinnvolle Leistungsbeurteilungen kommen nicht von selbst. Sie entwickeln sich in einem wohl definierten Prozess. Hier dessen grundlegende Bestandteile::

- **Ziele setzen.** Für die Zusammenarbeit mit dem Mitarbeiter müssen Sie SMARTe Ziele vorgeben beziehungsweise solche vereinbaren (siehe weiter oben in diesem Kapitel). Diese Ziele sollten festgelegt werden, sobald der Mitarbeiter gut eingearbeitet ist.
- **Leistungsanforderungen festlegen.** Sie brauchen schriftliche, sinnvolle Maßstäbe, an denen Sie Leistung messen.
- **Aktennotizen über besondere Situationen.** Machen Sie sich Vermerke über spezielle Situationen, die aus dem Rahmen der normalen Tätigkeit des Mitarbeiters fallen, und legen Sie sie in der Personalakte ab. Ziehen Sie sie als objektive Unterstützung bei Leistungsbeurteilungs- und Gehaltsgesprächen zu Rate, um Ihre subjektive Wahrnehmung zu stützen. Machen Sie Aktennotizen über positives wie negatives Ausnahmeverhalten. Da Leistungsbeurteilungen die Leistung verbessern sollen, können Sie eine stärkere Motivation des Mitarbeiters erzielen, wenn Sie über seine Erfolge statt über Misserfolge sprechen.

Zwischen den einzelnen Leistungsbeurteilungen sollten Sie Ihren Mitarbeitern regelmäßig informell Feedback geben. So erlebt der Mitarbeiter beim nächsten Leistungsbeurteilungsgespräch keine Überraschungen. Und: Wenn Sie immer wieder zwischendurch Feedback geben, hat er genügend Zeit, an seinem Verhalten zu arbeiten.

- **Jährliches Beurteilungs- und Gehaltsgespräch.** Das ist das Hauptereignis: Sie vergleichen die erbrachte Leistung mit Erwartungen und Zielen. Sie sprechen über Ausnahmesituationen und Gehaltserhöhung – und vor allem über Ziele und Erwartungen für das kommende Jahr. Vergessen Sie nicht: All das ist dazu da, Ihren Mitarbeiter zu einer Leistungsverbesserung zu motivieren.
- **Zwischentermine.** Legen Sie viertel- oder halbjährliche Zwischentermine ein, um bezüglich der Leistungen des Mitarbeiters auf dem Laufenden zu bleiben. Wenn die Lage schlimm ist, sollten Sie monatliche Termine wählen, bis seine Leistung sich wieder verbessert hat. Seien Sie bei diesen Gesprächen informell, aber gut vorbereitet, und geben Sie dem Mitarbeiter Feedback über seinen Leistungsfortschritt.

Hier sind Richtlinien, um Ihr Gespräch zur Leistungsbeurteilung effektiv zu machen:

- ✔ Setzen Sie die Leistungsbeurteilung einmal jährlich an, am besten zu Beginn Ihres Geschäftsjahres.
- ✔ Vereinbaren Sie Ort und Zeit rechtzeitig im Voraus, damit beide Seiten genügend Zeit zur Vorbereitung haben. Keine Telefonate, keine Störungen. Wenn Sie erwarten, dass das Gespräch schwierig wird, verlegen Sie es ruhig außerhalb des Unternehmens.
- ✔ Bereiten Sie das Gespräch wie jede andere wichtige Besprechung gründlich vor. Es ist ein wichtiges Ereignis in der Karriere des Mitarbeiters.
- ✔ Beginnen Sie das Gespräch großzügig mit Lob und erwähnen Sie besondere Erfolge und gute Arbeit. So starten Sie positiv. Betonen Sie gleich zu Anfang, dass das Gespräch der Leistungsverbesserung des Mitarbeiters dienen soll.
- ✔ Beurteilen Sie den Mitarbeiter auf der Basis des gesamten vergangenen Jahres, nicht bloß auf der des letzten Monats. Es geht hier um seine Laufbahn, nicht um Trends.
- ✔ Untermauern Sie subjektive Kommentare mit objektiven Fakten aus den Aktennotizen, die Sie im Laufe des Jahres in der Personalakte des Mitarbeiters abgelegt haben.
- ✔ Vergessen Sie nicht, dass es um die Beurteilung von Leistungen geht, nicht von Charakter. Lassen Sie Persönliches außen vor.
- ✔ Sprechen Sie Gehaltserhöhungen nach Ihrer Leistungsbeurteilung an, jedoch bevor Sie das Feedback des Mitarbeiters über das Unternehmen erbitten. Fragen Sie ihn, wie er über die Art der Unternehmensführung denkt und was besser gemacht werden könnte. (Achten Sie auf die Reihenfolge. Erst wenn das Thema (höheres) Gehalt mit einer Zusage Ihrerseits abgeschlossen ist, fühlt sich der Mitarbeiter sicher, dass kritische Anmerkungen sich nicht darauf auswirken werden.)

Wenn es keine Gehaltserhöhung gibt, sollten Sie sicherstellen, dass der Mitarbeiter genau erfährt, warum. Fragen Sie ihn, ob er die Gründe verstanden hat. Er muss gleichzeitig wissen, wann es die nächste Chance auf eine Gehaltserhöhung geben wird und was er tun muss, um seine Leistung so zu verbessern, dass er eine erwarten kann.

Wenn das Leistungsbeurteilungsgespräch nicht gut gelaufen ist – Sie merken, dass der Mitarbeiter nicht motiviert aus ihm herausgeht –, dann können zwei Dinge passiert sein:

1. **Sie haben das Gespräch nicht korrekt geführt.**

   In diesem Fall sollten Sie es eine Woche später noch einmal versuchen. Verbessern Sie die Darstellung Ihrer Position und erklären Sie dem Mitarbeiter, Sie hätten einige Fehler gemacht, die Sie jetzt korrigieren möchten. Auch Chefs sind nur Menschen.

2. **Sie haben das Gespräch korrekt geführt, doch der Mitarbeiter gehört zu den Menschen, die einfach keine Kritik vertragen können, auch keine konstruktive.**

   In diesem Fall ist der Mitarbeiter vielleicht der falsche Mann für seine Stelle. Verfolgen Sie seine Leistung in den nächsten Wochen und achten Sie auf Anzeichen der Verbesserung. Sehen Sie keine, müssen Sie eventuell daran denken, das Arbeitsverhältnis zu beenden.

Am besten können Sie die unmittelbaren Wirkungen einer Leistungsbeurteilung sehen, wenn Sie den Mitarbeiter beobachten und ihn fragen, wie er über ihr Gespräch und die Gehaltsänderung (oder nicht) denkt. Wenn er sichtlich erregt und verärgert ist, war das Gespräch ein Flop. Geht er merklich motiviert aus der Tür, war es erfolgreich.

Wenn Sie sich von einem Mitarbeiter trennen müssen

So gern Sie es sicherlich vermeiden möchten – auch die Kündigung von Mitarbeitern gehört zum Wachstum eines erfolgreichen Unternehmens. Hoffentlich nicht oft, allerdings wenn Sie richtig einstellen, ausbilden und motivieren. Aber es wird vorkommen. Wenn Sie nie jemandem kündigen, haben Sie unvermeidlich eine Hand voll leistungsschwacher Mitarbeiter auf Ihrer Gehaltsliste; das ist eine finanzielle Belastung, die sich wenige Kleinunternehmen leisten können, und wird von leistungsstarken Mitarbeitern auf Dauer nicht akzeptiert. Auch ein Fußballtrainer schmeißt nicht gern einen Spieler aus der Mannschaft, doch das im Falle eines Falles rechtzeitig zu tun, spielt eine wichtige Rolle beim Aufbau eines Teams von Superstars.

Die Angst vor dem Kündigungsprozess ist bei Unternehmern meist schlimmer als das eigentliche Ereignis. Schließlich wissen es die meisten Mitarbeiter, wenn ihre Leistung nicht stimmt, und sind mit ihrer Arbeit genauso unglücklich wie Sie mit ihnen. Aber sie sind zu ängstlich oder unsicher (oder wollen lieber gekündigt werden, um Arbeitslosengeld kassieren zu können), als den ersten Schritt zu tun, also überlassen sie Ihnen die schwere Aufgabe.

Wenn Sie jemandem kündigen, dann fällen Sie kein Urteil über die betreffende Person, sondern über ihre Leistung an einer bestimmten Stelle. Ihre möglicherweise zahlreichen Stärken und Begabungen liegen vielleicht einfach woanders.

Hier unsere Ratschläge für die unangenehme Aufgabe, einem Mitarbeiter zu kündigen:

- ✔ Erkunden Sie alle Alternativen zu einer Kündigung, zum Beispiel Versetzung, individuelle Aus- und Weiterbildung, andere Arbeitszeiten (Teilzeit), bei älteren Arbeitnehmern vorzeitiger Ruhestand. Wenn keine Alternative funktioniert, notieren Sie sich die Gründe – der Mitarbeiter fragt vielleicht danach.

- ✔ Sprechen Sie die Kündigung so bald wie möglich nach Ihrer endgültigen Entscheidung aus. Beachten Sie, dass dies immer schriftlich geschehen muss! Hinauszögern verschlimmert die Probleme eventuell und Ihre Kündigungsabsicht könnte auch durchsickern.

- ✔ Denken Sie an Outplacementberatung, vor allem bei leitenden Mitarbeitern. Ziehen Sie externe Berater hinzu und engagieren Sie sich selbst, um dem Mitarbeiter wieder auf die Füße und bei der Suche nach einer neuen Stelle zu helfen.

In Deutschland herrscht ein strenges Kündigungsschutzrecht zu Gunsten der Arbeitnehmer. Gesetze und Rechtsprechung sind ständig in Bewegung und leider eher nicht im Sinne von Arbeitgebern. Informieren Sie sich durch Literatur und lassen Sie Ihre Kündigungen von einem im Arbeitsrecht erfahrenen Rechtsanwalt prüfen – es gibt zu viele Fallstricke! Hier nur einige wenige beispielhafte Knackpunkte, die Sie vor jeder Kündigung prüfen müssen: Kündigungsfrist (laut Arbeitsvertrag, Tarifvertrag, Gesetz), besonders geschützte Personengruppen (Auszubildende, Frauen im Mutterschutz, Elternteile im Erziehungsurlaub, Schwerbehinderte), Abmahnung (müssen einer Kündigung in der Regel vorausgehen), Betriebsrat (Informations- und Zustimmungspflicht).

- ✔ Gehen Sie bei einer Kündigung genauso sorgfältig vor, wie bei einer Einstellung, was den Papierkram angeht – von den Arbeitspapieren (inklusive Zeugnis) bis zur Quittung über zurückgegebenes Firmeneigentum (Schlüssel, Laptop, Firmenwagen etc.).
- ✔ Planen Sie das Kündigungsgespräch ebenso sorgfältig wie jede andere geschäftliche Besprechung. Die Atmosphäre sollte so sachlich wie möglich sein: vermeiden Sie Sentimentalitäten und Erinnerungen.
- ✔ Diskutieren Sie nicht. Nennen Sie die Fakten und Gründe hinter Ihrer Entscheidung, präsentieren Sie eventuelle Unterlagen, etwa Abmahnungen. Diskussionen heizen die Atmosphäre nur unnötig auf. Ihr Mitarbeiter darf seiner Wut und Enttäuschung ruhig Luft machen – vielleicht fühlt er sich danach besser, und Sie erfahren, wie Sie in Zukunft ein besserer Chef sein können.

Nutzen Sie das Trennungsgespräch, um neue Einsichten zu gewinnen

Es wird immer Menschen geben, die Ihr Unternehmen aus dem einen oder anderen Grund von sich aus verlassen. Sie können eine wichtige Informationsquelle sein. In einem Trennungsgespräch mit ihnen können Sie Einsichten über Ihre Firma gewinnen, die Ihnen Ihre übrigen Mitarbeiter kaum verschaffen würden. Im Trennungsgespräch sehen Sie Ihr Unternehmen einmal mit ganz anderen Augen.

Stellen Sie dem scheidenden Mitarbeiter mindestens die folgenden Fragen:

- ✔ Was ist der Hauptgrund für Ihre Kündigung?
- ✔ Was hat Ihnen an unserem Unternehmen am meisten gefallen?
- ✔ Was hat Ihnen am wenigsten gefallen?

- Wie beurteilen Sie das Betriebsklima, Kooperation und Teamarbeit, Aus- und Weiterbildung, das Verhältnis zu Vorgesetzten, Aufstiegschancen und Kommunikation?
- Wenn Sie eine Sache in diesem Unternehmen ändern könnten – was wäre das?

Nicht nur mit Mitarbeitern, die von sich aus kündigen, sollten Sie so ein Trennungsgespräch führen. Versuchen Sie es auch mit denen, die Sie entlassen, aber bedenken Sie, dass hier die Unzulänglichkeiten Ihrer Firma und von Ihnen als Chef gern übertrieben werden. Wichtig: Führen Sie dieses Gespräch nie direkt nach Ausspruch der Kündigung; warten Sie bis später, wenn der Ex-Mitarbeiter zum Beispiel seine Arbeitspapiere abholt.

Ein flexibles Organigramm als Spiegel der Zusammenarbeit

Manche behaupten, Organigramme – ein grafisches der Organisation und Hierarchie Ihres Unternehmens – seien nicht mehr zeitgemäß. Sie müssten Ihren Mitarbeitern nur alle Freiheiten geben, selbst beiseite treten und der Laden würde laufen – ohne Hierarchie, ohne Vorschriften. Denn die selbständigen Mitarbeiter von heute bräuchten keine Führung, sondern bloß ein flexibles und angenehmes Umfeld.

Dem stimmen wir nicht zu. Wir glauben an Organigramme und an die Befehlshierarchie, allerdings nur, wenn die Person an der Spitze der Hierarchie ihre Position auch verdient. Irgendwer muss die Mitarbeiter führen, sie motivieren und bei der Verbesserung ihrer Leistungen unterstützen. Irgendwer muss sie auch befördern, versetzen und manchmal entlassen. Wir glauben, Mitarbeiter müssen für jemanden arbeiten.

Organigramme müssen aber nicht unabänderlich in Stein gemeißelt sein. Nutzen Sie sie flexibel, gehen Sie über die Hierarchien und Zuständigkeiten hinaus, wenn Sie besondere Projekte verwirklichen wollen. Sie können sogar untergeordnete oder zeitlich begrenzte Organigramme erstellen, um solch komplizierte Projekte oder einmalige Aufgaben anzugehen. Und so entwickeln Sie ein sinnvolles Organigramm und nutzen es effektiv:

Erstellen Sie das Organigramm für die Mitarbeiter, nicht für die »Organisation«. Wenn ein Mitarbeiter zum Beispiel besonders viel Fachwissen über den Inhalt eines aktuellen Projekts besitzt, machen Sie ihn zu dessen Leiter und Verantwortlichen. Diese Struktur bedeutet, dass Ihr Verkaufsleiter vielleicht in einem Projekt arbeitet, das von einem studentischen PC-Programmierer geleitet wird, weil dieser mehr von dem Projekt versteht als der Verkaufsleiter.

- **Bezahlen Sie Ihre Mitarbeiter nach der Qualität ihrer Leistung und ihres Beitrags zum Team statt nach ihrer Position in der Hierarchie.** Obwohl der Verkaufs- und der EDV-Leiter auf derselben Hierarchiestufe im Organigramm stehen, können sie ganz unterschiedlich bezahlt werden, nämlich danach, wie wichtig Verkauf und EDV für den Gesamterfolg des Unternehmens sind.

- ✔ **Legen Sie fest, wie viele Mitarbeiter eine Person führen kann.** Die Zahl hängt von der Qualität Ihres Teams ab. Einer kann manchmal schon zu viel sein, wenn er schwierig ist, und acht können kinderleicht zu führen sein, wenn sie gut sind.
- ✔ **Flachere Organigramme (weniger Hierarchieebenen) sind besser, wenn Sie die richtigen Mitarbeiter haben.**

Klammern Sie sich nicht sklavisch an die Festlegungen in Ihrem Organigramm. Es sollte eine strukturelle Richtlinie für Entscheidungsprozesse und Verantwortlichkeiten sein – nicht mehr. Nutzen Sie es also für die Verwaltung, aber biegen und modellieren Sie es, damit es zu den Fachkenntnissen Ihrer Mitarbeiter und den Bedürfnissen Ihres Unternehmens passt.

Und denken Sie daran: Das Organigramm kann nur so gut sein wie Sie selbst – die Person an der Spitze des Schemas. Sie führen, und die Mitarbeiter werden Ihnen folgen. Erwarten Sie nicht, dass Sie schwache Führung mithilfe eines Organigramms in ein starkes Team verwandeln können, auch wenn Sie es noch so ausgeklügelt konstruieren. Das Team kann nur so gut sein wie die Person an der Spitze.

Warum Sie ein Mitarbeiterhandbuch brauchen

Ein Mitarbeiterhandbuch ist für die meisten genauso interessant wie neue Tonerkartuschen für den Kopierer. Die wenigsten Unternehmer haben es in ihrer Top 10 der Dinge, die Sie brennend gern tun.

Sobald aber Mitarbeiter auf der Gehaltsliste stehen, sollte ein Mitarbeiterhandbuch in das Medizinschränkchen jedes Kleinunternehmers gehören. Wie Aspirin kann ein gutes Handbuch eine Menge Kopfschmerzen ersparen. Es ist wichtig, weil es verschiedenste und wichtige Funktionen erfüllt. Das zum Beispiel kann ein durchdachtes Mitarbeiterhandbuch leisten:

- ✔ Es ist die erste Gelegenheit, öffentlich die Mission Ihres Unternehmens und die Ziele für Ihre Mitarbeiter zu definieren.
- ✔ Das Mitarbeiterhandbuch prägt die Erwartungen. Es vermittelt eine positive Botschaft an einen neu eingestellten Mitarbeiter, wenn es dessen Fragen schnell und übersichtlich beantwortet.
- ✔ Das Mitarbeiterhandbuch spart Zeit – Zeit bei der Lösung von Problemen, die schon einmal gelöst wurden. Und es spart Zeit bei der Erklärung von Grundlagen der Tätigkeit für Ihre Firma wie Arbeitszeiten, Pausenregelung, Urlaub, Krankmeldungen und so weiter.
- ✔ Das Mitarbeiterhandbuch spart Missverständnisse, Ärger und Anwaltskosten, indem es die Unternehmensregeln offen und schriftlich für alle festlegt. So merken potenzielle Problemmitarbeiter, dass sie sich entweder diesen Regeln anpassen oder sich eventuell einen anderen Job suchen müssen.

Stellen Sie Ihr Mitarbeiterhandbuch am besten zusammen, indem Sie sich an ein bereits bestehendes anlehnen (zum Beispiel von einem benachbarten Kleinunternehmen, einem Lieferanten oder einer Firma, bei der Sie selbst seit Jahren Kunde sind), das Ihren Vorstellungen nahe kommt. Gute Handbücher werden immer wieder zwischen Unternehmen weitergegeben und das aus gutem Grund: Die, die überlebt haben, haben sich in der Praxis erfolgreich bewährt.

Nutzen Sie bei der Erstellung Ihres eigenen Handbuchs (auch wenn Sie sich an ein anderes anlehnen) die folgenden Tipps:

- ✔ Nehmen Sie Ihr Mission Statement (siehe Kapitel 4) auf, und zwar ganz am Anfang des Handbuchs. So wird es jeder lesen.
- ✔ Erklären Sie, dass das Mitarbeiterhandbuch kein Vertrag ist und dass es sich verändern kann und wird.
- ✔ Listen Sie freiwillige soziale Leistungen auf, von kostenlosen Getränken und Essenszuschüssen bis hin zu Prämien- und Bonussystem.
- ✔ Stellen Sie die Arbeitszeitregelungen dar und auch die Bestimmungen zu Überstunden, Pausen, Gleitzeit und so weiter (auch wenn sie schon im Arbeits- oder Tarifvertrag festgelegt sind). Sprechen Sie auch das Verfahren bei Leistungsbeurteilung, Beförderungen und Gehaltserhöhungen an.
- ✔ Regeln Sie Alkoholkonsum und Rauchen im Betrieb.
- ✔ Legen Sie Regeln fest für Kleidung, Pünktlichkeit und Rücksichtnahme auf andere.
- ✔ Halten Sie das Mitarbeiterhandbuch immer auf dem Laufenden. Hängen Sie Änderungen auch am Schwarzen Brett aus, wenn Sie den Mitarbeitern geänderte oder neue Seiten für das Mitarbeiterhandbuch aushändigen.

Lassen Sie Ihr komplettes Mitarbeiterhandbuch vor der Verteilung von einem im Wirtschafts- und Arbeitsrecht erfahrenen Rechtsanwalt überprüfen. Das kann Ihnen später Ärger und Kosten ersparen. Beachten Sie auch, dass die Inhalte teilweise der Mitbestimmung des Betriebsrats unterliegen.

Wie werden Sie als Arbeitgeber ein Superstar?

Keine zwei Kleinunternehmen sind gleich. Die Gründe für den Erfolg des einen sind oft ganz andere als die für den Erfolg eines zweiten. Das erste hat durch sein Marketing Erfolg, das zweite durch die Qualität seiner Produkte oder Dienstleistungen. Das eine stellt die Kunden in den Mittelpunkt, das andere die Mitarbeiter. Das eine hat ein Top-Vertreterteam, das andere einen tollen Katalog, um seine Produkte zu verkaufen.

Doch jedes erfolgreiche Kleinunternehmen (jedenfalls die mit Mitarbeitern) besitzt drei charakteristische Merkmale, und zwar unabhängig von Marktnische, Produkten oder Dienstleistungen. Diese drei Merkmale sind Flexibilität, Verantwortlichkeit und Kontrolle.

Flexibilität: Regeln sind dazu da, gebrochen zu werden

Schauen Sie sich die folgenden Personen und Angelegenheiten an, die in einem Kleinunternehmen flexibel gehandhabt werden müssen:

- ✔ **Mitarbeiter.** Weiter vorn in diesem Kapitel erzählten wir von unserem Unternehmerfreund Ingo, der seinem Mitarbeiter zinsfrei 2.000 Euro borgte, um das Finanzamt in Schach zu halten. Ingos Handbuch enthielt nichts über verschuldete Mitarbeiter oder zinsfreie Darlehen, doch Ingo regelte die Angelegenheit flexibel, indem er ein Darlehen schuf und das Problem seines Mitarbeiters löste. Sie haben eine Mitarbeiterin, die mehr freie Zeit braucht, um eine schwierige familiäre Situation zu lösen? Pfeifen Sie auf die Arbeitszeitregelung im Mitarbeiterhandbuch – geben Sie ihr die Zeit, die sie braucht. Sie haben eine Mitarbeiterin, die flexible Arbeitszeiten braucht, weil sie mit ihrem chronisch kranken Kind immer wieder Arzttermine wahrnehmen muss? Worauf warten Sie – lassen Sie sie flexibel arbeiten und lösen Sie damit ihr Problem.
- ✔ **Loyale, zahlende Kunden.** Auch hier sind die Regeln dazu da, gebrochen zu werden. Ein guter Kunde bittet um 30 Tage mehr Zeit für die Bezahlung einer besonders großen Bestellung? Dann geben Sie ihm die 30 Tage. Ein guter Kunde möchte seine Produkte einzeln verpackt statt in Großgebinden? Dann verpacken Sie sie ihm einzeln.
- ✔ **Visionen, Missionen, Ziele, Strategien und Pläne.** Verdammt richtig – alle müssen flexibel sein. Schließlich basieren sie auf den Handlungen von Menschen und, nun ja, Sie wissen wie es damit ist.

Wenn Sie Ihr Unternehmen als Lieferanten von Lösungen sehen, statt nur als ausführendes Organ von Regeln, können Sie den Herausforderungen des heutigen, sich ständig wandelnden Geschäftslebens besser begegnen.

Verstehen Sie uns nicht falsch – wir sagen nicht, dass alles in Ihrem Unternehmen flexibel gehandhabt werden soll. Im Gegenteil: Ein Kleinunternehmen braucht bestimmte feste Regeln und Bestimmungen unter seinen Führungsinstrumenten. Zum Beispiel für die folgenden Dinge:

- ✔ **Ethik und Prinzipien.** Wären sie flexibel, wären es nicht Ethik und Prinzipien.
- ✔ **Kostenkontrolle:** Die besten Kleinunternehmen kennen ihre Kosten genauso gut wie ihre Umsätze. Kosten müssen nach festen Regeln im Griff behalten werden.
- ✔ **Qualität:** Sie kann nicht flexibel sein. Ihr Produkt stellt zu einem bestimmten Preis Ihren anspruchsvollsten Kunden zufrieden, oder es ist für keinen Ihrer Kunden geeignet. Dazwischen gibt es nichts.

Verantwortlichkeit: Leistungen werden registriert

Wenn Sie Ihre Mitarbeiter um die Erledigung einer Aufgabe bitten, haben diese eigentlich nur zwei Möglichkeiten: Sie tun es oder sie tun es nicht. Wenn Sie die Aufgabe nicht erledigen, müssen Sie als Nächstes fragen: »Was war der Grund, warum sie es nicht erledigt haben?« Hier einige mögliche Gründe:

- ✔ **Der Mitarbeiter ist unfähig, die Aufgabe zu erledigen.** Sie können sie einem anderen Mitarbeiter zuweisen, den Mitarbeiter versetzen oder ihn ersetzen.
- ✔ **Der Mitarbeiter ist nicht angemessen ausgebildet.** Sie müssen ihn (besser) ausbilden.
- ✔ **Die Aufgabe und ihre Priorität wurden nicht klar kommuniziert.** Es ist Ihre Sache, die Aufgabe deutlicher zu formulieren.
- ✔ **Der Mitarbeiter erkannte keinen guten Grund für die Aufgabe und entschied deshalb, sie nicht zu erledigen.** In diesem Fall gehört Verantwortlichkeit nicht zu Ihrer Unternehmenskultur, oder Sie haben einen schweren Einstellungsfehler begangen.

Verantwortlichkeit – für seine Handlungen verantwortlich zu sein – ist eine Sache der Unternehmenskultur. Als Erster machen Sie Ihre Mitarbeiter verantwortlich, und dies pflanzt sich nach unten in das ganze Unternehmen fort. Wenn Sie eine Kultur der Verantwortlichkeit etablieren, müssen Sie ein System von Belohnungen für Leistungen und Sanktionen für Schlecht- oder Nichtleistungen einführen. Wie Mitarbeiter einen Grund brauchen, um etwas zu tun, brauchen sie auch einen, um etwas nicht zu tun.

Beantworten Sie sich die folgenden Fragen, um festzustellen, ob Ihr Kleinunternehmen eine Kultur der Verantwortlichkeit besitzt:

- ✔ Sind Ihre Mitarbeiter motiviert, das zu erreichen, von dem Sie wollen, dass sie es erreichen?
- ✔ Macht das Erreichen eines Ziels einen Unterschied für den Erfolg des Teams? Wissen Sie und Ihre Mitarbeiter, wie man diesen Unterschied erkennt?
- ✔ Können die übrigen Teammitglieder erkennen, wenn ein Mitarbeiter ein Ziel erreicht hat oder nicht?
- ✔ Wissen Ihre Mitarbeiter, dass Sie Ziele erreichen müssen, oder ist die Zielerreichung nur eine ihrer Optionen?

Wenn Sie sich mit diesen Fragen beschäftigen, werden Sie schnell die vier Elemente erkennen, die eine Kultur der Verantwortlichkeit von einer ohne diese unterscheiden:

- ✔ Mitarbeiter brauchen einen Grund, um Ziele zu erreichen.
- ✔ Das Erreichen von Zielen muss im gesamten Unternehmen erkannt werden.
- ✔ Zielerreichung sollte belohnt werden.
- ✔ Es muss Konsequenzen geben, wenn Mitarbeiter nicht die Ziele erreichen, auf die Sie sich mit ihnen geeinigt hatten.

Führen Sie diese Elemente zusammen und Sie können schnell eine Kultur schaffen, die Verantwortlichkeit fördert. Auch wenn die Wege zur Verankerung dieser Elemente verschieden sein mögen, haben Sie eines gemeinsam: Sie beginnen an der Spitze.

Kontrolle: Mehr ist weniger

Wozu kontrollieren? Sie haben die Sache doch gleich beim ersten Mal von Ihrem Tisch geschafft. Warum müssen Sie sich nochmal damit beschäftigen? Wenn Sie Mitarbeiter wären, müsste man Sie bestimmt nicht kontrollieren!

Aber (und das ist jetzt das letzte Mal, dass Sie das von uns hören) Sie sind kein Mitarbeiter, Sie sind Unternehmer und Chef – und wenn Sie diesen Unterschied vergessen, könnten Sie vielleicht nicht mehr allzu lange im Geschäft bleiben. Wenn Sie Ihre Mitarbeiter nicht kontrollieren, sind die schönsten Missionen und Ziele keine Missionen und Ziele mehr, sondern Hoffnungen und Wünsche. Und aus denen entstehen keine Unternehmen, sondern nur Träume.

Die gute Nachricht: Wenn Ihre Mitarbeiter wissen, dass Kontrolle kommen wird, dann wird deren Notwendigkeit abnehmen – mehr ist weniger. Anders formuliert: Sobald eine Unternehmenskultur der Verantwortlichkeit fest etabliert ist, werden Sie nicht mehr so viel (nach-)kontrollieren müssen.

Am Anfang jedoch, wenn Ihre Kultur noch im Aufbau ist, muss jede eingegangene Verpflichtung, ob groß oder klein, kontrolliert werden. Ein simpler Vermerk auf der To-do-Liste in Ihrem Terminplaner reicht schon. Hören Sie nie auf, das Team von Superstars aufzubauen, von dem wir oben in diesem Kapitel gesprochen haben. Denn Superstars brauchen nicht rigoros kontrolliert zu werden (falls doch, sind es keine Superstars!), und das gibt Ihnen mehr Zeit, sich um das Wachstum Ihres Unternehmens zu kümmern.

14 Recht und Steuern: Machen Sie das Beste daraus

In diesem Kapitel

- Nicht jeder darf jedes Unternehmen gründen
- Namenswahl und Schutz von Ideen
- Zahlen Sie nicht zu viele Steuern

Einer der weniger erfreulichen Aspekte des Unternehmerdaseins: Sie müssen die Gesetze und Vorschriften kennen und befolgen, die festlegen, wie Sie Ihr Unternehmen zu gründen und zu führen haben, und Sie müssen Vater Staat das geben, was ihm zusteht. Wir können gut verstehen, wenn Sie dieses Kapitel am liebsten einfach überspringen würden. Tun Sie es nicht – gerade Unkenntnis und Schlamperei in rechtlichen und steuerlichen Dingen kann Sie in echte Probleme bringen und schlimmstenfalls sogar das Aus für Ihre Firma bedeuten.

Aber keine Angst. So weit muss es ja nicht kommen. Und wir werden Sie in diesem Kapitel auch nicht mit Paragrafen und Juristendeutsch zuschütten. Wir beschränken uns auf die wesentlichen Grundlagen, damit Sie ein Grundverständnis gewinnen und dann selber aktiv werden können. Denn das müssen Sie.

Die Vielzahl und Komplexität der Gesetze und Bestimmungen für deutsche Unternehmen ist (leider) für den Einzelnen praktisch nicht überschaubar. Zudem stellen sich die Verhältnisse bei jedem Unternehmen und jedem Unternehmer anders dar – jeder Einzelfall liegt anders. Informieren Sie sich deshalb bei allen Punkten, die in diesem Kapitel angesprochen werden, was genau für Sie und Ihre Firma zutrifft. Holen Sie professionellen Rat ein, damit Sie aus Ihren individuellen Verhältnissen das Beste machen können.

Was Ihnen das Leben nicht leichter macht: Deutschlands Politiker und Beamte sind unglaublich erfinderisch, was neue Gesetze, Auflagen, Vorschriften, Steuern und Abgaben angeht. Da ist ständig Bewegung – was gestern noch galt, kann morgen schon ganz anders aussehen (und Sie vor allem mehr kosten). Bleiben Sie also am Ball und sorgen Sie dafür, dass Sie oder diejenigen, die Sie beraten, stets auf dem Laufenden sind.

Lauter Paragrafen

Schön wär's, wenn Sie einfach einen Laden mieten, ein Schild über die Tür hängen und eröffnen könnten. Aber so läuft es leider nicht. Hier sind nur ein paar der Dinge, mit denen sich Kleinunternehmer bei der Gründung oder im laufenden Geschäft auseinander setzen müssen:

- **Namenswahl.** Sie können sich nicht einfach einen schönen aussuchen und für Ihr Unternehmen verwenden. Warum nicht? Weil es vielleicht ein Name ist, der bereits von einer anderen Firma verwendet wird (möglicherweise sogar in derselben Branche), dessen Inhaber von Ihrem offensichtlichen Plagiat wenig erbaut sein wird und rechtlich gegen Sie vorgehen kann. Außerdem müssten Sie über die Jahre manchen Werbeeuro ausgeben, um sich von der anderen Firma abzuheben, denn Sie wollen ja nicht, dass Kunden Sie verwechseln.
- **Rechtliche Auflagen.** Nicht jeder darf jedes Unternehmen überall gründen und betreiben. Wer zum Beispiel Taxi fahren will, muss eine Lizenz für das Fahrzeug und einen Personenbeförderungsschein für sich selbst vorweisen können. Wenn Sie solche Bestimmungen nicht einhalten, brechen Sie das Gesetz, und die Strafen können hoch sein.
- **Schutz von Ideen.** Wenn Sie einen Geschäftsplan erstellen und anderen in die Hand geben, um Geld zu beschaffen, dann wollen Sie bestimmt nicht, dass Ihre Ideen geklaut werden. Und wenn Sie etwas Neues und Einzigartiges erfunden haben, dann wollen Sie nicht, dass ein anderer es kopiert und damit Geld macht, nicht wahr? Wenn Sie nicht für rechtlichen Schutz sorgen, haben Sie gegen so etwas kaum eine rechtliche Handhabe.
- **Steuerzahlungen.** Als Inhaber es Unternehmens oder selbstständiger Freiberufler sind Sie für die pünktliche Abführung von Steuern und Abgaben verantwortlich. Wenn Sie Mitarbeiter beschäftigen, müssen Sie Einkommensteuer und Sozialabgaben von ihren Gehältern einbehalten und abführen (ja, Sie spielen den Steuereintreiber für Vater Staat).
- **Verträge.** Das gesamte Geschäftsleben basiert auf Verträgen. Sind sie ordentlich aufgesetzt, dann sind Verträge rechtlich bindende und erzwingbare Vereinbarungen Ihres Unternehmens mit Lieferanten, Mitarbeitern, Kreditgebern und anderen, die mit ihm zu tun haben. Wenn Sie anderen einen Vertrag anbieten oder einen bestehenden modifizieren möchten, geht das nur im Rahmen der Rechtsbestimmungen. Wenn Sie diese nicht verstehen oder beachten, dann verärgern Sie Ihre (potenziellen) Vertragspartner oder landen sogar wegen Vertragsverletzung vor Gericht.

Rechtliches bei der Gründung

Bevor Sie mit Ihrem ersten Kunden arbeiten, sollten Sie Zeit und Geld investieren, um die rechtlichen Dinge bezüglich Ihrer Firma auf die Reihe zu bringen. Wir wissen, dass Sie dafür in der Gründungsphase eigentlich gar keine Zeit haben – deshalb hier die wichtigsten Grundlagen.

Genehmigungen

Um herauszufinden, ob und welche rechtlichen Einschränkungen es für Ihre geplante Unternehmertätigkeit gibt, ob Sie also eine besondere Genehmigung benötigen, sollten Sie die folgenden Informationsquellen nutzen:

- Fachverband und Fachzeitschriften Ihrer Branche oder Ihres Berufs

- ✔ Unternehmerkollegen. Der einfachste Weg, mit anderen in Ihrer Branche in Kontakt zu kommen, ist die Teilnahme an Seminaren, Tagungen, Messen und anderen Veranstaltungen. Fachverbände helfen Ihnen, solche Veranstaltungen zu finden; alternativ können Sie Ihr Netzwerk von Kontakten in Ihrer Region nutzen. Ein Problem bei dieser Strategie: Wer in Ihrer Stadt oder Region in derselben Branche tätig ist, sieht Sie vielleicht als Konkurrenten und ist deshalb nicht auskunftsfreudig.
- ✔ Wirtschaftsförderungsamt, Stadtverwaltung, Gründerzentren und ähnliche öffentliche Institutionen, die für die Förderung von Wirtschaft und Gewerbe zuständig sind
- ✔ Industrie- und Handelskammer, Handwerkskammer. Beide Institutionen können Ihnen weitere Informationsquellen nennen, bieten selbst zum Teil aber auch eine Vielzahl von Informationen und Veranstaltungen.

Nehmen Sie diese Informationssammlung (und die anschließende Beantragung von Genehmigungen) nicht auf die leichte Schulter. Wenn Sie nur einen Punkt vergessen und Ihnen dann irgendein offizielles Papier fehlt, kann das bei einer Kontrolle oder beim nächsten Steuertermin auffliegen und eventuell das Aus für Ihre hoffnungsvolle Unternehmerkarriere bedeuten. Noch einmal: Information ist alles! Hier ein paar weitere Beispiele für notwendige Genehmigungen und Auflagen

- ✔ Als Restaurantbesitzer müssen Sie in der Regel eine bestimmte Zahl von Stellplätzen für die Autos Ihrer Gäste nachweisen. Ersatzweise können Sie eine saftige Parkplatzablöse an die Stadt bezahlen. Doch wenn Sie gar nichts tun, dürfen Sie Ihr neu eingerichtetes Restaurant gar nicht erst eröffnen.
- ✔ Wollen Sie eine private Arbeitsvermittlung betreiben, benötigen Sie eine Erlaubnis der Bundesanstalt für Arbeit. Als Gründer eines Bewachungsunternehmen, müssen Sie finanzielle Mittel und persönliche Zuverlässigkeit nachweisen und außerdem einen 40-stündigen Kurs bei der Industrie- und Handelskammer absolvieren.
- ✔ Sie dürfen nicht jeden Betrieb überall eröffnen, selbst wenn Ihnen das Gelände gehört. Eine LkW-Spedition im Wohngebiet hat keine Chance. Ein Restaurant darf die Anwohner nicht mit Küchendünsten belästigen. Ein Büro mit Publikumsverkehr wird in einer Etagenwohnung nicht lange überleben, weil die Nachbarn erheblich gestört werden. Achten Sie darauf, dass Ihre geplante Nutzung angemieteter Geschäftsräume erlaubt ist – sonst verpflichten Sie sich zu eventuell langfristigen Mietzahlungen und können die Räume dann gar nicht nutzen.
- ✔ Kleinunternehmen, die mit Lebensmitteln umgehen, unterliegen strengen Hygienebestimmungen, die streng reguliert werden – von der korrekten Kühltemperatur für Fleisch bis zur Sauberkeit der Bierleitung. Denken Sie auch an Bestimmungen zur Feuersicherheit oder zur regelmäßigen technischen Kontrolle von Aufzügen.
- ✔ Besondere Eintrittsschranken gibt es im Handwerk. Die Handwerksordnung listet in Anlage A 94 Gewerbe auf, die Sie nur mit dem jeweiligen Meisterbrief betreiben dürfen. Und die Handwerkskammern sind schnell mit juristischen Mitteln bei der Hand, wenn sich »Fachfremde« auf ihr Terrain begeben.

Wie Sie Ihre Pläne und Ideen schützen

Mit ziemlicher Sicherheit ist Ihre Geschäftsidee oder der dazu gehörige Geschäftsplan nicht einzigartig. Irgendwo in Deutschland hat vielleicht schon jemand die gleiche Idee gehabt. Manche Unternehmer dagegen haben in der Tat etwas Einmaliges, Neues oder Neuartiges anzubieten, sei es ein Produkt oder eine Dienstleistung. Und selbst, wenn Ihre Idee nicht einmalig ist: Wer will schon, dass andere davon Kenntnis erlangen und sie einfach klauen oder abkupfern? Mit den Exemplaren Ihres Geschäftsplans, die Sie aus der Hand geben, verschenken Sie eventuell viel von Ihrer harten Arbeit und Ihren Ideen an jemanden, der dann zu Ihrem Konkurrenten werden kann.

Hier ein paar Tipps, wie Sie Ihren Geschäftsplan, Ihre Ideen und sich selbst schützen können:

- ✔ Zeigen Sie den Plan nicht jedem. Ein Freund oder Ratgeber, der sich in Ihrer Branche oder generell mit Kleinunternehmen auskennt, wird kaum unlautere Motive haben. Einem potenziellen Konkurrenten, der sich Ihre Pläne zunutze macht, wird Ihr Wohlergehen dagegen ziemlich egal sein.
- ✔ Lassen Sie Schlüsselinformationen aus Ihrem Plan heraus. Produktdesigns, Herstellungsspezifikationen, einzigartige Bezugsquellen und andere Informationen, die nur Ihre Firma besitzt, sollten Sie aus den verteilten Exemplaren Ihres Geschäftsplans heraus lassen.
- ✔ Nehmen Sie am Anfang eine Vertraulichkeitsklausel in den Geschäftsplan auf. Falls Ihr Plan jemandem in die Hände fallen sollte, der versucht sein könnte, Ihre Ideen zu stehlen, wird diese Klausel ihn abschrecken.
- ✔ Holen Sie sich rechtlichen Rat wo immer es nötig ist. Wenn Ihre Arbeit und Ihre Ideen schutzfähig sind, dann sprechen Sie mit einem Rechtsanwalt, der im Urheber- und Patentrecht erfahren ist. Beachten Sie, dass die Anmeldung von Patenten, Gebrauchs- und Geschmacksmusterschutz nicht geringe Gebühren kostet.

Wenn Sie Ihren Geschäftsplan noch nicht entwickelt haben und dabei Hilfe brauchen, lesen Sie in Kapitel 4 nach.

Verträge mit Kunden und Lieferanten

Alle Kleinunternehmen haben Kunden, wie auch Lieferanten, und mit beiden tritt der Unternehmer in vertragliche Beziehungen, seien diese schriftlich fixiert oder mündlich vereinbart. Hier unsere Tipps für gute Verträge:

- ✔ Schreiben Sie es auf. Sonst haben Sie buchstäblich nichts in der Hand, wenn jemand nicht das Vereinbarte liefert. Eine mündliche Absprache kann der andere in Abrede stellen: »Das haben wir so nie vereinbart.«

- ✔ Machen Sie keine Versprechungen, die Sie nicht auch schriftlich geben würden. Das klingt, als ob es unserem ersten Tipp widerspräche, aber was Sie sagen, kann Ihnen Ärger bringen, vor allem In Bezug auf Kunden und Werbung.

Sehen Sie die Dinge aus der juristischen Perspektive. Wie wir in Kapitel 8 darstellen, gibt es die verschiedensten Momente, in denen Sie sich Rechtsrat holen sollten. Die Aufsetzung und Unterzeichnung von Verträgen ist so einer.

Arbeitsrecht

Wenn Ihr Unternehmen anfängt, Mitarbeiter einzustellen, ist die gute Nachricht, dass es offenbar auf so soliden Füßen steht, dass es sich deren Löhne und Gehälter leisten kann. Die schlechte Nachricht jedoch: Zum Gehalt eines Mitarbeiters kommt noch einiges an »verdeckten« Nebenkosten hinzu, darunter:

- ✔ **Sozialabgaben**: Zusätzlich zu den Löhnen und Gehältern Ihrer Mitarbeiter, von denen Sie als Unternehmer die Einkommensteuer und die Sozialabgaben einbehalten und an den Staat abführen müssen, müssen Sie als Arbeitgeber auf die Sozialabgaben Ihrer Mitarbeiter noch einmal das Gleiche drauflegen – Sie zahlen den Arbeitgeberanteil zu ihrer Kranken-, Pflege-, Renten- und Arbeitslosenversicherung. Seien Sie auch vorsichtig bei der Beschäftigung von freien Mitarbeitern: Wenn deren Tätigkeit zu sehr der eines Angestellten gleicht, wird er schnell als Scheinselbstständiger eingestuft, der in Wahrheit Ihr fester Mitarbeiter ist. Und schon haben Sie einen Mann mehr in der Firma, der als abhängig Beschäftigter weit reichende Schutzrechte genießt: Kündigungsschutz, Urlaubsanspruch, volle Gehaltsfortzahlung im Krankheitsfall, Mutterschutz, Erziehungsurlaub und und und. Hier gibt es eine Unmenge von Fallstricken – sichern Sie sich durch gute Beratung und laufende Lektüre von Fachliteratur ab!
- ✔ **Achten Sie Recht und Gesetz**. Sind Sie überrascht, dass eine Vielzahl von Gesetzen, Verordnungen, Bestimmungen, Grundsatzurteilen Ihnen sagt, vorschreibt, diktiert, wie Sie Ihre Mitarbeiter einstellen, behandeln und zu entlassen haben? Das sollten Sie aber nicht sein, wenn Sie dieses Kapitel bis hierhin gelesen haben!
- ✔ **Arbeitsgerichtsverfahren**. Sie führen vielleicht keinen millionenschweren Konzern, aber glauben Sie nicht, dass man Sie deshalb nicht verklagen kann und wird. Obwohl manche Klagen von Mitarbeitern einer Grundlage entbehren, werden andere leichtfertig von Arbeitgebern herauf beschworen, die in Mitarbeiterangelegenheiten nicht die nötige Sorgfalt walten lassen. Manchmal geht es dann nicht ohne Gerichtsverfahren ab. Sichern Sie sich einen guten Arbeitsrechtler als Anwalt, der Ihre Interessen vor Gericht vertritt.

Zahlen Sie nicht zu viele Steuern

Einer der weniger lustigen Aspekte Ihres Unternehmerlebens sind die viel zu vielen Stunden, die Sie dafür aufwenden müssen, Ihre Bücher zu führen – für Steuerzwecke – und Mengen von Steuerformularen auszufüllen. Sie sind verantwortlich für die pünktliche Leistung von Steuervorauszahlungen für Ihre Firma und die ebenso pünktliche Abführung der Lohn- und Einkommensteuer sowie der Sozialabgaben, die Sie von den Gehältern Ihrer Mitarbeiter einbehalten haben.

Der Spaß geht richtig los, wenn Sie die Jahressteuererklärungen für Ihr Unternehmen erstellen müssen. Viele Kleinunternehmer und Freiberufler nutzen hierbei die Hilfe eines Steuerberaters, der alle Zahlen aufbereitet und die Steuererklärungen erstellt. Wir empfehlen Ihnen, das von Anfang an zu tun, damit Sie Ihren Steuerpflichten stets korrekt nachkommen – aber auch, weil Sie dank der Fachkenntnis Ihres Steuerberaters (wenn er wirklich gut ist) alle Steuervorteile nutzen können und nicht zu viel Steuern zahlen werden. Für die Suche und Auswahl eines fähigen Steuerberaters gelten die Ratschläge, die wir Ihnen auch für die Auswahl anderer Berater in Kapitel 8 geben.

Es soll Kleinunternehmer geben, die (trotz Hinweisen ihrer Steuerberater) nicht alle – legalen – Möglichkeiten in Anspruch nehmen, um ihre Steuern zu senken. Sie fürchten, je mehr sie absetzen, desto eher wird das Finanzamt ihnen einen Betriebsprüfer ins Haus schicken. Unsinn! Erstens haben Sie das Recht, Steuern zu sparen, und zweitens macht eine Betriebsprüfung zwar Arbeit, aber mehr haben Sie nicht zu befürchten, wenn Sie ein ehrlicher Steuerzahler sind.

Halten Sie Ihre Unterlagen in Ordnung

Kleinunternehmer wie wir selbst, die wir mit unseren Firmen mehr als ein paar Jahre überlebt haben, wissen aus Erfahrung, wie wertvoll es ist, die finanziellen Dinge der Firma auf dem Laufenden zu halten und zu dokumentieren. Bei der Steuer haben Sie die folgenden Vorteile, wenn Sie das tun:

- **Geringere Steuerbelastung.** Je besser und vollständiger Ihre Buchführungsunterlagen sind, desto mehr können Sie anhand von Belegen von der Steuer absetzen. Eine umfassende Dokumentation hilft Ihnen auch bei Ihren persönlichen Steuerangelegenheiten.
- **Leichtere und kostengünstigere Erstellung von Steuererklärungen.** Ordnung ist nicht nur das halbe Leben, sondern auch die halbe Arbeit bei Steuererklärungen. Sie selbst blicken besser durch, und Ihr Steuerberater bekommt vorgeordnete Unterlagen – weniger Arbeit für ihn und daher weniger Kosten für Sie.
- **Unterlagen für Betriebsprüfungen.** Wenn Ihnen das Finanzamt den Betriebsprüfer in die Firma schickt, ist das wenig erfreulich. Sie können aber das Beste daraus machen und die Prüfung sachlich und zügig vonstatten gehen lassen, wenn Ihre Unterlagen tipptopp vorbereitet und eindeutig sind.

Geben Sie Ihr Geld clever aus

Als Kleinunternehmer haben Sie viele Gelegenheiten, wie und wo Sie Ihr Geld ausgeben können. Denken Sie dabei immer auch an die Steuer.

Abschreibungen helfen Steuern sparen

Wenn Sie Ausrüstung und Betriebsausstattung für Ihr Unternehmen kaufen – etwa Computer, Büromöbel, Fahrzeuge und so weiter –, dann kann in jedem Jahr ihrer Nutzungsdauer jeder dieser Gegenstände abgeschrieben werden: Sie dürfen diesen Betrag wie Kosten steuerlich geltend machen. Beispiel: Für einen PC im Wert von 2.000 Euro, der vier Jahre lang genutzt werden wird, können Sie jährlich 500 Euro steuerlich geltend machen. So genannte geringwertige Wirtschaftsgüter können Sie im Jahr ihrer Anschaffung voll absetzen.

Erwarten Sie im kommenden Geschäftsjahr einen deutlich erhöhten Gewinn? Dann überlegen Sie, ob Sie eine größere Investition nicht in dieses Jahr verschieben können. Wegen der Steuerprogression werden sich die Abschreibungen dann günstiger für Sie auswirken.

Vergeuden Sie nicht unnötig Geld für einen Firmenwagen

Wenn Sie Ihr Auto geschäftlich nutzen, können Sie die Kosten von der Steuer absetzen. Manche Kleinunternehmer machen den Fehler und kaufen sich einen teuren Geschäftswagen, weil sie glauben, so ein Fahrzeug beeindrucke Kunden und Klienten und außerdem bezahle ja quasi das Finanzamt dafür.

Wir meinen, Sie sollten einen Wagen kaufen, der Ihren Mitteln angemessen ist – genauso wie Sie andere Gegenstände der Betriebsausstattung entsprechend Ihren Mitteln anschaffen sollten. Geld, das nicht für einen teuren Geschäftswagen ausgegeben wird, ist nützlicher eingesetzt für Marketing, Kundendienst oder einen neuen Computer. Das Gleiche gilt übrigens für Bewirtungs- und Reisekosten: Sie müssen Geschäftsfreunde und Kunden nicht immer ins beste Restaurant der Stadt einladen, und in der zweiten Klasse der Eisenbahn kommen Sie bei Geschäftsreisen genauso schnell ans Ziel.

15 Wenn Ihr Unternehmen wächst

In diesem Kapitel

- Wenn Sie wachsen wollen
- Wachstum verstehen
- Der Übergang vom Gründer zum Unternehmer
- Mitarbeiterfragen
- Zeitmanagement in einem Wachstumsunternehmen
- Probleme lösen

Hätten Sie die Wahl, würden die meisten Kleinunternehmer es lieber sehen, dass ihre Firma wächst, statt nicht zu wachsen, zu stagnieren oder gar zu scheitern. Wachstum ist der Sinn eines Unternehmens und eine Hauptmotivation für jeden Unternehmer.

Dieses Kapitel ist für alle diejenigen, deren Firma sich auf Expansionskurs befindet oder es bald sein wird. Wir geben Ihnen einen Vorgeschmack auf das, was Sie auf Ihrem Weg erwartet, plus Tipps für Überleben und Wohlstand. Allerdings müssen wir Sie warnen: Der Weg ist manchmal wie eine Reise ohne Landkarte, vor allem für den Kleinunternehmer, der nicht darauf vorbereitet ist, den Übergang vom Gründer zum Unternehmer zu vollziehen.

Wenn Sie durch das gesamte Wachstum Ihres Unternehmens hindurch das Heft in der Hand behalten wollen, dann können Sie jetzt schon damit rechnen, dass Ihre Firma in fünf Jahren nicht mehr die sein wird, die sie heute ist. In zehn Jahren wird sie noch anders aussehen und in 15 Jahren und in 20 und in ... Jahren. Die Veränderungen werden sich überall zeigen. In fünf Jahren werden Ihre Kunden andere sein, Ihre Bedürfnisse und Wünsche und auch viele Ihrer Produkte und Dienstleistungen. Sie werden auch ein paar ganz neue Superstar-Mitarbeiter haben (leider werden manche Ihrer ersten Mitarbeiter nicht die nötigen Fähigkeiten besitzen, um mit Ihrem Wachstum Schritt halten zu können), und Personalangelegenheiten werden mehr und mehr von Ihrer Zeit beanspruchen.

Und auch Sie, der alleroberste Chef vom Ganzen, der große Zampano, werden ständig mitten im Wandel stehen, mitten in dem nicht immer angenehmen, doch immer notwendigen Prozess des Übergangs vom Gründer zum Unternehmer. Im Verlauf dieses Prozesses werden Sie sich vielleicht Fähigkeiten aneignen (oder sie verbessern), wie Delegation, Konzentration auf das Wesentliche und die Übertragung von Verantwortung auf Mitarbeiter – Fähigkeiten, die jeder erfolgreiche Unternehmensleiter irgendwann lernen muss, um ein wachsendes Mitarbeiterteam effektiv zu führen. Ihre Fähigkeiten in puncto Finanzen, Kommunikation und Führungsstärke werden auch auf die Probe gestellt werden. Mit anderen Worten: Sie werden nicht mehr derselbe alleroberste Chef und große Zampano sein wie heute!

Die einzigen Charakteristika Ihres Unternehmens, die sich mit dem Wachstum (hoffentlich) nicht ändern werden, sind Ihre Mission und Ihre Grundprinzipien. Verändert sich jedoch Ihr Führungsteam (das gegenwärtig wahrscheinlich nur aus Ihnen allein besteht), wie es in vielen Wachstumsunternehmen passiert, dann ändern sich vielleicht sogar Ihre Mission und Ihre Grundprinzipien. Dem Wachstum ist nichts heilig.

Die drei Entwicklungsphasen eines Unternehmens

Die Entwicklung eines Kleinunternehmens ist durch drei Phasen gekennzeichnet. Viele Unternehmer, die voll im Tagesgeschäft aufgehen, erkennen sie erst, wenn sie schon vorbei sind. Die folgenden Abschnitte beschreiben diese drei Entwicklungsphasen.

Die Gründerjahre

Dies sind die Jahre, in denen das geschäftliche Überleben die Gedanken, Aktionen und Reaktionen des Kleinunternehmers beherrscht. Alles, was im Unternehmen geschieht, wird von dessen Inhaber dominiert; Wörter wie Delegation, Team oder Konsens gehören nicht zum Firmenvokabular. In diesen Jahren geht es um handfeste Dinge. Für manche Unternehmer sind dies die aufregendsten Jahre der Firma, und für jeden Unternehmer sind sie ein integraler Bestandteil des Lernprozesses. Die Arbeit ist hart – oft auch körperlich hart. Die Arbeitstage sind lang und manchmal langweilig, aber an ihrem Ende kann man den erzielten Fortschritt sehen, anfassen und fühlen. Der Lohn der Mühe kommt sofort.

Die Dauer dieser ersten Phase kann stark variieren. Manche Firmen durchfliegen Sie in weniger als einem Jahr, aber die meisten brauchen ein bis drei Jahre, um aus ihr herauszuwachsen. Manche brauchen sogar fünf Gründerjahre. Sie werden wissen, dass Sie sie überwunden haben, wenn Ertragskraft und geregelter Geschäftsgang stabil sind. Die hektischen Tage voller Sorge um das Überleben, werden verdrängt von den logischen, geordneten Tagen der Planung für den Erfolg.

Die Wachstumsjahre

In diesen Jahren erreicht das Kleinunternehmen Ordnung, Stabilität und Ertragskraft. Die sich entwickelnde Organisation hat Fehler, Verwirrung und Chaos der Gründerjahre überlebt, und nun sollten Optimismus, Kameraderie und Zusammenarbeit eine wichtige Rolle in ihr spielen. Leitende Mitarbeiter profilieren sich, effiziente Verwaltungs- und Kontrollsysteme werden Teil des Tagesgeschäfts und der Inhaber muss sich nicht mehr um alles selber kümmern.

Den meisten Unternehmern macht ihre Tätigkeit in dieser Phase weiterhin Spaß: Wachsende Umsätze führen zu wachsenden Gewinnen – der Traum jedes Kleinunternehmers. Die Bilanz bekommt Fleisch auf die mageren Knochen, und der Inhaber lernt, viele der lästigen Aufgaben zu delegieren, mit denen er sich bisher immer selber herumschlagen musste. Das Überleben ist nicht mehr sein stärkster Motivator. Er kann wieder leben, statt nur zu überleben.

Es gibt noch mehr gute Nachrichten: Die Wachstumsjahre können lange anhalten, wenn das Wachstum schrittweise und kontrolliert vor sich geht und wenn das Unternehmen und seine wachsende Belegschaft gut geführt wird. Diese Phase kann einige Jahre bis mehrere Jahrzehnte lang sein, bevor die nächste, hässliche Phase auftaucht.

Die Übergangsphase

Die dritte, die Übergangsphase, könnte man auch Restrukturierungs- oder Diversifikationsphase nennen. Hier hat sich etwas, das für den Erfolg der Wachstumsjahre fundamental war, geändert oder in die falsche Richtung entwickelt. Das Ergebnis: Damit das Unternehmen überlebt, ist ein strategischer Richtungswechsel erforderlich.

Die Übergangsphase kann von vielen Faktoren ausgelöst werden. Oft ist das unbarmherziges Wachstum: Unbarmherziges Umsatzwachstum erfordert unbarmherzige Verbesserungen bei den Mitarbeitern, Systemen, Prozeduren und der Infrastruktur des Unternehmens – und viele Firmen können solch unbarmherzigen Druck nicht standhalten. Die Übergangsphase kann auch durch das Gegenteil von Wachstum eingeläutet werden – schrumpfende Umsätze und schwindende Gewinne – oder sogar durch längere Phasen der Stagnation. Die Ursachen für diese Schrumpfung und Stagnation können vielfältigster Art sein, zum Beispiel neue Konkurrenten, wirtschaftlichen Wandel oder Veränderungen im Nachfrageverhalten der Konsumenten.

Zur Lösung von Problemen der Übergangsphase bedarf es strategischer Änderungen des Unternehmens und seines Inhabers – eines Übergangs – an den Grundlagen des Betriebs. Dieser Übergang erfordert oft Wechsel in der Führungsspitze oder gar des Inhabers (er verkauft seine Firma). Zusätzlich mag die Einführung neuer Produkte oder Dienstleistungen nötig sein, der Aufbau neuer Vertriebssysteme und die Aufgabe unrentabler Unternehmensteile.

Die gute Nachricht für den heimatlosen Gründer einer solchen Firma? Wenn Ihr Unternehmen profitabel (und daher verkäuflich) war, können Sie es sich leisten, zu dem zurückzukehren, was Sie gut können und was Ihnen Spaß macht. Sie können wieder ein Kleinunternehmen gründen.

Wachstum und Mitarbeiter

Wie wir in Kapitel 13 ausführen, ist der Tag, an dem Sie Ihren ersten Mitarbeiter einstellen, der gleiche Tag, an dem sich auf dem Weg vor Ihnen der bodenlose Abgrund namens Mitarbeiterangelegenheiten auftut. Denn der neue Mitarbeiter (und alle, die ihm noch folgen) hat Bedürfnisse, Ansprüche und Rechte, von denen die letzteren gesetzlich bestens geschützt sind. Hier nur eine kleine Liste von Mitarbeiterangelegenheiten, bei denen Justiz, staatliche Aufsichtsbehörden und vor allem auch Ihr Betriebsrat und die Rechtsanwälte Ihrer Mitarbeiter aufpassen wie die Luchse:

- ✔ sexuelle Belästigung
- ✔ unkorrekte Kündigungen
- ✔ ungerechtfertigte unterschiedliche Bezahlung
- ✔ Verstöße gegen die Arbeitsschutzbestimmungen
- ✔ Verstöße gegen die Arbeitszeitbestimmungen

Leider ist diese Fürsorge für Arbeitnehmer nur zu berechtigt und notwendig, weil zu viele gierige und skrupellose Arbeitgeber diese staatliche Kontrolle notwendig gemacht haben. Als Folge davon müssen Kleinunternehmer wie Sie, die die Gesetze achten und sich um ihre Mitarbeiter kümmern, den Preis dafür bezahlen und sich mit Bürokratie und Myriaden von Bestimmungen herumschlagen. Und je größer Ihr Unternehmen wird, desto höher wird dieser Preis.

Dabei macht es übrigens keinen Unterschied, ob Sie absichtlich ein Gesetz brechen oder eine Bestimmung verletzen oder nur aus Versehen. Was jedoch einen Unterschied macht: Entscheidet sich die Person, die merkt (oder meint), in ihren Rechten verletzt worden zu sein, etwas dagegen zu tun?

Die drei Entwicklungsphasen bei Mitarbeiterangelegenheiten

Wie gehen Sie also mit diesem weiten Spektrum von Mitarbeiterangelegenheiten um? Die Antwort hängt davon ab, in welcher der drei Entwicklungsphasen in puncto Personalangelegenheiten sich Ihr Unternehmen gerade befindet.

Phase 1: Sie kümmern sich selber um die Mitarbeiter

Dies sind die Gründerjahre, in denen Ihre Firma weniger als zehn Mitarbeiter hat. In dieser Phase gibt es niemanden auf Ihrer Gehaltsliste, an den Sie die Personalangelegenheiten delegieren könnten. Sie müssen immer wieder Aktivitäten, die Sie wahrscheinlich lieber ausführen (etwa Verkauf, Produktentwicklung Kundendienst), unterbrechen und ungeliebte Arbeiten ausführen, etwa Arbeitsbedingungen, einer Regelung des Alkoholkonsums im Betrieb oder Mobbing. In dieser Phase stecken Sie selbst mittendrin in den Personalangelegenheiten. Das Positive daran: Was Sie hier in puncto Personalfragen lernen, wird Ihnen für immer nützlich sein. Das Negative: Personalangelegenheiten werden viel von Ihrer Zeit in Anspruch nehmen.

Wenn Sie sich noch durch diese erste Phase kämpfen, sollten Sie in Kapitel 13 nachlesen. Wenn Sie sich mit unangenehmen Dingen beschäftigen müssen, die leicht noch unangenehmer werden könnten (Mobbing, Mitarbeiterdiebstahl, fristlose Kündigungen), dann empfehlen wir Ihnen, stets den Rat eines im Arbeitsrecht erfahrenen Anwalts einzuholen, bevor Sie handeln.

Phase 2: Sie delegieren einen Teil der Personalverantwortung

Wenn die Zahl der Mitarbeiter Ihres Unternehmens steigt, sollten Sie nach Wegen suchen, einen Teil Ihrer Verantwortung für diese auf jemand anderen zu übertragen (oft ein Buchhalter oder Ihre persönliche Assistentin) – bis Sie Phase 3 erreichen.

Phase 3: Sie stellen einen Personalchef ein

Sie werden denken, Sie seien im Himmel, wenn Sie sich den Luxus leisten können, ihn einzustellen: Ihren eigenen Personalchef. (Nach unserer Erfahrung geschieht das, wenn ein Kleinunternehmen 50 bis 100 Mitarbeiter hat.) Endlich jemand, der Ihnen diese lästigen Angelegenheiten abnimmt und vermutlich sogar Spaß daran hat – schließlich hat er sich diesen Beruf ja selber ausgesucht.

Zeitmanagement – Auch Minuten zählen

Je schneller ein Unternehmen wächst und je größer es wird, desto wichtiger wird es, die Zeit richtig zu nutzen. Größerer Umfang einer Organisation erfordert vermehrte Kommunikation zwischen ihren Mitgliedern – und die wiederum erfordert mehr von Ihrer und Ihrer Mitarbeiter Zeit.

Zeit und deren effiziente Nutzung ist eines der unternehmenskulturellen Dinge, die auf dem Schreibtisch des Inhabers anfangen. Durch Ihre Handlungen bestimmen Sie, der Inhaber und große Zampano, wie Ihr Unternehmen seine Zeit nutzt. Wenn Sie dafür sorgen, dass Besprechungen stets pünktlich beginnen, dass um Punkt acht mit der Arbeit angefangen wird und dass ausgedehnte Plauderstündchen am Kaffeeautomaten nicht toleriert werden, dann wird Ihr Unternehmen eine Kultur des effizienten Zeitmanagements besitzen. Wenn Sie sich andererseits nicht um solche Dinge kümmern, dann nimmt die menschliche Natur ihren natürlichen Lauf, und der bedeutet nichts Gutes für das Zeitmanagement in Ihrer Firma.

Zeitdiebe

Hier einige Dinge, die die Zeit jedes Einzelnen in Ihrem Firmenteam vergeuden. Dies sind die Zeitdiebe, die immer wieder und überall zuschlagen können, wenn Sie nicht aufpassen:

- ✔ Termine und Verabredungen werden nicht eingehalten.
- ✔ Besprechungen, die nur 20 Minuten dauern sollten, dauern eine Stunde.
- ✔ Konferenzteilnehmer kommen zu spät.
- ✔ Konferenzen bräuchten gar nicht erst stattzufinden.
- ✔ Das Telefon ist ein Top-Zeitdieb: lange Ansagen auf Anrufbeantwortern, ausbleibende Rückrufe, klingelnde Telefone werden nicht abgehoben, unnötige Telefonate.
- ✔ E-Mails sind unnötig oder ellenlang, weil die bisherigen Mails jedes Mal wieder mitgeschickt werden.
- ✔ Mitarbeiter erledigen Persönliches während der Arbeitszeit: private Telefonate und Fotokopien, Surfen im Internet, spielen Computerspiele, kümmern sich um Urlaubsplanung und so weiter.

- Manche Leute brauchen eine Viertelstunde, um etwas zu sagen, für das fünf Minuten reichen würden.
- Man wartet: in Vorzimmern oder bis jemand das Telefon aufhängt, das Fax frei macht oder mit Kopieren fertig ist.
- Geräte arbeiten nicht richtig oder gar nicht, Systeme brechen zusammen, Vorräte gehen zu Ende.

Zeitsparer

Solches Zeit verschwendende Verhalten muss aber nicht sein. Sie und nur Sie allein können von Ihren Mitarbeitern verlangen, dass sie den Wert von Zeit schätzen statt sie zu vergeuden und dass sie sich entsprechend verhalten sollen – weil Sie für Ihr Unternehmen arbeiten und von diesem bezahlt werden. Fordern und fördern Sie also eine »Zeitkultur«, die beispielsweise die folgenden Dinge beinhaltet:

- Die Mitarbeiter sind pünktlich da zu Arbeitsbeginn, zu Konferenzbeginn – immer.
- Sie setzen keine Konferenz an, wenn ein Gespräch am runden Tisch reicht. Das kann ruhig kurz sein und auch mal beim Mittagessen in der Kantine stattfinden.
- Jeder Mitarbeiter benutzt ein Zeitmanagementsystem, sei es eine einfache To-do-Liste, ein Terminkalender oder ein ausfeiltes Zeitplanbuch.
- Es gibt feste Regeln, was Dinge wie Internet-Surfen oder Computerspiele während der Arbeitszeit angeht.
- Man geht richtig mit Quasselstrippen und Zeitverschwendern um (die es in jedem Betrieb gibt).
- Es wird verlangt, dass Telefone spätestens nach dem zweiten Klingeln abgehoben werden, Anrufbeantwortertexte knapp sind und Rückrufe prompt erfolgen.
- Man respektiert die Zeit von Besuchern. Wie gefällt es Ihnen, wenn man Sie beim Besuch einer anderen Firma erstmal eine halbe Stunde warten lässt?
- Delegation wird gefördert. Vergeuden Sie Ihre Zeit nicht mit etwas, das jemand anders schneller erledigen kann. Oder besser.
- Kürzer und schneller ist bei Besprechungen, Aktennotizen, Briefen, Anweisungen und Regeln immer besser.
- Die Mitarbeiter tragen Verantwortung, etwa für stets ausreichende Vorräte an Material, für die Funktionsfähigkeit und schnelle Reparatur von Geräten, für die Planung und Einführung effizienter interner Systeme und Kontrollen.
- Das Unternehmen nutzt moderne Technik, die sich bewährt hat.

Stellen Sie sich vor, jeder in Ihrem Unternehmen praktizierte effektives Zeitmanagement. Wie viel mehr Arbeit könnte jeder Mitarbeiter leisten? Wie viel Zeit könnte er sparen? Fünf Stunden pro Woche? Zehn? Was könnte er mit fünf zusätzlichen Stunden pro Woche anfangen – also mit 220 Stunden oder mehr pro Jahr? Und was könnte Ihr Unternehmen anfangen mit 220 Stunden pro Jahr, multipliziert mit der Zahl Ihrer Mitarbeiter?

Zeitmanagement selbst kann man nicht messen. Was man allerdings messen kann, sind Ergebnisse – Ergebnisse im Vergleich zu Plänen, im Vergleich zu Budgets, im Vergleich zu Zielen. Wenn Sie in messbaren Bereichen verbesserte Ergebnisse feststellen, können Sie in der Regel annehmen, dass sich auch das Zeitmanagement verbessert hat.

Sie allein können effektives Zeitmanagement zu einem Teil Ihrer Unternehmenskultur machen. Wenn Sie die bestmöglichen Mitarbeiter eingestellt haben, müssen Sie das richtige Beispiel geben. Ihre Mitarbeiter werden es Ihnen dann nachtun.

Wählen Sie das beste Managementsystem für Ihre Firma

In der Welt der Kleinunternehmen gibt es wenig Neues. Längst schon wurden andere Organisationen restrukturiert, mussten anderswo Mitarbeiter motiviert werden und brauchten andere Kulturen Veränderung. Was also sollen Sie als Kleinunternehmer auf der Suche nach Wachstum tun, wenn Sie glauben, es sei Zeit für etwas Neues? Welches System sollen Sie einsetzen, um weiterhin Wachstum zu sichern? Wessen Rat sollen Sie einholen? Und woher sollen Sie wissen, welcher gerade angesagten Managementmode sie folgen sollten?

Sie können es nicht wissen. Und die Wahrheit ist: Es gibt kein alleiniges Patentrezept, das Ihr Unternehmen vorwärts bringt. Es gibt kein alleiniges Patentrezept, das Ihre Kultur verändert, Ihre Infrastruktur korrigiert und Ihre Mitarbeiter zusammenschweißt – genauso wenig wie es ein alleiniges Patentrezept gibt, um Fußballspiele zu gewinnen, Kunden zu gewinnen oder Rosen zum Blühen zu bringen.

Wir empfehlen: Statt der neuesten Managementmode nachzurennen, sollten Sie lieber abwarten und andere die Vorreiter sein (und die Fehler machen) lassen. Jemand meinte zu diesem Thema einmal: »Man kann die Vorreiter immer erkennen – es sind die mit den Pfeilen im Rücken.« Verfolgen Sie die Managementtrends, die bei Kleinunternehmen die Runde machen, aber picken Sie sich nur die Rosinen heraus, die Ihnen für Ihre Firma am sinnvollsten erscheinen.

Die folgenden Tipps werden Ihnen bei der Beurteilung helfen, ob ein neues Managementsystem für Sie funktionieren wird:

✔ Seien Sie nicht der Erste. Halten Sie Ausschau nach ähnlich großen Unternehmen, die das System bereits eingeführt haben, und sprechen Sie sie dann auf ihre Erfahrungen und Ratschläge an. Dies gilt besonders für neue Software; stellen Sie sicher, dass ein von Ihnen ins Auge gefasstes Programm ausreichend lang getestet wurde und viele zufriedene Anwender hat.

- Versichern Sie sich vor der Einführung der Zustimmung Ihrer leitenden Mitarbeiter zur Notwendigkeit des neuen Systems und dass sie dessen Grundlagen verstehen.
- Wägen Sie die Nachteile des neuen Systems gegen die Vorteile ab. Ermitteln Sie, wie teuer es wird, wenn Sie mitten in der Einführung doch wieder aussteigen.
- Machen Sie sich klar, welchen Zeitrahmen die Implementierung des Systems benötigt und ab wann man seinen Erfolg messen kann. Können Sie mit diesem Zeitrahmen leben?
- Schließlich: Stellen Sie sicher, dass Sie als Unternehmensinhaber und Kopf von dessen Kultur die nötige Zeit und Energie haben, um sich der Implementierung des neuen Systems zu widmen. Neue Managementsysteme erfordern totales Engagement vom großen Zampano; wenn Sie sich nicht voll engagieren können – oder wollen –, dann können Sie die Einführung eines neuen Systems gleich vergessen.

Wenn Ihre Firma gut arbeitet (messbar an der Ertragskraft), dann brechen Sie nichts übers Knie (ein bisschen biegen dürfen Sie schon). Wenn sie nicht gut arbeitet, dann sollten Sie Veränderungen erwägen. Sie müssen die beiden Teile zusammenbringen: Verfolgen Sie die neuesten und besten Managementsysteme und suchen Sie dasjenige, das zu Ihrem Veränderungsbedarf passt.

Schauen Sie sich die folgende Liste von Managementmoden an (die meisten haben natürlich trendige englische Namen). Jede hat mindestens ein Schlüsselement, das sinnvoll ist – von der Zielvereinbarung bis zur Neudefinition von Prozessen. Jede enthält einige Managementweisheit, doch das bedeutet nicht, dass Sie das jeweilige Gesamtsystem übernehmen sollten.

Management by Objectives (MBO)

Es wird auf Deutsch manchmal Management durch Zielvereinbarung genannt. Ein Oldtimer, zugegeben, aber die Vereinbarung und das Erreichung von Zielen hat sich bewährt und wird in diesem oder jenem Umfang von vielen erfolgreichen Firmen praktiziert. Über Zielsetzung beziehungsweise -vereinbarung sprechen wir ausführlich in Kapitel 13; viele Unternehmen setzen MBO in der einen oder anderen Form ein – Ihres sollte keine Ausnahme sein.

Mitbestimmung

Alle Mitarbeiter sind an den Entscheidungen über Ziele und Strategie des Unternehmens beteiligt. Das klingt großartig und kann Wunder wirken, wenn es sorgfältig organisiert und langfristig durchgeführt wird. Aber geben Sie Ihre Schlüsselgewalt nicht zu schnell aus der Hand. Es braucht Jahre der Übung und Vorbereitung, bis man ein Kleinunternehmen führen kann. Außerdem wollen gar nicht alle Mitarbeiter die (Mit-)Verantwortung für ein ganzes Unternehmen.

Mitbestimmung funktioniert aus zwei Gründen. Erstens: Wenn die Mitarbeiter im Entscheidungsprozess mitreden können, fühlen Sie sich viel stärker persönlich an die Beschlüsse gebunden und werden sich entsprechend einsetzen. Zweitens: Die Tatsache, dass die Mitarbeiter das Unternehmen mit anderen Augen sehen als der Gründer/Inhaber, verbessert die Qualität der Entscheidungen.

Mitarbeiterbeteiligung

Obwohl wir dafür sind, Mitarbeitern die Gelegenheit zu geben, Miteigentum am Unternehmen zu erwerben, ist diese Beteiligung nicht so einfach wie es sich anhört. Manchmal ist der Kuchen nicht groß genug für alle, manchmal wird er nicht zu jedermanns Zufriedenheit aufgeteilt und manchmal möchten Ihre Mitarbeiter ihr Geld lieber woanders anlegen. Zudem können Minderheitsaktionäre arg lästig sein. Für manche gibt es allerdings kein besseres Instrument zur Motivation – darum geben große wie kleine Firmen Belegschaftsaktien aus oder beteiligen ihre Mitarbeiter sonstwie am Unternehmen.

Qualitätszirkel

Dies sind Ad-hoc-Gruppen oder Mitarbeiterteams auf Zeit, die bestimmte Probleme lösen sollen. In den meisten erfolgreichen Unternehmen wird diese Form der Problemlösung jeden Tag eingesetzt – ist das Problem gelöst, gehen die Gruppen wieder auseinander. Was hier zum Tragen kommt, ist die uralte Theorie, dass vier Augen mehr sehen als zwei und zwei Köpfe besser sind als einer. Vor allem wenn diese zwei Köpfe unterschiedliche Perspektiven in die Problemlösung einbringen.

Total Quality Management (TQM)

Deutsch auch totales Qualitätsmanagement genannt, ist TQM ein allumfassender Ausdruck, der bedeutet: »Einbeziehung und Befähigung von Mitarbeitern, um durch Qualitätssteigerung, gesteigerte Kundenorientierung und Kostensenkungen die Gewinne zu erhöhen«. Puh! Wir finden, das ist das Gleiche wie »vernünftige Geschäftspraktiken«.

Schließlich sind doch Qualitätsmanagement, Kundenorientierung und laufende Kostenkontrolle nichts weiteres als Dinge, die einem der gesunde Menschenverstand sagt. Und um den geht's eigentlich beim TQM nur. Wieso das plötzlich in Mode kommt, begreife wer will.

Reengineering

Von manchen auch Prozessanalyse genannt, geht es hier darum, jede Unternehmensfunktion unters Mikroskop zu legen und zu verbessern. Wenn's nach uns ginge, würden wir Reengineering etwa so nennen: Kostenkontrolle par excellence oder Radikalschnitt von Wildwuchs. Sie merken schon: Genau wie TQM ist auch Reengineering nur eine schicke neue Bezeichnung für die effiziente und vernünftige Führung eines Unternehmens. Und eine Ausrede für Unternehmensberater, um darüber Bücher zu schreiben.

Je schneller das Wachstum, desto schwerer das Schritthalten

Brigitte war Chefin einer Schilderfabrik, die in ihren ersten fünf Jahren sehr erfolgreich gewesen war. Der Umsatz war jährlich um über 25 % gestiegen und hatte in weniger als acht Jahren 15 Millionen Euro erreicht. Da Brigitte schon vorher im Verkauf gearbeitet hatte, war es ihr gelungen, für Ihre Firma ein leistungsstarkes Vertreterteam aufzubauen. Der Außendienst sorgte ständig für mehr und mehr Nachschub an Aufträgen.

Unglücklicherweise hatten die internen Systeme und Kontrollen des Unternehmens mit dem 25-prozentigen jährlichen Wachstum nicht Schritt gehalten und auch nicht die Fähigkeiten der Mitarbeiter in Leitung, Verwaltung und Produktion. Als Ergebnis verlor Brigittes ineffizientes Unternehmen trotz des beständigen Umsatzwachstums in seinem sechsten, siebten und achten Jahr Geld. Am Ende musste Brigitte Konkurs anmelden.

Sie erzählte uns später: » Je schneller das Umsatzwachstum, desto schwerer ist es, damit Schritt zu halten. 5 % Umsatzwachstum lassen den Mitarbeitern genügend Zeit, um zu lernen und zu reagieren. Bei 25 % und dem entsprechenden Bombardement mit Problemen aller Art ist das nicht so.«

Hier ein paar Lehren, die wir aus Fällen wie dem von Brigitte lernen können, wo das Unternehmen vom eigenen Umsatzwachstum quasi aufgefressen wird:

- ✔ Wenn Ihr Unternehmen keine hohen Fixkosten hat, die Sie senken können, können Sie Ertragsproblemen nicht durch Wachstum entkommen. Versuchen Sie also nicht, Ertragsprobleme durch mehr Umsatz zu lösen. Mehr Umsatz wird die vorhandenen Mängel nur vergrößern. Vergessen Sie das Umsatzwachstum und konzentrieren Sie sich stattdessen auf die Verbesserung der Ertragskraft (siehe Kapitel 11).
- ✔ Ist ein Unternehmen in so einer Lage, bedarf es einer strategischen Veränderung (also eines Übergangs). Missionen, Ziele und Strategien müssen auf den Prüfstein gelegt und verändert werden. Systeme und Kontrollen müssen repariert, oft sogar ersetzt werden. Die Organisationsstruktur muss analysiert und verbessert werden. Und vor allem: Leitende Mitarbeiter müssen geschult und weitergebildet werden. Wenn nötig, müssen sie auch ausgetauscht werden – das kann unter Umständen auch Sie, den Gründer, treffen.
- ✔ Geben Sie sich und Ihren leitenden Mitarbeitern kein Aspirin (aufmunternde Reden), wenn Sie Penicillin (Schulung) brauchen. Hier tobt ein Kampf auf Leben und Tod, und er wird von den Mitarbeitern entschieden.

✔ Suchen Sie nach Hilfe außerhalb der Organisation. Mit einer »hausgemachten« Strategie mögen sich Ihre Mitarbeiter angesichts explodierender Umsätze in Sicherheit und unbedroht wähnen, aber so eine Strategie kann auch bedeuten, dass Ihre sicheren und unbedrohten Tage gezählt sind, wenn Sie nicht die Objektivität besitzen, die Schwächen des Unternehmens ehrlich zu benennen.

Management mit offenen Büchern

Die bisher neueste Managementmode, das Management mit offenen Büchern (wenn Sie Trendsetter sein wollen: auf Englisch heißt das open-book management), lehrt, dass »informierte Mitarbeiter« fähig sind, grundlegende Entscheidungen zu treffen, die normalerweise den Leitenden vorbehalten sind – wohl gemerkt allerdings: auf ihren jeweiligen Fachgebieten. Ein »informierter Mitarbeiter« ist eingeweiht und hat Zugang zu allem, was in der Firma vorgeht, darunter auch Informationen und Instrumenten, die sonst der Führungsspitze vorbehalten sind, etwa Zahlenwerken.

Auch diese offenen Bücher haben – wie jedes andere Managementsystem – Vor- und Nachteile. Die Vorteile: Informierte Mitarbeiter treffen im Tagesgeschäft bessere Entscheidungen als uninformierte. Sie engagieren sich in der Regel auch stärker für die Sache, in diesem Fall für die Verbesserung der Ertragskraft Ihres Unternehmens.

Nothilfe für Ihr Unternehmen

Von Zeit zu Zeit werden Unternehmensberater in Firmen geholt, um zu helfen. Auch wenn Nothilfe zu jeder Zeit ein effektives Instrument der Unternehmensführung sein kann, geschieht das in der Regel, wenn ein wachsendes Unternehmen plötzlich ins Stolpern gerät. In dieser Situation ziehen die meisten Berater Checklisten heraus, mit denen man gemeinsam herausfinden kann, wie ernst die Probleme sind. Hier ist so eine Checkliste, die von einem unserer Beraterkollegen eingesetzt wird:

Nothilfe-Checkliste

Bewerten Sie jeden Punkt mit einem Wert von 1 bis 10, indem sie ihn einkreisen; 1 = schlecht, 10 = exzellent.

1. Qualität des Geldmanagements (Überwachung und Planung des Cashflows)

1 2 3 4 5 6 7 8 9 10

2. Qualität der Zahlenwerke (GuV, Bilanz)

1 2 3 4 5 6 7 8 9 10

3. Qualität der Finanzplanung (Budgets)

1 2 3 4 5 6 7 8 9 10

4. Abhängigkeit von Fremdkapital (1 = stark, 10 = keine)

1 2 3 4 5 6 7 8 9 10

5. Verspätete Lohnsteueranmeldungen (1 = nie, 10 = oft)

1 2 3 4 5 6 7 8 9 10

6. Verzögerung (Zeitabstand) zwischen Umsatz- und Gewinnwachstum (1 = beträchtlich, 10 = keiner)

1 2 3 4 5 6 7 8 9 10

7. Mitarbeiterfluktuation (1 = stark, 10 = keine)

1 2 3 4 5 6 7 8 9 10

8. Qualität und Häufigkeit der strategischen Planung

1 2 3 4 5 6 7 8 9 10

9. Inhaber hat mehr Arbeit als Zeit, sie zu erledigen (1 = zu viel Arbeit, 10 = plant und nutzt Zeit effizient)

1 2 3 4 5 6 7 8 9 10

10. Gefühl des Inhabers gegenüber dem Unternehmen (1 = hasst es, 10 = liebt es)

1 2 3 4 5 6 7 8 9 10

Wie steht Ihr Unternehmen nach dieser Checkliste da? Wie oft haben Sie sich eine Zehn gegeben? Wie oft haben Sie nur eine Eins bekommen?

Obwohl es keine eindeutigen Beurteilungskriterien für die Antworten gibt, würden wir sagen: Wo eine Frage mit einer Fünf oder weniger beantwortet wurde, sollten Sie sich sofort um eine Verbesserung des Werts kümmern. Sechs oder sieben: Setzen Sie diese Dinge auf Ihre langfristige To-do-Liste. Acht und darüber: Klopfen Sie sich auf die Schulter; loben und – wenn möglich – belohnen Sie die Mitarbeiter, die für diese guten Werte verantwortlich sind.

Wenn Sie Ihr eigener Unternehmensberater wären: Wie würden Sie Ihr Unternehmen insgesamt bewerten? In welchen Bereichen sehen Sie die Notwendigkeit von Verbesserungen?

Ihr äußeres Erscheinungsbild – der Fünfminutentest

Das Äußere zählt – auch bei einem Unternehmen! Aus diesem Grund haben wir dafür einen Test entwickelt, der für Ihre Firma (oder für jede andere) gedacht ist. Sie brauchen dafür nur fünf Minuten.

Fangen Sie mit einem anderen Unternehmen als Ihrem eigenen an. Bieten Sie einem Unternehmerfreund an, den Test für seinen Betrieb zu machen. Fahren Sie einfach auf seinen Parkplatz, gehen Sie durch die Büroflure, schauen Sie hier und da in ein Büro hinein, inspizieren Sie kurz die Toilette, überprüfen Sie dann die Kaffeeküche und beim Hinausgehen die Ecke, wo Kopierer und Faxgerät stehen.

Bewerten Sie die Beobachtungen auf Ihrem Weg mit Noten von 1 (schlecht) bis 5 (exzellent):

Das Äußere:

Parkplatz: Ordnung und Sauberkeit

1 2 3 4 5

Gelände und Außenanlagen: gepflegt und einladend

1 2 3 4 5

Fenster: sauber, nicht verschmiert, nicht von innen zugestellt

1 2 3 4 5

Beschilderung: sauber, lesbar, verständlich

1 2 3 4 5

Innen:

Allgemeine Ordnung: Schreibtische und Arbeitsplätze sauber und aufgeräumt

1 2 3 4 5

Toiletten: sauber und ordentlich

1 2 3 4 5

Kostenbewusstsein: unnötige Lampen ausgeschaltet, unbenutzte Geräte ausgeschaltet, kein plätschernder Wasserfall im Foyer

1 2 3 4 5

Zeitmanagement: Mitarbeiter scheinen zielgerichtet und beschäftigt, keinen Quasselgruppen in der Kaffeeküche oder am Kopierer

1 2 3 4 5

Mitarbeiterverhalten: höflich, aufmerksam, rücksichtsvoll, konzentriert

1 2 3 4 5

Mitarbeitererscheinungsbild: gepflegt, angemessen gekleidet

1 2 3 4 5

Arbeitstempo: Die Mitarbeiter »tun ihre Arbeit« in einem Tempo, das zeigt, dass sie keine Zeit zu verlieren haben, wirken aber nicht gehetzt und genervt.

1 2 3 4 5

Der äußere Eindruck täuscht nicht

Die meisten Berater, die mit Kleinunternehmern arbeiten, haben die Erkenntnis gewonnen, dass man die Gesundheit eines Unternehmens oft (doch nicht immer) sehr gut anhand seines äußeren Erscheinungsbilds beurteilen kann. Hier ist ein schlagendes Beispiel dafür, wie ein paar einfache Beobachtungen einen sicheren Anhaltspunkt dafür liefern, wie es wirklich um die Kultur eines wachsenden Unternehmens bestellt ist und wie man von dieser auf die Gesundheit der Firma schließen kann.

Jim wurde gebeten, einen Autorecyclingbetrieb (auf gut Deutsch: einen Schrottplatz) zu besuchen und dem Inhaber bei der Entwicklung eines Provisionssystems für seine Verkäufer zu helfen. Als er auf den Parkplatz fuhr, bemerkte Jim den sauber angestrichenen Holzzaun, den gepflegten Grünstreifen vor dem Bürogebäude und die frisch asphaltierten, gut markierten Parknischen. Beim Betreten des Büros fiel ihm sofort auf, wie ordentlich und sauber alles war: schicker Verkaufstresen, professionelle Wanddisplays mit den »recycelten« Produkten der Firma und die Mitarbeiter in einheitlichen Hemden, in die das Firmenzeichen eingestickt war. Die geschäftige Atmosphäre erinnerte Jim an ein Fastfoodrestaurant zur Mittagszeit.

Innerhalb von 30 Sekunden, nachdem Jim das Unternehmen betreten und noch bevor er mit dem Inhaber gesprochen oder sich die Zahlen angeschaut hatte, wusste er: Diese Firma sah aus, vermittelte das Gefühl und roch – ja, wirklich – wie ein profitabler Betrieb.

Und so war es auch. Die Zahlenwerke zeigten schnell wachsende Umsätze und eine solide Ertragskraft von über 10 % dieser Umsätze. Zusätzlich konnte sich das Unternehmen einer niedrigen Mitarbeiterfluktuation rühmen, ausgezeichneter Sozialleistungen und eines Warenwirtschaftssystems, wie Jim noch kein besseres gesehen hatte.

Kurz: Die Leistung dieser Firma entsprach ihrem äußeren Erscheinungsbild – die beiden Dinge gehen in der Regel Hand in Hand.

Das Beste und das Schlechteste:

Was mich am meisten beeindruckte:

____

Was mich am meisten ärgerte:

____

Geben Sie den ausgefüllten Testbogen dann dem Inhaber. Bitten Sie ihn, den Gefallen zu erwidern und Ihr Unternehmen zu beurteilen. Auch dieses kann den Fünfminutentest gebrauchen.

Wie Sie Ihren Platz im Unternehmen finden

Ein Unternehmen zu besitzen, ist wie ein Kind großzuziehen: Wenn es wächst, wird Ihr Unternehmen bestimmt einmal in Schwierigkeiten geraten, aber man kann nie wissen, welche das sein werden, wie schlimm sie sein werden und wie das Unternehmen sie überstehen wird. Ob das Unternehmen und das Kind überleben und sich entwickeln oder ob sie versagen, das hängt weitgehend von der Art und Qualität der Führung ab, die jemand gibt.

Diese Führung muss – jedenfalls im Fall Ihres Unternehmens – von Ihnen kommen.

Umgang mit Wachstumsproblemen

Warum ist Wachstum, vor allem schnelles, so ein Problem für den typischen Kleinunternehmer? Dafür gibt es zwei Gründe.

Erstens sind die meisten Unternehmer nicht auf die Anforderungen vorbereitet, die ein wachsender Betrieb in puncto Führung und Management an sie stellt. Meistens besitzen Sie Erfahrung und Fachkenntnisse in einem Spezialgebiet, wie Verkauf oder Buchhaltung oder bezüglich der Produkte oder Dienstleistungen, die die Firma anbietet. Daher sind sie oft nicht in den Dingen ausgebildet und erfahren, die für die Führung eines Unternehmens wichtig sind. Und um die Sache noch schlimmer zu machen, stehen viele dieser Führungstechniken im Gegensatz dazu, wie der Unternehmer gewohnt ist, die Dinge zu erledigen.

Zweitens: Je größer Ihr Unternehmen wird, desto weiter geraten Sie vom Zentrum des Geschehens weg. Diese Distanz lässt Visionen verblassen, Missionen werden schwammig und Kommunikation bricht ab. Außerdem entstehen mehr und mehr Hierarchieebenen, die Sie von Ihren Kunden, Lieferanten und Mitarbeitern trennen. Es ist ein unternehmerisches Axiom, dass mit dieser Distanz auch Irreleitung und Unsicherheit kommen – wenn die Führungsfähigkeiten des Inhabers nicht mit dem Wachstum Schritt halten können.

Von einem tüchtigen Unternehmer und Manager werden viele Eigenschaften verlangt. Die meisten sind für einen erfolgreichen Gründer nicht erforderlich; sie kommen erst ins Spiel, wenn ein Unternehmen wächst. Die Fähigkeit oder Unfähigkeit, sich diese Eigenschaften anzueignen, bestimmt letztlich den Erfolg des Unternehmens.

Der Übergang zum Manager

Hier ist noch ein unternehmerisches Axiom: »Am Tag, wo Sie Ihren ersten Mitarbeiter einstellen, beginnt Ihr Übergang zum Manager.« Dieser Übergang ist nicht leicht, weil viele persönliche Eigenschaften eines Kleinunternehmers denen eines erfolgreichen Managers genau entgegengesetzt sind. Hier sind ein paar Beispiele für Managereigenschaften – Eigenschaften, die unter denen eines Gründers oder Unternehmers nicht immer an der Spitze stehen:

- **Konzentration auf Ziele.** Der erfolgreiche Manager konzentriert sich auf das aktuelle Projekt, egal was sonst noch um ihn herum vorgeht. Der typische Unternehmer bricht mitten in der Aufgabe ab, um die neueste Krise zu beheben.
- **Aufmerksamkeit für Einzelheiten.** Der erfolgreiche Manager malt hingebungsvoll das Pünktchen auf jedes i und die Querstriche in jedes t. Der typische Unternehmer hat dazu viel zu viel um die Ohren und ist oft genug nicht der Typ, der sich gern mit Einzelheiten abgibt.
- **Kontrolle.** Der erfolgreiche Manager weiß: Mitarbeiter müssen wissen, dass ihre Arbeit kontrolliert und beurteilt wird. Der typische Unternehmer glaubt, dass man Mitarbeiter nicht kontrollieren müsse, sondern, dass diese es gleich beim ersten Mal richtig machen müssten.
- **Lösung von Konflikten.** Der erfolgreiche Manager sieht das als einen wichtigen Teil seiner Stellenbeschreibung an. Der typische Unternehmer findet, das sei Zeitverschwendung.
- **Aus- und Weiterbildung.** Der erfolgreiche Manager sieht darin eine Investition für die Zukunft. Der typische Unternehmer sieht nur die Kosten.

Wir wollen nicht sagen, dass alle Kleinunternehmer diesem Profil des typischen Unternehmers entsprächen oder zu Änderungen in diesem oder jenem Punkt nicht in der Lage seien. Doch der Übergang zum Manager ist nicht leicht und erfordert gewisse grundsätzliche – oft schmerzhafte – Veränderungen bei der Person, die das Unternehmen ursprünglich gegründet hat.

Große Veränderungen vornehmen

Das Peter-Prinzip (früher oder später endet die Karriere für jeden auf einer Position, die seine Fähigkeiten übersteigt) ist ständig um uns herum, während unser Unternehmen wächst. Beim einen Unternehmer schlägt es zu, wenn er nur einen Mitarbeiter hat, beim anderen, wenn er 1.000 hat. Aber wir alle haben unsere Grenzen, was das Management, die Führungsfähigkeit und anderes angeht. Grenzen zu haben, ist nichts Negatives; es bedeutet nur, dass bei der Führung eines Unternehmens ein Zeitpunkt kommen kann, wo wir entweder in die Gänge kommen – oder einen Abgang machen müssen.

Wenn Sie dem Peter-Prinzip ins Auge schauen und es Ihnen schwer fällt, den Übergang vom Gründer zum Unternehmer und Manager zu vollziehen, dann ist es vielleicht Zeit, die vier möglichen Alternativen zu überdenken:

Gesund schrumpfen

Diese Wahlmöglichkeit beinhaltet, Ihr Unternehmen bis zu dem Punkt schrumpfen zu lassen, wo Sie Ihre Zeit mit den Dingen zubringen können, die Ihnen wirklich Spaß machen. Sie können zum Beispiel beschließen, nur Kunden in einem bestimmten Umkreis zu beliefern; dadurch reduzieren Sie Ihren Umsatz und längerfristig (denken Sie an die Kündigungsfristen) die Zahl der Mitarbeiter, die Sie führen müssen.

Bevor Sie diese Wahl treffen, sollten Sie sich fragen:

- ✔ Was sind die Nachteile des Gesundschrumpfens: Gewinneinbußen, Minderung des Unternehmenswerts, Kundenverluste, möglicherweise Entlassung von Mitarbeitern?
- ✔ Sind Sie emotional und finanziell in der Lage, diese Dinge zu verkraften?

Lautet die Antwort auf eine dieser beiden Fragen nein, dann sollten Sie die nächste Alternative prüfen:

Machen Sie eine persönliche Bestandsaufnahme

Hierzu gehört die Erstellung Ihrer persönlichen Liste von Führungsdefiziten, einer Liste der Eigenschaften, die Ihnen die Führung Ihres Unternehmens erschweren, zum Beispiel mangelndes Interesse an Detailfragen oder Furcht vor Konflikten. Bitten Sie auch Ihren Ehepartner, Freunde und leitende Mitarbeiter um Hinweise für diese Liste. Überlegen Sie, welche Posten Sie auf der Liste ändern können und wollen, um den Übergang zum Unternehmer und Manager zu vollziehen.

Fragen, die Sie sich stellen sollten:

- ✔ Welche Führungsdefizite können Sie durch die Einstellung fähiger Mitarbeiter ausgleichen?
- ✔ Welche Defizite können Sie durch Aus- und Weiterbildung beheben?
- ✔ Wie viele Defizitbereiche können Sie delegieren?
- ✔ Bezüglich wie vieler der Führungsdefizite, die Sie nicht ausgleichen können, werden Sie realistisch gesehen ändern können?

Diese Überlegungen werden Ihnen sagen, was Sie tun müssen, um Ihre Führungsfähigkeiten zu verbessern, und wie Sie das angehen sollten. Angenommen, Sie entscheiden auf der Basis Ihrer Antworten, dass Sie den Übergang schaffen können, dann werden Sie aktiv! Fangen Sie an, einzustellen, auszubilden, zu delegieren und wo nötig, sich selbst zu ändern.

Sollten Sie zu dem Ergebnis kommen, dass Sie den Übergang nicht vollziehen können (oder wollen), ist es an der Zeit, die folgenden Alternativen zu prüfen:

Einen Stellvertreter einstellen

Hierzu gehört beispielsweise die Einstellung eines Geschäftsführers. Er kümmert sich komplett um das Tagesgeschäft und sorgt dafür, das alles läuft; Sie konzentrieren sich auf langfristige und strategische Angelegenheiten.

Fragen Sie sich, bevor Sie einen Stellvertreter ins Unternehmen holen:

- ✔ Ist Ihre Firma groß und profitabel genug, um sich einen Geschäftsführer leisten zu können?
- ✔ Können Sie wirklich loslassen und Ihre Nase nicht mehr ins Tagesgeschäft Ihrer Firma stecken?

Wenn Sie eine dieser Fragen mit nein beantworten, dann müssen Sie entweder zu einer der beiden ersten Alternativen zurückgehen und sie Ihrer Situation anpassen oder Sie müssen die vierte Alternative prüfen:

Das Unternehmen verkaufen

Bevor Sie diese einschneidende Maßnahme ergreifen, sollten Sie sich fragen:

- ✔ Sind Sie emotional fähig, Ihre Firma zu verkaufen und ihrem Schicksal zu überlassen?
- ✔ Lässt sich Ihre Firma zu einem angemessenen Preis verkaufen?

Am Ende entscheiden Sie sich vielleicht, Ihr Unternehmen zu verkaufen und etwas Neues anzufangen, das Ihnen besser liegt.

Teil V

Die Zehner-Listen

In diesem Teil...

Dieser Teil enthält Zehner-Listen mit Dingen, die Sie wissen müssen, um Ihr Unternehmen aufzubauen und wachsen zu lassen. Die Kapitel enthalten eine Sammlung von Anregungen, Ratschlägen und Tipps, die den Unterschied ausmachen zwischen dem Durchwursteln mit einem mittelprächtigen Unternehmen und dem Weg zum Erfolg mit einem Wachstumsunternehmen. Sehen Sie in diesem Teil einen Mentor in gedruckter Form. Mentoren leiten und lehren, und genau das sollen auch die folgenden Seiten.

Zehn Tipps für Unternehmer von zu Hause aus

16

Ein Unternehmen in den eigenen vier Wänden zu gründen und zu betreiben ist heute geradezu in Mode. Auch Ihre beiden ergebenen Autoren gehören zu diesen Homeworkern, wie man sie auf Neudeutsch auch gern nennt. Wir können Ihnen aus unserer eigenen Erfahrung versichern, dass der Start von zu Hause aus definitive Vorteile hat. Die meistgenannten sind:

- ✔ geringes Startkapital
- ✔ geringe laufende Kosten
- ✔ angenehmeres Leben durch Arbeit im eigenen Heim

Außerdem ist es für uns bei Weitem ersprießlicher, als jemandes Angestellter zu sein und morgens pünktlich die Stechuhr drücken zu müssen, mittags nur ein Brötchen zu essen oder das Büro mit jemandem zu teilen, der am Morgen vergessen hat, sich zu duschen. Und wenn wir sie vergleichen mit Einzelhandelsgeschäften, Produktions- oder Dienstleistungsbetrieben, dann sind unsere von zu Hause aus betriebenen Firmen bei Weitem ersprießlicher als ein vollgestopftes Lager zu verwalten, einen Trupp Mitarbeiter zu motivieren, die alle ihren eigenen Kopf haben, oder uns jeden Tag mit neuen Gesetzen und Auflagen herumzuschlagen.

Nicht jeder ist allerdings zum Homeworker geboren. Man braucht mehr als einen Computer mit Modem, um von zu Hause aus ein erfolgreiches Unternehmen zu starten und zu betreiben. Man braucht vor allem eine Menge Engagement, Disziplin und Ehrlichkeit gegenüber sich selbst.

In diesem Kapitel teilen wir mit Ihnen eine Reihe von Erfahrungen, die wir selbst als Homeworker gemacht haben, und auch von anderen. Sie sollen Ihnen bei Ihrem eigenen Start und Erfolg von zu Hause aus helfen.

Betreiben Sie Ihr Unternehmen wie ein Unternehmen

Sie haben sich entschlossen, sich im Gästezimmer Ihres Eigenheims selbstständig zu machen? Dann denken Sie daran, dass das eine Firma ist und kein Hobby. Das ist nämlich ein großer Unterschied. Firmen sollen in erster Linie Gewinn bringen, Hobbys dagegen vor allem Spaß machen. (Das entscheidende Wort hier ist »vor allem«. Eine Firma kann natürlich Spaß machen, und ein Hobby kann profitabel sein.)

Sollte Ihr Unternehmen wirklich ein Hobby sein, dann lassen Sie dem häuslichen Familienleben ruhig Vorrang. Machen Sie zwischen Ihren Telefonaten den Abwasch, lassen Sie die Kinder auf Ihrem Geschäftspapier malen, laden Sie den Nachbarn zu einer Tasse Kaffee in Ihr Heimbüro ein. Nur die Ruhe. Entspannen Sie sich. Haben Sie Spaß.

Wenn Sie jedoch ein ernsthaftes Unternehmen gegründet haben, dann verhalten Sie sich auch wie in einem ernsthaften Unternehmen. Erklären Sie die Tür zu Ihrem Büro zur unsichtbaren Grenze. Wenn Sie sie überschreiten, betreten Sie die Welt von Geschäftsabschlüssen, Forderungen und Verbindlichkeiten. Legen Sie für alle außerhalb dieser Grenze bindende Regeln fest und stellen Sie sicher, dass diese auch eingehalten werden.

Wir wollen damit nicht sagen, dass Sie nicht zwischendurch mal an die Haustür gehen sollen, wenn es geklingelt hat, oder dass Sie mittags nicht zusammen mit der Familie essen sollen oder die Feuerwehr anrufen, wenn es brennt. Wir sagen nur, dass während Ihrer festgelegten Geschäftszeiten (egal welche es sind) die Firma vorgehen sollte – genauso als ob Sie irgendwo angestellt wären.

Achten Sie die Gesetze

Zu Hause zu arbeiten ist nicht das Gleiche, wie in einem Bürohochhaus im Stadtzentrum zu arbeiten. Vielleicht ist das der Grund, warum manche Homeworker meinen, sie müssten es mit den Gesetzen nicht so ganz genau nehmen (schließlich tun das auch manche in den glitzernden Bürosilos nicht).

Glauben Sie nicht, bloß weil Sie zu Hause arbeiten, würde man Sie nicht erwischen oder würde es nicht auffallen, wenn Sie Bestimmungen verletzen. Wenn Sie Steuern hinterziehen, schwarz arbeiten (ohne Rechnung) oder Ihr Gewerbe nicht korrekt anmelden, dürfen Sie damit rechnen, früher oder später erwischt zu werden und teuer dafür bezahlen zu müssen.

Machen Sie's gleich beim ersten Mal richtig!

Informieren Sie sich umfassend über die rechtliche Seite und alle Formalitäten Ihrer Gründung. Und wenn alles ordnungsgemäß angepackt wird, dann sollten Sie sich und Ihr Unternehmen auch richtig absichern: Altersvorsorge, Vorsorge für Ihre Familie, Produkthaftpflichtversicherung, Betriebsunterbrechungsversicherung, Anpassung Ihrer Hausversicherungen (denn unter Ihrem Dach wird jetzt ein Gewerbe ausgeübt).

Treten Sie professionell auf

Wahrscheinlich haben Sie diese Redensart schon einmal gehört: »Für den ersten Eindruck gibt es keine zweite Chance.« Das gilt ganz besonders auch für Unternehmen in der eigenen Wohnung. Sorgen Sie also dafür, dass der erste Eindruck gut ist! Er sollte vor allen Dingen professionell sein. Professionalität ist das Erste, was Kunden heute erwarten. Hier ein paar Tipps dazu:

- **Büro.** Trennen Sie Ihr Büro vom Rest des Hauses oder der Wohnung ab. Wenn das nicht möglich ist, schließen Sie Türen und sperren Sie die Geräusche (und Gerüche) des Hauses aus. Begrenzen Sie Störgeräusche (weinende Kinder, laufende Waschmaschine) auf ein Minimum.

- ✔ **Telefon.** Es ist die Visitenkarte Ihres Unternehmens und oft der erste Eindruck, den ein potenzieller Kunde von Ihnen bekommt. Wenn es ständig durch Privatgespräche Ihrer Kinder blockiert ist oder die Ansage auf dem Anrufbeantworter dumpf und unprofessionell klingt oder Sie Kundenanrufe nicht schnellstens beantworten, dann werden Sie schwerlich Kunden gewinnen. Lassen Sie sich am besten einen ISDN-Anschluss legen, bei dem Sie getrennte Rufnummern für Geschäfts- und Privattelefon sowie Telefax haben können.
- ✔ **Anrufbeantworter.** Die beste Lösung, wenn Sie sich keine Vollzeitbürokraft leisten können.
- ✔ **Telefax.** Es spart oft teures Briefporto oder Kurierkosten, wenn ein Brief schnell beim Empfänger sein soll, und außerdem Kosten für lange Telefonate, bei denen Sie die Sachen dreimal erklären müssen oder endlos weiterverbunden werden. Achten Sie bei der Gestaltung Ihres Geschäftsbriefbogens darauf, dass er sich auch gut faxen lässt, indem Sie (zu viel) Farbe und dunkle Flächen vermeiden.
- ✔ **E-Mail.** Die schnellste und billigste Art der Kommunikation, egal wohin auf der Welt Sie mailen.
- ✔ **Briefstil.** Trotz aller modernen Technik werden Sie früher oder später Briefe schreiben müssen. Auch hier wird man Sie nach Ihrer Professionalität beurteilen. Orthografie und Grammatik müssen stimmen (die moderne Textverarbeitungssoftware hilft dabei).
- ✔ **Visitenkarten.** Seien Sie mit ihnen nicht knauserig; wahrscheinlich werden sie eines Ihrer Hauptmarketinginstrumente sein. Sie glauben das nicht? Dann achten Sie, wenn Sie das nächste Mal eine Visitenkarte erhalten, einmal darauf, wie Sie diese Person anhand der Qualität ihrer Visitenkarte einschätzen.

Warum all das Getue um das äußere Erscheinungsbild Ihres Unternehmens? Verkaufen Sie denn Ihr Image oder moderne internationale Trend-Produke?

Unsere Antwort: Sie verkaufen beides! Der Verkauf Ihrer Produkte wird einfacher, wenn Sie Ihr Image etablieren. Ob es Ihnen gefällt oder nicht – die Menschen (potenzielle Kunden) beurteilen Sie nach Ihrem Äußeren. Und wenn Sie nicht schon beim ersten Mal Eindruck machen, dann werden Sie vielleicht gar nicht erst versuchen, mit Ihnen Geschäfte zu machen.

Setzen Sie die richtige Technik ein

Wir können uns kein Unternehmen, das von zu Hause aus betrieben wird, vorstellen, das nicht von einem Computer und mit ihm verwandter Technik profitieren würde. Egal was Sie produzieren oder welche Dienstleistung Sie anbieten – eines oder mehrere der folgenden Dinge müssen als Gründer und Unternehmer irgendwann tun:

- ✔ einen Geschäftsplan schreiben (siehe Kapitel 4)
- ✔ einen Geschäftsbrief schreiben
- ✔ effizient mit anderen Firmen kommunizieren – in derselben Stadt oder am anderen Ende der Welt; hier sind Telefax und E-Mail in puncto Schnelligkeit und Kosten unschlagbar
- ✔ Rechnungen schreiben, Rechnungen bezahlen und die Finanzen Ihres Unternehmens kontrollieren; hierfür gibt es eine Reihe gute Sofwarepakete, und selbst das preiswerteste ist besser als ein manuelles System
- ✔ eine Kundendatei aufbauen und pflegen, die von Namen und Adressen bis zu Geburtsdaten und Hobbys alles enthält, was Sie für Ihr Marketing wissen müssen; auch hier ist jede Software besser als ein manuelles System
- ✔ To-do-Listen und Terminkalender erstellen und ständig aktualisieren

Hier eine kurze Liste der grundlegenden (Computer-)Technik, die jeder braucht, der sein eigenes Unternehmen zu Hause starten und betreiben will:

- ✔ Computer-Hardware (PC oder Macintosh, Desktop oder Laptop, neu oder gebraucht)
- ✔ Software (Textverarbeitung, Tabellenkalkulation, Terminverwaltung, E-Mail, Kundendatei, Präsentationen; nutzen Sie günstige Office-Pakete)
- ✔ Drucker
- ✔ Modem
- ✔ Faxgerät
- ✔ Anrufbeantworter

Faxgeräte und auch Anrufbeantworter können Sie als Add-Ons für Ihren Drucker beziehungsweise Computer erwerben. Als Einzelgeräte sind sie zwar ein wenig teurer, doch nach unserer Erfahrung lohnt sich die Mehrausgabe. Einzelgeräte sind in der Regel leistungsfähiger – und funktionieren auch noch, wenn Ihr Computer einmal ausfallen sollte.

Entwickeln Sie eine Marketingstrategie

Wie bei den meisten Homeworkern kommt es für Sie vom ersten Tag darauf an, Ihre Produkte oder Dienstleistungen zu verkaufen und zu vermarkten. Das gehört zu den schwierigsten Aufgaben – übrigens für jedes Unternehmen. Der Unterschied: Als Homeworker müssen Sie über alles allein entscheiden und auch die ganze Arbeit allein machen. Niemand gibt Ihnen Feedback zu Ihrer neuesten tollen Idee, spielt den advocatus diaboli oder warnt, dass das, was Sie vorhaben, vielleicht nicht klappen wird. Sie ganz allein sind die Marketingabteilung!

Das Hauptmarketinginstrument für Homeworker ist die Mund- zu Mund-Propaganda: Zufriedene Kunden empfehlen Sie weiter, und das führt zu mehr zufriedenen Kunden und noch mehr Empfehlungen. Aus diesem Grund brauchen Unternehmer von zu Hause aus so lange, bis sie erfolgreich sind – einen festen Stamm von zufriedenen Kunden aufzubauen, braucht seine Zeit.

Den besten Marketingerfolg erzielen die Unternehmer, die mit diesem Kundenstamm etwas anfangen können. Auch wenn sie zufrieden sind, so brauchen diese Kunden doch einen Anstoß, um ihre Zufriedenheit auch kundzutun. Nur keine Scham – geben Sie ihnen diesen Anstoß! Für Mund- zu Mund-Empfehlungen gibt es verschiedene Techniken, von denen Sie Gebrauch machen sollten. Wir empfehlen:

- ✔ Bitten Sie Kunden um die Namen von potenziellen Interessenten und um die Erlaubnis, sich bei der Kontaktaufnahme auf sie berufen zu dürfen.
- ✔ Zitieren Sie Ihre zufriedenen Kunden mit Namensnennung in Ihrer Werbung. Werbefachleute nennen das Testimonials.

Außer der Mundpropaganda sollten Sie Netzwerke nutzen, zu denen Sie Zugang haben, von Kontakten bei der Industrie- und Handelskammer und Ihrem Verband bis hin zu solchen bei der Presse oder in Ihrer Kirchengemeinde.

Schließlich sollten Sie sich an die Kernaussage unseres achten Kapitels erinnern: Egal wie gut Ihre Dienstleistung und wie toll Ihr Produkt sein mag – Ihr Unternehmen steht und fällt mit Ihrer Fähigkeit, das Produkt oder die Dienstleistung zu verkaufen, es bezahlt zu bekommen und dabei genügend zu verdienen. Mit anderen Worten: Der Schlüssel für Ihren Erfolg ist Ihre Fähigkeit, Ihr Unternehmen zu führen.

Nutzen Sie Ihre Zeit effektiv

Effektives Zeitmanagement ist für den typischen Homeworker besonders schwierig. Das hat seinen Grund vor allem darin, dass er niemanden hat, an den er den vielen Kleinkram und die weniger lustigen Aufgaben delegieren könnte. Keine Briefmarken mehr da? *Sie* müssen neue kaufen. Der UPS-Fahrer klingelt? *Sie* laufen zur Tür. Der Hund muss Gassi gehen? *Sie* führen ihn aus. *Sie* müssen abends auch das Büro aufräumen, ans Telefon gehen und Ihre ausstehenden Forderungen im Auge behalten – und alles während Sie sich gleichzeitig um die Lösung der Probleme Ihrer Kunden kümmern. Alles, was in Ihrer Firma zu Hause vorgeht, läuft über Sie.

Schauen Sie sich noch einmal den Abschnitt über Zeitmanagement in Kapitel 15 an. Die meisten Tipps lassen sich auch von Homeworkern umsetzen.

Beenden Sie Ihren Arbeitstag immer mit der Erstellung einer To-do-Liste für den folgenden Tag. So können Sie am nächsten Morgen sofort loslegen und vergessen nicht so leicht einen wichtigen Vorgang auf der Liste. Und Sie vermeiden den Stress, Dutzende von Dingen im Kopf behalten zu müssen und dazu noch ohne einen Plan, wie Sie sie anpacken sollen.

Legen Sie Ihre To-do-Liste direkt neben Ihren Terminkalender. (Wenn Sie ein Zeitmanagementsystem auf Ihrem PC oder Palmtop nutzen, wird der Terminkalender in der Software enthalten sein.) Schauen Sie beide jeden Morgen sofort durch, wenn Sie Ihr Büro betreten. Das verhindert, dass Sie Termine verpassen, ein Problem, das viele Homeworker leider haben.

Gewöhnen Sie sich auch an, E-Mail statt des Telefons einzusetzen, vor allem wenn ein Telefonat nur zur Erinnerung dient oder kein direktes Gespräch mit sofortigen Fragen und Antworten erfordert. Per E-Mail werden Sie nicht mit stundenlangen Ergüssen per Telefon überschüttet oder endlos weiterverbunden, bis Sie im Nichts landen. Außerdem haben Sie einen schriftlichen Beleg mit Datum und Zeit Ihrer Aktion.

Und last but not least: Versuchen Sie nicht, jede Kleinigkeit selber zu erledigen, nur um ein paar Euro zu sparen. Setzen Sie Ihre Zeit gezielt ein – für die Aufgaben, wo sie am meisten Wirkung erzielt. Kleinkram und Routineaufgaben können Sie oft an externe Dienstleister outsourcen. Wenn Sie zum Beispiel eine kleine Direktwerbeaktion von 1.000 Mailings kuvertieren oder versenden wollen: Lassen Sie das von einem Büroservice erledigen oder heuern Sie zwei Studenten dafür an, die das in Ihren Räumen erledigen. Die gewonnene Zeit können Sie dann für ein Projekt verwenden, das Ihre Aufmerksamkeit wirklich verdient.

Wenn nicht Sie, wer soll's dann tun? Motivieren Sie sich

Sich Ziele zu setzen ist ein wichtiges Element, wenn Sie sich selbst im privaten, wie im Geschäftsleben motivieren wollen. Lesen Sie in Kapitel 13, wie Sie SMARTe Ziele für Ihr Unternehmen und Ihre Mitarbeiter setzen.

Denken Sie jedoch daran, dass das Setzen von Zielen allein Ihnen nicht hilft, diese auch zu erreichen. Wenn Sie Ziele niederschreiben und öffentlich machen, stärkt das Ihre Motivation, sie zu erreichen.

Mit dem Öffentlichmachen von Zielen meinen wir nicht, dass Sie sie an das *Handelsblatt* schicken und hoffen sollten, dass sie am nächsten Tag gedruckt werden. Wir meinen: Zeigen Sie sie Ihrem Ehepartner, klemmen Sie sie sich an den Badezimmerspiegel und schreiben Sie sie in Ihren Geschäftsplan – direkt nach Ihren Mission Statement.

Beziehen Sie Ihren Ehepartner ein

Wenn Sie Ihr Büro zu Hause haben, dann wird Ihr Ehe- oder Lebenspartner – egal ob er tagsüber im Haus ist oder nicht – zumindest »stiller Teilhaber« an Ihrem Unternehmen. Schließlich ist er oder sie nicht nur Ihr Gegenüber beim Essen, sondern auch Ihr Vermieter, Investitionspartner und Teilhaber im Geiste. Als solcher hat er ein berechtigtes Interesse am Erfolg und den Belastungen durch Ihre Firma. Hier ein paar Tipps, wie Sie mit Ihrem Ehe- oder Lebenspartner in Bezug auf Ihr Unternehmen zu Hause klarkommen:

- ✔ Bevor Sie als Homeworker Ihren Betrieb eröffnen, sollten Sie mit Ihrem Partner ein paar Grundregeln vereinbaren, was den jeweiligen Beitrag von Ihnen beiden zur Ausrichtung des Geschäfts angeht. Legen Sie dies gleich zu Anfang fest, damit Sie spätere (unangenehme) Überraschungen auf ein Minimum beschränken. Ihr »stiller Teilhaber« kann manches zu Ihrer Firma beitragen, doch nicht alles.
- ✔ Wenn Ihr Partner im Unternehmen mitarbeitet, muss er wissen, was läuft. Das gilt auch dann, wenn er nur ab und zu mithilft, etwa mit Kunden telefoniert, Kuriersendungen entgegennimmt oder Kunden einen Zwischenbescheid schickt, wenn Sie auf Geschäftsreise sind.
- ✔ Die besten Partnerschaften sind die, wo jeder unterschiedliche Kenntnisse und Erfahrungen einbringt. Wenn sich Ihre und die Erfahrungen Ihres Partners nicht ergänzen, dann sollten Sie besser nicht zusammenarbeiten.
- ✔ Noch ein Punkt, wenn Ihr Partner mitarbeitet: Wenn Sie bisher schon öfter Schwierigkeiten hatten, private Probleme zur beidseitigen Zufriedenheit zu klären, dann wird es in Ihrer Beziehung noch öfter krachen, wenn Sie auch beruflich zusammenarbeiten. Belasten Sie Ihre Ehe oder Beziehung nicht mit dem zusätzlichen Konfliktherd der gemeinsamen Berufstätigkeit. Und prinzipiell gilt: Stellen Sie zuerst Ihre Beziehung auf gesunde Füße, bevor Sie an eine gemeinsame Firma denken.
- ✔ Stellen Sie sicher, dass die Ehe oder Beziehung und die Familie immer zuerst kommen.
- ✔ Machen Sie nicht sich gegenseitig Konkurrenz, sondern Ihren Mitbewerbern.

Pflegen Sie Kontakte

Eine verbreitete Fehlvorstellung über Unternehmen in den eigenen vier Wänden ist, dass sie ein sicherer Rückzugsort seien für Einsiedler, Eigenbrötler oder menschenscheue Gestalten wie den geheimnisvollen Milliardär Howard Hughes. Sie kennen das alte Stereotyp: Viele Homworker werden als Menschen eingeschätzt, die keinen anderen Menschen brauchen und mögen.

Sicher haben manche von uns schon weniger angenehme Erfahrungen mit Vertretern der Art Homo sapiens gemacht, sei es in einem Team von Mitarbeitern oder als Leiter eines solchen. Aber das heißt nicht, dass wir unser Unternehmen zu Hause gründen, weil wir keinen Kontakt mit der Außenwelt wünschen. Schließlich besteht der Erfolg oder Misserfolg unseres Unternehmens ja darin, dass wir einen Weg gefunden haben, um Menschen (Kunden) für unsere Produkte oder Dienstleistungen zu interessieren. Wir haben einen Weg gefunden, einen Dienst zu leisten oder ein Produkt zu liefern, für das Menschen zu zahlen bereit sind, weil es eines ihrer Probleme löst. Daher: Wir alle sind von anderen Menschen abhängig, ob wir es wollen oder nicht.

Diese Abhängigkeit von Menschen bedeutet: Wenn Sie durch Ihre Tätigkeit von zu Hause aus »aus dem Verkehr gezogen« sind, dann müssen Sie einen Weg finden, wie Sie in ihm bleiben. Sonst verlieren Sie eventuell den Kontakt zu den Menschen, deren Bedürfnisse Ihr Produkt oder Ihre Dienstleistung beeinflussen können. Hier ein paar Tipps, wie Sie weiter Kontakte pflegen:

- ✔ Werden Sie Mitglied (am besten aktives) in Ihrem örtlichen Gewerbeverein, der Werbegemeinschaft oder dem Unternehmerstammtisch oder was es sonst vielleicht an Vereinigungen in Ihrer Nähe gibt; auch als Lokalpolitiker können Sie viel bewegen und lernen. Treten Sie außerdem mindestens einem Fachverband Ihrer Branche bei und engagieren Sie sich in dessen örtlicher oder regionaler Gruppe.
- ✔ Abonnieren Sie mindestens eine Wirtschaftszeitschrift und eine Fachzeitschrift Ihrer Branche.
- ✔ Setzen Sie sich Ziele für Ihre Weiterbildung und verfolgen Sie sie aktiv. Dazu gehören Seminare und Vorträge (zum Beispiel von Ihrem Verband veranstaltet), Fachlektüre sowie Messe- und Kongressbesuche.
- ✔ Machen Sie sich mit dem Internet vertraut (ohne davon abhängig zu werden). Finden Sie heraus, welche Websites gute Informationen für und über Ihre Branche liefern. Mehr Tipps zum Internet im nächsten Kapitel.

Jedes Unternehmen, ob eines zu Hause oder ein multinationaler Konzern, ist ein lebender Organismus und daher immer in einem Stadium des Wachstums oder des Absterbens. Damit Ihr Unternehmen weiter wächst, müssen Sie Ihren Finger ständig am Puls der sich wandelnden Welt haben. Das geht am besten, indem Sie Kontakte pflegen.

Auch die Arbeit von zu Hause aus verursacht Kosten

Manche Kleinunternehmer glauben, dass sie ihre Gewinne ohne materiellen Einsatz erzielen, wenn sie von zu Hause aus arbeiten statt in »richtigen« Geschäftsräumen. In Wahrheit aber verursachen Ihnen der Raum, den Ihre Firma in Ihrem Haus einnimmt, und dessen Unterhaltung reale Kosten.

Natürlich können Sie Ihre Betriebs- und Werbungskosten als Homworker steuerlich geltend machen; das ist genauso wie bei einem Unternehmen, das in angemieteten Räumlichkeiten residiert. Wenn Sie diese beiden Alternativen für Ihre Firma gegeneinander abwägen, sollten Sie sich überlegen, was für Ihr individuelles Vorhaben sinnvoller ist. Fragen Sie: Was sind die Bedürfnisse meines Unternehmens und meiner Kunden?

- ✔ Wenn Sie keine eleganten Büros brauchen, um ein Image von Erfolg zu vermitteln oder wo Sie sich mit anspruchsvollen Kunden treffen wollen, dann ist es sinnvoll, von zu Hause aus zu arbeiten. Auch wenn Sie kreativ tätig sind, etwa als Werbetexter, Übersetzer oder Grafiker, wo Sie zu jeder Tages- und Nachtzeit arbeiten können (die besten Ideen kommen in der Regel nicht nach Plan werktags zwischen 9 und 17 Uhr), kann die Arbeit in den eigenen vier Wänden ideal sein.

- ✔ Wenn Sie ein Einzelhandelsgeschäft mit ständigem Kundenverkehr betreiben, geht das nur in einem externen, angemieteten Ladenlokal. Auch mit einem größeren Lager oder als Produktionsbetrieb werden Sie im häuslichen Umfeld Probleme bekommen (meist werden derartige Betriebe in Wohnhäusern oder Wohngebieten von den Behörden gar nicht erst genehmigt).
- ✔ Freiberufler, wie Ärzte, Rechtsanwälte oder Steuerberater haben mehr Freiheit bei der Wahl ihres beruflichen Standorts, je nachdem, worauf Sie sich spezialisieren und welche Kunden sie anziehen möchten.

Erkundigen Sie sich bei Beratern und Behörden, welche Auflagen und Bestimmungen es für Ihre geplante Unternehmertätigkeit von zu Hause aus gibt. Und falls Ihr Haus oder Ihre Wohnung gemietet sind: Auch der Vermieter und die Nachbarn haben ein Wörtchen mitzureden.

Fragen Sie sich selbst, was Ihnen die Tätigkeit von zu Hause aus an persönlichen Opfern abverlangt. Zu Hause müssen Sie ganz allein die Disziplin aufbringen, die nötige Zahl von Stunden zu arbeiten. Werden Sie versucht sein, öfter »nur mal eben« an den Kühlschrank zu gehen (die berüchtigte Kühlschrankfalle) oder »nur ganz kurz« die Nachrichten im Radio anzuhören? Werden Sie sich mit Kleinigkeiten der Haushaltsführung beschäftigen statt mit der Unternehmensführung?

Die härteste Belastungsprobe für Ihre Disziplin ist normalerweise die Anfangsphase Ihres Unternehmens, wenn Sie noch nicht genug zu tun haben, um Ihre Zeit ganz auszufüllen. Die manchmal schwer fassbare Aufgabe, sich Wachstumsstrategien für Ihre Firma zu überlegen, kann Sie leicht dazu verleiten, Ihre Energien auf andere Dinge zu richten: ein tolles Sonderangebot im nächsten Heimwerkermarkt, der Rasen müsste mal wieder gemäht werden, ein Sonnenbad auf der Gartenterrasse (nur ein halbes Stündchen) wäre auch schön ...

Und vor allem: Fragen Sie sich, was Ihre Unternehmertätigkeit von zu Hause aus Sie in puncto häusliches Leben kostet. Wenn Sie Single sind und allein leben, dann wird das kein großes Thema sein, weil Sie nur Ihre eigenen Bedürfnisse und zeitlichen Pläne berücksichtigen müssen.

Wenn Sie Kinder haben, kann die Arbeit zu Hause Ihnen ermöglichen, sich mehr um sie zu kümmern – selbst wenn es nur die ein oder zwei Stunden sind, die Sie sonst für den Weg zur Arbeit und zurück bräuchten. Setzen Sie sich aber (und Ihrer Familie!) feste Arbeitszeiten, in denen Sie nicht für Kinder und Familie verfügbar sind.

Sprechen Sie mit Ihrer gesamten Familie über Ihre (geplante) Tätigkeit von zu Hause aus. Was halten Ihr Partner und die Kinder davon? Erklären Sie genau, was Sie vorhaben und wo, wann und wie Sie arbeiten wollen. Werden Klienten ins Haus kommen? Zu welchen Tageszeiten? Wo im Haus werden Sie die Besprechungen mit ihnen abhalten? Wie werden Sie es regeln, dass die Bedürfnisse Ihrer Familie wegen Ihrer Arbeit zu Hause nicht zu kurz kommen?

17 Zehn Tipps, wie Computer für Ihr Kleinunternehmen noch nützlicher sind

Meistens ermöglichen Computer es Kleinunternehmern, Ihre Geschäfte effizienter und profitabler zu betreiben. Doch wie jedes Hilfsmittel können PCs und die mit ihnen zusammenhängende Technik falsch eingesetzt werden und dann mehr Kosten als Nutzen bringen. Wir raten Ihnen, sich stets auf dem Laufenden zu halten, was die Technik und ihre Rolle in Ihrer Branche angeht. Denn wenn Sie die Vorteile nutzbringender Technologie nicht wahrnehmen, dann könnten Sie im Wettbewerb untergehen.

Übernehmen Sie aber nicht jede technische Neuigkeit blind. Auf die Anfangsseite jeder Software oder jeder Website würden wir die folgende Warnung setzen: »Kleinunternehmer klicken auf eigene Verantwortung weiter.« Warum? Ob Sie angehender Existenzgründer sind oder bereits aktiver Kleinunternehmer – Zeit ist wahrscheinlich Ihr wertvollstes Gut, und was die Zeit angeht, können Computer ein Segen sein oder ein Fluch.

Softwareprogramme und Websites sollten Ihrem Unternehmen zwei Dinge bringen:

- ✔ Zeit sparen statt vergeuden
- ✔ Ideen liefern oder anregen, die Ihre Firma größer und profitabler machen, statt Sie in Sackgassen und zu Wunschträumen zu führen, die Ihre Geldreserven auffressen

Kleinunternehmer lassen sich gern dazu hinreißen, Software zu kaufen, die sie gar nicht brauchen. Eine verbreitete Taktik von scheinbar uneigennützigen Internet-Angeboten (Wirtschaftsinformationen, Kalkulationshilfen, Mustergeschäftsplänen) ist es, Sie zu animieren, sich immer weiter in die Site hinein zu klicken. Widerstehen Sie – das kostet Sie nur unnötig Zeit und Geld.

Kaufen Sie nie teure Software für Ihre Firma, bevor Sie nicht mit anderen Kleinunternehmern gesprochen haben, die mindestens ein Jahr mit der Software gearbeitet haben. Disziplinieren Sie sich selbst, wenn Sie im Internet nach Dienstleistungen für Kleinunternehmen suchen oder nach Programmen, die Sie kaufen könnten. PCs werden immer mit dem Argument des Zeit und Geld Sparens verkauft, aber jeder, der mit ihnen arbeitet, weiß, dass sie das Unternehmerleben auch sehr verkomplizieren und unnötige Zeit kosten können, wenn sie nicht effizient eingesetzt werden.

Dieses Kapitel enthält unsere Tipps und Anregungen, wie Sie Computer in Ihrer Firma am besten einsetzen. Oft werden Sie lesen, dass Sie sich Websites zu bestimmten Themen im Internet anschauen sollten. Da sich das Angebot im WWW ständig ändert, verzichten wir darauf, überall Webadressen anzugeben; suchen Sie daher unter den entsprechenden Stichwörtern über eine Suchmaschine. Auch über Links gelangen Sie von Homepages wie www.gruenderlinks.de oder www.gruenderlinx.de sofort zu weiterführenden Adressen. Ansonsten möchten wir Sie nochmals auf dieses nützliche Handbuch von Jörg Mielczarek verweisen: »Die 5000 besten Internet-Adressen für Existenzgründer«, erschienen im Verlag interna aktuell, Bonn.

Brainstorming und Suche nach Geschäftsideen

Das Internet kann eine nützliche Quelle sein, wenn Sie Ihre Fantasie anregen lassen und Ihre Geschäftsideen wie in einem Brainstorming durchdenken wollen. Dabei meinen wir nicht »schier unglaubliche« Angebote zum Geldverdienen, die einen »mit einer Stunde Arbeit pro Tag zum Millionär« machen sollen. Auch wenn Sie lieber ein Unternehmen gründen als eines kaufen möchten, sollten Sie einmal einen Blick auf Websites mit Verkaufsangeboten von Unternehmen werfen. Auch die Homepages von Verbänden und Branchenorganisationen sind eine Ideenfundgrube. Und glauben Sie nicht, das, was Sie suchen, sei vielleicht zu exotisch – immerhin gibt es auch Websites wie www.frauenbetriebe.de, www.dot-ev.de (Deutsche Organisierte Tätowierer e. V.) oder www.scheinselbstaendig.com.

Privates Venture Capital finden

Wenn Sie Risikokapital zur Finanzierung einsetzen möchten, aber nicht Banken oder Venture-Capital-Gesellschaften als Mitbesitzer Ihres Unternehmens möchten, dann sind die Business Angels die richtige Kapitalquelle. Unter diesem Namen haben sich nach amerikanischem Vorbild auch in Deutschland private Finanziers zusammengetan. Ihr Netzwerk erreichen Sie über www.business-angels.de.

Eine Franchise erwerben

Wie wir in Kapitel 6 und 7 darstellen, sind beim Einstieg in ein Franchisesystem einige Besonderheiten zu beachten. Übers WWW können Sie sich im Vorfeld umfassend informieren auf den Websites des Deutschen Franchise-Verbands e. V. (www.dfv-franchise.de), des Deutschen Franchise-Nehmer-Verbands (www.dfnv.de) und des Schutzvereins der Franchisenehmer und Lizenzträger e. V. (www.franchise-abc.de/index.htm).

Finanzierung

Wenn Sie öffentliche Fördermittel in Anspruch nehmen wollen (und das sollten Sie, wo immer Sie können), dann kommen Sie nicht an den folgenden zwei Institutionen vorbei, auch wenn Sie Ihre Anträge – Sie erinnern sich: *vor* Beginn Ihrer Gründungsaktivitäten! – über Ihre Hausbank stellen: Deutsche Ausgleichsbank (www.dta.de), Kreditanstalt für Wiederaufbau (www.kfw.de).

Gehen Sie mit Vorsicht an die vielen Onlineverzeichnisse (directories) von Finanzierungsquellen. Sie sind selten objektiv und listen oft Finanzierungsanbieter auf, die für ihren Eintrag auf der Site bezahlt haben und nicht unbedingt günstige Konditionen anbieten.

Marketing

Wie wir in Kapitel 9 darstellen, gehört das Marketing zu den größten und wichtigsten Herausforderungen, wenn Sie Ihr Unternehmen nach der Gründung hochbringen und auf einem sicheren Wachstumspfad halten wollen. E-Mail und das Internet können Ihnen natürlich beim Marketing Ihrer Firma helfen, doch sind sie kein Ersatz für persönliche Kontakte und die Möglichkeit für Ihre Kunden, Ihre Produkte und Dienstleistungen in natura sehen und anfassen zu können. Für einen mäßigen Betrag können Sie eine attraktive Website für Ihr Unternehmen erstellen (lassen), um Ihre Vision und Ihr Angebot zu promoten.

Glauben Sie nicht den Versprechungen, dass das Internet der einzig wichtige Absatzkanal für Ihr Unternehmen sei. Nur wenige haben das Internet bisher wirklich erfolgreich für ihr Marketing eingesetzt. Für jede Firma wie Amazon.com, die große Internetbuchhandlung, gibt es hunderte, wenn nicht tausende von Unternehmen, die ohne sichtbaren Erfolg beträchtliche Summen für das WWW ausgegeben haben. Und sogar Amazon.com hat bis zum Erscheinen dieses Buchs noch keinen einzigen Cent Gewinn gemacht.

Zahlenwerke erstellen und analysieren

Ein Bereich, in dem Computer Kleinunternehmen wirklich von Nutzen sind, ist die Buchführung. Buchhaltungssoftware, die auf jedem PC läuft, nimmt dem Zahlengewirr eines Unternehmens wenigstens ein bisschen von seinem Schrecken. Die Programme machen sich schnell selber bezahlt, wenn Sie sie dazu nutzen, Ihre Einnahmen und Ausgaben zu ordnen und zu verfolgen, und mithilfe dieser Informationen dann Zahlenwerke und Planungen erstellen (siehe Kapitel 11).

Steuern im Griff behalten

Ein weiterer Vorteil von Buchhaltungssoftware ist, dass Sie damit auch Unterlagen und Zahlen für Ihre Steuererklärungen ordnen und vorbereiten können. Eine Aufstellung Ihrer Einnahmen und Ausgaben ist schnell ausgedruckt, doch eine Buchhaltungssoftware hilft Ihnen leider nicht, die häufig verwirrenden Formulare des Finanzamts auszufüllen. Doch es gibt zwei Lösungsmöglichkeiten: Nutzen Sie die Dienste eines Steuerberaters, wie wir es öfter in diesem Buch empfehlen; er kann Ihnen viel lästige Arbeit abnehmen, verlangt dafür allerdings auch ein angemessenes Honorar. Oder schaffen Sie sich eine Steuersoftware an; zumindest in der Anfangsphase Ihres Unternehmens kann das eine gute Alternative sein, wenn Sie bereit sind, sich ein wenig in die Materie einzuarbeiten. Mit solcher Software können Sie auch selber Steuerformulare ausdrucken, die vom Finanzamt anerkannt werden.

Rechtsanwälte umgehen

Viele Kleinunternehmer können nur schwer akzeptieren, dass Sie einem Rechtsanwalt dreistellige Stundenhonorare zahlen sollen, selbst wenn es nur um eine simple juristische Frage geht. Doch auch hier gibt es PC-Programme auf CD-ROM, die Ihnen Basisfragen beantworten. Suchen Sie auch im Internet nach Anwälten und Beratung.

Zeit und Geld sparen

Wenn Computer richtig eingesetzt werden, können sie Ihnen bei zahllosen Dingen Zeit und Geld sparen. Hier einige Beispiele:

✔ **Briefe und Aktennotizen.** Schreiben, unterzeichnen und verschicken Sie sie – statt sie zu diktieren. Computer machen diese Arbeit schneller, billiger und auch vertraulicher (keine Sekretärin oder Schreibkraft schnüffelt in Ihren geheiligten Betriebsgeheimnissen herum).

✔ **Kommunikation.** Wenn Sie keine sofortige Antwort brauchen, ist E-Mail der schnellste, einfachste und billigste Kommunikationsweg.

✔ **Ablage.** Die »elektronische« Ablage von Briefen, Berichten, Zahlenwerken und so weiter ist schneller, einfacher, billiger und platzsparender als eine manuelle Ablage mithilfe von dicken Aktenordnern in großen Aktenschränken in riesigen Aktenarchiven. Denken Sie daran, Ihre Daten regelmäßig zu sichern, sonst ist beim nächsten Computerabsturz alles futsch.

✔ **Arbeitsblätter.** Wenn Sie Ihre Software beherrschen, können Sie sich Arbeitsblätter für die verschiedensten Bereiche entwickeln und direkt am PC viel schneller ausfüllen als manuell. Zudem sehen Arbeitsblätter aus dem PC professioneller aus, sind einfacher zu archivieren, zu aktualisieren und zu ändern.

✔ **Mailings.** Wenn Sie öfter Werbung per Post verschicken, sind Adressetiketten aus dem PC (aus Ihrer Kundendatenbank) viel schneller als handadressierte Kuverts. Sie können Ihre Werbebriefe außerdem individualisieren. Übrigens: Obwohl Direktwerbung einen schlechten Ruf hat, kann sie richtig eingesetzt zu mehr Umsatz führen.

Natürlich können Computer und die mit Ihnen verbundene moderne Kommunikationstechnik auch Ihre Zeit stehlen, wenn Sie stundenlang ziellos im Internet surfen, stundenlang mit der neuen Präsentationssoftware herumspielen, Briefe fünfmal ausdrucken, bis Ihnen das Schriftbild gefällt, oder endlose PC-Handbücher lesen. Seien Sie sich bewusst, dass Computer süchtig machen können – wie alles, was halb Arbeitshilfe und halb Spielzeug ist.

Halten Sie sich auf dem Laufenden

Das gilt nicht nur für alles, was mit Kommunikation und Computern zu tun hat, sondern generell. Verfolgen Sie, was sich in der Wirtschaft und in Ihrer Branche tut. Alle wichtigen (Fach-)Zeitschriften und Zeitungen haben heute Onlineausgaben, die stets toppaktuell sind. Finden Sie heraus, welche Ihnen am meisten bringen, und lesen Sie sie regelmäßig. So können Sie neue Trends und Marktveränderungen schon frühzeitig erkennen. Viele dieser Sites ermöglichen Ihnen zudem die direkte Kontaktaufnahme zu Redakteuren – nutzen Sie auch diese »persönlichen« Informationsquellen.

18 Zehn Tipps für die Führung Ihres wachsenden Unternehmens

Ob Sie es mögen oder nicht: Je größer Ihre Firma wird, desto mehr müssen Sie lernen, Ihren Gründerhut abzusetzen und stattdessen den des Unternehmers und Managers aufzusetzen. Dieser Übergang ist für die meisten Kleinunternehmer nicht leicht zu vollziehen, denn es erfordert, dass Sie eine Reihe neuer Fähigkeiten erwerben, die Ihnen nicht immer angeboren sind. In diesem Kapitel geben wir Ihnen bewährte Tipps, die Ihnen bei diesem Übergang und der besseren Führung Ihres Unternehmens helfen.

Konzentrieren Sie sich auf das, was Sie leisten können und was Sie am besten können

Wie viele Kleinunternehmen kennen Sie, die versuchen, mehr Dienstleistungen anzubieten, als sie erfolgreich erbringen können? Oder zu viele Produkte? Wie viele kennen Sie, die die beste Qualität, die schnellste Lieferung und gleichzeitig die niedrigsten Preise bieten wollen – und das alles gleichzeitig?

Ein erfolgreiches Kleinunternehmen ist eines, dass in dem Bewusstsein betrieben wird, dass seine Ressourcen endlich sind. Dass das Unternehmen nur soundso viel leisten kann, wenn es das gut tun will. Daher sollte sich ein Unternehmen auf das konzentrieren, was es am besten kann; von dort aus geht es dann weiter und tut das *besser* als alle anderen.

Sie als Inhaber eines wachsenden Unternehmens müssen diesen Zwang zur Konzentration auch für sich selbst erkennen. Ihre persönlichen Ressourcen sind endlich; Sie können nur soundso viel leisten, bevor Sie *zu* viel tun und das *für Sie persönlich* Wesentliche aus dem Blick verlieren. Konzentrieren Sie sich auf das, was Sie sicher leisten können, und überlassen Sie das, was Sie nicht so gut können, jemand anderem – einem Mitarbeiter, einem externen Dienstleister (etwa einem Rechtsanwalt oder Steuerberater) oder vielleicht einem Berater oder Mentor. Und wenn Sie merken, dass Sie sich bei einem Produkt oder einer Dienstleistung verzettelt haben und zu wenig damit verdienen, dann überlassen Sie diesen Teil des Marktes ruhig einem Konkurrenten – soll er sich die Zähne daran ausbeißen.

Hier ein paar Tipps, damit Sie sich auf das Wesentliche konzentrieren und Ihre endliche Zeit und Ihre endlichen Fähigkeiten besser einsetzen können:

- ✔ Wenn Sie den Wald vor Bäumen nicht sehen, ist das schlimm für Ihr Unternehmen. Sie müssen nicht alles selber können. Legen Sie fest, was Sie delegieren können und wie.

- Wenn ein Projekt einem anderen weichen muss, stellen Sie sicher, dass das erste Projekt an einem sinnvollen Punkt vorübergehend abgeschlossen wird. Planen Sie fest ein, wann Sie es später weiterverfolgen werden.
- Interesse und Konzentration hängen eng zusammen. Glauben Sie nicht, dass Sie sich lange auf Themen konzentrieren können, die Sie nicht interessieren. Delegieren Sie sie an jemanden, der echtes Interesse an solchen Projekten hat (und die Fähigkeiten, sie erfolgreich zu bearbeiten).
- Die Konzentration auf das Wesentliche beziehungsweise ihr Fehlen ist eine Sache der Unternehmenskultur. Wenn Sie als Eigentümer und Chef Ihre angefangenen Projekte nicht weiterverfolgen oder bei Ihren Initiativen nicht am Ball bleiben, dann werden Ihre Mitarbeiter sich früher oder später genauso verhalten. Auch sie werden das Wesentliche aus dem Blick verlieren, kaum etwas wird noch gut und pünktlich erledigt werden. Und Sie werden dann viel Zeit haben, sich auf das Scheitern Ihres Unternehmens zu konzentrieren ...

Die besten Kleinunternehmer wissen: Es zahlt sich aus, sich auf die entscheidenden Dinge zu konzentrieren. Sie haben gelernt, das es weitaus besser ist, ein Problem endgültig zu lösen, als drei Probleme in verschiedenen Stadien der Nichtlösung vor sich hin gären zu lassen.

Regeln sind dazu da, gebrochen zu werden

Diese Überschrift ist so gut, dass wir sie zweimal in diesem Buch verwenden. Katharine Hepburn hätte in einem Kleinunternehmen zweifellos ihren Spaß gehabt; Sie kennen vielleicht ihr bekanntes Bonmot: »Wenn du dich an alle Regeln hältst, entgeht dir der ganze Spaß.«

Mit einer kleinen Änderung gilt dieses Zitat auch für das erfolgreiche Kleinunternehmen von heute: »Wenn du dich an alle Regeln hältst, entgehen dir viele Geschäftsgelegenheiten.«

Wir empfehlen nicht, dass Sie Ihre flexiblen Regeln *ständig* brechen sollten. Regeln sollten nicht leichtfertig gebrochen werden. Diejenigen, für die die Regeln gebrochen werden, sollten verstehen warum und dass der Regelbruch eine Ausnahme ist.

Wenn Menschen und Institutionen perfekt sind und Probleme vorhersehbar werden, dann mögen starre, unflexible Regeln funktionieren. Bis dahin jedoch ist Flexibilität der Schlüssel dazu, aus Umzulänglichkeiten das Beste zu machen.

Geben Sie Ihren Mitarbeitern Verantwortung und machen Sie sie verantwortlich

Erinnern Sie sich an den besten Lehrer, den Sie je hatten? Wahrscheinlich übertrug er Ihnen Verantwortung – die Verantwortung, Ihre Schulaufgaben zu machen, im Unterricht mitzuarbeiten und aufmerksam dem zu folgen, was er lehrte. Wenn er Ihnen auftrug, etwas zu tun, dann taten Sie es auch.

Indem er Ihnen Verantwortung gab (und Sie für Ergebnisse verantwortlich machte), machte dieser Lehrer Ihnen zweifellos im Voraus klar, was passieren würde, wenn Sie nicht das täten, was er von Ihnen verlangte. Umgekehrt sagte er Ihnen auch, was passieren würde, wenn Sie die gestellten Aufgaben erfüllten. Daher wussten Sie stets genau, was Sie zu tun hatten und was Sie als Belohnung oder Strafe zu erwarten hatten. Vor allem wussten Sie, dass er seinen Worten auch Taten folgen lassen würde. Wenn Sie also Ihre Aufgaben nicht gemacht hatten, konnten Sie damit rechnen, nachsitzen zu müssen oder eine schlechtere Note zu bekommen. Das konnten Sie beeinflussen, indem Sie wählten, ob Sie seinen Anweisungen Folge leisteten oder nicht. Dieser Lehrer hatte die notwendige Rolle von Verantwortung und Verantwortlichkeit für das Erreichen gewünschter Ergebnisse begriffen.

Wenn Sie Verantwortung zuweisen möchten, besteht dieser Prozess aus zwei Elementen: Kommunikation der Erwartungen und Kontrolle. Wenn diese zwei nicht im Einklang zusammenarbeiten, gibt es keine Verantwortung. Und wo es keine klar definierte Verantwortung gibt, da werden die Leistungen schlampig oder es gibt im schlimmsten Fall gar keine.

Ob Sie es mögen oder nicht: Menschen brauchen einen vernünftigen Grund – ein klares Gefühl von Zweck und Konsequenzen einer Aufgabe –, bevor sie das tun können, was Sie als Chef wollen. Verantwortung und Verantwortlichkeit liefern diesen vernünftigen Grund.

Was Ihr bester Lehrer mit Erfolg einsetzte, das kann auch Ihnen nutzen. Wenn Ihre Mitarbeiter nicht für Ihre Handlungen verantwortlich sind, dann werden sie normalerweise auch nicht erfolgreich sein. Und wenn Ihre Mitarbeiter langfristig nicht erfolgreich sind, dann wird es das Unternehmen – Ihr Unternehmen – auch nicht sein. Die bewährte Formel, bei der beide Seiten gewinnen, zeigt nur dann Wirkung, wenn auch beide Seiten einbezogen werden.

Beachten Sie die 80-20-Regel

In allem, was ein Kleinunternehmer tut, ist die 80-20-Regel gegenwärtig. Hier ein paar Beispiele:

- ✔ **Die 80-20-Regel für Ihre Kunden:** 80 % Ihrer Umsätze kommen von 20 % Ihrer Kunden. Das bedeutet für Sie: Konzentrieren Sie Ihre Energie und Zeit auf die Kunden mit dem Potenzial, profitabel für Sie zu sein. Vergeuden Sie Ihre Zeit nicht auf die anderen.
- ✔ **Die 80-20-Regel für die Leistung Ihrer Mitarbeiter:** 80 % der Leistungen in Ihrem Unternehmen kommen von 20 % Ihrer Mitarbeiter. Das bedeutet für Sie: Arbeiten Sie verstärkt daran, die 80 % weiterzubilden (oder auszusieben), die nichts beitragen, und sorgen Sie gut für die 20 %, die so viel beitragen.
- ✔ **Die 80-20-Regel für Ihre Mitarbeiterprobleme:** 80 % Ihrer Probleme mit Mitarbeitern kommen von 20 % der Mitarbeiter. Das bedeutet für Sie: Bei diesen 20 % müssen Sie etwas tun. Lösen Sie entweder *deren* Probleme (durch Aus- und Weiterbildung sowie Motivation) oder lösen Sie *Ihre* Probleme (indem Sie sie ersetzen).

- **Die 80-20-Regel für Ihre Ausgaben:** 80 % Ihrer unnötigen Ausgaben kommen aus 20 % der Ausgabenkategorien. Das bedeutet für Sie: Konzentrieren Sie sich auf die 20 % – hier liegt der Knackpunkt.

- **Die 80-20-Regel für Ihre Forderungen:** 80 % Ihrer ausstehenden Gelder kommen von 20 % Ihrer Kunden. Das bedeutet für Sie: Welche 20 % sind das? Finden Sie heraus, was sie gemeinsam haben. Eine bestimmte Art der Zahlungsmoral oder besser –unmoral? Ein bestimmtes Produkt? Einen bestimmten Markt?

- **Die 80-20-Regel für Ihren Erfolg:** 80 % Ihrer Erfolge kommen von 20 % Ihrer Bemühungen. Das bedeutet für Sie: Lernen Sie, Ihre Talente, wie auch Ihre Zeit so einzusetzen, dass sie den optimalen Ertrag bringen. Wenden Sie mehr Zeit für die Dinge auf, die Sie gut können, und delegieren Sie die, die Ihnen nicht so liegen.

Denken Sie voraus: Das Heute ist das Ergebnis der Fehler von gestern

Ist Ihnen schon einmal aufgefallen, dass der wärmste Monat des Jahres der Juli ist, obwohl die Sonne im Juni am höchsten steht? Genauso ist es mit jedem beliebigen Tag: Die wärmste Zeit ist der frühe Nachmittag, obwohl die Sonne schon um 12 Uhr im Zenit steht.

Was wir damit sagen wollen? Zeitverzögerungen gehören zum Leben, und wir müssen mit ihnen leben lernen. Zeitverzögerungen gibt es auch in der Welt der Kleinunternehmen. Hier ein paar Beispiele:

- Wenn Ihr Umsatz im Juni total absackt, liegt das nicht daran, dass Ihre Vertreter plötzlich keine Lust mehr gehabt hätten. Vielleicht sind sie schon Monate früher lustlos geworden. Die Ergebnisse davon holen Sie aber erst jetzt ein.

- Wenn sich der durchschnittliche Zeitraum, bis Ihre Kunden Rechnungen bezahlen, plötzlich verdoppelt, liegt das nicht daran, dass Ihre Mahnbuchhalterin diese Woche in Urlaub gegangen ist. Es liegt daran, dass sie das vor drei Monaten getan hat.

- Wenn Ihr Lager aus allen Nähten platzt, liegt das nicht an der Ware, die Sie letzte Woche bestellt haben. Ihre Einkäufe in den letzten Monaten sind tödlich für Sie.

So ist es bei allen negativen Ereignissen in einem Kleinunternehmen: Das Heute ist das Ergebnis der Fehler von gestern. Wie aber können Sie diese Zeitverzögerungen ausgleichen oder noch besser: ihnen vorbeugen? In den drei obigen Beispielen würden Sie Folgendes tun:

Etablieren Sie ein Frühwarnsystem, wie zum Beispiel Besuchsberichte Ihrer Vertreter. Diese mindestens wöchentlichen Berichte vermitteln Ihnen ein Bild, wie viele Kundenbesuche Ihre Vertreter machen und wie hart sie tatsächlich in den Monaten arbeiten, die einem Umsatzrückgang vorausgehen.

- ✔ Holen Sie sich als Urlaubsvertretung eine Mahnbuchhalterin von einer Zeitarbeitsfirma oder – noch besser – sorgen Sie dafür, dass ein zweiter Mitarbeiter aus der Buchhaltung ins Mahnwesen eingearbeitet wird, der Ihre Mahnbuchhalterin in deren nächstem Urlaub vertreten kann.
- ✔ Etablieren Sie ein Einkaufssystem, das die Alarmglocken schrillen und die roten Warnlichter blinken lässt, wenn die Einkäufe ein bestimmtes Niveau überschreiten. Die Alarmglocken und Warnlichter von heute vermeiden unbestechlich die Überbestände von morgen.

Das Geschäft eines Kleinunternehmens spielt sich in den Zwölfmonatszeiträumen der Geschäftsjahre ab, doch Menschen und Geschäftszyklen haben ihre Höhen und Tiefen – ebenso wie ihre Leistung. Ihre Aufgabe ist es, Ihr Kleinunternehmen um diese Höhen und Tiefen herumzuführen und sicherzustellen, dass die Zeitverzögerungen nicht zu schwachen Ergebnissen führen.

Überschlafen Sie es

Im Folgenden geben wir die Richtlinien wieder, die der Präsident der Vereinigten Staaten von Amerika zu befolgen hat, wenn er eine wichtige Entscheidung treffen muss. Diese Richtlinien gelten auch für den Präsidenten des General-Motors-Konzerns genauso wie für den von Carlos Pizzataxi. Auch Sie sollten Sie in Ihrem Unternehmen beherzigen:

- ✔ **Seien Sie unerschütterlich.** Das ist es, was die Amerikaner vor allem von Ihrem Präsidenten verlangen und was politische Gegner am meisten respektieren.
- ✔ **Lassen Sie sich von einem Ereignis nicht lähmen.** Die Geschichte ist voll von Prädidenten, die vor einer Krise oder bevorstehenden Entscheidung standen wie das Kaninchen vor der Schlange.
- ✔ **Handeln Sie erst, wenn Sie müssen.** Rasche Entscheidungen auf der Basis von Emotionen oder unzureichender Information sind in einer Krise die größte Gefahr.
- ✔ **Reden, reden, reden. Denken, denken, denken. Verhandeln, verhandeln, verhandeln.** Nehmen Sie sich Zeit und wägen Sie alle Optionen gegeneinander ab. Tun Sie nichts Voreiliges, das Sie (und Ihr Volk, Ihre Mitarbeiter) später bereuen werden.

Was für den amerikanischen Präsidenten Vorschrift ist, sollten auch Sie sich zur Regel machen: Cool bleiben, die Kontrolle behalten und sich viel Zeit für eine Entscheidung nehmen. Warten Sie, bis Ihre Emotionen abgeebbt sind, bevor Sie große Entscheidungen treffen.

Ob es Ihnen gefällt oder nicht – die wichtigsten Entscheidungen im Leben und im Geschäftsleben kommen nur einmal. Sie bekommen nur ganz selten eine zweite Chance. In solchen entscheidenden Momenten sollten Sie sagen: »Ich komme morgen darauf zurück.« Genehmigen Sie sich ein gutes Glas Wein, machen Sie eine kleine Fahrradtour mit Ihren Kindern.

Und überschlafen Sie es.

Lösen Sie Konflikte

Wo es Mitarbeiter gibt, da gibt es unweigerlich auch Konflikte. Je mehr Mitarbeiter Sie haben, desto mehr Konflikte werden Sie in Ihrer Firma haben. Und je größer Ihre Firma wird, desto mehr steht bei diesen Konflikten auf dem Spiel und desto geschickter werden die Widersacher in solchen Auseinandersetzungen sein.

Effektive Chefs müssen auch professionelle Konfliktlöser sein. Viele von uns tun sich mit Konflikten und deren schneller und leichter Lösung schwer. Die Lösung von Konflikten erfordert fast immer Kompromisse und Verständnis in einer hitzigen Atmosphäre, etwas wozu viele von uns nicht fähig oder willens sind.

Tun Sie, was Sie predigen

Stellen Sie sich die folgende Szene vor: Die Zeit für die jährliche Leistungsbeurteilung ist gekommen. Ihr Mitarbeiter rutscht nervös auf seinem Stuhl auf der anderen Seite Ihres Schreibtischs hin und her. Sie beginnen das Gespräch mit einer lobenden Bemerkung und gehen dann gleich ins Eingemachte.

Ihre Absicht? Sie möchten die Leistung des Mitarbeiters verbessern.

Zehn Minuten später stürmt Ihr Mitarbeiter aus Ihrem Büro hinaus und knallt die Tür hinter sich zu. In seiner Wahrnehmung haben Sie ihn persönlich angegriffen.

So ist das mit der Wahrnehmung: Tatsachen und Absicht sind gut und schön. Doch allein deren Wahrnehmung zählt – diese Wahrnehmung ist die Wirklichkeit, bis sie geändert wird. Und jetzt, fragen Sie?

Denken Sie bei der Führung von Menschen daran (und das sollten viele Kleinunternehmer tun), dass es nicht darauf ankommt, was Sie denken oder glauben. Es kommt vielmehr darauf an, was Ihre Mitarbeiter *wahrnehmen*, dass Sie denken oder glauben. Wenn ihre Wahrnehmung ist, dass Sie sich nicht die Bohne für ihre Probleme interessieren, dann interessieren sie sich auch nicht die Bohne für die Ihren. Wenn ihre Wahrnehmung ist, dass Ihnen Qualität unwichtig ist, dann ist sie es auch nicht für Ihre Mitarbeiter. Wenn ihre Wahrnehmung ist, dass Kunden in Ihren Augen nichts als Ärger machen, dann tun die Kunden das in ihren Augen auch.

- ✔ Es kommt darauf an, wie Sie die Dinge rüberbringen – auf die Präsentation. Leistungsbeurteilung? Beiratssitzung? Kundenpräsentation? Bei all dem geht es nicht darum, was Sie zu kommunizieren beabsichtigen – was zählt, ist, wie Ihre Präsentation wahrgenommen wird.

Versuchen Sie einmal Folgendes: Befragen Sie (natürlich anonym) eine Auswahl Ihrer Mitarbeiter darüber, wie Sie und Ihr Unternehmen wahrgenommen werden. Bitten Sie um eine Note von 1 bis 10 (1 = ganz schlecht, 10 = topp) zu allem, was Sie als wichtig für den Erfolg Ihrer Firma erachten. Fragen Sie nach Dingen der Unternehmenskultur, der Unternehmensführung, der Leitung, der Unternehmensphilosophie, Respekt für den Einzelnen, Kundenorientierung, Vertrauen, Kontrolle, Verantwortung – nach der Wahrnehmung von allem, was Sie messen wollen.

Vergleichen Sie dann die Noten der Mitarbeiter mit Ihren eigenen. Deckt sich ihre Wahrnehmung mit Ihrer? Sollen wir raten? Bei manchen Themen liegen Sie himmelweit auseinander. Ob Sie es mögen oder nicht: Wenn es darum geht, mit Menschen umzugehen, oder darum, wie Menschen mit einem selbst umgehen, dann zählen Tatsachen kaum. Was zählt, ist die Wahrnehmung.

Vergessen Sie Ihre Prinzipien nicht

In einem wachsenden Unternehmen kann man leicht von der Hitze des Gefechts und der Spannung der immer wieder neuen Herausforderungen ausgefüllt werden. Manche Kleinunternehmen und ihre Eigentümer verlieren dabei leicht aus dem Blick, warum sie ihre Firma überhaupt gegründet haben. Als Folge davon verlieren sie leicht die anderen, wichtigeren Prioritäten in ihrem Leben aus den Augen.

Wachstum allein um des Wachstums willen, oder Wachstum um Ihre Brieftasche dicker zu machen, ist für die meisten von uns nicht die Anstrengung wert. Lernen Sie, mit Ihren Fähigkeiten und Mitteln zu leben, und verlieren Sie den Wert von Familie, Freunden und Gesundheit nicht aus den Augen. Kein Unternehmenserfolg ist das Opfer dieser höheren Prioritäten wert.

Und machen Sie keine faulen Kompromisse bei Prinzipien und Werten nur um des Wachstums willen. Es kann Jahre dauern, um einen guten Ruf aufzubauen, doch dieser gute Ruf kann über Nacht zerstört werden, wenn Sie Ihre Prinzipien und Werte sausen lassen. Und wie einen positiven ersten Eindruck kann man einen Ruf von Ehrlichkeit und Integrität nie richtig zurückgewinnen, wenn er einmal verloren oder auch nur angekratzt ist.

Der Erfolg hat viele Gründe

Als Joe Montana Quarterback des Footballteams der legendären San Francisco 49ers war, wurde behauptet, die 49ers würden nur wegen ihm ständig gewinnen. Und was passierte? Die 49ers verkauften Montana und gewannen weiterhin.

Wieder einmal hatte sich die alte Redensart bewahrheitet: Es gibt nie einen einzigen Grund, warum ein Footballteam (oder irgendeine andere Mannschaft) gewinnt oder verliert – es gibt viele Gründe.

Ebenso ist es mit Ihrem Unternehmen: Wenn es erfolgreich ist, dann stehen dahinter Myriaden von Gründen. Sie haben die richtigen Leute eingestellt (und entlassen), haben zielgerichtet gearbeitet, ein tolles Produkt oder eine tolle Dienstleistung entwickelt, das richtige Vertriebssystem gewählt, die richtigen Strategien geplant und umgesetzt. Die Liste der Dinge, die Sie richtig gemacht haben, könnte endlos weitergehen.

Und wenn Ihr Unternehmen in Schwierigkeiten steckt, werden Sie eine ähnlich große Zahl von Gründen dafür ermitteln können. Sie haben schlechte Leute eingestellt (und nicht rechtzeitig gefeuert), oder Ihre Produktqualität ist schlecht, oder Ihr Außendienst braucht Motivation, oder in Ihrer Unternehmenskultur fehlt es an Verantwortung und Verantwortlichkeit. Sie verstehen, was wir meinen, nicht wahr?

So arbeitet das Gesetz, das besagt, dass der Erfolg viele Gründe hat. Dieses Gesetz gilt für alles, was Sie tun – Ihr Unternehmen führen, Ihre Kinder großziehen oder auf der Schattenseite des Lebens einherschlurfen.

Und was besagt es, wenn Ihr Unternehmen in eines der vielen Schlaglöcher auf dem Weg zum Erfolg kracht?

Es besagt, dass es keine Allheilmittel gibt, mit denen alles ruckzuck wieder ins Lot kommt. Natürlich haben Sie Prioritäten, aber Ihr Unternehmen wird keine Kehrtwendung um 180 Grad machen, bloß weil Sie ein Qualitätsprogramm eingeführt haben. Oder ein Programm, um bessere Mitarbeiter einzustellen. Oder ein Programm, um Verantwortung und Verantwortlichkeit in Ihrer Unternehmenskultur zu verankern. Oder was sonst Sie initiiert haben, das Sie bisher nicht getan haben.

Und es besagt, dass der Gewinner im großen Spiel des Wirtschaftslebens derjenige Unternehmer ist, der erkannt hat, dass es auf alles ankommt – auf die großen Dinge und auf die kleinen Dinge und auf alle Dinge dazwischen. Erfolg ist eine Kombination von allem.

Stichwortverzeichnis

G

H

I

K

L

M

N

O

P

Q

R

S

ca. 440 Seiten, Oktober 2000
49,90 DM, kart.
ISBN 3-8266-2905-1

Greg Holden

Existenzgründung Online für Dummies

Erfolgreich starten im Internet

- Die ersten Schritte zur Existenzgründung
- E-Commerce und Sicherheit
- Wirkungsvolles Marketing für Ihre WebSite

Immer mehr Existenzgründer wählen das Medium Internet als Plattform für Ihre neue Firma. Kein Wunder – kommt man doch so mit erheblich weniger Startkapital aus als beim konventionellen Weg über ein Ladengeschäft oder ein repräsentatives Firmengebäude.

In diesem Buch erfahren Sie alles, was Sie bedenken sollten, bevor Sie sich ins Geschäftsgetümmel stürzen: Von der technischen Seite über das Marketing und rechtliche bzw. sicherheitstechnische Überlegungen.

Sie erfahren:

✔ Welche Ausrüstung Sie benötigen, um ein Online Business ins Leben zu rufen
✔ Wie Sie die technischen Voraussetzungen schaffen: Die Wahl des Internetproviders und des Web-Editors
✔ Wie Sie Ihre Inhalte und interaktive Elemente auf Ihre Site bekommen
✔ Wie Sie dafür sorgen, dass die Welt von Ihrem Online Business erfährt
✔ Wie Sie E-Commerce betreiben und Ihre Geschäfte absichern
✔ Wie Sie rechtliche Probleme vermeiden

Auf der CD:

Webeditoren, Tools für E-Commerce und Buchhaltung

ca. 450 Seiten, Oktober 2000
49,90 DM, kart.
ISBN 3-8266-2920-5

Eric Tyson

Kapitalanlage für Dummies

Lassen Sie Ihr Geld für Sie arbeiten

- Investment-Begriffe und -Techniken leicht verständlich
- Die richtige Investment-Strategie für Sie
- Wohlstand schaffen mit kleinem Einsatz

Der Sparstrumpf ist nicht gerade die beste Lösung, sein Geld anzulegen. Dass es dazu viele gute Alternativen gibt, zeigt dieses Buch. Sie lernen die Grundlagen, die Möglichkeiten, aber auch die Risiken von Investitionen kennen.

Ein Buch, das Ihnen alles vermittelt, was Sie brauchen, um mit der Vermehrung Ihres Vermögens zu beginnen!

Sie erfahren:

- ✔ Was für Alternativen es zum Sparstrumpf gibt
- ✔ Wie Sie die richtigen, gewinnbringenden Aktien, Anleihen und Investmentfonds auswählen
- ✔ Wie Sie mit Immobilien Geld verdienen können
- ✔ Wie Sie Risiken richtig einschätzen und sich so der Gefahren bewusst sein können
- ✔ Wie Sie das Internet geschickt als Informationsquelle nutzen können und wo Sie sich sonst informieren können

Business für Dummies

Gelb und frech, aber trotzdem fundiert und kompetent, das sind unsere Dummies. Mittlerweile gibt es weltweit über 50 Millionen gedruckte Exemplare. Die Dummies-Fan-Gemeinde wächst und wächst.

Ursprünglich gab es nur Computer-Dummies. Aber warum sollte das einzigartige und bewährte Konzept der Dummies nur Computer-Themen vorbehalten bleiben? Wenn man humorvoll und frech in die Computerwelt einsteigen kann, warum dann nicht auch in andere Themen, z.B. in den häufig so bierernst angegangenen Business-Bereich?

Gesagt, getan, hier sind sie: unsere Business-Dummies! Damit nicht nur Computerfreaks was zum Lachen haben, sondern auch Manager, Marketingleiter, und natürlich auch Leute wie Sie und ich.

Erfolgreich Verhandeln für Dummies

Michael C. und Mimi Donaldson. Aus dem Amerikanischen von Reinhard Christiansen

Verhandeln muss man öfter als man denkt – eigentlich täglich. Sowohl im Geschäftsleben als auch im privaten Bereich kann es nicht schaden, wenn man andere von dem überzeugen kann, woran man selbst glaubt.

Erfolgreich Verhandeln für Dummies ist genau das richtige Buch, um auf amüsante Art Ihr Verhandlungsgeschick zu verbessern und so das zu bekommen, was Sie wollen.

400 Seiten
49,80 DM
ISBN 3-8266-2933-7

Businessplan für Dummies

2. Auflage

Paul Tiffany und Steven Petersen. Aus dem Amerikanischen von Beate Majetschak und Sabine Walter

Keine Firma kommt ohne Planung aus. Auch wenn sich jeder in der Firma am liebsten vor dieser unliebsamen Beschäftigung drücken würde, es muss halt sein!

Dieses Buch zeigt kurz und knackig, und – wie Dummies nun einmal sind – auch mit ein bisschen schrägem Humor und spritzigen Cartoons, wie man ohne zuviel Stress den Geschäftserfolg plant und die ersten Schritte angeht.

368 Seiten
49,80 DM
ISBN 3-8266-2911-6

Kundenservice für Dummies

Karen Leland und Keith Bailey. Aus dem Amerikanischen von Thorsten Vogel

Die Dienstleistungsbranche boomt, der Kunde ist König. Nur wer sich an Kundenwünschen orientiert, kann heutzutage erfolgreich sein. Aber wie können Sie erreichen, dass Ihre Kunden mit dem von Ihnen gebotenen Service zufrieden sind?

Kundenservice für Dummies zeigt Ihnen, wie ein guter Dienst am Kunden aussehen sollte und wie Sie ihn ohne allzuviel Aufwand erreichen können. Schritt für Schritt gibt Ihnen dieses Buch Erfolgsrezepte und gute Tipps mit auf den Weg. Wie immer sorgen dabei eine lockere Schreibe und die weltberühmten Rich-Tennant-Cartoons dafür, dass auch der Spaß nicht auf der Strecke bleibt.

352 Seiten
49,80 DM, kart.
ISBN 3-8266-2791-1

Noch mehr Business für Dummies

Erfolgreich Präsentieren für Dummies

Malcolm Kushner. Aus dem Amerikanischen von Cornelia M. Y. Nicol

Ob Sie es mit einer oder mit tausend Personen zu tun haben – die Fähigkeit, Informationen geordnet und überzeugend zu übermitteln, ist überall gefragt. Um etwas im Leben zu erreichen, muss man sich und seine Überzeugungen präsentieren können – sei es bei der Forderung nach einer Gehaltserhöhung oder bei einem Vortrag. Malcolm Kushner verrät Ihnen unzählige Tipps und Tricks, wie Sie solche Situationen überzeugend meistern können.

464 Seiten
39,80 DM, kart.
ISBN 3-8266-2935-3

Erfolgreich Verkaufen für Dummies

Tom Hopkins. Aus dem Amerikanischen von Ingeborg Lange

Verkaufen muss man nicht nur im Laden oder im Außendienst. Nicht nur Produkte oder Dienstleistungen werden verkauft, sondern jeder ist täglich in der Situation, sich und seine Ideen, Überzeugungen an den Mann bringen zu müssen. Werden Sie mit »Erfolgreich Verkaufen für Dummies« ein Verkaufsprofi im Alltag! Setzen Sie sich durch, überzeugen Sie andere von dem, wovon Sie überzeugt sind. Tom Hopkins, erfolgreicher Verkaufstrainer und Multimillionär, plaudert aus dem Nähkästchen und verrät Erfolgsstrategien.

416 Seiten
39,80 DM, kart.
ISBN 3.8266-2757-1

Management für Dummies

2. Auflage

Bob Nelson und Peter Economy. Aus dem Amerikanischen von Olav van Gerven und Grischka Petri

Manager haben's schwer. Die Welt des Management ist stressig, frustrierend und arbeitsreich. Bob Nelson und Peter Economy verraten Ihnen die Tips und Tricks, die Sie kennen sollten, um sich und Ihren Mitarbeitern das Leben leichter zu machen.

Ob Sie schon jahrelang ein Manager oder gerade erst befördert worden sind – dies ist genau das richtige Buch für Sie!

384 Seiten
39,80 DM, kart.
ISBN 3-8266-2898-5

Marketing für Dummies

Alexander Hiam. Aus dem Amerikanischen von Birgit Neuß und Claudia Graf

Auch wenn die Konkurrenz hart ist, können Sie sie mit den richtigen Konzepten und Ideen auf dem Markt problemlos überholen. Marketing für Dummies ist ein kompetenter Wegweiser ins Marketing 2000 – ohne tonnenschwere Theorie-Bleigewichte, dafür aber mit viel Witz und Praxisnähe.

416 Seiten
39,80 DM, kart.
ISBN 3-8266-2763-6

Zeitmanagement für Dummies

2. Auflage

Jeffrey J. Mayer. Aus dem Amerikanischen von Ursula Schnitzler

Auch wenn Ihnen Organisationstalent nicht gerade in die Wiege gelegt wurde, können Sie Ihren Arbeitsalltag voll in den Griff bekommen. Starten Sie eine Entrümpelung Ihres Arbeitsplatzes. Lernen Sie, Wesentliches von Unwichtigem zu trennen. Am Ende werden Sie Ihren Schreibtisch nicht mehr wiedererkennen und verblüfft feststellen, dass Sie plötzlich wieder Zeit für Ihre Familie, Freunde oder den neuesten Film haben ...

Auf der CD: eine Probeversion der Zeitmanagement-Software ACT! 2000.

350 Seiten
49,90 DM, kart., mit CD-ROM
ISBN 3-8266-2838-1

Erfolg für Dummies

Zig Ziglar. Aus dem Amerikanischen von Miriam Krupp

Erfolgreich möchte jeder gern sein: im Job, in der Beziehung, im Sport – in allen Lebenslagen eben!

Zig Ziglar, der auch als »größter Motivator der Welt« bezeichnet wurde, zeigt Ihnen, wo es lang geht und welche Schritte Sie tun müssen, um den gewünschten Erfolg zu erzielen.

Also: worauf warten Sie noch? Nehmen Sie sich Ziglar's Tips zu Herzen und werden Sie erfolgreich!

Wie immer mit dabei: die berühmten Rich-Tennant-Cartoons und der bekannte Dummies-Humor.

384 Seiten
49,80 DM, kart.
ISBN 3-8266-2800-4

Dirk Sutro

Jazz für Dummies

Aus dem Amerikanischen übersetzt von Harriet Gehring

Aus dem Inhalt:

- ✔ Stile und Geschichte des Jazz erkunden
- ✔ Legendäre Jazz-Größen kennenlernen
- ✔ »Besser hören« lernen
- ✔ Neue Lieblingsplatten entdecken

304 Seiten, 1999
39,90 DM, kart.
ISBN 3-8266-2836-5

Aber nicht nur Jazz-Freunde kommen bei uns auf den Geschmack – Schauen Sie doch auch hier mal rein:

304 Seiten, 2000, 2. Auflage
39,90 DM, kart.
ISBN 3-8266-2808-X

Gary McCord

Golf für Dummies

Aus dem Amerikanischen übersetzt von Intermag-Publishing (Stefan Engert und Alexander Huchel)

- Auf den europäischen Markt zugeschnitten in Kooperation mit dem Golf Journal
- Der Bestseller in den USA
- Mit einem Vorwort von Kevin Kostner
- 180 Fotos mit Schritt-für-Schritt-Anleitungen von Gary McCord

Alles, was sich der Golfer in einem Buch wünschen kann, ist hier versammelt:

Von den Golfregeln über die Ausrüstung bis hin zu Tipps, wie man den Golfclub findet, in dem man sich wohlfühlt. Vom ersten Griff zum Schläger über die grundlegende Technik bis hin zum Spielen im Sand und unter anderen besonders schwierigen Bedingungen.

Außerdem Tipps, wie man einmal angeeignete Fehler wieder ausmerzt, wo man bei anderen etwas abgucken kann und wo sich weitere Informationen über das Golfen finden lassen: im Fernsehen, in Büchern und sogar im Internet. Ein kleines Lexikon mit typischen Golfbegriffen rundet das Buch ab.

Aus dem Inhalt:

- ✔ Golfregeln, Ausrüstung, Benehmen auf dem Golfplatz: Grundlegendes zuerst
- ✔ Schritt für Schritt – Golf für Einsteiger, sodass jeder mitkommt
- ✔ Mit 180 Fotos, die die genaue Technik des Golfspielens veranschaulichen
- ✔ Einmal falsch Gelerntes schnell wieder gerade rücken: So merzen Sie Ihre eigenen Fehler aus
- ✔ Handicap, Turniere & Co.: Mit anderen zusammen spielen

304 Seiten, 1998
29,90 DM, kart.
ISBN 3-8266-2810-1

Ed McCarthy & Mary Ewing-Mulligan

Wein für Dummies

Aus dem Amerikanischen übersetzt von Kai Ellerkmann

- Mehr Spaß beim Weingenuss
- Entdecken Sie die Welt der Weine und die Weine der Welt
- Was ist guter Wein, was ist schlechter Wein?

Sie trinken gerne Wein? Sie würden gerne mehr über Wein wissen? Dann lesen Sie Wein für Dummies!

Hier finden Sie alles, was Sie über Wein wissen müssen. Wie Wein gemacht wird, was es mit den verschiedenen Traubensorten auf sich hat. Neben einem Überblick über die Weinanbaugebiete und Weinsorten gibt es hier praktische Tipps, welcher Wein zu welchem Essen passt.

Aber auch fortgeschrittene Weintrinker und vom Weinvirus Infizierte kommen hier auf ihre Kosten. So finden Sie hier Tipps, welche Weine Sie unbedingt probieren sollten, wie Sie Ihre Schätze am besten aufbewahren und worauf Sie beim Weinkauf achten sollten.

Na dann, zum Wohl!

Aus dem Inhalt:

- ✔ Die Grundlagen: Wie wird Wein gemacht? Weinsorten, Rebsorten, Anbaugebiete
- ✔ Alles ganz einfach: Das richtige Öffnen, Servieren und Aufbewahren von Wein
- ✔ Ein Überblick über internationale Weine
- ✔ Infos zur Weinprobe und zum Weinkauf
- ✔ Weinetiketten endlich verstehen!

416 Seiten
DM 39,90
ÖS 291,–
ISBN 3-8266-2853-7

John R. Levine, Carol Baroudi, Margaret Levine-Young

Internet für Dummies

5. Auflage

Wollten Sie schon immer mal in die Welt des Internet tauchen? Und ließen sich bisher von einer wirren Odyssee im World Wide Web abschrecken?

Mit diesem Dummies-Bestseller wird das Surfen im Internet für jeden ein Vergnügen. Das eingespielte Autorenteam Levine, Baroudi, Levine-Young nimmt Sie mit auf die Reise! In bewährtem Stil zeigen sie Ihnen Schritt für Schritt, welche Möglichkeiten das Netz zu bieten hat und wie Sie diese geschickt nutzen können.

Sie erfahren:

- ✔ Was Sie brauchen, um »online« zu sein
- ✔ Welche Programme Ihnen das Leben als Internaut erleichtern
- ✔ Wie Sie durch die ganze Welt mailen und mit netten Leuten in Chaträumen kommunizieren können
- ✔ Wie Sie Ihre eigene Webseite gestalten

Existenzgründung für Dummies – Schummelseite

20 Tipps für den Erfolg Ihres Kleinunternehmens

1. **Ist ein Kleinunternehmen überhaupt das Richtige für Sie?** Nehmen Sie sich Zeit, um herauszufinden, ob Ihnen die Gründung und Führung eines Kleinunternehmens liegt. Manche sind glücklicher und stehen finanziell besser da, wenn Sie andere Optionen wahrnehmen.

2. **Bringen Sie Ihre persönlichen Finanzen in Ordnung.** Bevor Sie sich ins Unternehmerleben stürzen, muss diese Seite geklärt sein.

3. **Suchen Sie sich Ihre Marktnische.** Viele Kleinunternehmer haben in Branchen Erfolg, die kaum einzigartig oder innovativ sind. Machen Sie eine Bestandsaufnahme Ihrer Kenntnisse, Erfahrungen und beruflichen Laufbahn, um das Unternehmen und die Branche auszuwählen, die am besten zu Ihnen passen.

4. **Nutzen Sie Ihren Geschäftsplan.** Er wird Ihnen beim Was, Wo und Wie Ihres Unternehmens helfen, damit Sie die schwierigen Fragen klären, bevor es zu spät ist.

5. **Gauben Sie nicht, dass Sie Banken und Investoren brauchen.** Viele Kleinunternehmen starten mit bescheidenen, eigenen Mitteln.

6. **Erkennen Sie Ihre Stärken.** In den ersten Monaten und Jahren Ihres Unternehmens werden Sie viele Fähigkeiten erwerben müssen. Eignen Sie sich die an, die Sie für Ihre vielfältigen Aufgaben als Unternehmer brauchen, aber legen Sie auch fest, welche Aufgaben Sie outsourcen oder an Mitarbeiter delegieren sollten.

7. **Ohne Verkauf läuft gar nichts.** Wie viele gute Produkte bringen nichts, weil Sie es nie in die Ladenregale schaffen? Der Verkauf ist der Motor Ihres Unternehmens. Sie brauchen einen guten Marketingplan mit Einzelheiten dazu, wie Sie Ihr Produkt oder Ihre Dienstleistung bewerben, vertreiben, im Preis festsetzen und verkaufen werden.

8. **Lernen Sie Ihre Kunden kennen.** Egal wie viel Sie als Gründer und Unternehmer zu tun haben – reservieren Sie mindestens 25 % Ihrer Zeit für den direkten Kundenkontakt. Sie können keine richtigen unternehmerischen Entscheidungen treffen, wenn Sie deren Ansichten nicht kennen.

9. **Lösen Sie die Probleme Ihrer Kunden.** Am besten stellen Sie Ihre Kunden zufrieden, wenn Sie ihnen Lösungen für ihre Probleme anbieten, anstatt ihnen Produkte oder Dienstleistungen zu verkaufen. Diesen Unterschied müssen Sie kennen.

10. **Qualität verliert man in Minuten, aber man braucht Jahre, um sie wieder aufzubauen.** Qualität ist kein Ziel, sondern ein Weg ohne Ende. Wenn Sie einmal vom Weg der Qualität abkommen, landen Sie vielleicht für immer auf einem Irrweg.

Existenzgründung für Dummies – Schummelseite

20 Tipps für den Erfolg Ihres Kleinunternehmens (Fortsetzung)

11. **Erst die Ertragskraft, dann die Belohnungen.** Hüten Sie sich davor, in Ihrem Kleinunternehmen stolze Gehälter, saftige Beraterhonorare und plätschernde Wasserfälle im Foyer zu bezahlen. Die Ertragskraft muss vorgehen. Lernen Sie, wie Sie Ihren Cashflow und die Unternehmenskennzahlen bestimmen.

12. **Stellen Sie Superstars ein.** Wenn Sie ein Wachstumsunternehmen schaffen wollen, dann ist es Ihre wichtigste Aufgabe, ein Team von Superstars als Mitarbeiter aufzubauen.

13. **Machen Sie's nicht allein.** Zapfen Sie Quellen aller Art an wie zum Beispiel Unternehmerkollegen, einen Mentor oder Fachverbände. Sie können Ihnen helfen, viele Anfängerfehler zu vermeiden.

14. **Lieferanten sind auch Partner.** Ein guter Lieferant ist für Ihr Unternehmen genauso wertvoll wie ein guter Kunde. Behandeln Sie Lieferanten wie Kunden und Sie werden sehen, wie die Partnerschaft gedeiht.

15. **Nutzen Sie Fördermittel.** Vater Staat sorgt gut für seine angehenden und jungen Unternehmer. Informieren Sie sich umfassend über Förderprogramme, damit Ihnen keine Mark entgeht.

16. **Wenn Sie Rechtsbestimmungen ignorieren, tun Sie dies auf eigene Gefahr.** Sie müssen die verschiedensten Gesetze, Verordnungen, Regelungen, Auflagen und Vorschriften beachten. Tun Sie das, sonst drohen Strafen, und Sie müssen vielleicht sogar Ihren Betrieb schließen.

17. **Beachten und nutzen Sie die Steuergesetze.** Der Fiskus greift Ihnen zwar tief in die Tasche, erlaubt Ihnen aber andererseits, viele Dinge von der Steuer abzusetzen. Informieren Sie sich und nutzen Sie das Fachwissen eines Steuerberaters, um alles richtig zu machen und alle Möglichkeiten auszunutzen.

18. **Die Menschen sind das Entscheidende.** Egal was einem passiert – es passiert durch die Menschen, die arbeiten. Die Entwicklung des Unternehmens ist das Ergebnis Ihrer Anstrengungen.

19. **Schnell, gut und billig.** Wählen Sie zwei davon aus. Wer versucht, für den Markt alles gleichzeitig zu sein, muss mit ernsthaften Schwierigkeiten rechnen. Konzentrieren Sie sich auf das, was Sie am besten können.

20. **Entwickeln Sie eine Leidenschaft fürs Lernen.** In dem Maß, wie sich Ihr Unternehmen verändert und wächst, müssen auch Sie sich verändern, wachsen und den Übergang vom Gründer zum Unternehmer und Manager vollziehen. Eine Gemeinsamkeit kann man bei allen erfolgreichen Unternehmern finden: eine Leidenschaft fürs Lernen.